CIA 분석가가 알려 주는 **가짜 뉴스의 모든 것**

CIA 분석가가
알려 주는
가짜 뉴스의
모든 것

가짜 뉴스의 역사부터 해법까지,
거짓에 속지 않기 위해
우리가 알아야 할 것들

신디 L. 오티스 지음
박중서 옮김

True or False

원더박스

제 인생에서 가장 좋아하는 존재인
엄마와 아빠께,
그리고 왜냐고 물어보는 것은
항상 유익하다는 사실을 가르쳐 준
저의 멘토이자 친구
웨이드 제이코비에게 바칩니다

차례

일러두기 ——

1. 책은『 』로, 신문과 잡지는《 》로, 영화나 방송 프로그램은〈 〉로 표시했다.

2. 저자가 설명과 예시를 위해 첨부한 스크린샷 이미지는 원본을 그대로 보여 주기 위해 따로 번역하지 않았다. 대신 본문과 캡션에 해당 내용을 파악할 수 있게 설명을 추가했다.

3. 본문 중의 모든 각주는 이해를 돕기 위한 옮긴이 주이다.

버지니아주 맥클린에 있는 미국 중앙정보국Central Intelligence Agency, CIA의
출입문으로 난생 처음 들어갔을 때, 내 나이는 스물셋이었다. 로비 모습은
어딘가 박물관과도 비슷했다. 회색과 흰색의 체크무늬 바닥이며, 줄줄이
늘어선 굵은 기둥이며, 높은 천장이며, 바닥 한가운데 놓여 있는 (독수리와
방패와 열여섯 개 돌기 달린 별로 이루어진) 커다란 화강암 CIA 독수리 문장紋
章까지도. 내가 미리 들은 이야기라고는 앞으로 일하게 될 사무실에 있는
담당자가 로비에 나와 맞이할 것이라는 내용뿐이었다. 그 사람의 이름이
라든지, 신체 특징 같은 것은 전혀 들은 적이 없었다. 그 당시에만 해도 그
런 세부사항을 알려 주지 않는 것이야말로 흥미진진할 정도로 스파이스
럽게 느껴졌었다. 하지만 입구에 도착해 정작 기다리는 사람이 전혀 없다
는 걸 확인하자마자 나는 곧바로 겁을 집어먹게 되었다.

　이곳 로비에는 뭔가 중요한 일을 하러 이리저리 오가는 사람들이 가득
할 것이라고 기대했지만, 실제로는 작은 책상에 앉아 있는 경비원 한 명

말고는 아주 조용하고 완전히 텅 비어 있었다. 순간 오만 가지 의구심이 머릿속을 스치고 지나갔으며, 나는 독수리 문장 앞에서 딱 얼어붙고 말았다. '내가 여기 오기로 한 게 맞나? 혹시 내가 날짜를 착각했거나, 또는 엉뚱한 출입구로 들어온 거라면 어쩌지? 알고 보니 저쪽에서 나를 채용하려던 마음을 바꾸었기 때문에 아무도 나를 만나러 나오지 않는 식으로 알려 주는 거라면 어쩌지?'

나는 불안하게 숨을 들이마신 다음, 용기를 짜내 경비원에게 다가갔다.

"안녕하세요, 어, 여기서 9시에 누구랑 만나기로 했는데, 제가 그분들 성함도 모르고, 그분들이 어디서 일하시는지도 모르거든요. 그냥 누가 여기 나와 계실 거라고 했는데, 저는 여기 오늘 처음이고 해서……" 부끄러운 마음에 말이 줄줄이 흘러나왔고, 내 목소리는 아마 이전까지는 한 번도 도달한 적 없으리라 짐작되는 높은 음까지 올라가 버렸다.

"그럼 혹시 그분들 전화번호 알고 계세요? 제가 연락해 드릴게요." 경비원이 말했다. 그는 이미 손을 전화기에 갖다 댄 상태였다.

"아, 이런, 아니에요, 전화번호를 몰라서요." 시간이 갈수록 상황은 더 절망적인 것처럼 느껴졌다.

그러자 경비원이 미소를 지었다. "걱정 마세요. 그분들이 오실 때까지 그냥 여기서 기다리시면 돼요. 괜찮으시면 그 사이에 자유롭게 여기저기 구경하셔도 되고요."

나는 약간 안심했다. 아직 아무도 데리러 오지 않았는데도 불구하고 경비원이 걱정하지 않는다면, 나 역시 걱정하지 말아야 할 것 같다는 생각이 들었다. 어쨌거나 여기는 CIA니까. 어쩌면 모두들 서로 이름을 모르고 지낼지도 몰랐다.

CIA에서 일하는 것이야말로 거의 내 평생의 소원이었다. 마침내 소원

CIA 분석가가 알려 주는 **가짜 뉴스의 모든 것**

을 이루었지만, 이제 실제로 내가 여기 와 있다는 사실을 정말 믿을 수가 없었다. 그러다가 문득 CIA에서의 첫날은 두 번 다시 경험할 수 없으리라는 데에 생각이 미쳤고, 그리하여 경비원의 조언을 받아들여 조금 돌아다녀 보기로 했다. 로비의 오른쪽 벽에는 대리석에다가 여러 개의 별을 새겨 놓았는데, 각각의 별은 조국을 위해 봉사하다가 목숨을 잃은 CIA 직원 한 명씩을 상징했다. 왼쪽에는 CIA의 창립자로 대개 간주되는 인물인 윌리엄 '와일드 빌' 도노번William "Wild Bill" Donovan의 높이 4미터짜리 동상이 로비를 굽어보고 있었다. 나는 로비를 지나서 그 앞에 가서 붙박인 듯 멈춘 채, 이때까지 역사책에서만 만났던 바로 그 사람을 올려다보았다. 그 옆에 있는 벽에는 또다시 별이 하나 새겨져 있었는데, CIA의 전신인 전략사무국Office of Strategic Service, OSS에서 근무하다가 사망했던 사람들 모두를 기리는 것이었다.

독수리 문장이 있는 곳에 돌아가서 기다리려고 움직이는 순간, 내 눈가에 뭔가가 포착되었다. 하얀 대리석 벽 높은 곳에 커다란 대문자로 적힌 문장이었다.

너희는 진실truth*을 알라. 그러면 진실이 너희를 자유롭게 할 것이다.
—요한복음 8장 32절

나는 그게 성서의 한 구절임을 알아보았지만, CIA에서 다시 읽으니 뭔가 느낌이 달랐는데, 어째서인지는 잘 알 수가 없었다. 그 말을 곰곰이 생

---

* 보통 '진리'로 번역하는 성서 구절이지만, 이 책의 주제와 CIA 좌우명의 맥락 모두를 고려해 '진실'로 옮겼다.

각하느라 너무 바빴던 나머지, 나는 누군가가 다가와서 옆에 설 때까지 미처 알아채지 못했다.

"안녕하세요. 신디 맞으시죠." 그 여자가 말했다.

그녀가 자기소개를 하고 나와 악수를 나누었는데, 어쩌면 나는 안도한 나머지 평소보다 좀 더 열렬하게 악수를 나누었던 것 같다. 나는 벽에 적힌 성서 구절을 잠깐 다시 흘끗 바라보았다. 여자도 내 시선을 따라 그곳을 쳐다보았다.

"저게 우리의 좌우명이에요. 저게 매일같이 여기서 우리의 업무를 인도하는 거죠." 그녀는 이렇게 설명한 다음, 내게 따라오라고 손짓했다.

함께 로비를 지나가는 동안, 나는 더 참지 못하고 이렇게 말해 버렸다. "여기는 정말 끝내주는 곳이네요." 나는 속삭이듯 말했다.

그녀는 입꼬리를 움직여 살며시 미소를 지었다. "네, 저도 그렇게 생각해요."

그곳에서 정보 분석가로서 내가 맡은 임무가 마치 제임스 본드의 미국판이 되는 것과도 비슷했다고 여러분께 말할 수 있다면 얼마나 좋았을까. 일단 그렇게라도 말하고 나면 뭔가 대단히 흥미롭게 들릴 수 있을 테니 말이다. 스파이 생활에 대한 할리우드의 묘사에서는 뭔가 폭발하고, 움직이는 차량 위에서 주인공이 악당과 주먹다짐을 벌이는 경우가 허다하다. 내 임무는 그런 것과는 거리가 멀었다. 하지만 그래도 여전히 첫날 예견했던 것처럼 "정말 끝내주는" 일이기는 했는데, 그 업무의 핵심은 아주 중요했기 때문이다. 나는 진실을 찾아내는 일을 했다.

CIA의 정보 분석가로서 나는 세계 각지에서 급박하게 벌어지는 사건들에 관해 미국 정부 고위 공직자들에게 정보를 제공하는 임무를 담당했다. 나는 다른 나라에서 벌어지는 전쟁, 테러리스트 공격, 해외 정부가 내

CIA 분석가가 알려 주는 **가짜 뉴스의 모든 것**

린 정책 중에서 미국에게 영향을 줄 수 있을 법한 내용 등을 살펴보았다. 이 일을 하기 위해서는 매일같이 수많은 출처에서 항상 쏟아져 들어오는 정보, 또는 첩보를 걸러 내야만 했다. 그런 첩보 가운데 일부는 외국에 있는 '인력 자산'에서 (즉 CIA가 정보 수집을 위해 채용한 사람들로부터) 나왔고, 위성 사진에서 나오거나, 감청한 이메일이나 전화 통화에서 나오는 것도 있었다.

하지만 우리의 가장 큰 정보 출처는 누구든지 온라인에서 발견할 수 있는 것들이었다. 예를 들어 뉴스 보도, 학술 연구, 심지어 소셜미디어 같은 것들 말이다. 어쩌면 여러분에게는 놀라울 수도 있겠지만, 솔직히 한 번 생각해 보시라. 사람들은 각자의 삶 전체를 인터넷에 올리지 않는가. 해외 정치인들도 소셜미디어 계정을 갖고 있고, 거기다가 자기네가 지금 하는 일이며 지금 가는 곳에 관해 올린다. 각국 정부도 자기네 활동에 관한 보고서를 간행하고, 탐사 언론인들도 세계 각지에서 벌어지는 사건들에 대해서 항상 속보를 간행하는데, 그 속도로 말하자면 대부분의 첩보 수집 플랫폼이 포착해서 정보를 가공하는 속도보다 훨씬 더 빠르다.

이 모든 정보를 이용할 수 있는 분석가의 입장에서는 첩보 수집이 때로는 낚시와도 약간 비슷하게 된다. 우리는 물속에 낚싯줄을 드리우고, 마침내 저 끝에서 당기는 느낌이 있기를 고대한다. 그 당기는 느낌은 (당연히 우리가 낚고 싶어 하는 대상인) 실제 물고기일 수도 있지만, 때로는 누군가가 의도적으로 물속에 던져 넣어서 우리의 낚싯줄에 걸리게 된 비닐봉지나 깡통으로 판명되기도 한다. 이 모든 쓰레기 때문에 분석가로선 무엇이 진실이고 무엇이 그렇지 않은지를 알아내기가 어렵게 된다.

그렇다면 우리가 물속에서 건져 낸 이 쓰레기란 도대체 무엇일까? 그 중 일부는 어느 나라 정부에서 자기네가 실제로 하는 일을 숨기려고 시도하느라 만들어 낸 거짓말과 기만이거나, 또는 정부나 단체나 개인이 사람들의 의견에 영향을 주려고 시도하느라 만들어 낸 거짓 정보이다. 또 일부는 더 많은 독자를 끌어들이려 시도하며 일부러 선정성을 가미하다 보니 그만 일부 정확성을 잃은 뉴스이다. 또 때로는 어떤 사람이나 단체가 마치 사실인 척하며 만들어낸 농담이나 장난이다. 이 모든 정보 쓰레기를 한 가지 용어로 일컫자면 '가짜 뉴스'라고 할 수 있을 것이다.

이 용어는 여러분도 아마 최근 몇 년 동안 많이 들어 보았을 테지만, 그렇다고 해서 새로운 현상까지는 아니다. 가짜 뉴스는 과거에도 여러 가지 다른 이름으로 일컬어졌다. 황색 언론, 선전propaganda, 엉터리 뉴스junk news, 타블로이드 언론, 역逆정보, 날조 등도 모두 가짜 뉴스의 일부분으로 간주될 수 있다. 이 모든 용어의 핵심에는 다음과 같은 기본적 정의가 들어 있다. 즉 타인을 오도하려는 목적에서 부정확하거나 거짓인 정보를 의도적으로 퍼트리려 시도하며, 사람들이 그걸 진짜라고 믿게끔 제시하는 것을 말한다.[1]

여기서 확실하게 짚고 넘어가야 할 것이 있다. 가짜 뉴스는 실제 뉴스 미디어가 아니라는 점이다. 가짜 뉴스에는 매일같이 여러분에게 정확한 정보를 전달하기 위해 열심히 일하는 기자들의 기사가 포함되지 않는다. 또 단순히 여러분이 동의하지 않는 어떤 내용을 미디어 업체가 보도한다고 해서 가짜 뉴스인 것도 아니다. 아울러 결국에는 틀린 것으로 밝혀진 어떤 내용을 미디어 업체가 보도한다고 해서 가짜 뉴스인 것도 아니다. 뉴스는 언론인이 모으게 마련이고, 언론인 역시 인간인 이상 실수할 수 있다. 이들의 업무는 힘들지만 어디 가서 고맙다는 소리도 듣지 못하며, 때로는 그 내용이 틀리는 경우도 있다. 하지만 뉴스와 가짜 뉴스의 차이는 바로 그 의도이다. 합법적인 미디어는 여러분에게 정보를 제공하려고 시도한다. 가짜 뉴스는 여러분을 속이려고 시도한다.

첩보의 수집이 마치 낚시와도 유사하다면, 첩보 분석가가 된다는 것은 마치 쓰레기를 (즉 가짜 뉴스를) 포함해 우리가 물에서 낚아 올리는 것을 모조리 가지고서 퍼즐을 맞추려 시도하는 것과도 유사하다. 분석가는 우리에게 들어온 모든 정보를 판별하여 과연 무엇이 신뢰할 만하고 정확한지를 (물론 실제로 그럴 만한 내용이 있다고 치면) 알아내야만 한다. 우리가 업무 첫날부터 정보를 비판적으로 바라보게끔 훈련하는 이유도 그래서이다. 국가 안보가 걸려 있는 상황에서 분석가로서는 결코 잘못을 범할 여유가 없기 때문이다.

또한 분석가는 각자의 의견, 정치적 시각, 개인적 편견이 그 분석에 영향을 끼치도록 해서도 안 된다. CIA 본부는 주요 정부 기관의 사무실이 대부분 밀집한 워싱턴 DC에 없으며, 대신 의회와 백악관과 기타 정계 공직자들로부터 몇 킬로미터나 떨어진 강 건너편의 버지니아주 숲속에 자리잡고 있다. 다분히 의도적인 배치다. 1950년대 말 본부 청사 건설이 시작될 때에 CIA가 특정한 결론을 원하는 정치인에 영향받지 않고 편견 없이 그 업무를 수행할 필요가 있다는 의견이 있었으며, 이는 결국 두 세계를 물리적으로 별개로 유지할 필요가 있다는 뜻이었다.

"그게 도대체 나랑 무슨 상관이야?" 여러분은 어쩌면 이렇게 물어볼 수도 있다. "나는 국가 안보를 보호하는 사람도 아닌데." 물론 CIA 분석가처럼 초 '극비'로 분류된 첩보에 접근할 수야 없겠지만, 대신 여러분은 항상 새로운 정보를 접하고 있으며, 그 정보에 관해서 자기가 생각하는 바가 있을 것이다. 아마 여러분은 온라인에서 많은 시간을 보낼 것이다. 그렇지 않은가? 여러분은 유튜브에서 동영상을 보거나, 가족과 친구를 소셜 미디어에서 팔로우한다. 어쩌면 여러분의 이모가 정치에 관한 뉴스 기사 여러 개를 게시하기 좋아할 수도 있다. 여러분의 친구가 정말로 밈에 푹 빠졌을 수도 있다. 어쩌면 여러분은 버즈피드BuzzFeed 같은 웹사이트를 훑어보기 좋아할 수도 있다. 여러분도 잠시 가만히 생각해 보면, 기본적으로 자기 자신이 매일같이 하루 내내 정보가 쏟아지는 샤워꼭지 밑에 서 있다는 사실을 깨닫게 될 것이다. 정보의 물줄기는 멈추지 않는다. 게다가 양도 많다.

이렇게 많은 자료가 여러분에게 날아오는 상황에서, 무엇이 진실이고 무엇이 거짓인지를 알기는 어려울 수 있다. 이 책을 통해서 나는 분석가로서 배웠던 바로 그 지식과 도구를 여러분에게 제공할 것이고, 이를 통해 여러분이 가짜 뉴스의 희생자가 되지 않도록 만들어 줄 것이다. 나는 여러분이 관찰하는 것에 대해서 비판적으로 생각하는 방법, 질문을 던지는 방법, 여러분이 읽고 보는 내용에 대해 더 잘 분석하는 방법을 보여주기를 희망한다. 왜냐하면 다음과 같은 냉엄한 현실 때문이다. 즉 가짜 뉴스는 사라지지 않으며, 사실은 나날이 더 악화되기만 할 뿐이다. 따라서 가짜 뉴스에 맞서 싸우기 위해 저마다의 역할을 다하는 일은 우리 모두에게 달려 있다.

이 책을 다 읽고 나면 여러분은 CIA 분석가처럼 가짜 뉴스를 알아볼 수 있을 것이다. 그리고 어쩌면 결국에는 버지니아주 맥클린에 가서 취직할 수도 있을 것이다!

THE HISTORY
of
FAKE NEWS

제1부

가짜 뉴스의
역사

보편적인 기만의 시대에는 진실을 말하는 것이야말로 혁명적인 행위가 될 것이다.

— 조지 오웰(의 말이라고 전해짐)*

* 이 인용문은 오웰의 말이라고 널리 전해지지만, 정작 그의 저술 가운데 이런 문장이 실제로 나온 것은 없다.

제1막

가짜 뉴스는
생각보다 훨씬
오래전부터 있었다

가짜 뉴스의
영향

　　새벽 네 시 직전 아직 바깥이 어둡던 무렵의 런던 이스트 엔드. 인근 시장으로 일하러 나가던 남자 두 명이 한 창고와 주택들 사이의 거리에서 의식을 잃고 쓰러진 여자 한 명을 발견했다. 근처를 밝히는 기름 램프는 단 하나뿐이어서, 남자들은 여자의 몸 아래 고여 있는 피를 발견하지 못했다. 그들은 그 여자가 술에 취해서 그냥 의식을 잃었겠거니 생각했다. 화이트채플이라는 그 지역에서 그런 사건이 분명 처음도 아니었을 것이다. 어쨌거나 그때는 1888년 8월 31일이었고, 런던의 그 지역에는 유곽과 범죄와 과밀과 주정뱅이가 가득했기 때문이다.[1] 하지만 이 여자만큼은 뭔가 좀 이상한 모습이었기 때문에, 두 남자는 서둘러 경찰관을 찾아 나섰다. 그들로선 세계에서 가장 악명 높은 연쇄 살인범 가운데 한 명의 '작품work'과 자기들이 방금 우연히 만났다고는 전혀 생각도 못했던 것이다.

　　마침 순찰 당번이었던 경찰관 존 닐 순경은 각종 소름끼치는 범죄를 이

전에도 목격한 경험이 있었기에, 현장에 도착하자마자 어찌 된 상황인지 곧바로 알아볼 수 있었다. 즉 그 여자는 살해된 것이었다. 이 사건은 이 지역을 덮친 최초의 살인과 영 거리가 멀었다. 이스트 엔드의 여자들은 종종 난폭한 범죄의 표적이 되었고, 경찰도 이미 스스로 감당할 수 있는 것보다 더 많은 사건을 수사 중이었다. 하지만 이 희생자는 경찰과 지역 주민 모두를 충격에 빠트리고 겁에 질리게 할 만한 방식으로 살해되었다. 초등학생 관람불가 버전으로 설명하자면, 살인자는 여자의 목을 가르고 신체를 훼손했는데, 마치 섬뜩한 해부 실습이라도 수행하듯이 내부 장기를 잘라냈다. 그야말로 괴물의 작품이었다.

경찰이 알아낸 바에 따르면, 그 불운한 여성은 43세의 매리 앤 니콜스로, 지인들 사이에서는 '폴리'라는 별명으로 통했다. 그녀는 알코올중독자였기 때문에 일자리를 얻어도 유지하기가 힘들었다. 남편과 몇 년 전에 헤어진 이후로는 때때로 거리에서 살아갔다. 머물 만한 장소를 얻으려고 발버둥치던 끝에 그녀는 성매매에 뛰어들게 되었다. 경찰은 폴리의 신분을 어렵지 않게 확인했지만, 그 살인자를 추적하는 것은 전혀 다른 문제였다.

닐 순경은 두 남자가 폴리의 시체를 우연히 발견하기 불과 몇 분 전에 바로 그 지역을 순찰한 바 있었다. 어째서 닐 순경은 분명히 나왔을 법한 비명을 듣지도 못했고, 하다못해 도살 행위를 자행하던 중인 살인자와 맞닥트리지도 못했던 것일까? 경찰은 당황할 수밖에 없었다. 범인이 얼마나 신속하게 범죄를 저질렀는지를 감안해 보면, 마치 그 살인자는 유령이라도 되는 것 같았다.

그 와중에 런던에서는 입소문이며 신문을 통해서 황당한 헛소문이 신속히 퍼져 나갔다. 지역 주민들이 경찰에 몰려와서는 그 범죄에 관해 각

CIA 분석가가 알려 주는 **가짜 뉴스의 모든 것**

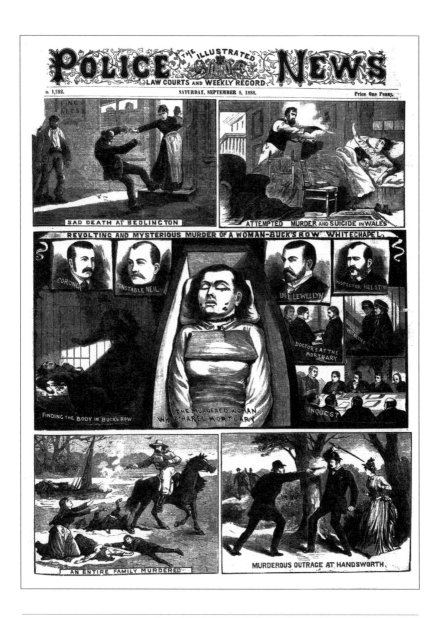

살인과 처형 등의 자극적인 기사를 주로 게재한 타블로이드 주간지 《일러스트레이티드 폴리스 뉴스Illustraed Police News》 1888년 9월 8일자에 묘사된 메리 앤 '폴리' 니콜스의 죽음.[2]

자 아는 바를 말해 주었는데, 사실은 대단한 내용까지도 아니었으며, 하나같이 서로 다른 내용을 말하는 듯했다. 한 지역 주민은 살인이 있었던 날 그 지역에서 칼을 들고 제정신이 아닌 것처럼 보이는 남자를 한 명 봤다고 말했다. 또 한 사람은 폴리가 바로 그날 더 이른 시간에 거리에서 외국어 억양을 지닌 한 남자와 이야기하는 것을 봤다고 말했다. 하지만 경찰은 이런 조언들 모두에서 막다른 길에 부딪히고 말았다.

폴리가 살해된 지 8일 뒤에 살인자는 앞서의 범죄 장소에서 불과 800미터 남짓한 장소에 다시 나타났다. 새로운 희생자인 47세의 애니 채프먼 역시 폴리와 비슷하게 신체가 절단된 상태로 발견되었는데 이번에는 장소가 어느 하숙집 뒤라는 것만 달랐다. 채프먼 역시 술을 많이 마시는데다가 하숙비를 벌기 위해 성매매에 뛰어들었다는 점에서 폴리와 유사한 이력을 갖고 있었다. 이제는 다음과 같은 사실이 분명해졌다. 즉 런던에는 연쇄 살인마가 돌아다니고 있었으며, 나름대로의 표적이 있었던 것이다. 그러면서 신문은 다음번에 게재할 기사를 얻은 셈이었다. 바로 다음번 희생자를 사냥하러 나선 시커먼 악마에 관한 기사였다.[3]

살인자의 도살과 그 불쌍한 희생자들에 대한 섬뜩한 이야기는 단지 영국 전체만을 사로잡는 데 그치지 않았다. 더 나아가 세계 전역에서 광분을 만들어 냈다. "오늘날 런던은 크나큰 공포의 마법에 걸려 있다. 이름도 없는 (절반은 야수이고, 절반은 인간인) 타락자가 풀려났으며, 공동체에서도 가장 비참하고 무방비한 계급에서 자신의 살인 본능을 매일같이 충족하고 있기 때문이다." 채프먼의 살해 이후에 《스타》 신문에서는 이렇게 보도했다. 집집마다 남자들은 각자의 아내와 딸과 누이를 해가 진 다음부터는 밖에 나가지도 못하게 했다. 경찰은 화이트채플에서 순찰을 강화하며 살인자를 찾아 나섰다. 사람들은 신문을 사려고 줄지어 섰는데, 한편으로는 경찰 수사의 새로운 전개를 읽기 위해서였고, 또 한편으로는 가장 최근에 있었던 살해의 소름끼치는 세부사항을 읽기 위해서였다. 신문은 그 어떤 세부사항도 숨기지 않았으며, 종종 얼굴 없는 모습으로 사람들을 마구 죽이는 살인마의 스케치를 덧붙였다. 급기야 살인자의 그 모습이 사람들의 꿈에 나타나기까지 했는데, 실제로는 범인을 본 사람이 전혀 없는데도 불구하고 그러했다. 기사가 더 노골적일수록 더 많이 팔렸으니, 결국 신문은 수익이 급증했다는 뜻이었다. 독자는 관련 기사를 아무리 읽어도 만족하지 못했다.

일부 지역 신문은 심지어 독자가 최신 정보를 따라잡을 수 있도록 호외를 인쇄하기 시작했다. 하지만 이런 신문들은 머지않아 문제에 직면하게 되었다. 더 많은 내용을 쓰면 쓸수록, 보도할 수 있는 정보는 더 적어졌던 것이다. 신문에서는 경찰로부터 수사에 관한 기사거리를 더 많이 얻어 내려고 했다. 하지만 이 방법도 소용이 없자, 일부 언론인은 한 가지 해결책을 고안했다. 바로 가짜 뉴스였다.

일각에서는 그 살인들이 워낙 섬뜩하기 때문에, 아마 영국인의 소행은 아닐 것이라는 목소리도 있었다. 당시 유럽 전역에는 현저한 인종차별주의의 흐름이 있었으며, 런던은 반유대주의와 반이민 정서의 온상이었다. 사건이 일어난 지역의 성매매 여성들은 "가죽 앞치마"라는 별명으로 통하며 제화공으로 일하는 폴란드 출신의 유대인 이민자가 있다고 수사관들에게 말했다. 살인을 손쉽게 해 주었음직한 칼 여러 자루를 가게에 두고 있을 뿐만 아니라, 종종 자기에게 돈을 갚지 않은 사람들을 "찢어발기고" 살해하겠다고 말하면서 이스트 엔드를 돌아다닌다는 것이었다. 또 한 여자는 채프먼이 살해되기 전에 한 남자와 있는 모습을 보았고, 그 남자는 "외국인의 외모"를 갖고 있었다고 말했지만, 결국에는 사실 그 남자의 뒷모습밖에는 못 보았다고 시인했다. 하지만 이런 낭설들도 경찰의 귀에 들어가서 급기야 경찰도 이민자 공동체를 주목하게 되었다.

머지않아 여러 신문에서는 그 남자가 "유대인의 용모"를 하고 있다고 보도했으며, 심지어 상상 속의 살인자에 관한 인종차별적 캐리커처를 그려서 싣기도 했다.[4] 애니 채프먼의 살해 현장에서는 가죽 조각이 하나 발견되었고, 《스타》는 이에 착안해서 그 유대인 제화공이 살인자라고 보도했다. 하지만 그 당시의 제화공 대부분이 그러했듯이 그 남자도 일할 때 가죽 앞치마를 입는다는 사실을 제외하면 증거라고는 전혀 없었다. 경찰은 그를 체포했지만 머지않아 석방했는데, 살인이 일어났던 시간에 확실한 알리바이가 있었기 때문이었다.[5]

그 와중에 여러 신문사와 경찰서로 갖가지 훈수와 조언과 추측을 담은 편지들이 전국 각지에서 쏟아져 들어왔다. 그중 일부는 자기네가 수사를 도울 수 있다고 진짜로 생각하는 사람들로부터 온 편지였다. 또 일부 편지의 작성자는 자기가 런던 전역의 어둠 속에 잠복한 그 악명 높은 살인자를 목격했다고, 또는 자기 이웃이 약간 수상하기 때문에 수사할 필요가 있다고 주장했다. 다른 사람들은 희생자가 양쪽 모두 여성이라는 이유를 들어, 살인자가 그 어머니와 관련된 뭔가 비극적인 과거가 있기 때문에 복수를 도모하게 된 것 같다는 나름대로의 이론을 공유했다. 어떤 사람들은 희생자의 내부 장기를 꺼내기 좋아하는 범행 방식을 보면 살인자가 외과의사나 기타 분야의 의사임이 분명하다고 생각했다. 신문에서는 이 모두를 공평하게 보도했다. 즉 실제 사실뿐만 아니라 헛소문과 추측까지 내보냈으며, 이 과정에서 굳이 뭐가 뭔지를 구분하지도 않았다.[6] 심지어 기자들조차도 추측 놀이에 가담해서, 이미 알려진 경찰 용의자들의 스케치를 게재했다.

하지만 9월 말에 이르러 뭔가 다른 종류의 편지 한 통이 런던 센트럴 뉴스 통신사에 도착했다. 핏빛 잉크로 작성되고 9월 25일자 소인이 찍힌 이 편지는 다음과 같이 시작되었다. "대표님 귀하, 경찰이 나를 붙잡았지만 아직까지는 고쳐 놓지 못했다는 이야기가 내 귀에 계속 들려오던데 …… 마지막 일은 대단한 작품이었어. 나는 그 여자에게 찍 소리 낼 시간도 주지 않았지. 그들이 이제 나를 어떻게 잡겠나. 나는 내 작품을 사랑하고 다시 시작하고 싶어." 이 편지의 작성자는 조만간 다시 출몰하겠다고, 아울러 다음번 희생자에게서는 귀를 잘라 낼 계획이므로 그걸로 자기를 알아볼 수 있을 거라고 경찰에게 약속했다. 말하자면 그 범행이 살인자의 명함 노릇을 하게 되리라는 뜻이었다. 이 편지에는 "잭 더 리퍼Jack the Ripper(찢어발기는 잭)"라고 서명되어 있었다.[7] 이제는 살인자가 이름도 갖게 된 셈이었다.

신문에서는 이 편지를 날조라고 간주하며 무시하기 직전까지 갔지만, 기자들이 보기에 이 편지에는 뭔가 다른 것이 있는 듯했다. 이들의 예상은 맞았다. 이 편지가 경찰에 전달된 바로 그날 잭 더 리퍼가 다시 나타났고, 이번에는 불과 한 시간 사이에 여자 두 명을 죽였다. 그리고 귀를 떼어내겠다는 약속을 지켰다.

헛소문 공장이 다시 돌아가기 시작했다. 일부 지역 주민은 두 번째 여자가 사망하기 전에 금발 남자와 함께 있는 모습을 목격했다고 신고했고, 사건 직후에 그 지역 인근 어느 아파트 건물 앞에서 피 묻은 앞치마가 발견되었다. 앞치마 뒤쪽 벽에는 유대인을 언급한 낙서가 있었다. 지금과 마찬가지로 그 당시에도 건물에는 낙서가 흔했고, 그게 언제 작성되었는지, 실제로 누가 작성했는지, 과연 살인과 연관이 있는지 여부에 대해서는 전혀 모르는 상태였지만, 신문과 독자들은 살인자가 그 낙서를 직접 썼다는

25. Sept. 1888.

Dear Boss

I keep on hearing the police
have caught me. but they wont fix
me just yet. I have laughed when
they look so clever and talk about
being on the right track. That joke
about Leather apron gave me real
fits. I am down on whores and
I shant quit ripping them till I
do get buckled. Grand work the last
job was. I gave the lady no time to
squeal How can they catch me now.
I love my work and want to start
again. You will soon hear of me
with my funny little games. I
saved some of the proper red stuff in
a ginger beer bottle over the last job
to write with but it went thick
like glue and I cant use it. Red
ink is fit enough I hope ha. ha.
The next job I do I shall clip
the ladys ears off and send to the

police officers just for jolly wouldnt
you . Keep this letter back till I
do a bit more work . then give
it out straight My knifes so nice
and sharp I want to get to work
right away if I get a chance.
Good luck .
　　　　　　　yours truly
　　　　　　　　Jack the Ripper

Dont mind me giving the trade nam

진짜 잭 더 리퍼가 서명한 것으로 추정되는 첫 번째 편지. 핏빛의 잉크로 작성해서 1888년 9월 25일자로 런던 센트럴 뉴스 통신사로 보냈다.[8] 첫 문장을 따서 "대표님 귀하(Dear Boss)"라고 일컬어지는 이 편지의 마지막에는 "잭 더 리퍼(Jack the Ripper)"라는 서명이 적혀 있다.

발상을 고수했다. 그들은 살인자가 유대인이라고 확신했다.[9] 신문 보도에 자극받아 반유대주의가 분출했으며, 급기야 런던에서는 반유대주의 시위와 유대인 공동체에 대한 폭력이 벌어졌다.

이른바 '공포의 가을'로 지칭된 기간인 그해 8월부터 11월까지 잭 더 리퍼는 최소한 다섯 명의 여자를 죽였다. 하지만 범행이 중단된 뒤에도 일부 기자들은 각종 살인 사건을 잭 더 리퍼와 연결지었고, 몇 년 뒤에도 그렇게 했으며, 심지어 살인 방법이 특유의 도살 방식과는 딱 맞아 떨어지지 않는데도 불구하고 그렇게 했다. 이는 사실상 흥미를 계속 살려 놓기 위한 방법이었다. 그 결과 이 살인범에 관한 기사는 오랫동안 런던에 그림자를 드리웠다.[10]

잭 더 리퍼는 끝내 붙잡히지 않았다. 시간이 흐르면서 무려 100명 이상이 용의자일 가망성이 있다며 거론되었는데, 그중에는 그 사건을 다루는 경찰 수사관들을 비롯해서, 런던의 산부인과에서 근무한 러시아인 의사며, 심지어 빅토리아 영국 여왕의 아들까지도 포함되어 있었다. 그로부터 10년 뒤까지도 런던 경찰과 미디어에는 잭 더 리퍼가 보냈다고 주장하는 편지가 1,000통 이상 날아왔다. 그런 편지는 올 때마다 1면 뉴스가 되었으며, 잭 더 리퍼의 정체를 둘러싼 대중의 추측도 처음부터 다시 시작되었다. 그런 편지 대부분은 위조로 추정되는데, 진짜 의외의 반전은 다음과 같았다. 여러 해 뒤에야 확인된 바에 따르면, 그 편지 가운데 일부는 사실 센트럴 뉴스 통신사에 근무하는 한 언론인이 작성한 것이었다. 즉 잭 더 리퍼의 첫 번째 편지를 받은 바로 그 뉴스 회사에서 여차하면 별다른 소식 없는 하루가 되었을 법한 날에 깜짝쇼를 만들려고 했던 것이다.[11]

오늘날까지도 잭 더 리퍼는 때때로 신문에 등장하는데, 추리 애호가나 법의학자나 역사학자가 세계에서 가장 악명 높은 미제 살인 사건 가운데

CIA 분석가가 알려 주는 **가짜 뉴스의 모든 것**

하나인 이 사건의 수수께끼를 풀려 시도하곤 한다. 반면 이보다 더 많은 시간을 들여서라도 해부해(그렇다. 나도 결국 이 표현을 쓰고 말았다) 볼 만한 가치가 있지만 의외로 주목받지 못한 주제도 있다. 바로 전 세계적 히스테리와 인종차별주의를 부추기는 과정에서 뉴스 미디어가 끼친 영향, 나아가 그런 것들이 궁극적으로 잭 더 리퍼를 영속적인 존재로 만드는 데 기여한 과정 같은 주제이다. 비록 미디어가 흥미로운 주제에 관해 대중에게 보도할 책임을 갖고 있긴 하지만, 신문이 그 기사에서 사실을 조작하고, 음모론을 만들어 내고, 기존의 반유대주의를 더 부추겼던 방식을 살펴보면 언론사의 주요 관심사는 돈벌이였음이 분명하다.[12] 신문은 사실을 보도할 때와 똑같은 방식으로 헛소문조차도 모조리 다 보도했으며, 이 과정에서 무엇이 추측이고 무엇이 사실로 확인되었는지를 독자에게 말하지 않았다. 그 당시의 기자는 오늘날과 같은 언론의 기준을 갖고 있지는 않았으며, 선정주의는 신문을 팔리게 만드는 요소였다. 기사를 간행하기 전에 사실을 확인하는 절차 같은 것조차 필수적이라고 간주되지 않았다.

역사가들은 1888년 8월부터 11월까지 벌어진 다섯 건의 살인 사건을 한 사람이 저질렀다는 데 대부분 동의하지만, 바로 그 시기에 가짜 뉴스와 날조와 상충되는 미디어의 보도가 얼마나 많았는지를 감안하면, 혹시나 희생자가 더 있었는지 여부를 알아내기는 불가능하다. 그 결과 오늘날까지도 우리는 과연 얼마나 많은 사람이 잭 더 리퍼에게 살해되었는지를 확실히 알지 못한다.

하지만 가장 중요한 점은 이 거짓 보도가 당시 상황에 더 직접적인 영향을 끼쳤다는 것이다. 어쩌면 거짓 보도로 인해 경찰은 신뢰할 만한 단서를 추적하지 못하고 주의가 분산됐을 수 있다. 미디어가 유대인 공동체를 비난하는 쪽으로 돌아서자 경찰도 그쪽으로 돌아섰는데, 막상 살인자가 유대인이라는 증거가 전혀 없다는 게 분명했음에도 그렇게 했다. 살인 자가 끝내 붙잡히지 않고, 그 정체가 오늘날까지도 수수께끼로 남아 있는 여러 가지 이유 가운데 하나는 가짜 뉴스의 만연 때문이라고 볼 여지도 충분하다.

우리가 오늘날에도 종종 볼 수 있듯이, (어떤 주제이건, 또는 어떤 사건이건 간 에) 어떤 이슈가 더 뜨거울수록 사람들이 이에 대해 이야기하고 신문이 보 도하는 경우도 더 늘어난다. 모두가 그 이슈를 대화에서 다루고 싶어 한 다. 하지만 그러다 보면 그 모든 소음 속에서 진실을 찾기는 힘들어진다. 잭 더 리퍼를 둘러싼 가짜 뉴스의 소용돌이는 보기 드문 사건도 아니었 으며, 최초의 사례도 아니었다. 가짜 뉴스는 이보다 훨씬 더 오래된 문제 이다. 따라서 가짜 뉴스가 얼마나 만연해 있는지를 제대로 이해하려면 우 리도 맨 처음으로까지 거슬러 올라가야만 한다. 좋다. '맨' 처음까지는 아 니다. 즉 프랑스와 스페인에서 발견된 최초의 고대 동굴 벽화로까지 아주 한참 거슬러 올라가야 하는 것까지는 아니라는 뜻이다. 하지만 거의 비슷 하게 가야 하는 것은 맞다.

가짜 뉴스의
시작

이집트의 젊은 파라오 람세스 2세는 병거兵車에 올라탄 채 바다처럼 에워싼 적들을 바라보았다. 말이 끄는 병거가 무려 2,500대 이상 그를 에워싸고 있었으며, 한 대마다 적군이 세 명씩 타고 있었다. 방금 전에 히타이트 군대가 그의 진영에 기습 공격을 가했고, 람세스는 자기 군대가 총사령관을 죽게 내버려 두고 도망치는 모습을 지켜보며 가슴이 철렁했다.

때는 기원전 1274년이었으며, 람세스는 그로부터 몇 주 전에 오늘날의 시리아 인근에 있는 중요한 무역 경로인 카데시라는 도시를 히타이트가 침략할 계획을 꾸미고 있다는 사실을 알아냈다. 그는 신속히 군대를 소집해서 카데시에 대한 권리를 주장하러 직접 나섰다. 어쨌거나 신들의 후손으로서 파라오는 자기 백성을 보호할 책임을 지니고 있었다. 람세스는 근동의 통치권을 놓고 히타이트를 비롯해 기타 제국과 여러 해 동안 싸워왔으며, 수많은 승리와 군사적 용맹으로 멀리 또 널리 알려져 있었다. 하지만 히타이트가 그를 박살내기 일보 직전인 지금의 상황은 너무나도 가망이 없어 보였고, 파라오로선 애초에 카데시로 진격하기로 했던 것이 좋은 생각이었는지 의문을 품을 수밖에 없었다.

용기가 사그라지는 느낌을 받은 람세스는 하늘을 우러러보았고, 자기가 도륙되는 모습을 정말로 그저 가만히 지켜만 보고 계실 작정이냐고 신들에게 물어보았다.

> 아버지 암몬이시여, 당신은 어디 계십니까?
> 아버지께서 아들을 잊어버리실 것입니까?
> 당신이 아시기에 제가 무슨 잘못이라도 범했습니까?
> 당신의 입에서 나온 판결을 제가 벗어나기라도 했었습니까?
> 당신의 말씀을 제가 위반하거나,
> 불순종하거나, 맹세를 깨기라도 했었습니까?
> 이집트를 통치하는 자, 이집트의 군주가
> 외국의 백성에게 머리를 숙이거나
> 두들겨 맞는 것이 과연 옳은 일이겠습니까?[1]

이렇게 말하는 사이, 파라오는 태양신 라의 힘과 천둥신 바알의 힘이 자기에게 흘러 들어오는 것을 느낄 수 있었다. 곧이어 람세스는 한 가지를 깨달았다. 카데시를 적의 손에 떨어지게 내버려 둘 수 없다는 것이었다. 그는 왼손에 창을 들고 오른손에 검을 들었으며, 큰 함성과 함께 자기병거를 몰아 히타이트 군대의 한복판으로 뚫고 들어갔다. 히타이트 병사들은 저 강력한 파라오가 자기네 눈앞에서 신으로 변모하는 모습을 지켜보고 충격에 빠졌다. 그들은 창과 활을 떨어트렸으며, 파라오의 말발굽에

CIA 분석가가 알려 주는 **가짜 뉴스의 모든 것**

짓밟혀 산산조각났다.

람세스는 히타이트 군대를 간단히 분쇄하고, 카데시에 대한 적법한 소유권을 주장한 뒤에 돌아왔다.[2] 그는 자신의 위대한 승리에 관한 이야기를 왕실의 기념비와 이집트 전역의 사원에 새기도록 명령했으니, 그렇게 함으로써 자신의 용맹을 불멸로 남기기 위해서였다.[3] 그 이야기는 '모두'에게 들려줄 가치가 있었지만, 그렇다고 신민 전체가 사원을 방문하기는 어려웠으므로, 파라오는 그 전투에 관한 시인 「펜타우르의 시詩」를 지어서 두꺼운 파피루스에 적으라고 명령했다. 그런 다음 이 시를 한 부씩 소지한 왕실의 사자 여러 명을 제국 내의 모든 도시와 마을에 보내서, 자신의 용기와 무력에 관한 이야기를 널리 알렸다.[4]

카데시 전투에서의 모습을 담은 람세스 2세의 부조(浮彫). 이집트의 아부 심벨 대신전에 있다.

이후 수백 년이 넘도록, 역사가들은 람세스와 히타이트 간의 전투가 대략 그 시에서 묘사한 방식대로 벌어졌었다고 믿었다(물론 신으로의 변신까지는 없었겠지만, 그래도 이집트가 승리한 것은 확실하다고 믿었다). 그것이야말로 이들이 참고할 만한 유일한 기록이었기 때문이다. 그러다가 역사학자들은 파라오가 승리했다고 알려진 이 전투 이후에 람세스 2세와 히타이트의 왕 하투실리 3세 사이에 오간 100통 이상의 사적인 편지를 발견하게 되었다.[5] 그런데 이 전투에 관해서 하투실리 3세가 람세스에게 쓴 편지 가운데 한 통의 내용을 요즘 말투로 옮기자면, 결국 이런 질문이었다. "야, 카데시 썰을 푼다면서 왜 계속 구라만 치나?"

실제로 일어난 일은 다음과 같았다. 히타이트 군대가 이동 중이라는 소식을 들은 람세스 2세는 병력 2만 명을 이끌고 카데시로 향했다. 행군 속도는 느렸던 반면, 람세스는 싸움을 하고 싶어 안달하고 있었다. 도중에 파라오의 병사들이 지역 부족민 두 명을 붙잡아서 람세스 앞으로 끌고 갔다. 부족민들은 젊은 파라오에게 아첨과 찬사를 늘어놓으면서, 히타이트 군대는 아직 카데시에서 수백 킬로미터나 떨어진 곳에 머물러 있다고 알렸다. 그러면서 이번 전투는 그에게 손쉬운 승리가 될 것이라고 장담했다. 이 정보에 대담해진 람세스 2세는 병력 대부분을 뒤에 남기고, 카데시를 먼저 차지하기 위해서 서둘러 달려갔다. 단지 경호를 위해서 소수의 병력만 대동한 상태였다. 마치 그 도시에 먼저 도착하는 사람이 소유권을 주장할 수 있으리라고, 자기가 손쉬운 승리를 거둘 수 있으리라고 생각했던 것이다. 앞서 만난 부족민들이 실제로는 히타이트의 스파이였고, 거짓 첩보를 제공하기 위해서 일부러 붙잡혀 왔다는 사실이야 람세스로서도 전혀 알 길이 없었다.

람세스와 소수의 병력이 도시에 도착해 보니, 히타이트 군대는 병거며

CIA 분석가가 알려 주는 **가짜 뉴스의 모든 것**

다른 모든 것을 대동하고 이미 와 있는 상태였다. 훗날 파라오가 자신의 실수를 미화하려고 만든 「펜타우르의 시」에서도 정확한 내용이 딱 하나 있기는 있었다. 바로 람세스의 병사들이 그날 곁에 없었다는 대목이었다. 하지만 그것은 그의 자만심이 낳은 결과였다. 젊은 파라오와 그 부하들이 여차하면 도륙당하고 말았을 상황에서 이집트 군대가 막판에 도착해 이들을 구출했다. 다만 이집트는 카데시를 차지하지 못하고 후퇴해야 했다. 람세스 2세는 무사히 빠져나왔지만, 이 전투는 이집트의 승리가 전혀 아니었으며, 양쪽 진영 모두에서 막대한 희생자가 나왔다.[6] 비록 파라오는 계속해서 승리를 주장했지만, 나중에 가서 람세스와 하투실리 3세는 세계 최초의 평화 조약이라 여겨지는 것을 맺게 되었다.

람세스가 직접 관여한 가짜 뉴스 이야기는 사실 상궤를 아주 벗어난 것까지도 아니다. 오늘날 우리가 연구하는 고대 역사 가운데 상당 부분은 권력을 가진 사람들이 쓴 (또는 최소한 쓰라고 지시한) 것이므로, 기록되는 내용이며 역사 서술 방식 모두를 직접 통제할 수 있었다. 하지만 통치자라고 해서 항상 이야기를 주무를 힘을 가진 사람인 것까지는 아니었다. 이로부터 여러 세기 뒤, 동로마 황제 유스티니아누스는 (또는 최소한 그의 영혼은) 쓰라린 과정을 거쳐서 그런 사실을 알게 되었다.

콘스탄티노플의 악마 통치자들

유스티니아누스는 서기 482년에 농부의 아들로 태어났던 것으로 보이지만, 가문 전체적으로 보자면 확실히 운이 좋은 편이었다. 그의 백부 유스티누스가 동로마의 황제였기 때문이다. 유스티누스는 유스티아누스를 양자로 삼아 콘스탄티노플(오늘날의 이스탄불)로 데려왔고, 훗날 자신의 후계자로 삼기 위해 교육을 시켰다. 백부가 나이 들어가면서 유스티니아누스는 점점 더 많은 책임을 맡았고, 나중에 가서는 사실상 제국을 운영하게 되면서 그 모든 권한을 누리게 되었다. 유스티니아누스는 제국에 대한 나름의 전망을 갖고 있었으며, 이를 실현시키기 위해서 각별히 집중했다. 그러니까 서기 522년에 테오도라Theodora를 만나기 전까지는 그랬다.

테오도라는 드문드문 몸을 팔아 생활하다가 나중에는 익살극을 공연하는 극장에서 고급 창부로 일했다.[7] 유스티니아누스는 비교적 체구가 작았던 그녀의 눈빛에 매료당하고 말았다. 테오도라는 유스티니아누스보다 스무 살쯤 더 어리고 아름다웠다. 하지만 그는 그녀에게서 다른 뭔가를 더 감지했다. 즉 테오도라는 타고난 지성과 강력한 의지를 갖고 있었으며, 이것이야말로 바로 미래의 황제에게 어울리는 완벽한 배우자에게 필요한 소질이었다. 유스티니아누스는 그녀에게 홀딱 반했다. 고급 창부인 테오도라는 그와 완전히 다른 (사실은 가장 낮은) 사회 계급 출신이었으며, 따라서 법적으로는 두 사람이 결혼할 수가 없었다. 하지만 이 경우에는 남자 쪽이 특권을 발휘할 수 있었다. 테오도라는 그의 애인이 되었으며, 결국 유스티니아누스는 법률을 개정한 끝에 그녀와 결혼할 수 있었다.

서기 527년에 유스티니아누스와 테오도라는 로마 제국 황제와 황후가 되었다. 이들은 진정한 동업자처럼 제국을 운영했다. 황제로서 유스티니아누스의 목표는 과거에 다른 경쟁 제국들에게 빼앗긴 서쪽 영토의 일부분을 (여기에는 오늘날의 이탈리아, 영국, 프랑스, 스페인에다 아프리카 북부의 일부분도 포함된다) 수복하여 로마 제국의 위대함을 회복하는 것이었다. 이는 결국 새로운 전쟁을 벌인다는 뜻이었다. 그것도 아주, 정말 아주 많은 전쟁을 말이다. 반면 테오도라는 본국인 동쪽에 더 가까운 문제에나 초점을 맞춰야 마땅하다고 생각했다. 그래도 그녀는 유스티니아누스의 모든 출정을 지원했다. 이와 동시에 유스티니아누스는 제국의 사법 체계를 철저히 조사했으며, 여성과 아동을 범죄에서 보호하는 권리를 만들었다. 또한 치세 내내 점점 더 종교에 관심을 기울였으며, 기독교의 미래에 관한 신학 토론에 적극적으로 참가하게 되었다. 유스티니아누스는 워낙 열심히 일했기 때문에 "결코 잠을 자지 않는 황제"로 알려졌다.[8]

하지만 유스티니아누스와 테오도라의 통치도 완전히 순탄하지는 않았다. 우선 귀족 계급이 항상 그녀에 대해서 (나지막이, 때로는 아예 대놓고 들리게끔) 귓속말을 주고받았다. 대부분의 사람은 테오도라처럼 낮은 계급 출신의 사람이 황후가 될 만한 자격이 있다고는 믿지 않았다. 또한 그녀가 여자 주제에 너무 목소리가 크다고도 생각했다. 유스티니아누스의 경쟁자들이 제위를 빼앗으려고 시도한 적도 두 번이나 있었으며, 서기 532년에는 격렬한 폭동이 일어나면서 콘스탄티노플의 절반이 불타고 수만 명의 사망자가 나오기까지 했다. 서기 541년에 유스티니아누스는 제국을 휩쓸던 전염병에 걸렸다. 그는 살아남았지만, 전염병 대유행으로 인구의 4분의 1이 사망했다. 그랬다. 그의 치세는 '결코' 순탄하지 않았다.

통치 중에 워낙 많은 일이 벌어졌기 때문에, 유스티니아스는 카이사레아의 프로코피오스Procopius of Caesarea라는 학자를 궁정 역사가로 임명하여 그 모든 일을 기록하게 했다. 이 학자는 동로마제국과 유스티니아누스의 아프리카, 페르시아, 이탈리아 전쟁에 관해서 여덟 권의 책을 저술했다. 프로코피오스는 종종 로마 군대를 따라다니면서 전투에 대한 목격담을 남기고 군사 지도자들에 관해서도 저술했는데, 이는 마치 오늘날 최전선에 나가 뉴스를 보도하는 종군 기자와도 유사했다. 초기 저서 가운데 하나에서는 테오도라에 대해서 감탄한 듯 서술하기도 했는데, 서기 532년의 격렬한 폭동 당시 유스티니아누스의 용기를 북돋아 주기 위해 그녀가 한 연설 때문이었다. 당시에 황제는 콘스탄티노플을 버리고 떠나려고 했지만, 황후가 계속 머무르며 권력을 지키라고 설득한 까닭에 결국 그렇게 하는 데 성공했다.

하지만 유스티니아누스가 사망한 지 몇 해 뒤에 프로코피오스는 이전과는 전혀 다른 종류의 책을 한 권 썼다. 이 기나긴 저술의 제목은 『비사祕史』였다. 여기서 그는 이전에 저술한 다른 어떤 역사서와도 확연히 다른 방식으로 유스티니아누스와 테오도라의 모습을 그려 보였다.[9] 사실 그 내용은 마치 오늘날의 타블로이드 잡지와도 상당히 비슷하게 보일 정도다. 유스티니아누스에 대한 그의 시각은 복합적이었다. 한편으로 프로코피오스는 황제가 "평온한" 태도를 지니고 있었으며, 어떤 계급의 어떤 사람과도 기꺼이 긴 토론을 나눌 용의가 있을 정도로 가까이 다가가기 쉬운 사람이라고 말했다. 또 한편으로 이 역사가는 유스티니아누스와 테오도라가 제국을 망가트리려는 은밀한 음모를 꾸몄다고 말했다. 프로코피오스의 저술 가운데 여러 장에는 "유스티니아누스는 어떻게 무수히 많은 사람을 죽였는가"라든지, "유스티니아누스와 테오도라가 실제로는 인간의 탈을 쓴 마귀임을 입증한다" 같은 제목이 붙어 있다. 그중 한 대목에서 프로코피오스는 유스티니아누스가 문자 그대로 반半마귀라고 말했다.

전하는 말에 따르면, 유스티니아누스의 친모는 그가 자기 남편 사바티우스나 다른 남성의 아들이 아니라고 가까운 친구 몇 명에게 실토했다. 왜냐하면 그를 임신하기 직전에 마귀 하나가 그녀를 찾아왔는데, 비록

CIA 분석가가 알려 주는 **가짜 뉴스의 모든 것**

눈에는 보이지 않았지만 마치 남성이 여성과 신체 접촉을 했을 때처럼 마귀가 그녀와 함께 그곳에 있었다는 뚜렷한 흔적을 남겼기 때문이라는 것이었다. 곧이어 마귀는 마치 꿈처럼 사라져 버렸다.

밤늦게까지 황제와 함께 어울리며 (분명히 궁전에서) 대화를 나눈 사람들 (즉 최대한 신분이 높은 사람들) 가운데 일부는 그의 처소에서 기묘하고 마귀 같은 형체를 보았다고 생각했다. 그중 한 명은 황제가 보좌에서 갑자기 일어나서 방을 빙빙 돌며 걸어다닌 적이 여러 번 있었다고 증언했다. 그가 오랫동안 앉아 있는 버릇을 들이지 못했기 때문이라는 것이었다. 심지어 유스티니아누스의 머리가 순간적으로 사라지기도 했는데, 그럴 때에도 그의 몸 나머지 부분은 그 긴 맴돌이를 지속하는 것처럼 보였다.[10]

그렇다면 이건 눈속임 장난이었을 것이다. 그렇지 않은가? 그런데 프로코피오스는 다음과 같이 이어나간다. 즉 유스티니아누스는 워낙 많은 초자연적 악이 깃들어 있어서, 가는 곳마다 전염병과 지진과 기타 자연 재해를 유발했다는 것이다.

프로코피오스는 테오도라에 대해서도 인정사정없었으며, 오늘날의 인터넷에서 트롤(184쪽 참고)들이 여성 표적을 겨냥해서 하는 것과 똑같은 접근법을 취했다. 즉 그녀의 도덕성과 외모를 공격하고, 그녀가 왕궁 안팎의 모든 사람과 잠을 잤으며, 자신의 외도를 숨기기 위해 여러 애인 가운데 한 명을 죽였다고 주장했다. 프로코피오스의 말에 따르면, 테오도라는 어떤 일로 인해 누군가에게 화가 나면 그를 겨냥한 거짓 혐의를 꾸며 내고, 재판관을 직접 임명해서 유죄 선고를 받게 만들어, 그의 재산을 몰수해 자기가 차지했다고 한다.

"역사는 승자가 쓰는 것"이라는 말이 있다(이 말을 처음 한 사람으로는 영국 총리 윈스턴 처칠부터 작가 조지 오웰에 이르기까지 여러 명이 지목된 바 있다. 하지만 사실은 이것도 가짜 뉴스에 불과하다. 이 말을 처음 한 사람이 누구인지는 아무도 모르기 때문이다). 하지만 이 장에서 설명한 두 가지 사건만 놓고 보면 꼭 그렇지도 않다.

람세스 2세의 경우, 역사는 전투의 패자가 (아울러 마침 그 당시에 통치자이기도 했던 이가) 쓴 것이었다. 그가 자신의 성공에 대해 뻔한 거짓말을 꾸며 냄으로써 잘난 듯 보이기를 원했다는 것이 과연 이상한 일일까? 우리가 어떤 정보를 살펴볼 때에는, 그 배후의 동기가 있는지 여부를 따져 보는 것이 중요하다. 예를 들어 람세스는 단지 그 전투가 어떻게 되었는지에 대해서만 거짓말을 한 것이 아니었다. 나아가 그는 어떻게 이겼는지에 대해서도 거짓말을 했다. 즉 신들의 권능을 이용해서 이겼다고 말한 것이다. 파라오의 통치가 흔들림 없이 탄탄하려면 그가 신들의 지원을 받는다고 백성들이 믿어야 한다. 따라서 자기가 신들을 마음대로 다룰 수 있으며, 필요할 때에는 언제라도 신들의 권능이 자신에게 내려질 수 있다고 백성들을 납득시키는 것이야말로 그에게는 가장 이익이 됐을 것이다.

유스티니아누스의 경우, 결국 그의 통치에 관한 이야기를 쓴 사람은 황제 본인이 아니었다. 그럴 권한을 가진 사람은 바로 역사가였다. 역사가는 가짜 뉴스를 이용해서 유스티니아누스의 평판을 손상시킬 수 있었는데, 유스티니아누스가 더는 이 세상에 없어서 기록을 수정할 수도 없게 된 다음이었기 때문이다. 프로코피오스의 저서는 아직까지도 유스티니아누스의 통치와 전쟁에 관해서 역사가들이 보유한 가장 포괄적인 정보의 출처이다. 하지만 당시를 기록한 그의 보고는 저서마다 워낙 들쑥날쑥하기 때문에, 역사가들로서는 실제로 무슨 일이 일어났는지를 알아내기가 어려

로마의 파스키토 조상

가짜 뉴스를 말하는 로마의 조상(彫像).
1500년대 로마에서는 고대 로마 시대의 조상 가운데 하나에 익명 저자가 쓴 메시지가 붙기 시작했다. 그 메시지에는 시와 기사는 물론이고 왕실과 귀족과 가톨릭교회에 대한 진짜와 가짜 비판도 망라되어 있었다.[11] 이것이야말로 동네 게시판, 또는 메신저 단체방의 초기 형태와도 유사했다. 지역 주민들은 그 조상을 파스키노(Pasquino)라고 부르기 시작했는데, 어떤 역사가들의 추정에 따르면 바로 그런 이름을 가진 재단사가 바티칸에서 근무했었다고 한다. 그는 가톨릭교회 지도자와 왕족에 관한 최신 가십과 정보를 입수하고 집에 돌아와서 자기 친구며 이웃에게 말해주었다. 그의 이름이 붙여진 이 조상 역시 그와 유사하게 정보의 출처가 되었는데, 다만 익명 저자가 쓴 메시지라는 점만 다를 뿐이었다. 로마 시민들은 그중 최고의 메시지를 수집해서 책으로 간행하는 전통을 시작했다. 세월이 흐르면서 로마 전역의 다른 조상들에도 유사한 메시지가 달라붙기 시작했다. 이 전통은 오늘날까지도 지속되고 있다.

울 수밖에 없다.[12] 일부 역사가들은 전임 황제를 배려하지 않았던 신임 황제 치하에서 프로코피오스가 유스티니아누스와 일부러 거리를 두기 위해서 『비사』를 저술했다고 믿는다. 다른 역사가들은 그가 결코 출간을 의도하지 않은 상태에서 집필했다고 생각한다. 즉 그 내용은 어디까지나 개인적인 화풀이 일기에 불과했다는 것이다. 만약 프로코피오스가 유스티니아누스와의 연계를 최소화하려는 시도로서 집필했다고 가정하면서 그 책을 읽어 보면, 아마 우리는 그 내용 가운데 정확한 부분이 그리 많지는 않다고 평가할 수도 있을 것이다. 하지만 만약 프로코피오스가 다른 어떤 의도가 없는 상태에서 집필했다고 가정하고서 읽어 보면, 그 내용은 좀 더 믿을 만해 보이기 시작할 것이다.

역사라고 해서 항상 승자가 쓰는 것까지는 아닐 수도 있지만, (그걸 처음 말한 사람이 누구이건 간에) 그 유명한 인용문은 대체적으로 옳다고 봐야 한다. 즉 우리는 어떤 글을 쓴 사람이 누구이며 그 동기가 무엇인지를 항상 생각해야 마땅하다. 최소한 가짜 뉴스의 경우에는 대개 그걸 만들 만한 동기가 있는 사람이 만들게 마련이기 때문이다.

인쇄기

람세스 2세와 유스티니아누스 황제 시절에만 해도 가짜 뉴스를 전달하는 능력은 제한적일 수밖에 없었는데, 사람들이 의사소통을 주고받는 방법 자체가 얼마 없었기 때문이었다. 그 당시에는 읽거나 쓰지 못하는 사람이 대부분이었다. 기사와 정보는 (그 내용이 진실이건 거짓이건 간에) 입소문으로 그 내용을 퍼트리는 사람들에게 의존했다. 뉴스는 종종 여러 도시를 오가는 상인을 통해서 전달되었다. 하지만 광범위한 기록 통신 및 교통 수단이 없는 상황이다 보니, 뭔가를 공유하는 데도 심각한 지리적 제한이 있었다.

인쇄기의 발명만큼 세계를 변화시킨 발명은 극히 드물다.[13] 여러 세기에 걸쳐서 도시가 성장하고 대학이 설립되면서 책을 원하는 수요가 워낙 커지다 보니, 책을 대량 생산할 수 있는 기계야말로 자연스러운 해결책이었다. 이는 언론업journalism의 탄생으로, 경제적 성장으로, 문해율과 교육과 (당연한 이야기이지만) 가짜 뉴스의 급증으로 이어졌다.[14]

인쇄기가 나오기 이전에만 해도 책이란 일일이 손으로 쓰고 종종 삽화로 장식해서 만들었기 때문에, 그 페이지 하나하나가 유일무이한 작품인 셈이었다. 성서처럼 분량이 많은 책들을 만들려면 수도사 한 명이 꼬박 1년 동안 손으로 베껴 써야만 했고, 그 와중에 단순 실수라든지 그저 장난삼아 바꿔 놓은 단어가 없으리라는 보장도 없었다. 중세 내내 책에 대한 수요를 따라잡고 책을 더 구매하기 쉬운 물건으로 만들기 위해서 점점 더 많은 수도원과 작업장이 설립되었다. 하지만 필사하는 데 들어가는 노력을 감안하면, 사회경제적으로 낮은 계급에게는 대체로 책은 너무 비싼 물건이었다.[15]

인쇄기의 발명자로 항상 공인되는 사람은 요하네스 구텐베르크라는 금 세공인이지만, 그 최초 버전은 사실 중국에서 이미 나타나기 시작한 상태였다. 지금까지 확인된 최초의 인쇄본은 불교 경전인 『금강경』으로 서기 868년에 제작되었다.* 중국에서 발명한 최초의 인쇄기는 글자가 배열된 페이지 전체를 나무로 깎아 인쇄판을 만든 다음, 거기에다가 잉크를 바르고 종이를 얹어서 누르는 방식이었다. 따라서 한 페이지짜리 인쇄물 수천 장을 인쇄하는 데는 별 문제가 없었지만, 여러 페이지짜리 책이나 여러 종류의 책을 만들고 싶은 경우에는 작업이 더 어렵고 시간도 더 오래 걸렸다.

그러다가 1450년경에 이르러 유럽에서 구텐베르크의 인쇄기가 나타났다. 이 장치는 이른바 활자活字, 즉 금속으로 주조한 알파벳의 개별 철자를 유럽에서 최초로 사용했다. 사람이 일일이 철자를 배열해서 단어를 조합하는 방식이

---

* 가장 오래된 목판본이라면 우리나라에서는 『무구정광대다라니경』(8세기 초중반)을 꼽지만, 전 세계적으로는 둔황본 『금강경』(9세기 중반)을 꼽는다. 『무구정광대다라니경』은 간접 증거로 발행일을 추정한 것이지만, 둔황본 『금강경』은 868년 5월 11일이라고 발행일이 명시되었기 때문이다.

어서, 기존 인쇄기와는 달리 다양한 인쇄판을 자유자재로 만들 수 있었다. 인쇄업자는 철자를 배열한 인쇄판에다가 잉크를 발랐다. 구텐베르크의 인쇄기는 나사식 압착기라서, 사용자는 인쇄판 위쪽에 설치된 얇은 판자에다가 종이를 고정한 다음, 종이를 아래로 내려서 잉크를 바른 인쇄판에 대고 눌렀다. 철자를 배열해 한 페이지에 해당하는 인쇄판을 준비하면, 인쇄업자는 종이와 잉크가 떨어지지 않는 한 얼마든지 인쇄본을 만들어 낼 수 있었다. 이 방법은 수도사들이 손으로 한 행씩 써 내려가는 방식보다 확실히 더 빨랐다.

인쇄기 덕분에 사람들은 책, 소책자, 기타 인쇄물을 대량으로 만들어 낼 수 있었으며, 그것도 한 가지 표준 규격으로 만들어 낼 수 있었다. 구텐베르크가 인쇄한 최초의 책은 1452년에 간행한 성서였다. 이 책은 180부 제작되었는데, 각 권당 1,300페이지에 달했다. 구텐베르크의 인쇄기가 발명된 때로부터 고작 50년이 지났을 무렵, 유럽에는 1,000대 이상의 인쇄기와 약 50만 권의 인쇄본이 있었다[16](구텐베르크의 인쇄기가 세상에 끼친 영향력을 고려하면, 그가 이 물건을 만든 지 몇 년 만에 완전히 파산한 상태로 쓸쓸히 사망했다는 것은 뭔가 공정하지 않아 보인다). 어떤 역사가들은 인쇄기 이전에만 해도 유럽에서 문해력을 갖춘 이가 전체 성인 가운데 겨우 25퍼센트 이하였지만, 이후 더 많은 사람들이 문헌에 접근할 수 있게 되면서 1600년대 중반에 이르러서는 그 비율이 두 배로 늘어나게 되었다고 추산했다.

인쇄기가 나오기 전에만 해도, 사람들이 가진 정보와 대중에게 알릴 내용 모두는 대부분 왕실과 부유층과 교회의 통제를 받았다(스포일러 경고: 이들 모두는 검열을 무지막지 애호했다). 하지만 인쇄기는 이 모든 상황을 바꿔 버렸다. 마치 수문을 열어 놓은 격이 되어서, 새로운 생각과 사상과 정보가 그 어느 곳의 그 어느 사람에게나 쏟아지게 되었던 것이다. 인쇄기의 발명과 더불어 읽기와 정보의 기회도 일반인에게 훨씬 더 많이 열렸으며, 덕분에 많은 사람들은 자기들이 이전까지만 해도 결코 갖지 못했던 뭔가를 갖게 되었다. 그 뭔가란 바로 목소리였다. 그런데 알고 보니 사람들은 말할 내용이 참으로 많았다.

가짜 뉴스와
프랑스 왕실

1610년에 프랑스 왕 앙리 4세가 암살당했다. 그의 아들 루이 13세는 그 당시에 겨우 아홉 살이었기 때문에, 왕비 마리 드 메디시스 Marie de Médicis가 프랑스의 섭정이 되었다. 그녀의 임무는 젊은 왕이 직접 통치할 준비가 될 때까지만 국가를 운영하는 것이었다. 하지만 세월이 흐르면서 마리는 많은 권력을 누리는 걸 좋아하게 되었고, 아들이 권좌에 오를 수 있을 만큼 장성하고 나서도 물러나기를 거부했다.

프랑스 국민 앞에서 자기 결정을 정당화하기 위해서, 마리는 가짜 뉴스를 조금 퍼트릴 필요가 있다고 판단했다. 그리하여 어머니는 자기 아들이 "단순한" 데다가 "너무 허약한" 까닭에 직접 통치할 수 없다는 헛소문을 퍼트리기 시작했다.[1] 문제는 마리가 주위 사람들에게 손쉽게 휘둘린다는 것이었다. 오랜 친구의 남편으로 마리의 핵심 조언자였던 콘치노 콘치니도 그런 주위 사람들 중 하나였다. 마리가 기존의 임무를 지속하려면 프랑스 귀족들의 지지가 필요했는데, 정작 그들은 콘치니를 싫어

1603년에 샤를 마르탱이 그린 마리 드 메디시스와 아들 루이 13세의 초
상화.

해서 결국 섭정 정치에 저항하는 반란을 감행했다. 1617년에 16세가 된 루이는 지지자들을 규합했고, 자기 어머니를 프랑스 한복판의 어느 성에 유폐하고 콘치니의 처형을 명령함으로써 권좌에서 자신의 정당한 자리를 되찾았다.

그 성은 엄밀히 말해서 감옥까지는 아니었지만, 마리는 흥분되는 파리의 궁정 생활로 돌아가고 싶어서, 그리고 더 중요하게는 섭정으로서의 자기 지위로 돌아가고 싶어서 좀이 쑤셨다. 2년 동안 성에서 갇혀 생활한 끝에 마리는 사다리를 타고 탈출해서 프랑스 서부의 한 요새에 은신하는 대담한 도주를 감행했다. 은신처에서 어머니는 아들과 벌이는 말[言] 전쟁을 개시했고, 루이가 미성숙하고 나약하다는 점뿐만 아니라 자기가 프랑스를 통치해야만 더 나으리라는 점을 국민에게 납득시키기 위한 소책자를 인쇄했다.

마리의 소책자가 항상 아들을 직접 비판한 것까지는 아니었다. 그보다 왕의 절친이자 핵심 조언자인 뤼느 공작을 표적으로 삼아서 결과적으로 왕을 간접 공격하는 경우가 종종 있었다. 마리가 펴낸 소책자의 주장에 따르면 이 공작은 탐욕스러웠으며, 나라를 파멸로 몰아넣도록 루이를 세뇌시키기까지 했다. 그녀의 소책자는 프랑스에서 벌어진 모든 안 좋은 일을 공작 탓으로 돌렸으며, 심지어 공작이 프로테스탄트와의 전투에서 사망한 이후까지도 그렇게 했다. 마리는 자기가 유폐된 이유이자 (헌신적이고 사랑 넘치는 어머니인) 자기가 아들을 만나지 못하게 된 이유도 바로 뤼느 공작 때문이었다고 주장했다. 그녀의 소책자는 상당히 설득력이 있었는데, 프랑스 궁정의 귀족들은 왕의 관심을 받는 사람을 누구든지 간에 매우 질시했기 때문이었다. 왕이 한 사람에게 호의를 드러내기 시작하면, 궁정 전체가 곧바로 그 사람을 미워하는 일에 달려들었다.

인쇄본 책은 여전히 인쇄하기나 구입하기가 상당히 비쌌기 때문에, 인쇄본 소책자(팸플릿)가 인기를 얻게 되었다.

소책자는 커다란 종이 한 장의 양면에 인쇄하고 여러 번 접어서 만들었기 때문에, 분량은 대개 3쪽 내지 16쪽 사이였으며 때로는 그보다 더 긴 것도 있었다. 불과 며칠이면 수천 부를 인쇄해서 유통시킬 수 있었다.[2] 소책자는 인쇄하기도 비교적 저렴해서, 대중에게 정보를 유포하기에 좋은 수단이 되었다. 바꿔 말하자면 유례가 없을 정도로까지 가짜 뉴스를 퍼트리고 증폭시킬 수 있었다는 뜻이기도 했다. 사람들은 소책자에 온갖 내용을 다 담아 인쇄했다. 의견, 비판, 음모 이론, 헛소문, 황당무계한 이야기와 과장까지도. 마시 2000년대 초에 블로그가 대단히 인기 있었을 때와도 유사했다. 그때에는 모두가 블로그를 하나씩 갖고 있었으며, 인터넷에는 사람들의 의견과 생각이 가득했으니까. 왕실도 종종 소책자를 이용해서 새로운 법률과 왕의 칙령에 관한 정보를 확산시켰다. 매년 수천 종의 소책자가 인쇄되었다. 처음에만 해도 사람들은 군주 때문에 제한적인 정보만 얻고 말았지만, 나중에 가서는 정보의 홍수에 휘말리게 되었으며, 심지어 대도시 이외의 지역에서도 상황은 마찬가지였다.[3] 그런데 문제는 유포되고 있는 내용을 검증할 방법이 사람들에게는 전혀 없었다는 점이었다.

아들을 상대로 한 어머니의 말 전쟁 전략에서 또 한 가지 주목할 측면은, 마리가 중요한 귀족들에게 쓴 자기 편지 가운데 상당수를 소책자로 인쇄하여 대중에게 배포했다는 점이었다. 그런 소책자에서 마리는 어째서 자기가 더 나은 통치자가 될 것인지를 설명했다. 더 중요한 점은, 어머니가 아들의 잔인함에 희생되었다고 자처하여 독자의 심금을 울렸다는 점이었다. 프랑스의 가장 중요한 인물들 사이의 개인적인 편지로 간주되는 내용을 인쇄한 결과, 독자는 그녀의 말을 더 많이 믿게 되었다. 병력과 지지자가 자기 쪽으로 모이기 시작할 무렵, 마리는 더 많은 소책자를 간행하여 자신이 사랑하는 나라를 사악한 세력으로부터 보호하는 것이야말로 자신의 임무라고 주장했다(번역하자면 이런 뜻이다. "내가 이렇게 많은 군대를 모으는 것이 권력을 탈환하기 위해서라고? 사실이 아닙니다!").

충분히 이해하겠지만, 루이는 마리의 소책자를 싫어했다. 아들은 1619년에 어머니에게 쓴 편지에서도 그렇게 말했다. "굳이 온 왕국이 읽게끔 할 것 없이, 사적인 자리에서 어머니의 생각을 저에게 말씀하실 수도 있었을 텐데요."[4] 하지만 루이 역시 마리가 자신의 궁정을 장악하도록 놔둘 마음은 없었기에, 제 나름대로 소책자를 간행하여 대응했다. 사실 루이는 마리보다 두 배나 많은 소책자를 간행했는데, 이것이야말로 더 크게 고함을 질러서 다른 모두의 고함을 묻어 버리는 행동이라 할 수 있었다. 이때 아들은 강력한 권력을 지닌 여성을 위험하고도 무능한 인물로 묘사하는, 저 유서 깊고도 효과 좋은 접근법을 채택했다.[5] 루이의 소책자는 마리를 비합리적이고 혼란스러운 여성이라 지칭하며, 그런 정신적 나약함을 이용하는 이기적인 조언자들에게 휘둘리고 있다고 주장했다. 그녀가 어머니로서의 역할을 저버리고 사익을 추구한다고 말하면서, 어떻게 아들과 싸우려고 시도할 만큼 그토록 잔인할 수가 있느냐고 물음을 던졌다. 또한 루이는 소책자를 이용해서 하느님께서 부여하신 통치의 권리를 위해서 싸우는 젊고 고귀한 전사의 이미지를 만들었다. 한마디로 막장 드라마였다.

때로 "어머니와 아들의 전쟁"이라고도 일컬어지는 그 기간 동안, 마리와 루이는 모두 합쳐 약 3,300종의 소책자를 인쇄했다. 인구 대부분이 여전히 글을 읽지 못하던 시대였음을 감안하면 어마어마한 수치가 아닐 수 없다.[6] 결국에 가서는 루이 13세의 소책자가 더 설득력 있었던 것으로 입증되면서 마리의 지지자들도 돌아서기 시작했다. 1620년에 양쪽 군대가 전장에서 만나자 어머니가 아들에게 패배했다. 그녀는 결국 섭정이 되려는 시도를 포기하고, 파리의 궁정으로 돌아와 살게 되었다.

　마리와 루이 13세 사이의 소책자 전쟁은 가짜 뉴스도 특정 독자를 상정하고 작성했을 때에 가장 효과적임을 보여준다. 사람들은 자기가 이미 찬동하는 정보를 더 기꺼이 받아들이게 마련이다. 루이의 논증이 더 성공적이었던 까닭은, 사람들이 이미 마리에 대해서 생각하던 바를 그 내용이 강화해 주었기 때문이었다. 프랑스 궁정은 예전부터 항상 외국인을 의심해 왔기에, 이탈리아 출신인 마리를 분수에 맞지 않게 권력에 굶주린 외국인으로 채색하기는 그리 어렵지도 않았다. 그의 소책자는 또한 그 당시의 성 고정관념을 고스란히 드러냈다. 즉 여성은 감정적이고 나약한 피조물에 불과하지만, 남성은 전사라는 것이었다. 대부분 남성이었던 귀족을 대상으로는 이것이야말로 승리를 보장하는 메시지였다.[7]

또 다른 마리

　마리 앙투아네트는 겨우 열네 살이었던 1770년에 프랑스 왕위 계승자인 루이오귀스트와 결혼했다. 마리 앙투아네트는 오스트리아 여제 마리아 테레지아와 신성로마제국 황제 프란츠 1세의 딸로서 이 결혼은 프랑스와 오스트리아의 동맹을 굳히기 위한 의도로 성사되었다. 결혼 당시 열다섯 살이었던 루이오귀스트는 마리가 기대했던 '빛나는 갑주의 기사'와는 딱 들어맞지가 않았다. 그는 행동이 어색하고 말이 없었다. 아내가 혐오하는 취미인 사냥에는 몰두했던 반면, 아내가 반색하는 취미인 춤에는 서툴렀다. 루이오귀스트는 원래 왕위 계승자가 아니었지만, 형이 사망했기 때문에 자연스레 후계자로 올라서게 되었다(사실은 그의 형이야말로 그의 아내가 상상했던 '빛나는 갑주의 기사'에 더 가까웠다). 그래도 그는 마리 앙투아네트에게는 충분히 잘해 주었던 것처럼 보이는데, 딸의 배우자를 부모가 얼굴도 보지 않고 결정해 주던 시대에는 그 정도만 해도 여성 귀족이 바랄 수 있는 최선인 경우가 많았다.

마리 앙투아네트는 궁정 생활에 압도당하고 말았다. 프랑스어를 말하고 쓰는 데 아주 능숙하지도 못했건만, 고국의 가족들은 그녀가 프랑스 주재 오스트리아 대사나 다름없이 행동하기를 기대했다. 그러다 보니 마리는 어색한 위치에 서게 되었는데, 그녀가 고국을 언급할 때마다 프랑스 귀족들로부터 일종의 스파이 취급을 당하며 비판받곤 했다. 파리 서쪽 베르사유 궁전을 근거로 한 궁정은 외부자를 혐오했기에, 곧바로 마리 앙투아네트를 수상하게 여겼다. 상당수의 귀족은 애초부터 오스트리아와의 동맹에 반대했었다. 어쨌거나 그 동맹 때문에 프랑스는 프로이센과 영국을 상대로 하는 7년 전쟁(1756~1763)에 끌려 들어가 결국 패배함으로써 값비싼 대가를 치렀기 때문이었다. 프랑스 궁정 역시 마리 앙투아네트가 익숙했던 곳보다 훨씬 더 엄격했으며, 훨씬 더 많은 규칙과 관습이 있어서 (예를 들어 머리 모양, 입는 옷, 먹는 방식까지도 일일이 지시했다) 그녀가 뭔가를 잘못할 때마다 궁정이 귓속말을 나누었다.[8] 하지만 마리의 상대는 단지 프랑스 궁정의 감시만이 아니었다.

마리 앙투아네트가 도착했을 무렵, 프랑스에서는 '리벨libelles'이라는 소책자 또는 서적이 이미 한 세기 이상 번성하고 있었다. 이 단어가 '모욕적인 글'을 뜻한다는 사실 하나만으로도, 그 내용이 대략 무엇인지는 아마 짐작할 수 있을 것이다.[9] '리벨'은 대개 유명 인사와 기타 저명한 인물을 공격했으며, 특히 프랑스 왕실과 귀족이 그 대상이었다. '리벨'은 종종 단편 소설, 에세이, 만화, 희곡의 형태로 작성되었다. 이 간행물은 가짜 뉴스의 출처로 인기가 높았으며, 1700년대 말에 이르러 프랑스의 대도시에 만연했다. 외부자로 간주되었던 마리 앙투아네트는 신속히 '리벨'의 표적이 되었다.[10]

유럽의 왕실은 '리벨'을 통해 표출되는 불만의 급증을 염려하지 않았는데, 평민이 제기하는 불만에 대해서는 특히나 그러해서, 유럽 전역에 걸쳐 자신들을 겨냥하는 모든 비판의 (그 비판이 사실인지 아닌지 간에) 인쇄를 금지하는 법률을 제정했다. 프랑스에서는 인쇄업자가 뭔가를 간행하기 전에 정부 허가를 받도록 의무화했는데, 이를 통해 왕실을 지지하지 않는다고 간주되는 인쇄업자의 허가를 취소하거나 회수하려는 의도였다. 아울러 정부는 불법으로 뭔가를 인쇄한 사람들을 투옥하고 처형하기까지 했다. 프랑스에서 인쇄에 대한 제한이 생기자, 대부분의 '리벨'은 해외에서 간행되어 국내로 밀수되었다.[11]

마리 앙투아네트가 프랑스로 떠나기 전, 어머니는 마지막으로 다음과 같은 조언을 건네었다. "프랑스 국민에게 많은 선행을 베풀어서, 내가 그들에게 천사를 보내 주었다는 이야기가 나오게끔 하거라." 하지만 궁정과 '리벨' 사이에 끼어 버린 마리 앙투아네트로선 자기가 처음부터 실패하고 있다는 느낌을 받게 되었다.

1774년에 루이오귀스트의 할아버지 루이 15세가 갑작스럽게 사망하자, 겨우 열여덟과 열아홉 살에 불과했던 마리와 루이오귀스트는 프랑스의 왕비와 왕이 되었다. 통치자가 프랑스의 보좌에서 입지를 보장받으려면, 왕실의 계보가 이어지도록 최대한 빨리 남성 후계자를 낳아야만 했다. 하지만 무려 8년이 되도록 마리 앙투아네트와 루이오귀스트는 자녀를 낳지 못했다. '리벨'에는 그 이유에 관한 온갖 이론이 난무했다. 어떤 사람은

aui cheri, mets ta main fur mon cœur
et dans tes fens fais en paffer l'ardour

1793년에 샤를조세프 마이에르(Charles-Joseph Mayer)가 간행한 『프랑스 왕비 오스트리아의 마리 앙투아네트의 방탕하고도 수치스러운 사생활』에 수록된 동판화.

루이오귀스트가 불임이기 때문이라고 말했다. 또 어떤 사람은 이렇게 물었다. "왕은 그걸 할 수 있는가, 할 수 없는가?"[12] 다른 사람들은 마리 앙투아네트가 루이오귀스트와 한 이불을 덮지 않는다고, 왜냐하면 자기 시동생을 비롯한 다른 여러 사람들과 바람을 피우느라 너무 바빠서 그렇다고 주장했다. 다른 여러 '리벨'에서는 그녀가 남몰래 동성애자라고, 따라서 루이오귀스트와는 아무것도 하고 싶어 하지 않는다고 말했다. '리벨' 가운데 상당수에는 마리 앙투아네트의 외도로 보이는 장면이나 난교를 묘사한 외설적인 삽화가 들어 있었다.[13]

그런데 사실 마리 앙투아네트는 자녀를 절실히 원했다. 마리아 테레지아는 딸에게 정기적으로 쓴 편지에서 마리가 임신하지 못하는 상황이 더 길어질수록 스스로를 더 위험에 처하게 만들 것이라고 말했다. 그런데 사실 문제는…… 음, 마리 앙투아네트와 루이오귀스트가 정작 아이 만드는 일에 대해서 잘 알지 못했다는 점이었다. 그렇게 몇 년이 흐르자 그녀의 오빠가 프랑스로 찾아와서 왜 아직 후계자가 없는지를 알아보았다. 왕이며 왕비와 개별 면담을 하고 나서, 그는 두 사람이 "부부생활에 완전 젬병"이라는 것이 문제였다고 마리아 테레지아에게 편지로 보고했다.[14] 마리 앙투아네트는 결국엔 자녀를 네 명이나 낳았는데, 그중 한 명이 결핵으로 사망하자, 『에세이』라는 제목의 '리벨' 시리즈에서는 그녀가 독을 먹였기 때문이라고 비난하기까지 했다.[15]

이처럼 크나큰 압박을 받으며 마리 앙투아네트는 자기가 가장 좋아하는 두 가지 취미에 몰두하게 되었다. 바로 치장과 도박이었다. 그녀는 머리에 값비싼 깃털을 장식했고, 때로는 최대 1미터에 달하는 커다란 가발을 쓰기도 했다. 일주일에 두 번 베르사유로 재봉사를 불러서 값비싼 새 드레스를 제작했다. 그런데 그 당시의 마리가 미처 완전히는 이해하지 못했던 사실이 있었으니, 바로 그녀가 왕비로 있는 나라는 재정 위기의 문턱에 있었다는 점이었다.

선왕인 루이오귀스트의 할아버지는 7년 동안 오스트리아의 편에 서서 전쟁을 벌이는 한편, 베르사유에서의 무절제한 생활 방식을 계속한 결과로 프랑스의 돈을 모조리 써 버렸다. 새로운 왕과 왕비도 돈을 잘 다루지 못하기는 마찬가지였다. 아메리카 혁명(미국독립혁명)이 진행 중인 상황에서 왕위에 오른 루이오귀스트는 영국에서 독립하려는 아메리카의 대의를 지지했다. 급기야 그는 자국의 부채에도 불구하고 아메리카에 자금과 병력을 여러 해 동안 지원했으며, 그 비용을 대기 위해서 농민에게 (왜냐하면 귀족은 납세 의무에서 면제되었기 때문이다) 세금을 물렸고, 더 많은 부채를 짊어지게 되었다.

그러다가 루이오귀스트는 이미 베르사유 궁전을 갖고 있음에도 불구하고, 호화로운 성을 한 채 더 지어서 아내가 혼자 있을 수 있는 장소로 삼았다. '리벨'에서는 자국의 재정 문제 모두의 원인으로서 마리 앙투아네트를 비난하기 시작했다. 거기서는 그녀를 '적자 여사Madame Déficit'라고 부르면서, 혼자 힘으로 프랑스를 파산시켰으며 왕실에서 일어난 모든 잘못된 일의 원인이라고 주장했다. 아울러 거기서는 그녀가 수백만 아시냐(당시 프랑스의 통화 단위)를 오스트리아의 자기 가족에게 보냈다고 주장했다.[16] 프랑스에서 밀가루와 빵의 가격이 치솟자, '리벨'에서는 마리 앙투아네트의 사치스러운 지출을 원인으로 비난했으며, 급기야 파리의 거리에서 과격한 폭동이 일어났다.

심지어 파리 사람들이 빵조차도 사지 못한다는 이야기를 들은 마리 앙투아네트가 그냥 어깨를 으쓱하면서 "그러면 케이크를 먹으라 하세요!Qu'ils mangent de la brioche!"라고 농담했다는 보도도 있었다. 하지만 이

것 역시 가짜 뉴스였다.

어쩌면 그녀의 어머니 마리아 테레지아는 선견지명의 소유자일지 모른다. 어머니는 종종 마리 앙투아네트에게 편지를 써서 지출을 줄이라고 설득했고, 딸의 일로 인해 파리에서 야기되는 사회 불안을 언급했기 때문이다.

마리는 '리벨'이 왜 그토록 자기를 표적으로 삼는지 이해할 수 없었다. 물론 자기가 값비싼 것들을 좋아하기는 했지만, 또 한편으로는 자선 단체에 상당한 돈을 보냈고, 가난한 사람들을 (특히 아이들을) 돕는 데에도 진정으로 다가섰기 때문이었다. 그녀는 길에서 도움이 필요한 사람을 만나면 마차를 세우면서까지 도와준 적도 있었고, 질병이나 사망으로 고생하는 여러 가족에게 돈을 보낸 적도 있다고 알려져 있었다. 하지만 파리에서는 물론이고 프랑스 전역에서도, 왕비의 자선 활동은 한마디로 충분하지 않았다.

세금과 악천후 때문에 전국의 농가가 큰 피해를 보면서, 1788년에는 빵 가격이 얼마나 비싸졌는지 가난한 사람들은 먹고 살 수조차 없게 되었다. '대공포'라고 알려진 그 시기에는 프랑스 전역에 새로운 헛소문이 퍼졌는데, 바로 식량 부족이야말로 국민을 굶주리게 만들려는 왕실의 음모라는 내용이었다. 사람들은 더 이상 참지 못했다. 전국 각지의 농민과 도시민 모두가 귀족에게 반기를 들었다. 1789년에 이르러 프랑스에서는 전면적인 혁명이 시작되었다. 폭도는 왕실의 중요한 무기고인 바스티유를 점령했다.[17] 사람들은 정부로부터 한마디 말도 듣지 못한 채 가난 속에서 살아가는 데에 넌더리가 났던 것이다. 이는 결국 자신들의 삶에 대한 귀족의 통제와 왕실의 절대적 통치를 종식시킬 필요가 있다는 뜻이었다.

왕족은 위기 상황을 깨닫고 도망치려 시도했지만, 결국 아이들까지 포함해서 모두 붙잡히고 체포되었다. 루이오귀스트는 반역 혐의로 기소되어 1793년에 참수형을 당했다. 마리 앙투아네트도 재판에 회부되었으며, 남편보다 아홉 달 뒤에 결국 처형되었다. 가짜 뉴스는 왕비의 평판에 상당히 큰 영향을 끼쳤는데, 부정不貞을 비롯해서 그녀가 받은 혐의 가운데 다수는 단지 '리벨'에서 제기된 주장에 불과했다.

'리벨'이 프랑스 혁명을 만든 것까지는 아니었지만, 왕실에 반대하는 분노의 불길을 지핀 것만은 확실했다. 그렇다면 이 모든 가짜 이야기들의 발상은 어디에서 나온 걸까? 그런 이야기들 가운데 다수는 단지 가십에 불과했다. '리벨'의 작성자들은 종종 파리의 공공 장소나 런던의 커피하우스에 죽치고 앉아서, 자기들이 써먹을 만한 흥미로운 대화에 귀를 기울이곤 했다. 하지만 그 내용 대부분은 완전히 꾸며 낸 것이었다.[18]

'리벨'이 그토록 효과적이었던 핵심 이유 가운데 하나는 왕실이 프랑스 대중에게 왕족이나 궁정에 관해서 그리 많이 공개하지 않았다는 점이었다. 기자도 베르사유에 들어갈 수 없었고, 정부도 평민의 눈앞에 투명할 필요가 있다고는 조금도 생각하지 않았다. 왕실에 관한 정보가 워낙 적다보니 '리벨'이 빈틈을 메운 것이었다. 사람들도 그걸 믿을 수밖에 없었는

프랑스에서 가짜 뉴스의 또 다른 인기 있는 수단은 '카나르'(canard)라는 뉴스 전단이었다.
'카나르'는 프랑스어로 "오리"를 뜻하지만, 나중에 가서는 "근거 없는 헛소문, 또는 이야기"를 뜻하게 되었다. 카나르는 선정적인 이야기를 만들어 냈다. 1780년의 어느 카나르는 칠레에서 괴물이 발견되어 포획되었다는 (당연히 상상에 불과한) 기사를 보도한 것으로 유명하다.[19]

데, '리벨'의 내용과 비교해 볼 만한 다른 정보가 아예 없었기 때문이었다. 오늘날 우리가 접하는 가짜 뉴스 가운데 다수와 마찬가지로, 이 '리벨'은 대개 독자에게 진짜 진실을 말해 주겠다고 약속하곤 했다. 즉 베르사유에서 벌어지고 있는 일에 관해서 다른 어디서도 얻을 수 없는 내부 정보를 제공하겠다는 것이다.

평민은 이미 왕실의 과도한 부를 싫어하고 있었다. 그런다고 누가 그들을 비난할 수 있겠는가? '리벨'에 게재된 마리 앙투아네트에 대한 공격은 가난에 대한 설명과 아울러 분노를 향하게 할 초점을 사람들에게 제공해 주었다. 즉 부패한 프랑스 왕실이 문제였다고 말이다. 심지어 오늘날까지도 가짜 뉴스는 보통 우리의 생각을 완전히 바꿔 놓으려고 의도하지는 않는다. 대신 가짜 뉴스는 단지 우리가 듣고 싶어 하는 바로 그 내용을 말해 줌으로써, 우리의 시각을 더 굳히려고 노력할 뿐이다.

최초의 신문

인쇄기가 유럽에 나타난 지 100년이 채 되기도 전에, 사람들은 일회성 사건들에 관한 보고서를 쓰기 시작했다. 사람들은 이를 "뉴스 책news books"이라고 불렀다. 여러분은 "뉴스 책"이 나중에 무엇으로 변했는지 혹시 짐작이 되시는가? 맞다. 바로 신문newpapers이다. 정기적으로 인쇄된 최초의 실제 신문은 1605년에 유럽에서 만들어졌다. 소책자 같은 다른 인쇄 자료와 신문이 결정적으로 달랐던 점은 바로 정기적으로 간행된다는 점이었다. 신문은 만들어진 지 얼마 되지 않아 유럽과 아메리카 식민지의 모든 대도시에서 나타났다.

아메리카에서는 1776년에 영국으로부터 독립을 얻어 내기 전부터 가짜 뉴스가 전국을 강타했다. 최초의 신문인 《퍼블릭 어커런스Publick Occurrneces》가 1690년에 아메리카 식민지에서 간행되었지만 첫 호를 내자마자 문을 닫고 말았으니, 프랑스 왕이 며느리와 동침했다는 주장을 실었기 때문이었다. 여기서 놀라운 사실은 이 신문을 폐간시킨 장본인이 사실은 영국 왕실의 대리인들이었다는 점이다. 영국과 프랑스는 역사 내내 때때로 적대하기를 반복했지만, 양쪽 모두 어느 왕실을 겨냥했든지 간에 평민이 제기한 비판을 묵과한다면 자칫 전 세계의 질서가 위협받으리라고 믿었던 것이다.[20]

1775년에 이르러 식민지에서는 최소한 37종의 신문이 간행되고 있었다.[21] 하지만 오늘날 우리에게 익숙한 두툼한 신문과는 상당히 다른 모습이었다. 대부분 정치인과 유명 인사가 그 소유주이다 보니, 기본적으로 실제 뉴스 보도보다는 오히려 적대 관계인 정당과 경쟁자를 겨냥한 당파적인 공격이 가득했다. 아울러 19세기 이전까지는 종이가 여전히 값비쌌기 때문에, 신문 역시 분량이 적었으며, 그나마도 대개는 그걸 구입할 돈을 가진 부유한 엘리트가 읽었다. 1830년대 이전의 미국에서는 신문 한 부의 가격이 6센트 내외였는데, 이는 일반인 봉급의 10퍼센트에 달하는 금액이었다. 결국 노동 계급은 신문을 구입할 여력이 없다는 뜻이었다.[22] 아울러 당시 신문은 정치에 관여하지 않은 사람이 보기에는 살짝 지루한 면도 있었다. 기사 작성자들이 폭넓은 독자들에게 쉽게 이해되고 흥미로울 법한 내용을 소개하기보다는, 단지 자기가 얼마나 똑똑하고 재치 있는지를 자랑하려고만 노력했기 때문이었다.

미국의 건국자로 간주되는 사람들은 가짜 뉴스와 애증이 섞인 관계를 맺고 있었다. 한편으로 이들은 새로운 나라를 건설하는 과정에서 무슨 일이 있어도 여론을 자기네 편으로 유지하는 것의 중요성을 알았으며, 가짜 뉴스야말로 그렇게 하는 편리한 방법임을 알아냈다. 이와 동시에 건국자 가운데 다수는 다른 누군가가 자신들을 겨냥하거나 궁극적으로는 미국 정부를 겨냥해서 가짜 뉴스를 이용할 경우에는 매우 성가시게 될 것이라고 느꼈는데, 비록 본인들은 헌법 수정조항 제1조에다가 언론과 출판의 자유를 권리로 포함시켜 보장하려 했음에도 그렇게 느꼈다.

미국 헌법의 주 설계자인 제임스 매디슨은 한때 "여론은 모든 정부에 한계를 설정하며, 모든 자유 정부의 진정한 주권자"라고 쓴 적이 있었다. 따라서 미국의 건국자들은 유럽을 본받아서 자기네 나름대로의 소책자와 신문 전쟁을 수행함으로써 자기네 적들과 싸웠다. 그 적들이란 대개 영국인이었지만, 때로는 미국인들 서로이기도 했다.

가짜 뉴스와
미국의 건국지들

　　1777년에 벤저민 프랭클린은 매우 특별한 프로젝트를 진행 중이었다. 아메리카 식민지의 대사로서 프랑스에 도착한 직후, 곧바로 파리에서 개인적으로 사용할 인쇄기를 한 대 구해 조립한 것이다.

　　프랭클린은 인쇄기를 완성하고 여러 가지 활자까지 입수하자 짜릿함을 느꼈다. 취미 발명가로서 그는 사물의 작동 방식을 배우기 좋아했으며, 뭔가를 분해했다가 조립해서 새로운 것을 만들어 내기를 즐겼는데, 예를 들어 열쇠와 연을 가져다가 피뢰침으로 변모시킨 것이 대표적이었다. 하지만 프랭클린의 입장에서 인쇄술의 가장 흥분되는 점은 자신이 가장 관심을 가진 주제에 대한 여론을 변모시키는 과정에서 자신의 말이 얼마나 강력한지를 알아볼 수 있다는 것이었다. 실제로 그는 프랑스로부터 전쟁 원조를 얻어내는 데 도움이 되게끔 여론을 움직이고자 했다.

　　그 당시에 아메리카 혁명은 12개월째 맹위를 떨치고 있었으며, 프랭클린은 영국을 상대하는 전쟁에서 프랑스를 동맹국으로 유지하는 데 집중했다. 하지만 또 한 가지 큰 문제가 있었다. 훗날 미합중국을 구성하게 될 13개 주가 지친 상태였으며, 사기도 낮아졌던 것이다. 독립을 이루기 위해서는 더 많은 병력이 필요했다. 인쇄기를 구입한 이후, 프랭클린은 이제 대사에게 일반적으로 기대되는 업무인 공식 정부 문서 인쇄보다 더 많은 일을 할 수 있다고 확신했다. 전쟁의 향방을 바꿔 놓는 데도 도움을 줄 수 있는 일이었다.[1]

프랭클린이야 인쇄 및 신문 업계로의 진출이 처음도 아니었다. 사실 그는 과거에 필라델피아에서 《펜실베이니아 가제트Pennsylvania Gazette》라는 신문을 간행하여 큰 재산을 축적한 바 있었다. 이때 그는 시기적절한 정치 만평이라든지(예를 들어 그가 만든 가장 유명한 만평에서는 각 주를 상징하는 여러 토막으로 잘려나간 뱀의 그림 밑에 "뭉치면 살고, 흩어지면 죽는다"라는 구호가 적혀 있었다), 또는 (그렇다!) 심지어 가짜 뉴스 기사조차도 큰 영향력을 끼칠 수 있음을 배우게 되었다.[2]

벤저민 프랭클린이 《펜실베이니아 가제트》 1754년 5월 9일자에 게재한 정치 만평.

벤저민 프랭클린, 조지 워싱턴, 알렉산더 해밀턴 같은 사람들에게 인쇄기는 애초에 혁명을 위한 지지를 조성하고 여세를 유지하는 데 무척이나 중요한 도구였으므로, 프랭클린이 파리에 오자마자 그 장비를 마련하게된 것도 놀라운 일까지는 아니었다. 1782년에 이르러, 프랭클린은 자기가 영국인을 설득해서 식민지와의 평화 조약에 서명하게끔 하기까지 매우 가까워졌다고 믿었다. 그는 아메리카의 독립이 손닿는 범위까지 와 있다고 느꼈지만, 또 한편으로는 영국이 마침내 포기하도록 만들기 위해서 결정타를 날릴 뭔가를 할 필요가 있다고 보았다. 그리하여 그는 가짜 뉴스를 이용하기로 했다.[3] 그즈음 프랭클린의 인쇄기는 완전하게 작동 중이었다. 그는 그 장비를 이용하여 실제로 있는 신문인 《보스턴 인디펜던트 크로니클Boston Independent Chronicle》의 디자인과 서체를 모방해서 마치 그 부록인 것처럼 보이는 신문을 하나 인쇄했다. 그는 이 부록이 진짜 신문의 한 면인 것처럼 보이게 심혈을 기울였다.

신문에는 매 호마다 고유번호가 인쇄되어 있었기에, 프랭클린은 자신의 가짜 부록에도 이에 상응하는 고유번호를 만들어 넣는 세심함을 발휘

영국도 인쇄된 말이 얼마나 강력할 수 있는지를 알아채고, 1765년에 인지법을 제정하여 탄압을 시도했다.

이 법에서는 인쇄업자가 인쇄하는 페이지 하나하나마다 세금을 물렸으며, 광고에 대해서도 하나하나마다 더 많은 세금을 물렸다. 외국어로 인쇄하는 신문이나 책에 대해서는 이보다 더 많은 세금을 물렸다. 인쇄업자의 견습생이 되려는 사람조차도 세금을 내야만 했다. 영국이 인쇄업자에게 워낙 많은 세금을 물린 까닭에, 일부는 어쩔 수 없이 문을 닫을 수밖에 없었는데, 사실 영국의 의도가 바로 그것이었다.[4]

CIA 분석가가 알려 주는 **가짜 뉴스의 모든 것**

했다. 그의 신문은 커다란 한 장짜리로, 앞뒷면에 기사가 하나씩 들어 있고, 갖가지 광고와 공고가 흩어져 있었는데, 예를 들어 매사추세츠주 세일럼에서 잃어버린 말 한 마리를 찾는다는 공고 같은 것이었다. 아울러 프랭클린은 익명으로 기사를 작성했는데, 그렇게 함으로써 실제 언론인이 작성한 것처럼 보이게 만들고, 어느 누구도 기사를 역추적해서 그의 정체를 알아내지 못하게 했다. 신문이 준비되자 그는 식민지와 영국에 있는 친구들에게 보내서, 마침 《보스턴 인디펜던트 크로니클》이 실제로 간행되었을 즈음에 딱 맞춰 도착하도록 했다. 프랭클린은 친구들을 통해 자신의 기사가 다른 신문에도 전재되기를 고대했다. 만약 자신이 영국의 여론을 식민지와의 전쟁에 반대하는 쪽으로 돌릴 수만 있다면, 아메리카에게는 독립의 기회가 있으리라고 생각했기 때문이다.

과거의 경험을 바탕으로 프랭클린은 폭력에 대한 충격적인 이야기가 대중의 주의를 가장 잘 사로잡는다는 사실을 알고 있었기에, 그가 작성한 기사 대부분은 그 당시의 뿌리 깊은 인종차별주의를 건드리고 있었다. 처음 기사 가운데 하나는 영국인과 아메리카 원주민 부족의 공조에 대한 내용이었다. 일부 부족은 실제로 영국인과 공조했는데, 이를 통해 식민지인이 자기네 땅을 빼앗는 행위를 막고 싶어 했기 때문이었다. 하지만 상당수의 부족들은 중립을 지켰으며, 또 일부는 심지어 식민지인 편에 가담하기도 했다. 그런데도 프랭클린은 원주민 부족들이 식민지인을 공격했다는 내용의 이야기를 꾸며 냈다. 한 기사에 따르면, 왕에게 보내는 돈과 물품 꾸러미를 아메리카 병력이 발견했다. 그런데 그중에 있는 자루 여러 개를 열어 보니 세네카 부족에게 살해당한 남자와 여자와 어린이의 머리가죽 수백 장과 함께, 충성과 우정의 선물로서 이 머리가죽을 왕에게 바친다고 쓴 편지 한 통이 들어 있었다. 이 내용을 설득력 있게 만들기 위해서, 프랭클린은 아예 뉴잉글랜드의 어느 민병대 장교가 지휘관에게 보낸 것이라고 하는 가짜 편지를 만들어 인쇄하기까지 했다. 그 편지에서는 이른바 머리가죽 벗기기에 대해서 보고하면서, 영국 조지 왕이 세네카 부족을 고용해 식민지인을 공격하게 만들었다고 말하는 동시에 독립 아메리카의 중요성에 대해서도 경고했다. 그는 노골적인 세부 내용을 포함시켰으며, 살해당한 사람 모두의 이름까지 열거했다. 그 편지에는 아메리카 원주민 추장이 "위대한 왕께" 머리가죽을 보내면서 내놓았다는 연설문 기록도 포함되어 있었다. "그분께서 이를 보시고서 기분전환을 하실 수 있기를. 아울러 당신의 적을 격퇴하는 일에서 우리의 충실함을 알아주시기를 바라나이다."

프랭클린은 미래의 대통령 존 애덤스를 비롯한 자기 친구 여럿에게 이 가짜 신문을 보냈으며, 첨부한 편지에서는 그 기사가 사실은 아니라고 암시했다. 머지않아 식민지 신문과 영국 신문 몇 군데에서 그가 꾸며 낸 기사를 옮겨서 게재했다. 이것으로 끝이 아니었다. 그의 가짜 뉴스 기사는 이때부터 미국과 영국의 다음번 전쟁인 이른바 1812년 전쟁이 벌어지기 전까지 35년 동안 최소한 27개 신문에 더 간행되었다.[5]

대통령들의 가짜 뉴스 전투

미국의 건국자들은 단지 전시에만 가짜 뉴스를 사용한 것이 아니었다. 이들은 각자의 정치적 전투를 수행하는 과정에서도 가짜 뉴스를 사용했다. 토머스 제퍼슨은 아메리카 혁명 이후에 대통령이 되려고 필사적이었지만, 다른 사람들도 같은 자리를 원하며 길게 줄지어 선 상태였다. 이들 모두는 조지 워싱턴이 퇴임하려고 결심하는 날을 간절히 기다렸다. 그러다가 제퍼슨은 어쩌면 그 줄의 맨 앞으로 가는 데 도움이 될 수도 있을 법한 발상을 하나 떠올렸다. 아직 국무장관으로 재직하던 상태에서 그는 신문 편집자인 필립 프레노를 은밀하게 고용해서 《내셔널 가제트 National Gazette》라는 신문을 창간하게 했다. 제퍼슨이 프레노에게 국무부의 일자리를 하나 맡겼기 때문에, 결국 프레노는 국무부에서 봉급을 받는 처지이면서도 실제로는 제퍼슨 개인 소유의 신문을 만드는 일을 했던 셈이다. 제퍼슨은 결코 그 신문에 직접 기사를 싣지 않았는데, 최소한 자기 본명으로는 그렇게 하지 않았다는 뜻이다. 사실은 굳이 그렇게 할 필요도 없었다. 제퍼슨이 원하는 내용이라면 무엇이든지 간에 프레노가 대신 실었기 때문이다. 제퍼슨은 《내셔널 가제트》를 이용해 당시의 대통령 조지 워싱턴을 아메리카의 새로운 폭군이라며 공격했다. 아울러 제퍼슨은 대통령 직위를 둘러싼 주요 경쟁자라고 스스로 간주한 사람, 바로 당시 재무장관이었던 알렉산더 해밀턴을 공격했다. 제퍼슨은 제임스 매디슨과 공조하여 그 신문의 구독자를 모았으며, 심지어 매디슨은 필명과 본명 모두를 이용해서 그 신문에 기사를 게재했다.[6] 《내셔널 가제트》에 게재된 기사 가운데 하나의 헤드라인은 무려 '조지 워싱턴과 제임스 윌슨의 장례식'이었으며, 황제 같은 행색의 워싱턴이 단두대에 서는 삽화가 곁들여져 있었다.[7]

또 한편으로 제퍼슨은 이 신문을 이용해서 자신이 창설한 민주공화당을 홍보했으며, 당연한 이야기지만 자신을 당연히 차기 지도자가 되어야 할 인물로 홍보했다. 제퍼슨은 국무장관 자격으로 접한 이슈에 관한 비밀 정보를 프레노에게 제공해 신문에 공개했고, 이를 통해서 자신의 지위와 업무에 대한 대중의 지지를 조성하려고 했다. 아울러 제퍼슨은 미래의 대통령으로서 대중의 공감을 얻을 기회라고 여기며, 자신이 독립선언서를 작성했다고 《내셔널 가제트》를 통해 홍보했다. 물론 그 주장 자체가 거짓말인 것까지는 아니었다. 실제로 독립선언서의 작성은 제퍼슨이 주도했기 때문이다. 다만 자기가 유일한 작성자라는 제퍼슨의 주장에 미국의 건국자들 가운데 다수는 심기가 불편했으며, 원래의 공동 작성자 5인에 속했던 존 애덤스가 특히나 그렇게 느꼈다. "제퍼슨이 모든 무대 효과를 …… 모든 영광을 챙겨서 달아나 버렸다." 애덤스는 여러 해 뒤에 이렇게 불평했다. 하지만 그는 제퍼슨에게 한방 먹일 수 있었다. 워싱턴이 마침내 물러나자, 1797년에 대통령이 된 사람은 제퍼슨이 아니라 바로 애덤스였기 때문이다.

그러는 와중에 해밀턴은 《내셔널 가제트》와 제퍼슨의 연계를 간파했다. 그는 1792년에 쓴 에세이에서 프레노를, 그러니까 그 연장선에서 제퍼슨을 직격했다. 그의 생애를 각색한 뮤지컬 <해밀턴>의 팬인 나는 다음 인용문을 그 뮤지컬에 나오는 랩처럼 읊기를 좋아한다.

[프레노는─원주] 한 정당의 우두머리의 충실하고도 헌신적인 종으로서, 바로 그의 손으로부터 혜택을 받는다. 이 신문의 전체적인 논조는 외무와 내무 모두에서 그 고용주의 정책의 똑같은 복사본이며, 그의 행동을 지배하는 바로 그 후원의 영향력에 대한 결정적인 내적 증거를 드러내고 있으니……

……이 신문의 명백한 목표는 정부와 그 수단을 중상하려는 것인데도, 정부 주요 부서의 우두머리인 제퍼슨 씨가 이 신문의 후원자가 되는 것은 과연 가능한 일인가?[8]

달리 표현하자면 이런 뜻이다. 왜 정부 공직자가 굳이 가짜 뉴스까지 이용해 가면서 자기가 속한 바로 그 정부를 파괴하려 시도한단 말인가? 좋은 질문이 아닐 수 없다. 아마도 해밀턴이 제퍼슨의 가짜 신문을 그토록 손쉽게 꿰뚫어 볼 수 있었던 까닭은, 그 스스로도 긴밀히 간직한 비밀이 있었기 때문일 것이다. 그 비밀이란 바로 해밀턴 역시 또 다른 신문에 돈을 주고 자기가 원하는 내용을 간행하고 있었다는 사실이다![9]

제퍼슨은 존 애덤스 정부의 부통령으로 재직했는데, 두 사람이 서로 다른 정당 소속인데도 불구하고 그러했다(그 당시에는 대통령 선거의 차점자가 당선자의 부통령이 되는 식이었다). 하지만 제퍼슨은 여전히 대통령이 되겠다는 자신의 목표를 포기하지 않았고, 그 직위를 얻는 데 도움이 되기 위해 가짜 뉴스를 이용하는 일을 그만두지도 않았다. 제퍼슨은 1800년의 대통령 선거에 존 애덤스를 상대로 입후보했다. 두 사람 모두 상대를 제치기 위해 가짜 뉴스에 크게 의존했는데, 급기야 이때의 선거전은 미국 역사에서 가장 악의적인 정치 유세 가운데 하나로 꼽힐 정도였다. 애덤스는 제퍼슨이 무신론자이며 겁쟁이라고 말했다. 애덤스의 정당인 연방당the Federatlists이 운영하는 신문에서는 제퍼슨이 범죄를 좋아한다고 주장했다. 그러면서 만약 그가 대통령이 된다면 "살인, 절도, 강간, 간통, 근친상간을 공개적으로 가르치고 실행할 것이며, 공중에는 고통 받는 사람들의 비명이 가득하고, 땅에는 피가 흠뻑 배어들고, 온 나라가 범죄로 물들" 것이라고 경고했다.[10]

제퍼슨은 인신공격을 이용해서 반격을 가했다.[11] 그 당시의 악의적인 성적 고정관념을 이용해서, 애덤스는 지도자가 될 만큼 충분히 남자답지 못하며, 사실상 남자도 아니고 여자도 아니라고 주장했던 것이다. 조지 워싱턴을 겨냥했던 과거의 전략을 반복해서, 제퍼슨은 존 애덤스를 미국의 왕이자 폭군 지망생이라고 묘사하기도 했다. 제퍼슨의 지지자들은 애덤스가 아들 가운데 한 명을 영국 왕 조지 3세의 딸과 결혼시키려고 계획했으며, 만약 조지 워싱턴이 때맞춰 이를 저지하지 않았더라면 미국은 다시 영국의 지배를 받게 되었으리라는 이야기를 퍼트렸다. 또한 제퍼슨은 자기 손을 더럽히지 않도록 자기가 만들어 낸 가짜 뉴스를 대신 세상에 내놓을 언론인 제임스 캘린더를 고용했다. 제퍼슨의 시도는 제대로 먹혀들었다. 그는 마침내 대통령에 당선되었고, 애덤스를 백악관에서 쫓아냈다. 이 논란 많은 경쟁의 결과로, 원래는 그때까지만 해도 가까운 친구 사이였던 제퍼슨과 애덤스는 선거 이후 12년 동안이나 서로 이야기를 나누지 않게 됐다.[12]

미국의 건국자들이 그토록 지독하리만치 가짜 뉴스를 이용했으며, 언론과 출판의 자유를 그토록 확고부동하게 옹호했다는 사실을 염두에 두고 보면, 이들 스스로가 신문에 관해서 많은 불평을 쏟아냈다는 사실은

아울러 제퍼슨은 제임스 캘린더를 이용해서 알렉산더 해밀턴이 유부녀인 마리아 레이놀즈와 불륜을 저질렀다는 뉴스를 퍼트렸다.[13] 1800년에 캘린더는 현직 대통령 애덤스에 대한 "거짓이고, 수치스럽고, 악의적인 글"을 인쇄했다는 혐의로 징역 9개월을 선고받았다.
그는 감옥에 들어가서도 제퍼슨을 대통령으로 지지하는 기사를 계속해서 작성했다. 자신이 생각하기에는 매우 충성스러웠던 이런 봉사의 대가로, 캘린더는 감옥에서 풀려난 후에 정부의 유급 일자리를 제퍼슨에게 요구했다.[14] 하지만 제퍼슨이 거절하자 캘린더는 상대방의 가장 큰 비밀을 폭로하는 연속 기사를 간행했다. 바로 제퍼슨이 노예로 부리는 흑인 여성 샐리 헤밍스와의 사이에서 자녀를 낳았다는 것이었다.

약간 아이러니할 수도 있다. 대통령 시절인 1798년에 존 애덤스는 외국인 선동금지법이라고 일컬어지는 일련의 법률에 서명했는데, 그 내용에 따르면 정부에 대해서 "거짓이고, 수치스럽고, 악의적인 글"에 일말이라도 관여한 사람에게 정부가 벌금이나 징역을 가할 수 있었다. 이 법률은 애덤스의 대통령 임기 말에 가서 폐지되었지만, 그 3년 동안에만 해도 연방법원은 애덤스 행정부를 공개 비판했던 이들을 최소한 26명 기소했다.[15] 여하간 이 법률은 대중에게 매우 인기가 없었다. 대부분의 역사가들은 애덤스가 재선에서 패배한 주요 이유 가운데 하나가 바로 이 법률이었다는 데에 의견이 일치한다.

제퍼슨 역시 언론과 출판의 자유의 확고한 신봉자이긴 했지만, 정작 언론과 출판이 자신에게 악영향을 끼치는 경우에는 굳이 결과를 신경 쓰지 않고 성급하게 행동하기도 했다. 1807년에 그는 "이제는 신문에 나오는 내용 가운데 믿을 게 하나도 없다"고, 아울러 "신문을 보지 않는 사람이 신문을 읽는 사람보다 훨씬 더 박식하다"고 말하기까지 했다.[16]

미국의 초창기에 벌어진 가짜 뉴스 전투를 통해서, 우리는 어떤 이야기를 퍼뜨린 이가 과연 어떤 동기에서 그런 이야기를 했는지를 아는 것의 중요성을 깨닫게 되며, 아울러 그 이야기의 배후에 누가 (또 다른 사람이건, 정부건, 아니면 당파적인 조직이건 간에) 있는지를 아는 것의 중요성도 깨닫게 된다. 적들에 대한 가짜 뉴스를 내놓고 자신의 주장을 내세우는 일이라면 간단히 제퍼슨 본인이 직접 발언하는 식으로도 가능했겠지만, 실제로는 그와 직접적으로 연계되지는 않는 방식인 (즉 외관상 정상적인 신문처럼 보이는)《내셔널 가제트》를 통해서 그렇게 했을 때에 훨씬 더 효과적이었다. 사람들은 제퍼슨이나 애덤스가 서로를 겨냥해서 하는 이야기에 대해서는 회의적이었을 수도 있지만 (어쨌거나 두 사람은 한 가지 직위를 놓고 유세 중이었으며, 뚜렷한 목적을 갖고 있었으니까), 다른 사람들이 보도한 내용은 더 진지하게 받아들였다. 비록 대부분의 신문이 당파적이라는 사실을 알고 있었음에도 불구하고 그러했다. 만약에 제퍼슨이 《내셔널 가제트》의 편집자에게 돈을 준다는 사실이라든지, 또는 애덤스가 프랑스와의 전쟁을 원한다는 헛소문을 퍼트릴 누군가를 고용했다는 사실이 공공연하게 알려져 있었다면, 그런 이야기들은 아마 불신당했을 것이다.

이보다 더 중요한 점은, 정치 유세와 선거 과정에서 특정 이슈와 후보에 대한 여론에 영향을 주려는 시도로서 거짓 정보가 동원된다는 사실이다. 미국의 건국자들의 이야기를 보면, 이런 시도는 오래전부터 있었음이 우리 앞에 확연히 드러난다. 따라서 지금의 우리도 정치 뉴스라고 나오는 내용을 접할 때에는 과연 믿을 만한 출처에서 나온 정확한 정보인지를 확인하는 것이 각별히 중요하다.

가짜 뉴스,
과학을 공략하다

에드거 앨런 포는 무일푼 상태로 지내는 일에 익숙했다. 아버지가 가족을 버리고, 배우였던 어머니까지 사망하면서, 그는 겨우 두 살 때에 고아가 되었다. 열여덟 살이었던 1827년에는 육군에 입대했는데, 다른 무엇보다도 안정적인 봉급을 받을 수 있기 때문이었다. 하지만 그는 불과 몇 년 뒤, 그러니까 육군 사관학교에서 생도로 생활을 시작한 지 얼마 되지 않아서 품행 불량으로 퇴학당했다. 사실 그 당시 포는 육군에 마음을 두지 않은 상태였다. 그는 저술가가 되기를 간절히 바랐으며, 심지어 아직 군대에 있을 때에 저서인 『태멀레인: 시집』을 간행하기도 했다. 물론 그 책을 실제로 구입한 사람은 많지 않았지만 말이다.[1] 저술가로 생계를 유지하기는 어려웠다. 당시 미국 경제는 침체되어 있었고, 출판계도 역시나 심한 타격을 받았다. 그리하여 포는 육군을 떠나서 직장인으로 일하면서 신문과 문예 잡지에 기고했다.

1830년대에는 미국의 여러 대도시에서 색다른 종류의 신문이 나타나기 시작했다. 이른바 '1전 신문'이라는 것이었다. 일반 신문보다 분량이 더 저은 편인 이 신문은 그 내용과 가격(단돈 1센트였기 때문에 그런 별명이 붙었다) 모두에서 노동 계급을 겨냥했다. 1전 신문은 매일 인쇄되었으며, 종이도 일반 신문보다 더 저렴한 것을 사용했다. 이 신문은 점차 사람들에게 정보와 재미를 한꺼번에 주는 방법이 되었다. 시사에 대해서도 보도했지만 단편 소설, 시, 농담, 풍자, 삽화도 포함하고 있었다. 기사 역시 더 짧았으며, 인간적 흥미를 일으키는 기사며, 눈길을 사로잡는 범죄 이야기며, 노동 관련 이슈에 관한 논의 등이 포함되어서, 노동 계급에게 많은 호응을 얻었다.

1전 신문이 독자의 관심을 끄는 방법 가운데 하나는 진짜 뉴스 바로 옆에다가 선정적인 기사와 날조를 함께 인쇄하는 것이었다. 이 새로운 방향은 포의 구미에 딱 맞아 떨어졌는데, 그는 공들여 만든 문학적 날조라는 발상을 좋아했기 때문이다. 1844년에 포는 뉴욕시에서 가장 큰 1전 신문인 《선The Sun》에다가 일종의 열기구를 타고 불과 75시간 만에 대서양을 횡단한 유럽의 기구 조종사에 관한 기사를 기고했다. 《선》에서는 그의 기사를 마치 진짜 뉴스마냥 내놓았다. 최초의 열기구가 1783년에 이륙하긴 했었지만, 이때까지만 해도 포가 자기 기사에서 묘사한 것에 가까웠던 물건은 전혀 없었다.[3] 최초의 상업 항공사가 나오려면 아직 수십 년의 세월이 더 남아 있던 상황에서, 독자는 그의 기사에 홀딱 반할 수밖에 없었다.

1848년에 W. S. 하츠혼이 촬영한 에드거 앨런 포의 은판 사진.

이 기사에는 기구의 작동 방식에 관한 여러 가지 세부사항이 포함되어 있었기 때문에 매우 설득력 있어 보였다. 독자들은 그토록 빠른 나라 간 여행이 가능할 수도 있다는 가능성에 흥분해 마지않았다. 또한 포는 1836년에 실제로 영국에서 독일까지 날아갔던 열기구 조종사에 관한 설명에서 가져온 인용문을 길게 집어넣었다.[4] 이처럼 진짜 세부사항을 충분히 집어 넣음으로써 저자가 그 내용에 대해서 정통한 것처럼 들릴 때, 아울러 때마

심지어 포의 수수께끼 같은 죽음 역시 가짜 뉴스에 시달렸다.
1849년에 그는 다른 사람의 옷을 걸치고 메릴랜드주 볼티모어의 도시를 멍한 모습으로 배회하다가 발견되었다. 그리고 불과 며칠 뒤에 사망했다. 포의 문학적 경쟁자인 루퍼스 그리스월드는 《뉴욕 데일리 트리뷴》에 쓴 부고에서 갖가지 거짓 정보를 집어넣음으로써 마치 포를 아무런 도덕도 없는 사람처럼 보이게 만들었으며, 그의 죽음으로 인해 "슬퍼할 사람은 극소수일 것"이라고 말하기까지 했다.[5] 세월이 흐르면서 포의 죽음에 대해 나온 갖가지 설명에서는 광견병부터 알코올중독이며 절망에 이르기까지 온갖 것이 원인으로 거론되었다.

침 우리가 듣고 싶어 하는 어떤 내용을 단언해 주기까지 할 때, 가짜 뉴스 기사는 훨씬 더 믿을 만해 보이게 된다. 안타깝게도 그 기사는 사실이 아니었고, 《선》은 그 기사가 간행된 지 이틀 만에 취소 공지를 내놓았다. 하지만 그즈음에는 다른 여러 신문에서 이 기사를 가져가서 보도한 상태였다.

1838년에 포는 『낸터킷의 아서 고든 핌의 수기The Narrative of Arthur Gordon Pym of Nantucket』라는 책을 간행했다. 한 소년이 포경선에 밀항했다가 선상 반란에 휘말리는 무시무시한 내용의 해양 모험 소설이었다. 이 책은 아서 고든 핌 본인이 썼다는 서문으로 시작되는데, 그는 이 책을 쓰는 과정에서 걱정이 많았다고, 아무도 자기 이야기를 믿지 않을 것이라고 생각해서 그랬다고 말한다. 가공 인물 핌은 자기가 책을 쓰기로 동의한 까닭은 어디까지나 편집자인 에드거 앨런 포가 (즉 실제 저자가) 이 이야기를 소설이라며 간행하겠다고 약속했기 때문이라고 설명한다. 자신의 성향에 걸맞게, 포는 완전히 가공의 이야기로 보일 내용에다가 망망대해에서 자신이 직접 겪은 경험을 포함해 실제 탐험가의 보고를 엮어 넣었다. 독자를 더욱 혼동시키기 위해서, 포의 출판사는 이 책을 진짜 여행기라며 판매했다.

하지만 이 책에는 너무 많은 사실 오류가 들어 있었기 때문에, 서평가들은 포의 날조를 곧바로 꿰뚫어 보았다. 한 서평가는 이 책이 "대중을 속여 넘기려는 뻔뻔스러운 시도"라고 말했다.[6] 『낸터킷의 아서 고든 핌의 수기』는 포가 쓴 처음이자 마지막 장편 소설이었다.

역사가들과 문학 비평가들은 포의 저술이 의도적인 날조인지, 아니면 그가 단지 풍자의 천재였는지를 놓고 여전히 논쟁하고 있다. 진실은 아마

풍자와 가짜 뉴스의 차이.

물론 상당히 큰 차이가 있으며, 둘을 구분할 줄 아는 것이 중요하다. 풍자는 거의 가짜 뉴스만큼이나 오래전부터 있었다. 이것은 정치적이거나 사회적인 이슈를 제기하거나 드러내는 형식으로 보통 유머와 아이러니를 이용한다. 풍자는 종종 실제이고 사실인 정보를 기본으로 깔고 있지만, 보통은 가짜 요소나 과장을 덧붙여서 현실을 조롱한다. 풍자는 종종 패러디로서 가짜 뉴스의 형태를 취하기도 한다. 가짜 뉴스가 사람들을 속이려는 의도를 가진 반면, 풍자는 굳이 진짜 뉴스라고 속이려 시도하지 않는다. 하지만 자기네가 읽거나 듣는 내용이 진짜 뉴스가 아니라는 사실을 이해하지 못할 경우, 사람들은 풍자에도 속을 수 있다. 현대의 풍자의 사례로는 《더 어니언》, 보로위츠 리포트, 〈더 데일리 쇼〉를 들 수 있다.* 풍자는 실제 사건을 논의할 수도 있지만, 그렇다고 해서 진짜 뉴스까지는 아니라는 점을 기억하는 것이 중요하다. 퓨 리서치 센터의 2014년 조사에 따르면, 참여자 가운데 12퍼센트는 〈더 데일리 쇼〉에서 뉴스를 접한다고 말했다. 문제는 이 프로그램이 비록 중요한 이슈를 제기하기는 해도, 궁극적으로는 사람들을 웃게 만들려는 것이 본래 의도라는 점이다.[7] 만약 여러분이 읽는 내용이 너무 이상해서 마치 사실이 아닌 것처럼 들리는 경우, 그건 아마 풍자일 것이다. 하지만 실제로 그러한지를 확실히 알아내는 최선의 방법은 그 간행물에 관해서 간단하게 온라인 검색을 해 보는 것이다.

---

* 《더 어니언》은 미국의 유명한 풍자 뉴스 사이트이며, 보로위츠 리포트는 유머 칼럼니스트 앤디 보로위츠가 《뉴요커》에 쓰는 칼럼이다. 〈더 데일리 쇼〉는 인기 코미디언 트레버 노아가 진행하는 풍자 프로그램이다.

도 그 사이의 어딘가에 있을 것이다. 그의 시각에서는 어쨌거나 삶이야말로 하나의 커다란 날조였기 때문이다. 포는 사람들이 천성적으로 잘 속아 넘어갈 뿐만 아니라, 어떤 인간도 모든 것을 알 수는 없다는 단순한 사실 때문에라도 항상 기만 상태에서 살아갈 수밖에 없다고 믿었다. 날조는 사람들이 취약하다는 사실을 보여주는 훌륭한 경고였다.[8] 포가 보기에는 그런 취약성이 그리 나쁜 것도 아니었다. 그의 생각에 따르면, 삶이란 허구와 현실 사이의 경계를 흐리게끔 "반쯤 감은 눈"* 으로 바라볼 때에 최상이었으니까.

달에 사는 생물과 지구에 닥친 위기

《선》이 기사 때문에 대중의 비난을 받았던 사례는 포의 기구 기사가 처음도 아니었다. 1835년에 이 신문은 《에든버러 과학 저널Edinburgh Journal of Science》에서 전재했다고 자처하는 연재 기사를 간행했는데, 달에 외계인 문명과 환상적인 생물이 있다고 주장하는 내용이었다.[9] 이 기사는 그 당시의 저명하고 존경받는 천문학자 존 허셜 경의 발견 내용을 설명했다. 실제로 이 과학자는 남반구에서 강력한 신형 망원경으로 관측할 수 있는 별들의 목록을 작성하기 위해서 남아프리카의 희망봉에 다녀온 원정에 대해서 기고한 적이 있었다. 《선》의 가짜 기사에서는 바로 그 원정에서 허셜이 달에 사는 생명체를 발견했다고 설명했다. 그러면

---

* 포의 시 「태멀레인」에 등장하는 구절이다.

서 이 천문학자가 망원경을 이용해서 달에 사는 포유류를 아홉 종류나 발견했다고 주장했다. 예를 들어 뿔 달린 곰과 파란색 염소처럼 어느 누구도 들어 본 적이 없는 포유류였다. 심지어 박쥐처럼 날개 달린 사람도 있어서 달 표면의 운석공과 커다란 자수정 사이로 날아다니면서 과일을 따먹는다고도 주장했다.

물론 허셜은 그런 이야기를 결코 한 적이 없었으며, 지금 와서 보면 이모든 이야기는 그저 터무니없는 헛소리로 들린다(맞다. 실제로도 그렇다). 하지만 1835년 당시에는 어땠을지 한 번 생각해 보시라. 온 세계가 달이나우주에 관해서는 아직 많이 모르고 있는 상태였다. 사람이 달에 가 본 일도 아직 없었다. 그 당시의 망원경으로는 아주 멀리까지 볼 수가 없었으며, 이 신문의 주 독자인 노동 계급과 중산층 대부분은 망원경 근처에도가 본 적이 없었고, 망원경을 들여다본 적은 더더욱 없었다.[10] 그들로선 인간이 얼마나 멀리까지 볼 수 있는지를 전혀 몰랐다.

이 기사는 상당히 과학적으로 들리게 작성되었으며, 독자는 저 천문학자의 인용문이 꾸며 낸 것임을 알지 못했다. 이들은 그저 신빙성 있는 저명한 전문가의 말이 인용된 것만 보았기에, 그가 했다는 말을 사실로 받아들였다. 어느 누구도 달에 가 본 적은 없는 상황이었으니, 왜 그들이 첨단 망원경을 보유한 전문가인 천문학자에게 굳이 의문을 제기하겠는가? 당시는 소셜미디어도, 인터넷도, TV도 없던 시절이라 그 정보를 검증할수단, 또는 심지어 그 이야기가 거짓이라는 사실을 알고 난 뒤에도 비판할 수단조차 없었다. 《에든버러 과학 저널》은 실존하는 간행물이었지만이미 몇 년 전에 폐간된 상태였는데, 이것 역시 일반적인 미국인은 알지못했을 사실이었다.

독자는 이 기사에 매혹되었으며, 유럽의 여러 신문도 이를 기사로 내보

1835년 《선》의 연재 기사에 수록된 삽화.

냈다. 심지어 예일 대학의 과학자 여러 명도 깜박 속아 넘어간 나머지, 원래 기사를 직접 읽어보겠다며 《선》의 직원들을 만나러 뉴욕으로 찾아오기까지 했다.[11] 비록 이 신문도 결국에 가서는 그 내용 전체가 날조임을 시인했지만(당연히 경쟁 신문에서 이를 폭로하는 기사를 게재한 다음에야 그렇게 했다), 이 기사는 애초에 의도한 목적을 달성했다. 즉 신문이 잘 팔리게 해 주었다. 1834년부터 1836년까지 《선》의 발행 부수는 5,000부에서 1만 9,000부로 늘어났으며, 결국에는 세계에서 가장 많이 읽는 신문이 되었다.[12] 에드거 앨런 포는 그 기사가 얼마나 많은 사람들을 속였는지를 살펴보면서, 이렇게 말하기도 했다. "이를 불신한 사람은 열 명 중에 한 명조차도 되지 않았으며 …… 버지니아의 한 대학의 근엄한 수학 교수는 그 모든 사건의 진실성에 대해서는 '일고의 의심도 없다'고 내게 진지하

CIA 분석가가 알려 주는 **가짜 뉴스의 모든 것**

게 말하기까지 했다!"[13]

허셜 역시 자기가 날조에 이용되었다는 사실에 당연히 격분했다. 나중에 가족에게 보낸 편지에서 불평한 바에 따르면, 그때까지 그 모두가 날조임을 알아차리지 못한 이들은 그가 발견했다고 알려진 내용에 대해 세계 각지에서 편지를 써 보냈다고 한다. 그로부터 1년 뒤, 그러니까 여러 신문이 《선》의 기사를 진짜 뉴스로서 여전히 보도하고 있는 상황에서, 허셜은 더 이상 참을 수 없었다. 이 기사가 반복됨으로써 생겨나는 해악에 대해 우려한 그는 프랑스의 한 신문에 편지를 보내서, 그 '발견'에 관한 모든 보도를 부정했다.

> 저는 이 선례야말로 어떤 이야기가 그토록 많은 지역에서 그토록 다양한 형태로 보편적으로 반복될 경우에는 그 터무니없음조차도 반박으로부터 자유로울 수 있다는 걸 보여주는 나쁜 선례라고 간주하는 바입니다. 존슨 박사께서는 일찍이 이렇게 말씀하신 바 있습니다. 누군가에게 365일 내내 매일 아침 식탁에서 진지하게 이야기해 주기만 하면 이 세상에 어떤 것도, 즉 제아무리 터무니없거나 불가능한 일조차도 결국에는 믿게 된다고 말입니다. 나폴레옹도 비슷한 금언을 넘긴 적이 있습니다. 수사학에서 가장 효과적인 것은 바로 반복이라고 말입니다.[14]

신문이 항상 독자를 속이려고 시도하는 것까지는 아니었다. 때로는 독자가 신문을 속이기도 했다! 1874년에 《위치타 시티 이글Whichita City Eagle》에서는 J. B. 레전더라는 사람이 보낸 편지를 게재했는데, 거기에는 이탈리아 피렌체에 사는 해외 거주 미국인인 자기 친구가 알아낸 내용이라며 다음과 같은 이야기가 서술되어 있었다. 즉 어느 과학 회의에서 밝혀진 바에 따르면, 존경받는 이탈리아의 천문학자 조바니 도나티가 그 세기 초에 발명된 전신電信 때문에 지구가 태양에 더 가까이 다가가게 된다는 사실을 발견했다는 것이었다. 전신 케이블의 자기磁氣에 중력이 결합되면서 지구가 태양 쪽으로 끌려가게 되었다는 것이다. 그 결과 유럽은 앞으로 12년 사이에 열대 기후로 바뀔 것이며, 지구 전체는 거주 불가능한 상태가 될 것이라고 했다. 결국 지구는 태양과 충돌해서 폭발하리라는 것이 그 천문학자의 결론이라고 했다.[15]

레젠더의 말에 따르면, 도나티는 지구의 임박한 파괴에 대해 유럽 각국의 정부에 경고하려 했지만, 어느 누구도 귀를 기울이지 않았다는 것이었다. 급기야 세계를 구하려는 최후의 시도로서 그는 동료 몇 명을 모은 다음, 배를 하나 빌려서 바다에 설치된 전신 케이블 가운데 하나를 망가트려 지구를 움직이지 않게 만들려고 시도했다는 것이었다. 하지만 케이블은 수리되었고, 도나티는 자신의 발견이 가진 어마어마한 무게를 견디지 못하고 1873년에 "신경 흥분, 또는 공포"로 인해 사망했다고 그 편지는 말했다.[16]

지구와 태양의 충돌? 임박한 파국? 이 편지는 너무나도 흥미진진했기 때문에 차마 게재하지 않을 수가 없었다. 머지않아 미국 전역의 다른 신문들도 이 예견에 관해서 보도했으며, 심지어 레전더의 편지 전문을 게재함으로써 독자들이 직접 볼 수 있게까지 했다. 신문 가운데 상당수는 이 기사를 게재하면서 그 모든 내용은 터무니없거나 꾸며 낸 것 같다는 각자의 시각을 덧붙였지만, 그럼에도 불구하고 여전히 게재했다.

사실 이 기사에서 정확한 사실은 달랑 두 가지뿐이었다. 바로 조바니 도나티라는 천문학자가 실제로 있었다는 것, 그리고 1873년에 사망했다는 것이었다. 하지만 딱 여기까지만 사실이었다.

가짜 뉴스를 퍼트리는 행동은 위험할 수도 있으며, 설령 사실이 아닌 것으로 이미 판명되었다는 단서를 포함한 경우에도 마찬가지이다. 그 기사를 퍼트렸다는 사실 자체만으로도, 뭔가 말할 만한 가치를 가진 기사라고 말하는 격이 되어서 어느 정도까지는 그 내용을 정당화해 주기 때문이다. 아울러 원래 사실이라고 알고 있는 내용에 대해서까지도 우리의 머릿속에 의심을 심어 주기 때문이다. 물론 이런 날조가 온 세상의 전신 사용을 멈추게 만들지는 않았으며, 미래의 훨씬 더 빠른 통신 체계의 발명을 저지한 것도 아니었다. 하지만 일부 사람에게는 뉴스를 더 빨리 받아 보는 것이 세계의 파괴 가능성과 맞바꿀 가치까지는 없다는 점을 충분히 납득시켰을 것이다.

18세기와 19세기의 가짜 뉴스 기사 가운데 상당수는 과학에 대한 내용이었다. 천문학, 화학, 물리학 같은 분야는 상대적으로 새로웠기 때문이었다. 과학자들은 새로운 발견을 신속하게 이뤄 나갔지만, 일반 대중은 그 모두에 대해서 상당히 무지한 상태였다. 따라서 속아 넘어가기도 쉬웠다.

우리가 뉴스라고 생각하는 뭔가를 읽을 때에는 증거로서 인용된 사람, 또는 사항을 살펴보는 것이 중요하다. 거대 달 날조극 경우에는 기사에서 유명한 천문학자를 인용했다. 또는 작성자가 독자로 하여금 그렇다고 믿게 만들었다. 가짜 뉴스는 사람들을 속여서 뭔가를 사실이라 생각하게끔 만들려고 의도하며, 그렇게 하는 방법 가운데 하나는 그 뭔가가 마치 진짜 전문가에서 나온 내용인 양 보이게 만드는 것이다. 그 당시에 사람들은 도나티가 한 말을 검증하기 위해서, 또는 그 내용에 대해서 다른 천문학자들이 무엇이라고 말했는지 찾아보기 위해서 인터넷에 접속할 수도 없었지만, 오늘날의 우리는 할 수 있다. 만약 그 뉴스가 어느 한 사람의 주장에 근거하여 이른바 달에 살고 있을지도 모르는 섬뜩한 생물 같은 뭔가에 대해서 보도하고 있다면, 뉴스에서 그 말을 했다고 인용된 그 사람이 실제로 그 말을 했는지 확인해 볼 만한 가치가 절대적으로 있다.

전신이
가짜 뉴스에
끼친 영향

새뮤얼 모스는 원래 직업이 화가였지만, 재미 삼아 뭔가를 발명하기 좋아했다. 1825년에 그는 라파예트 후작의 초상화를 그리기 위해 워싱턴 DC로 갔다. 이는 모스에게는 큰 기회였다. 하지만 작업 도중에 그는 아내가 셋째 아이를 낳은 후에 심하게 아프다는 편지를 받게 되었다. 모스는 만사를 제쳐두고 코네티컷주 뉴헤이번의 자기 집으로 달려갔다. 하지만 이미 때가 늦은 다음이었다. 편지를 받고 집으로 출발했을 즈음, 그의 아내는 이미 사망해서 매장된 상태였기 때문이다. 모스는 아내를 잃고서 슬픔에 사로잡혔다.[17] 작별 인사를 할 기회라도 있었다면 얼마나 좋았을까. 순간 그는 한 가지 발상을 떠올렸다. 중요한 메시지를 보내는 더 빠른 방법이 반드시 있어야 한다는, 생사를 가르는 상황에서는 특히나 그래야 한다는 발상이었다. 그로부터 10년이 조금 지난 1838년에 모스는 자신의 새로운 발명품을 시연했다. 바로 전신電信이었다.

전신은 여러 전신국들을 서로 연결하는 전선을 통해 전기 신호를 보내는 방식으로 작동했다. 이것이야말로 문자 메시지의 초기 형태였다. 다만 이때에는 훗날 모스 부호라고 알려진 방법을 이용하여 메시지를 보냈다. 모스 부호란 영어의 알파벳과 숫자 하나하나를 상징하는 점과 선의 조합을 말한다.[18]

새뮤얼 모스는 1844년 5월 24일에 워싱턴 DC에서 메릴랜드 주 볼티모어로 최초의 전보를 보냈다.
그 내용은 이러했다. "하느님께서 하신 일이 얼마나 대단한가!"[19] *

* 　 구약성서 「민수기」 23장 23절의 일부이다.

　 현대의 우리로선 전신이 정말로 얼마나 혁명적이었는지를 이해하기가 힘들다. 왜냐하면 오늘날 우리는 버튼을 한 번 누르기만 하면 세계 어느 장소의 누구에게나 이메일이나 문자를 보낼 수 있고, 설령 지구 반대편에 있어도 마치 옆에 있는 것처럼 영상 대화를 나눌 수 있으니 말이다. 하지만 그 당시에 전신은 이전까지 전혀 없었던 방식으로 세계를 더 가깝게 엮어 주었다. 그 당시에만 해도 메시지를 거의 즉시 보낼 수 있는 능력은 워낙 놀라운 위업이었기 때문에, 사람들은 전신의 발명 그 자체가 가짜 뉴스라고 생각했을 정도였다.

　 전신의 발명은 신문업계도 뒤흔들었다. 1858년에 이르러 대서양을 가로지르는 해저 전신선이 설치되면서 미국과 유럽이 연결되었다. 머지않아 세계 전역에 전신국이 생겨났다.[20] 그 이전까지만 해도 신문은 거의 전적으로 지역 이슈에 집중했다. 세계의 사건을 다루는 기사는 여전히 매우 드물었고, 설령 신문에서 다루는 경우에도 보통은 몇 주 전에 이미 벌어진 사건이게 마련이었는데, 우편을 통해 정보가 이동하는 데는 매우 많은 시간이 걸렸기 때문이었다.

하지만 전신이 생겨나자 신문사마다 세계 각지에 기자를 주재시킬 수 있게 되었으며, 이들은 편지를 통해 몇 주나 걸려서 뉴스를 보내는 대신에 거의 즉시 뉴스를 보낼 수 있게 되었다. 1925년에 《하퍼스 먼슬리 매거진Harper's Monthly Magazine》에 실린 기사에서는 이런 현상을 다음과 같이 완벽하게 묘사했다.

> 비교적 최근까지만 해도, 우리의 제도에 대한 대중의 신뢰를 잠시나마 흔들어 놓을 만큼 상당히 불길한 어떤 일이 워싱턴에서 일어났다 하더라도, 정작 그 수도에서 1000마일 떨어진 곳까지 흥분의 파문을 일으키는 일까지는 없게 마련이었다. 즉 그 뉴스가 시카고에 도달했을 즈음, 워싱턴은 그 정신적 평형 상태를 회복하곤 했다. 따라서 그 뉴스는 천천히 퍼져 나가면서 각각의 지역을 진동시킬 수는 있어도, 온 나라를 한꺼번에 진동시키는 일은 결코 없었다. 하지만 지금은 그렇지 않다. 이른바 "뉴스를 조용히 내놓을" 가능성은 전혀 없어졌다. 뉴스는 요란한 소리와 함께 터져 나오고, 그 메아리를 세상 곳곳에서 들을 수 있게 되었다.[21]

전보문을 보내는 과정 역시 뉴스를 수집하고 보도하는 방법에 흥미로운 영향을 끼쳤다. 각각의 철자와 숫자를 나타내는 모스 부호를 입력하려면 워낙 오랜 시간이 걸렸기 때문에 (아울러 메시지가 길수록 그 비용도 높아졌기 때문에) 사람들은 짧으면서도 사실 위주인 단신으로 뉴스를 보내야만 했다. 신문의 입장에서는 기자들이 각자의 뉴스 기사에 흔히 섞어 넣게 마련이었던 개인적 의견과 논평까지 전신으로 입력할 시간 자체가 없었던 것이다.

워낙 많은 뉴스가 세계 곳곳으로 날아다니게 되면서, 1848년에 신문사 네

곳이 뉴스 보도를 위한 자원을 공동 조성하기로 결의했다. 훗날 이 조직은 어소시에이티드 프레스Associated Press, AP라는 이름을 갖게 되었다. AP는 모든 뉴스를 모은 다음, 다양한 간행물에 보내서 각자가 보도에 쉽게 활용할 수 있게 했다. 간행물마다 보도 관심사, 정치적 편향, 독자의 종류가 서로 달랐기 때문에, AP의 보도는 사실 위주여야 했고, 중립적이어야 했으며, 어떠한 의견이나 분석도 첨가되지 말아야만 했다.[22]

즉각적인 통신 때문에 신문사들에게는 이전과는 다른 문제가 하나 생겨났다. 정보는 불과 몇 초만에 세계를 가로질러 오갈 수 있었던 반면, 그렇게 받은 정보를 기자가 검증하는 데는 여전히 훨씬 더 오랜 시간이 걸렸다. 하지만 사람들은 이제 신문사들도 4주 전에 일어난 일 대신 최신 뉴스를 보도하리라고 기대했다. 신문사들이 판매를 위해 서로 경쟁하다 보니, 기자들도 최신 속보를 내보내야 한다는 압박을 받았다.

가짜 뉴스 유포자들은 이런 상황을 이용하여 신문사들이 헛소문이나 거짓 정보를 진짜 뉴스처럼 간행하도록 만들려고 시도했다. 예를 들어 1912년의 타이타닉호 침몰 사고 이후 여러 해 동안, AP에는 다른 배들이 빙산과 충돌했다고 주장하는 헛소문이 정기적으로, 정말 세계 각지에서 날아왔으며, 기자들은 그 모든 보고를 검증하기 위해서 바쁘게 뛰어다녔다.[23] 이로써 미디어 업체들은 어려운 입장에 놓이게 되었다. AP와 다른 신문사들이 자기네가 받은 정보를 간행 마감일 이전에 검증할 수 없는 경우, 일부 편집자들은 구독자를 놓치지 않기 위해서라도 덮어놓고 보도하고픈 유혹을 느낄 수도 있다. 하지만 만약 그 내용을 보도했는데 사실이 아닐 경우, 신문은 독자의 신뢰를 잃어버릴 수도 있었다.

모스 부호 철자

A	●—	N	—●
B	—●●●	O	———
C	—●—●	P	●——●
D	—●●	Q	——●—
E	●	R	●—●
F	●●—●	S	●●●
G	——●	T	—
H	●●●●	U	●●—
I	●●	V	●●●—
J	●———	W	●——
K	—●—	X	—●●—
L	●—●●	Y	—●——
M	——	Z	——●●
1	●————	6	—●●●●
2	●●———	7	——●●●
3	●●●——	8	———●●
4	●●●●—	9	————●
5	●●●●●	0	—————

점과 선은 각각 '돈'과 '쓰'로 읽는다. 예를 들어 A는 '돈쓰'로 읽는다.

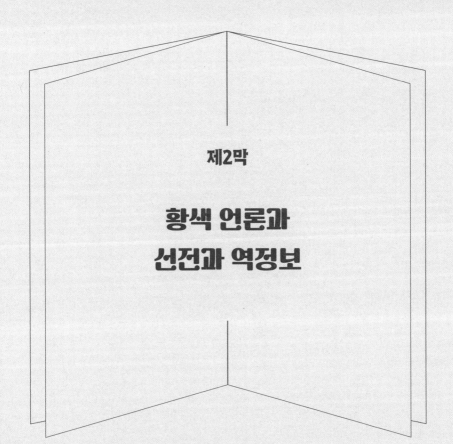

제2막

황색 언론과
선전과 역정보

황색 언론

1895년에 서른두 살이었던 윌리엄 랜돌프 허스트는 《뉴욕 저널》이라는 신문을 매입했다. 이 과정에서 부모님에게 경제적 지원도 약간 받았는데, 그의 가문으로 말하자면 아버지가 광산업으로 돈을 벌어 무척 부유했다. 허스트는 과거에만 해도 질풍노도의 시기를 거쳤으며, 광포한 행동으로 하버드에서 퇴학당하기까지 했다. 하지만 이제는 몇 년째 샌프란시스코 《이그재미너Examiner》를 운영해 오고 있었다. 이 신문사는 그의 아버지가 누군가의 도박 빚 대신 인수해서, 이번 기회에 과거를 청산하고 정착하라며 아들에게 넘겨준 업체였다. 허스트는 이 과정에서 자신의 능력을 입증했고, 그 신문을 그 지역에서 가장 성공한 미디어로 변모시켰다. 그의 부모로서는 다행이 아닐 수 없었다.

허스트에게는 큰 꿈이 있었다. 미국의 신문업을 지배하고 싶었던 것이다. 그 꿈을 성취하기 위해서는 반드시 뉴욕시의 성공한 신문을 소유해야만 했다. 문제는 그 도시의 신문은 그의 《뉴욕 저널》만이 아니었다는 점이

었다.[1]

그로부터 12년 전, 조지프 퓰리처는 뉴욕에서 가장 큰 신문인《뉴욕 월드》를 매입했다. 퓰리처의 배경은 허스트와 더 이상 다를 수가 없을 정도로 판이했다. 허스트가 가문의 재산을 물려받았던 반면, 퓰리처는 열일곱의 나이로 헝가리에서 미국으로 이민 왔고, 성년 초기의 대부분을 집도 없이, 땡전 한 푼 없이, 일자리를 찾아 전전하며 보냈다. 퓰리처는 미주리 주 세인트루이스의 공립 도서관에서 책을 읽으며 영어를 독학했고 훗날 기자로 취직했다. 하루 16시간씩 일한 퓰리처는 머지않아 정상으로 뛰어올라 세인트루이스에서 가장 성공한 신문 가운데 한 곳을 건설하게 되었으며, 급기야《뉴욕 월드》를 인수했던 것이다.

허스트와 퓰리처는 신속하게 격렬한 전투에 돌입했는데, 양쪽 모두 자신의 신문을 뉴욕에서 가장 성공적인 간행물로 만들려고 작정한 상태였다. 이를 위해서 두 사람은 각자의 신문에 극적인 헤드라인, 화려한 서체, 눈길을 끄는 만화와 삽화 다수, 섬뜩하거나 흥미진진한 (일부는 진짜이지만, 또 일부는 완전히 거짓인) 기사를 가득 채웠다.

이들이 서로를 이기려 시도하는 사이, 오래전부터 자신들의 국가를 세우기 위해 싸우던 쿠바 사람들은 1895년에 이르러 스페인으로부터의 독립을 위한 최종 전투를 시작했다. 허스트와 퓰리처 모두 전쟁이 신문 판매를 급증시키는 소재임을 경험상 알고 있었기에, 둘 다 이번이야말로 미국이 쿠바에 간섭할 필요가 있음을 자국 대중에게 납득시킴으로써 자기 경쟁자를 누를 완벽한 기회라고 판단했다. 허스트는 화가 한 명을 쿠바에 파견했고, 혁명에 관해 눈길을 사로잡는 삽화를 그리게 해서 신문에 게재했다. 한 역사가의 말에 따르면, 허스트는 "독자들이 1면을 보고서 '어, 뭐지?' 하고 중얼거리고, 2면을 보고서 '설마, 진짜?' 하고 내뱉고, 3면을 보

고서 '이런, 미친!' 하고 소리치기를" 바랐던 것이다.[2]

허스트와 퓰리처는 각자의 신문에 스페인 병력이 쿠바의 저항 세력에게 저지른 악행에 관한 기사를 가득 채웠다. 그중 상당 부분은 사실이었다. 스페인 군대는 마을과 농장 전체를 파괴하고, 반란자를 공개 처형하는 등의 가혹한 전술을 사용했기 때문이다. 하지만 그 현실이 실제로 무시무시하다고 하더라도, 두 신문이 간행한 기사 가운데 상당수는 윤색된, 또는 완전히 꾸며 낸 것이었다.[3] 그중 일부는 언론인들이 혁명을 지지하는 쿠바인 망명자들로부터 얻은 정보에 근거한 것이었다. 신문에서는 스페인 병력이 쿠바인을 강제 수용소에 억류하고 있다는 둥, 남녀노소를 살해해서 길가에 커다란 무더기로 쌓아 방치했다는 둥의 기사를 게재했다.[4] 혁명에 관해서 쓰는 기자들은 신문에 싣기 위해 기사를 작성해서 넘겨 주기 전에 자기네가 얻은 정보를 굳이 확인하려 시도하지도 않았다. 그들이 그럴 이유도 없었다. 기사가 전쟁에 대한 대중의 지지를 부추겨야 한다고 여긴 편집자가 기자가 보내온 내용을 추가로 과장하는 경우도 자주 있었으

> **허스트의 기자 가운데 한 명인 제임스 크릴먼이 1901년에 저서에서 주장한 바에 따르면, 쿠바로 파견된 화가가 어느 시점에 허스트에게 전보를 보내서는 자기가 따분하다고 불평하면서 미국으로 돌아가게 해 달라고 요청했다.**
>
> "만사 조용함. 소란 전무함. 전쟁 없을 예정." 그 전보에서는 이렇게 말했다고 전한다. 이에 허스트는 다음과 같은 유명한 답장을 보냈다. "계속 남도록. 당신은 그림을 내놓고 나는 전쟁을 내놓을 것임." 두 사람의 연락 내용에 관한 이야기는 전쟁을 이용해 신문을 팔려는 허스트의 계획에 대한 증거로서 신속하게 퍼져 나갔으며, 이 일화는 여전히 이 시기를 다루는 책과 학술지에 여전히 등장한다. 하지만 실제 전보는 발견된 적이 없었고, 역사학자들 역시 크릴먼이 혼자 그 모든 기사를 꾸며 냈다고 믿는다.[5]

니까.

《뉴욕 저널》의 독자들을 각별히 사로잡은 한 기사는 뉴욕시로 향하던 미국 선박 올리베트호를 타고 여행하던 젊은 쿠바인 여성의 경험을 중심으로 다루었다. 스페인 공직자들은 그녀가 그 도시에 사는 쿠바 반란군 지도자들에게 보내는 편지를 운반 중이라고 의심한 나머지 방으로 데려가서 몸수색을 했다는 것이었다. 여기까지는 실제로 일어난 일이었다. 하지만 그녀를 몸수색한 사람도 어디까지나 여성들이었다. 그런데도 허스트는 이런 사실을 보도하는 대신, 스페인 남성들이 여성들을 성적으로 학대했다는 기사를 연이어 내보냈으며, 스페인 군인 여러 명이 그 여성을 홀딱 벗기고 몸수색했다고 말하면서, 벌거벗은 모습을 묘사한 노골적인 삽화를 곁들였다. '잔혹한 스페인 군인들이 올리베트호의 우리 국기 밑에서 정숙한 젊은 여성들을 벌거벗기고 몸수색하다.' 헤드라인의 일부는 이렇게 적혀 있었다.[6]

사람들이 가짜 뉴스를 믿게끔 만드는 작업의 핵심은 반복이었기에 허스트와 풀리처는 꾸준히 기사를 간행했으며, 자기네 뉴스 보도를 그 나라의 여러 지역에 사는 독자들의 가장 큰 관심사에 맞춰서 조정하기까지 했다. 이들이 보기에 미국 중서부에 사는 독자들은 폭력에 관한 기사에는 그리 마음이 움직이지 않았기에, 그곳에서 발간되는 신문들에서는 쿠바의 독립이 미국의 경제적 번영에 어떻게 필수적인지에 관해서 이야기하고 쿠바와의 무역의 중요성을 논의하는 쪽으로 선회했다. 중서부 독자들은 미국의 이익을 보호할 수만 있다면 전쟁을 훨씬 더 많이 지지하는 성향을 보였다.

이들의 커다란 돌파구는 미국 해군 전함 메인호가 1898년 2월에 쿠바의 아바나 해안에서 알 수 없는 이유로 폭발했을 때에 찾아왔다. 그 당시

NEW YORK JOURNAL
AND ADVERTISER.

EDITION FOR GREATER NEW YORK.

DESTRUCTION OF THE WAR SHIP MAINE WAS THE WORK OF AN ENEMY

$50,000!
$50,000 REWARD!
For the Detection of the Perpetrator of the Maine Outrage!

Assistant Secretary Roosevelt Convinced the Explosion of the War Ship Was Not an Accident.

The Journal Offers $50,000 Reward for the Conviction of the Criminals Who Sent 258 American Sailors to Their Death. Naval Officers Unanimous That the Ship Was Destroyed on Purpose.

$50,000!
$50,000 REWARD!
For the Detection of the Perpetrator of the Maine Outrage!

NAVAL OFFICERS THINK THE MAINE WAS DESTROYED BY A SPANISH MINE.

Hidden Mine or a Sunken Torpedo Believed to Have Been the Weapon Used Against the American Man-of-War—Officers and Men Tell Thrilling Stories of Being Blown Into the Air Amid a Mass of Shattered Steel and Exploding Shells—Survivors Brought to Key West Scout the Idea of Accident—Spanish Officials Protest Too Much—Our Cabinet Orders a Searching Inquiry—Journal Sends Divers to Havana to Report Upon the Condition of the Wreck.

윌리엄 랜돌프 허스트의 허스트의 신문《뉴욕 저널》1989년 2월 17일자에 게재된 미국 전함 메인호의 침몰에 관한 기사. 헤드라인에는 '전함 메인호의 파괴는 적의 소행'이라고 나와 있다.

에는 그 배에 무슨 일이 일어났는지 아무도 몰랐지만, 거의 한 세기 가까이 지나서 밝혀진 바에 따르면 폭발은 선내에서 비롯된 것이었다. 이 사고로 수병 250명 이상이 사망했다. 그 직후에 허스트는 '적의 비밀 폭파 장치에 전함 메인호가 두동강 나다'라는 헤드라인으로 기사를 게재해서, 스페인이 그 선박을 침몰시켰다고 주장했다. 대중은 격앙하며 미국의 대응을 요구했다.[7] 그 와중에 허스트의 《뉴욕 저널》은 미국 신문 최초로 하루에 100만 부를 판매했는데, 바로 미국 전함 메인호의 침몰 다음날 세운 기록이었다.[8]

심지어 허스트는 대중의 전쟁 지지를 조성하기까지 했다. '온 나라가 전쟁의 열기로 전율하다.' 메인호의 침몰 이후에 그의 신문에서 게재한 헤드라인 가운데 하나였다. 이는 사실상 주저하는 미국인들에게 슬며시 집단압력을 가하는 방식이었다. 즉 다른 모든 사람이 확실히 동의했으니, 남은 이들도 동의해야 마땅하리라는 것이었다.[9]

허스트와 퓰리처의 선정적이고 과장된 가짜 뉴스 작전은 전쟁으로 치달리게 하는 데 워낙 악영향을 끼쳤기 때문에, 이를 가리키는 신조어가 (즉 '가짜 뉴스'의 선배 격인 용어가) 만들어졌다. 바로 '황색 언론(옐로 저널리즘)'이었다.

이 용어의 정확한 기원은 아무도 모르지만, 일부 역사학자는 퓰리처의 《뉴욕 월드》에 처음 간행된 일요 연재 만화 『호건스 앨리』와 관계가 있다고 믿고 있다. 이 만화의 주인공인 대머리 꼬마는 황색(yellow) 잠옷을 입고 등장하기 때문에 '황색 꼬마'라는 별명으로 통했다. 허스트가 이 만화가를 스카우트해서 '자기네' 신문에서 일하게 만들자, 퓰리처는 새로운 만화가를 고용해서 《월드》에 이 만화를 연재했다. 그리하여 한동안 뉴욕에서는 허스트의 신문과 퓰리처의 신문 모두에 황색 꼬마가 두 면 등장해서 경쟁을 벌였는데, 이는 그 발행인 두 명이 서로 경쟁을 벌인 것과 매한가지였다.[10]

CIA 분석가가 알려 주는 **가짜 뉴스의 모든 것**

1897년 2월 14일자 《뉴욕 저널》에 게재된 리처드 F. 아웃코트의 「황색 꼬마의 새로운 자명종 시계」

그해 4월에 허스트와 퓰리처는 자신들이 원하던 전쟁을 얻었다. 쿠바 독립을 위한 전투에 대한 미국의 개입, 즉 이른바 스페인-미국 전쟁은 불과 10주 만에 스페인의 항복으로 마무리되었다. 미국은 2억 5,000만 달러의 (오늘날의 가치로 거의 80억 달러의) 비용과 3,000명의 목숨을 내놓아야 했다. 그 대가로 스페인은 푸에르토리코, 괌, 필리핀의 통제권을 미국에게 넘겨주었다.[11] 쿠바는 1902년이 되어서야 비로소 미국으로부터 독립할 수 있었다.

3년에 걸친 스페인과 쿠바의 전투 과정에서 사망한 스페인 병사들은 6

만 명 이상이었다. 쿠바인 사망자의 정확한 숫자는 알려지지 않았지만, 1899년에 이르러 쿠바의 기혼 여성 가운데 절반은 미망인인 것으로 추산되었다.[12]

허스트와 퓰리처가 미국을 참전하게끔 '만든' 것까지는 아니었지만, 이들이 여론을 움직이는 걸 도왔음은 확실했다. 이 사례에서 드러나는 것처럼, 가짜 뉴스는 사람의 감정을 건드렸을 때에 가장 성공적이다. 강력한 감정은 사실의 부정확성이라든지, 썩 옳은 일로 들리지는 않는 것들이라든지, 일반적으로는 적신호가 될 법한 것들을 사람들이 지나치고 무시하게 만들 수 있기 때문이다.

황색 언론에 대한
역풍

황색 언론의 행태는 선정화된 언론의 정화에 무척이나 필요했던 대중의 역풍을 불러일으켰다. 사실 '가짜 뉴스'라는 용어의 꾸준한 이용은 1880년대와 1890년대의 미국에서 처음 시작되었는데, 이 당시야말로 선정적인 뉴스의 전성기였다.[13] 이에 사람들은 더 객관적인 뉴스를 간절히 원하게 되었다. 이들은 더 이상 속거나 희롱당하기를 원하지 않았다. 문자 그대로의 뉴스를 원했던 것이다. 1800년대 말과 1900년대 초에 이르러 몇몇 존경받는 미디어 업체들은 앞으로 가짜 뉴스에 맞서 싸우기로 결의했다. 이들은 가짜 뉴스의 확산으로 대중이 뉴스 전체를 불신하게 되었다고 인식했다.

이는 더 객관적인 언론과 더 나은 언론 기준의 대두를 촉발했으며, 그 결과로 뉴스를 의견과 분리한다든지, 기자가 확증할 수 있는 정보만 게재한다든지 하는 중요한 일들이 가능해졌다. 미국의 신문들은 또한 기자들을 채용해서 도시와 주의 정치 같은 지역 기사를 취재하기 시작했으며, 이를 통해서 기자와 지역 공동체 간의 신뢰를 구축하려 노력했다. 퓰리처의 《뉴욕 월드》역

《세인트폴 글로브》1898년 5월 8일자에 들어 있는 문구에 "가짜 전쟁 뉴스는 없음(No Fake War News)"이라고 나와 있다.

시 스페인-미국 전쟁을 다룬 이후인 1913년에 정확성 및 공정성 담당국을 설립하여, 자기네 신문에서 거짓 정보를 발견했을 경우에 언제든지 신고하면 회사 차원에서 조사하겠다고 독자들에게 당부했다. 다른 신문들도 각자 정확한 보도를 다짐했는데, 예를 들어 《세인트폴 글로브》에서는 1898년 5월 한 달의 대부분에 걸쳐 1면 맨 위에다가 다음과 같은 문구를 집어넣었다. '글로브의 신조: 생생한 뉴스, 최신의 뉴스, 신뢰할 만한 뉴스. 가짜 전쟁 뉴스는 없음.' 테네시의 《포크 카운티 리퍼블리컨》은 기사를 제출하는 모든 필자를 향해 다음과 같은 경고를 보냈다. "모든 통신문은 그 작성자의 이름이 반드시 들어가야만 검토될 수 있습니다. 이것이야말로 '가짜' 뉴스에 대항하는 우리의 유일한 보호책이며, 이 규칙은 그 어떤 상황에서도 깨지지 않을 것입니다."[14]

아마도 가장 큰 영향은 더 커다란 신문들이 오늘날 우리가 사실 확인 담당자(팩트체커fact-checker)라고 부르는 인력을 고용하여 자기네가 쓴 내용의 정확성을 검토하기 시작했다는 점일 것이다. 1920년대에 이르러 신문사 내부에는 기사의 정확성을 살펴보는 업무를 담당하는 사람 또는 부서가 있는 경우가 흔해졌다.[15] 이는 기사 작성자들이 반드시 정보의 출처를 제공해야 한다는 뜻이었으며, 그 출처는 사실 확인 담당자들이 검증할 수 있어야만 했다. 이는 기자들이 의도했든 의도하지 않았든 간에 잘못된 내용을 쓰지 않도록 안전판이 되었으며, 또는 만약 기자가 어떤 진술을 검증할 수 없는 경우에는 아예 기사에다가 그렇다고 명시하도록 만들었다.

프레더릭 버 오퍼(Frederick Burr Opper)가 1894년에 《퍼크》 잡지 가운데 한 호에 게재한 삽화의 일부분. 퓰리처를 닮은 신문 소유주가 가짜 뉴스와 선정적인 뉴스를 간행한 대가로 돈이 굴러 들어오는 것을 지켜보고 있는 모습이다.[16]

가짜 뉴스와
전쟁

스페인-미국 전쟁으로부터 불과 수십 년 뒤에 독일 나치 정권은 역사상 가장 성공적인 가짜 뉴스 작전 가운데 하나를 수행했다. 1933년에 아돌프 히틀러는 독일의 총리가 되었는데, 그 나라는 15년 전에 제1차 세계대전에서 패배한 이래로 경제적으로나 정치적으로나 계속 곤란을 겪는 중이었다. 히틀러는 자기와 국가사회주의당Nationalist Party, 즉 나치Nazis가 독일의 여러 문제를 고쳐놓을 뿐만 아니라, 독일을 유럽의 지도국으로도 만들겠다고 약속했다.[1]

그 계획의 핵심을 살펴보면, 히틀러는 자기가 생각하는 이른바 '지배자 인종'에 포함되지 않은 사람들을 독일에서 모조리 없앨 필요가 있다고 믿었다. 그는 체계적인 종족 학살을 시작했다. 최종적으로 나치 정부는 600만 명 이상의 유대인을 살해했고, 그 외에도 수백만 명의 장애인, 성 소수자, 집시, 폴란드인, 슬로바키아인, 공산주의자, 기타 등등을 살해했다. 이를 위해서 나치 지도자들은 전체 국민을 설득해서 서로 반목하게끔, 나아가 자기네가 '운테르멘셴Untermenschen', 즉 인간 이하 종족이라고 분류한 사람들을 (즉 이성애자이고 백인이며 신체가 튼튼한 독일 국적의 기독교인이라는 조건에 맞지 않는 모든 사람들을) 제거하는 일을 지지하게끔 (또는 최소한 그 일을 하는 동안 외면하게끔) 만들기 위해서 납득시킬 필요가 있었다. 바로 이 대목에서 가짜 뉴스가 활약했다.

1933년에 히틀러는 요제프 괴벨스에게 제국의 대중계몽선전부 창설과 지휘를 지시했다(여기서 말하는 '선전propaganda'이란 가짜 뉴스를 가리키는 또 다른 용어이다. 선전은 특정한 반응이나 시각을 조장하기 위해서 어떤 정보를 편향된 방식으로 선별하여 이용하는 것을 뜻한다). '선전'이라는 단어를 그 명칭에 집어넣고 있으므로, 무엇을 하는 부서인지 여러분도 아마 짐작할 수 있을 것이다. 이 부서에서는 유대인과 기타 '운테르멘셴'에 관한 거짓되고 반유대주의적인 정보를 유포함으로써 폭력과 증오를 조장했다. 즉 이들을 "민중의 적"으로 묘사함으로써 향후 벌어질 폭력을 위한 기초 작업을 했던 것이다. 이 부서에서는 유대인이 탐욕스럽고 부패했으며 경제를 지배하려 시도한다고 주장했다.[2]

히틀러는 선출되자마자 유대인 사업체를 불매하라고 모든 독일인에게 명령했다. 사람들이 이를 거부하자, 독일 정부는 가짜 범죄 통계(예를 들어 이른바 유대인이 저지른 것으로 추정되는 범죄에 대한 주간 범죄 목록도 그중 하나였다)를 간행함으로써 유대인이 범죄 집단이라고 대중을 설득시키려 들었다. 저명한 나치당 공직자 소유인 한 독일 신문에서는 아예 유대인이 저지른 것으로 간주되는 범죄들에 관한 독자 투고만 게재하는 코너를 두었을 정도였다. 헛소문이건 새빨간 거짓말이건 간에 독자가 일단 투고했다 하면 신문이 그대로 게재했다. 그 이야기들은 어떤 식으로라도 확인이나 검증을 거치지 않았는데, 그 신문에서는 1933년에 히틀러가 권좌에 오르자마자 유대인을 제거해야 한다고 호소하기 시작했기 때문에 딱히 놀라운 일도 아니었다. 그 신문에서는 굳이 정확성을 추구하지도 않았다.

또 나치는 장애인이야말로 독일 경제의 낭비이며, 장애인은 "살 만한 가치가 없다"고 사람들에게 알리는 전단을 인쇄하고 포스터를 내걸었다. 아울러 장애인에 대한 과장된 삽화를 곁들이고, 장애인을 살아 있게 둠으로써 독일에 얼마나 많은 비용이 드는지 이야기하는 헤드라인을 덧붙였다. 나중에 가서 나치는 장애인 모두의 완전한 제거를 요구하는 이른바 T4 프로그램을 정당화하고 수행하기 위해서 이 선전을 사용했다.[3] 그 결과 독일과 오스트리아에서 최대 30만 명의 장애인이 살해되었다.[4]

나치의 가짜 뉴스 전략의 또 다른 커다란 부분은 자기네가 원하는 선전을 모조리 간행할 수 있게끔 미디어를 장악하는 것이었다.[5] 히틀러가 선출되기 전까지만 해도, 독일의 약 4,700개 신문 가운데 나치가 통제하는 것은 3퍼센트 미만이었다. 히틀러가 권좌에 오르자마자 나치당은 베를린에서 가장 큰 신문들을 강제로 폐간시켰으며, 이를 대체할 독자적인 신문과 라디오 프로그램을 창설했다. 아울러 나치는 독립 신문과 라디오 방송국의 보도 내용을 장악하기 위해서 엄격한 법률을 통과시켰다.[6] 나치의 (SS라는 약자로 일컬어진) 비밀경찰은 당에 비우호적이라 간주되는 신문사를 습격해서 인쇄기를 파괴했다. 정부에 비판적인 언론인은 결국 독일을 떠났다. 이들이 사라지자 나치당은 여전히 운영 중인 모든 신문사에다가 압력을 넣어 언론인들을 당에 충성하는 사람으로 바꾸게 했다. 전쟁이 끝난 1945년에 독일에서 간행되는 신문은 1,100개에 불과했으며, 그중 325개를 나치당이 직접 소유하고 있었다. 전쟁 내내 나치가 통제하는 언론에서는 사실상 가짜 뉴스만 찍어 내고 방송했다.

제아무리 나치라 해도, 국외 미디어가 독일에 관해 말하는 내용까지는 완전히 통제할 수가 없었다. 하지만 나치는 해외 언론 업체들이 가짜 뉴스 기사를 보도하도록 속여 넘기려고 열심히 노력했다. 유대인 대량 학살 사실을 세계에 감추려는 정교한 시도의 일환으로, 1944년에 나치는 오늘날의 체코공화국 영토 테레진슈타트에 있는 강제 수용소 가운데 한 곳을 직접 조사해 보라며 적십자를 독일로 초청했다. 대신 조사에 앞서 그곳 수용자에게 가짜 주택, 정원, 상점을 만들도록 지시해서, 실제 모습을 숨기고 마치 살기 좋은 소도시처럼 보이게 만들었다. 더 나아가 수용자 중에서도 더 건강한 사람 일부를 선발해서 적십자 대표단과 이야기를 나누게 했으며, 자기네가 그곳에 살면서 얼마나 행복한지 말하도록 강요했다. 나치는 적십자에게 그곳이 "온천 도시"이며, 유대인 중에 더 나이 많은 사람들은 그곳에서 은퇴 생활을 할 수 있다고 말했다. 하지만 실상은 바로 그곳에서 약 3만 3,000명이 처형되었으며, 처형을 위해 다른 수용소로 이송된 사람이 수천 명이나 더 있다는 것이었다. 이 교묘한 계획은 효과를 발휘해 적십자 대표단도 현장을 방문했을 때 비정상적인 것은 전혀 목격하지 못했다고 보고했다.[7]

해외 신문이나 기자가 정권에 대해 뭔가 비판적인 이야기를 할 때면, 나치는 이들을 '뤼겐프레세Lügenpresse', 즉 '거짓말 하는 언론'이라고 불렀다.[8] 여기서 분명히 해야 할 부분은, 나치가 정말로 가짜 뉴스와 싸운 건 아니라는 점이다. 사실 가짜 뉴스야말로 그들의 전략에서는 불가결한 일부였다. 그와 반대로 그 단어는 독일인들이 '진짜' 사실을 말하는 뉴스를 불신하여 보도 내용을 믿지 않게 하려는 의도로 사용된 것이었다. 나치의 입장에서 뤼겐프레세는 이후 나치 정부나 히틀러에게 찬동하지 않거나 비판을 표시하는 언론인(나중에 가서는 일반적인 사람) 모두를 뜻하게 되었다.

나치는 가짜 뉴스의 위력을 역사상의 다른 어떤 집단보다도 더 잘 이해했으며, 따라서 이들의 행동은 오늘날의 우리에게 중요한 교훈을 제공한다. 그들은 자기네 거짓말이 효과를 거두기 위해서는 (즉 사람들이 이웃들과 반목하게 만들기 위해서는) 반드시 언론을 통제해야 한다는 것, 그리하여 나치가 하는 말이야말로 유일하게 믿을 만한 정보라는 점을 대중에게 납득시켜야 한다는 것을 알았다. 가짜 뉴스를 이용해 여론에 영향을 주는 사람들은 대개 자기네가 하는 말이 유일한 진실이라고, 그 외의 나머지 모든 정보의 출처는 거짓말을 하고 있다고 주장할 것이다.

또한 나치는 사람들의 기존 편견과 그 당시의 인종차별주의를 이용했다. 제아무리 가짜 뉴스라 해도 우리의 정신을 완전히 바꿔 놓을 수 있는 경우는 흔치 않다. 즉 우리가 이전까지 믿었던 내용과 정반대되는 내용을 믿도록 만들 수 있는 경우는 드물다는 뜻이다. 대신 가짜 뉴스는 우리의 기존 믿음을 이용하며, 단지 우리가 옳다는 점을 스스로 더 확신하게 만들 뿐이다. 제2차 세계대전 직전과 도중에 상당수의 독일인은 이미 이성애자이며 백인이고 신체가 튼튼한 독일 국적의 기독교인이 우월한 인종이라고 생각하고 있었다. 그랬기에 나치의 선전이 그저 슬쩍 자극한 것만으로도, 독일인들은 그 범주에 맞아 떨어지지 않는 모든 사람을 기꺼이 표적으로 삼게 되었던 것이다.

연합국의 반격

"나는 구스타프 지크프리트 아인스다. 이건 대장The Chief이 하는 말이다." 한 남자가 독일에서 엄격하게 통제되는 전파를 통해서 독일

어로 이렇게 말했다.[9]

제2차 세계대전의 절정인 1941년 5월의 일이었다. 이 대장은 자기가 프로이센의 예비역 군인이자 나치당의 충성스러운 일원이라고 청취자들에게 소개했다. 비록 자기는 당에 충성을 바치고 있지만, 나치 공직자들의 부패에 대해서는 폭로하지 않을 수 없다고 느껴서 이렇게 방송을 한다고 했다. 대중은 진실을 알 자격이 있다면서 말이다. 대장의 방송은 매 시간마다 나왔으며, 매번 6분 동안 이어졌다. 방송 때마다 그는 우선 아돌프 히틀러의 비전을 예찬했고, 이어서 나치 공직자들이 그 비전을 어떻게 부패시켰는지에 대해서 분노와 저주가 가득한 장광설을 펼쳤다. 대장은 히틀러의 나치당 공직자들이 무능하고, 겁쟁이이며 부도덕하다고 말했다. 이 끔찍한 공직자들의 실수 때문에 전쟁 역량이 와해되고 있으며, 독일은 전투에서 패배하고 있다는 것이 그의 말이었다. 그는 매번 방송의 끝에 비밀 암호를 읊었는데, 그 내용은 방송 때마다 바뀌었다.

나치는 격분했다. 우리 중 한 명이 감히 공개적으로 우리를 비판한다고? 이들은 이 배신자를 찾아내고 추적하기 위해서 전면적으로 나섰고, 그를 찾아서 방방곡곡을 샅샅이 뒤졌다. 대장은 당에 관해서나 전쟁에 관해서나 간에 너무 많은 것을 알고 있었기 때문에, 십중팔구 불만을 품은 군 장교이리라고 여겼다. 이들은 암호 해독가를 동원해 매번 방송마다 나오는 암호를 풀려 시도했다. 또한 나치는 그 전파를 방해함으로써 대장의 방송을 저지하려 시도했지만 사실상 효과가 없었다. 이들은 그가 휴대용 송신기를 이용하며, 매번 방송 때마다 위치를 바꾸기 때문에 SS가 찾아내지 못하는 것이라고 확신했다.

암호 해독가들은 결국 암호 내용을 알아냈다. 각각의 암호는 (예를 들어 식품점이나 버스 정류장 같은) 어떤 장소의 이름이었지만, 그 이상의 세부 내용은 전혀 없었다. 나치는 그곳이 나치 반대 저항 세력의 비밀 회동 장소일 것이라 믿었고, 독일 전역으로 경찰을 파견해 대장을 찾았다. 하지만 애초에 정보가 그리 많지 않았기 때문에 수사가 이어지지 않았다. 대장은 모두 합쳐 2년 동안 700회 이상의 방송을 내보냈지만, 나치는 끝내 그를 찾아내지 못했다.[10]

여러 해 뒤에 영국 첩보 당국에서 과거의 민감했던 서류를 기밀 해제하고 나서야 비로소 대장의 정체가 밝혀졌다. 영국에서 방송 일을 하던 독일 출신의 망명자 페터 제켈만이었던 것이다. 그는 전쟁 중에 거주지인 베를린을 떠났고, 영국에서 언론인으로 계속 일하면서 첩보 당국을 돕는 일을 시작했다. 방송에 사용된 정보는 독일군 전쟁 포로, 독일 내 저항 세력 구성원, 독일 신문과 라디오 방송을 통해 영국이 입수한 첩보였다.

이 방송에서는 전쟁에 관한 진짜 정보를 다수 이용함으로써 대장의 신빙성을 높이고 나치당 공직자들을 속였다. 제켈만은 자신을 나치당의 충실한 일원이지만 또 한편으로는 환멸을 느낀 까닭에 독일에 도움이 되고자 폭로에 나선 사람으로 설득력 있게 위장했다. 아돌프 히틀러에 대한 애정이며, 총통의 비전에 대한 충성, 운테르멘슈에 대한 증오를 자주 이야기함으로써, 자기가 하는 말을 대중이 믿게 만들었다.

영국 첩보 당국과 제켈만은 거기다가 거짓 정보도 역시나 섞어 넣어서, 마치 독일이 실제보다 더 일을 못하는 것처럼 들리게 만들었다. 방송의 목표는 독일군의 사기를 낮추고, 나치당에 대한 대중의 지지를 약화시키는 것이었다. 제켈만, 즉 대장은 마치 나치 정부가 내파內破 직전인 것처럼, 군 지휘관들이 제대로 일을 못하는 것처럼, 희망이라곤 전무한 것처럼 보이게 만들었다. 독일 정부가 마치 다 죽어가는 상황인 것처럼 묘사하는 것이야말로 연합국에게는 최선의 이익이기 때문이었다. 솔직히 여러분이

CIA 분석가가 알려 주는 **가짜 뉴스의 모든 것**

독일 병사라고 한다면, 우리가 전쟁에서 지고 있다고 생각되는 상황에서 굳이 끝까지 싸울 필요가 있다고 생각하겠는가?

전쟁 당사국 양쪽 모두에게 라디오는 가짜 뉴스를 유포하는 유용한 도구였다. 이 장치는 뭔가 더 권위 있는 정보의 출처인 것처럼 간주되었는데, 신문의 경우에는 글로만 읽을 수 있었던 반면, 라디오에서는 실제 인물의 말을 들을 수 있었기 때문이다. 그래서 사람들은 라디오에서 들은 내용을 더 확신했다. 하지만 자신이 들은 목소리 배후에 있는 사람의 정체에 대해서는 사실 아무도 몰랐다. 그게 바로 제켈만 같은 누군가였으리라고는, 즉 전선에서 수백 킬로미터 떨어진 안전한 장소에서 영국 첩보 요원들과 함께 참전한 사람이었다고는 누구도 결코 추측하지 못했을 것이다.

연합국(프랑스, 소련, 영국, 미국이라는 '4대 강국')이 독일을 속이기 위해서 가짜 뉴스를 이용한 사례는 라디오 방송만이 아니었다. 미국이 참전한 직후인 1944년에 연합국은 추축국(독일, 이탈리아, 일본)에 대항하는 다음번의 큰 수를 두기 위해서 프랑스 북부의 노르망디 침공을 준비하고 있었다. 프랑스로 진입하기 위해서 연합국은 병사, 해군 함정, 비행기 등 보유 자원 모두를 동원할 예정이었다. 만약 이 작전에만 성공하면 전쟁 전체의 흐름을 바꿔 놓을 수 있음을 연합국은 알고 있었다.

하지만 연합국에게는 심각한 문제가 있었다. 독일은 프랑스 해안 전체를 따라서 긴 방어선을 구축한 상태였던 것이다. 수천 명의 병력과 수백만 개의 지뢰가 이들을 기다리고 있었다. 이 상황에서 군 지휘관들은 적을 속이는 것이 상책이라고 판단했다. 즉 가짜 군대를 만들어서, 연합군이 공격할 장소는 노르망디에서 265킬로미터 떨어진 파드칼레 지역이라고 독일군이 믿도록 유도하자는 것이었다. 그리하여 가상의 부대인 미군 제1

집단군이 창설되었다.[11]

제1집단군은 영국에 주둔하는 것으로 설정되었다. 최대한 진짜처럼 보이기 위해서 미국은 영화와 연극 세트 제작업체를 동원해 약 100만 명에 달하는 가짜 병사들이 사용할 진짜 군사 기지처럼 보이는 구조물을 지었다. 즉 탱크, 막사, 천막, 병원, 탄약 저장고, 지프, 기타 군사 장비를 모조리 가짜로 만들어 놓았던 것이다. 탱크와 차량은 모두 공기를 넣은 풍선일 뿐이고, 건물은 그냥 나무와 색칠한 범포일 뿐이었다. 하지만 수천 미터 상공에서 정찰하는 독일군 비행기에게는 하나같이 진짜처럼 보였다. 심지어 더 진짜처럼 보이기 위해서 연합국은 유명한 장군 조지 S. 패튼에게 그 지휘를 맡기고, 정식으로 인사 조치를 발표했다. 만약 제1집단군이 진짜로 있었다면, 연합군은 실제 규모보다 70퍼센트나 더 많아지는 셈이었다. 이 정도만 해도 추축국으로서는 경악할 만한 수치였다.[12]

하지만 연합국은 여기서 그치지 않았다. 가짜 무선 통신을 주고받기까지 해서, 마치 제1집단군 소속의 부대끼리 연락하는 내용이라고 독일군이 착각하도록 만들었다. 외교관들 역시 제1집단군에 관한 가짜 정보를 주고받았는데, 그 내용이 독일에 새어 나가리라는 사실을 이미 알고서 한 행동이었다. 영국 첩보 당국에서는 그 지휘에 관한 가짜 기사를 신문에 실었으며, 심지어 어느 대목에 가서는 어느 성직자에게 부탁해서 자기네 지역에 주둔하는 제1집단군 병력의 부적절한 행동을 성토하는 항의문을 투고하게 했다. 독일은 제1집단군이 진짜이며 조만간 파드칼레를 공격할 예정이라고 굳게 확신했기에, 그곳을 지키기 위해 막대한 병력을 계속 주둔시켰다.

그런데 연합군은 6월 6일에 15만 6000명 이상의 병사를 동원해 그곳이 아니라 노르망디를 침공했다. 이는 전쟁의 역사를 통틀어 가장 거대한 상륙작전이었다. 훗날 디데이라고 알려진 바로 그날에 연합군의 사상자는 4,000명 이상이었다. 하지만 제1집단군이 없었더라면 그 숫자는 더 많았을 것이며, 작전은 성공하지 못했을 수도 있었다. 심지어 노르망디 침공이 일어난 지 몇 주가 지나도록 독일군은 여전히 파드칼레에서 기다리고 있었으니, 제1집단군이 바로 그곳으로 올 것이라고 확신한 까닭이었다. 연합국도 기존의 책략을 지속해서, 제1집단군이 단지 다른 작전으로 넘어가 버렸을 뿐이라고, 즉 노르망디에서의 작전이 워낙 성공적이었기 때문에 굳이 더 이상은 파드칼레를 공격할 필요가 없어졌을 뿐이라고 말했다.[13] 그 결과 독일은 이후로도 오랫동안 연합군의 규모를 실제보다 훨씬 더 크다고 착각하게 되었다.

제2차 세계대전의 절정이었던 1941년에 미국 육군은 독일과 일본에 맞서는 자기네 선전 노력을 도와줄 매우 뜻밖의 협력자들을 찾아냈다. 바로 월트 디즈니와 워너 브라더스였다.

이들은 만화영화, 포스터, 광고를 함께 만들었다. 미키 마우스와 미니 마우스는 애국주의란 바로 전쟁을 지지하는 것이라고 관객에게 말해주었다.[14] 벅스 바니는 전쟁 채권을 구입해서 군사 작전의 비용을 마련하게 도와 달라고 관객을 독려했다. 도널드 덕은 만화영화로 그려진 아돌프 히틀러와 함께 등장해서 독일이 전쟁에서 패배하고 있다고 관객에게 말했으며, 만화영화로 그려진 치킨 리틀은 히틀러가 애초부터 공황과 공포를 이용해서 권좌에 오르게 되었던 과정을 관객에게 보여 주었다.

디즈니의 1941년작 단편 영화 〈모두 함께〉의 한 장면에 등장한 피노키오와 제페토.[15] "모두 함께 전쟁 저축 우표(war savings)를 삽시다"라고 적힌 현수막을 들고 있다. 전쟁 저축 우표는 적은 돈으로도 구매할 수 있는 전쟁 채권의 일종이었다.

물론 우리는 그 전쟁에서 결국 연합국이 승리를 거두었다는 걸 역사를 통해 알고 있다. 하지만 그 당시에만 해도 그 결과를 보장할 수 없었음은 분명했다. 연합국은 자국민들에게는 물론이고 다른 나라에게도 전쟁에 대한 지지를 얻기 위해 애를 썼다. 일부 사람들은 과연 신문에 보도되는 악행을 나치가 진짜로 저지르고 있는지 의문을 제기했다. 이런 회의주의는 부분적으로 전쟁이 벌어지기 훨씬 전에 나왔던 가짜 뉴스 기사의 역풍이라고 할 만했다. 제1차 세계대전 중인 1917년에 영국은 동맹국과의 (즉 독일, 오스트리아헝가리, 불가리아, 오스만제국과의) 전쟁에 중국을 끌어들이기 위해 작업한 바 있었다. 급기야 영국 정부는 그 당시 유럽 전역의 소규모 신문들에 등장한 충격적인 헛소문을 이용했다. 독일 정부가 사망한 자국 병사들의 시신을 공장으로 가져간 다음, 전쟁 물자 마련 차원에서 그 시신을 끓여서 수프 비슷한 제품으로 가공한다는 것이었다.

　영국 정부는 이 이야기를 몇몇 신문에 심어 놓았는데, 그중에는 중국의 영자 신문도 하나 포함되어 있었다.[16] 그 기사 가운데 하나에는 심지어 시신을 끓이는 과정을 묘사한 엽기적인 만화도 곁들여져 있었다. 중국 공직자들은 당연히 그 기사에 경악했고, 같은 해에 결국 독일에 선전포고했다. 하지만 1925년에 영국 첩보 당국 수장은 정부가 전쟁에 대한 지지를 얻기 위해서 그 기사를 꾸며 냈음을 시인했다.[17] 그로부터 몇 년 뒤에 유대인과 다른 공동체에 대한 독일의 실제 악행을 저지하기 위해 국제 및 대중 지원을 얻으려고 할 때 영국 정부는 마침내 그 꾸며 낸 이야기의 결과를 마주하게 되었다. 사람들은 그것 역시 영국의 선전에 불과하다고 생각했던 것이다.

　앞에서 살펴보았듯이, 가짜 뉴스는 여러 나라들이 전쟁을 시작하고 전쟁에서 이기도록 도와주었다. 어째서일까? 답은 간단하다. 가짜 뉴스는 효과적인 무기이기 때문이다. 전쟁에 대한 지지를 모으는 데도 사용되었으며, 군대 전체를 속이는 데도 사용되었다. 하지만 가짜 뉴스를 정부가 사용할 경우에는 역풍의 커다란 위험이 있는데, 자칫 불신의 악순환을 만들어 낼 수 있다는 것이다. 사람들이 일단 한 번 속았다고 생각하면, 예를 들어 정부나 미디어처럼 기존에 진실을 말한다고 간주하던 사회의 요소들을 더 이상 신뢰할 만하다고 여기지 않게 된다. 이렇게 되면 사람들은 무슨 이야기를 듣던 간에 그게 과연 사실이냐며 의심을 품는다. 하지만 이런 식의 불확실성 속에 살아가는 것이 대부분의 사람들에게는 너무나도 불편하기 때문에, 우리는 다른 어디론가 답변을 찾아 나선다. 바로 이럴 때에 가짜 뉴스는 더 강력하게 입지를 굳힐 수 있다. 우리는 정부나 미디어에 대한 불신을 이용하려고 노리는 가짜 뉴스 유포자들의 손쉬운 표적이 되는 것이다. 그들은 마치 어두운 골목에서 우리를 향해 이렇게 꼬드기는 영화 속의 악당과도 유사하다. "이쪽으로 와요! 내가 진짜 진실을 알고 있으니까!" 가짜 뉴스는 정부가 전쟁에 이기도록 도와줄 수도 있지만, 정부가 대중을 대상으로 가짜 뉴스를 사용할 경우, 정부는 다른 싸움에서는 패배할 수도 있다. 바로 대중의 신뢰를 얻기 위한 싸움 말이다.

인종차별 음모론이
가짜 뉴스가 되다

1942년에 미국 연방수사국FBI은 백악관으로부터 기묘한 요청을 받았다. 영부인 엘리너 루스벨트가 남부에서 봉기를 조직하려 시도한다는 헛소문을 조사해 달라는 것이었다. 이미 여러 달 동안, 남부 전역의 지역 신문에서는 가정부로 일하는 흑인 여성들이 '엘리너 클럽'이라는 단체들의 비밀 네트워크를 조성하고 있다고 보도해 왔다. 그 기사에 따르면, 백인 가정에서 일하는 흑인 가정부들이 1943년까지 일을 그만두게 만드는 것이 이 단체들의 목표이며, 영부인 스스로 각 도시마다 직접 돌아다니면서 설립하는 방식으로 이 단체들을 모두 조직했다는 것이었다. 회원 가입비는 10센트이고, 그 표어는 "크리스마스에는 모든 부엌에 백인 여성을!"이라고 했다.[1]

그 당시에는 흑인을 차별하는 가혹한 법률이 있었기 때문에, 흑인 여성은 오래전부터 저임금인 가사 노동 일자리를 얻을 수밖에 없었다. 하지만 점점 더 많은 흑인 여성이 이 일자리를 그만두고 있으니, 이런 상황이야말로 그 클럽들이 활동 중이라는 명백한 증거라는 것이 신문들의 주장이었다. 한 소도시 신문에서 실제 뉴스라고 보도한 음모론에 따르면, 어느 가정부는 백인 고용주들이 영부인과 대통령을 비판하는 것을 듣자마자 갑자기 일을 그만두었다고 했다. 그것이 모든 클럽 회원이 각자의 이름을 피로 적으면서 준수하기로 맹세한 규칙이라는 것이었다. 즉 클럽 회원들은 만약 자기 고용주가 루스벨트 부부 가운데 어느 한쪽이라도 비판할 경우, 곧바로 일을 그만둔다고 맹세했다는 것이다.[2] 또 다른 신문에 게재된 기사에 따르면, 사우스캐롤라이나주의 어느 흑인 가정부는 세 사람이 먹을 점심식사를 준비했다. 백인 고용주가 왜 한 사람 분량을 더 준비했느냐고 묻자, 그녀는 이렇게 대답했다. "엘리너 클럽 소속인 우리는 항상 고용주와 한 자리에 앉아서 식사하거든요."[3] 앨라배마주에서는 엘리너 클럽 구성원이 챙 넓은 모자에 깃털을 꽂고 다닌다는 헛소문이 퍼졌다. 깃털이 더 클수록 그 클럽에서 더 고위급 회원임을 나타낸다고 했다.[4]

음모론이 가짜 뉴스와 완전히 똑같은 것까지는 아니다.

음모론은 어떤 설명되지 않은 사건이나 상황이 비밀스럽지만 영향력 있는 조직의 소행이라는 믿음으로, 그렇다고 해서 신뢰할 만한 증거까지 제시하지는 못한다. 예를 들어 1969년의 달 착륙을 미국 정부가 가짜로 조작했다느니, 2001년 9월 11일의 미국에 대한 테러리스트 공격을 조지 W. 부시 대통령과 CIA가 배후 조종했다느니 하는 것이 음모론이다. 또는 정부가 비밀 군사 기지 51구역에 외계인을 숨겨 놓고 있다든지, 지구는 사실 평평한데 세계의 우주 연구 기관들 모두가 우리에게 거짓말을 하고 있다든지 하는 음모론도 있다. 최근 미국에서는 총격 사건이 벌어질 때마다 음모론이 확산되면서, 이번의 총격 사건은 사실 미국인의 총기 소유 권리를 박탈하기를 원하는 여러 단체, 또는 개인이 가짜로 꾸며 낸 것이라고 주장한다.[5]

> 진짜 음모 이론가들은 대개 음모론을 확산시켜 사람들을 속이려고 하지는 않는다. 그들은 그 이론을 실제로 믿으며, 자기네가 숨은 진실을 폭로한다고 믿는다. 하지만 어떤 음모 이론의 내용이 진실임을 보여 주는 증거가 전혀 없다는 것을 알면서도 굳이 진짜 뉴스라며 보도할 경우, 음모론도 가짜 뉴스로 변모될 수 있다.

엘리너 클럽 관련 헛소문은 단지 여성들이 일을 그만둔다는 것과 관련된 정도로만 그치지 않았다. 그 기사 가운데 상당수는 영부인이 봉기를 일으키기 위해서 흑인을 적극적으로 조직한다고 주장했다. 장차 엘리너 클럽이 다음번 대통령 선거 결과를 좌우할 만큼 충분히 세력을 얻게 될 거라는 어떤 흑인 여성의 말을 들은 사람도 있다는 헛소문도 떠돌았다. 같은 시기에 확산된 다른 위험한 헛소문들은 흑인들이 총과 얼음 송곳과 기타 무기를 백인에게 사용하려 모은다고도 했다. 보도된 기사 중 하나에서는 흑인들이 장차 정전 사태를 일으키고 온 나라를 장악할 것이라고도 주장했다.

이런 헛소문에 대한 반응으로, 미시시피주의 한 신문 편집자는 영부인을 가리켜 "인종 폭동에 대해서 다른 누구보다도 더 많은 도덕적 책임이 있는 사람"이라고 쓰기도 했다.[6] 남부의 신문 중에서도 비교적 규모가 큰 곳들은 대부분 이런 주장을 헛소문이라고 일축하면서도, 관련 기사만큼은 여전히 게재함으로써 결과적으로는 헛소문의 유포를 계속 도와주었다. 규모가 작은 지역 신문들은 이 헛소문을 실제 뉴스처럼 전재했지만, 정작 그 기사들이 사실이라는 증거는 전혀 제시하지 않았다. 또 다른 미시시피주의 신문에서는 엘리너 클럽이 실존한다는 "결정적인 증거"가 있다고 말했지만, 정작 그 기사에서는 그런 증거 가운데 어떤 것도 내놓지 않았다.[7] 지역 신문들은 종종 엘리너 루스벨트가 회원을 모집하기 위해서 인근 소도시에서 모임을 주최했다고 보도하거나, 또는 헛소문에서 말하는 봉기 계획의 증거로서 영부인이 방문한 인근 여러 대도시의 자칭 경찰 보고서를 인용하기도 했다.[8]

노스캐롤라이나 대학 채플힐 캠퍼스의 한 교수는 1942년에 이 헛소문을 접하고 나서, 남부 전역의 다른 교수 여러 명과 함께 그 모든 내용을 수집하고 기록했다. 교수들은 흑인들이 자기네 공동체를 혼란시키려 도모하고 있다는 내용에 관해 각자 들은 이야기를 기록한 백인들의 보고서를 수천 건이나 받았다. 그 이야기들의 세부사항은 각 주마다 달랐다. 예를 들어 때로는 고용주와 한 자리에 앉아 식사하려던 가정부가 세 명 분량이 아니라 다섯 명 분량의 식사를 준비했다는 식이었다. 하지만 연구자들은 그 이야기들이 하나같이 똑같은 메시지를 담고 있음을 파악했다. 즉 백인들은 자기네에게 위해를 가하는 방식으로, 또는 자기네 세력을 감소시키는 방식으로 흑인들이 사회를 전복하려고 도모한다고 믿었던 것이다. 이 이야기들은 인종차별주의를 이용해 두려움을 야기하려는 의도를 지니고 있었다.

이 헛소문을 수사해 달라며 FBI에 요청했을 때, 백악관 측은 남부에서 영부인이 반란을 은밀하게 계획한 적이 없음을 당연히 알고 있었다. 다만 이 음모론이 어떻게 시작되었는지 몰라서, 그리고 이 음모론 때문에 혹시나 폭력이 자행되었는가 싶어서 그저 당혹감을 느꼈을 따름이었다. FBI는 관련자 모두를 조사했다. 남부 전역의 신문 편집자, 지역 정치인과 경찰, 지역 시민이 그 대상이었다. 이 모든 사람들이 내놓은 해명은 똑같았다. 그 이야기를 자기는 친구에게서 들었고, 그 친구는 다른 사람에게서 들었고, 그 다른 사람은 또 다른 사람에게서 들었고, 이런 식으로 계속되

Form THIS ... ... NICINATED AT MEMPHIS, TENNESSEE	1 3		FILE NO. 100-1535	
REPORT MADE AT MEMPHIS, TENNESSEE	DATE WHEN MADE 11-13-42	PERIOD FOR WHICH MADE 11-3,5-42	REPORT MADE BY ▮▮▮▮▮▮▮	JOB
TITLE ELEANOR ROOSEVELT CLUB OF NEGRO WOMEN, Jackson, Tennessee.			CHARACTER OF CASE INTERNAL SECURITY - X	

SYNOPSIS OF FACTS:

Investigation based upon report by confidential informant that negro women of Jackson, Tennessee were forming a club whose slogan was "not a cook in the kitchen by Christmas" results negatively. Original informant states that there was no basis for such a report.

- C -

DETAILS:

Investigation in this case is predicated upon information furnished to this office by Confidential Informant A who advised that information had been received by that informant to the effect that the negro women of Jackson, Tennessee had organized an Eleanor Roosevelt Club. Membership was reported in this club to be ten cents a week.

It was further stated by the informant that a negro cook who had worked for a ▮▮▮▮▮ on ▮▮▮▮▮ Street in Jackson, Tennessee for some time had resigned recently, stating she was a member of this club and that the slogan of this group was "not a cook in the kitchen by Christmas". The initials of the ▮▮▮▮▮ referred to and the house number were not given.

AT JACKSON, TENNESSEE

A check of the Jackson, Tennessee City Directory for 1942 lists only one family by the name of ▮▮▮▮▮ residing on ▮▮▮▮▮ Street in Jackson.

▮▮▮▮▮ was contacted and

APPROVED AND FORWARDED.	SPECIAL AGENT IN CHARGE	DO NOT WRITE IN THESE SPACES		5E
COPIES DESTROYED ▮▮ 55-8-19		100 - 139664- 1X		RECORDED
5 COPIES OF THIS REPORT				INDEXED
3 Bureau 2 G-2 (1 Atlanta; 1 Memphis) 2 Memphis				

COPY IN FILE

경고: 아래의 문건에는 그 당시에 특정 공동체를 지칭하는 데 사용되었지만 오늘날에는 모욕적 표현으로 간주되는 언어가 포함되어 있다.[*]

기밀 해제된 1942년 11월의 FBI 보고서에는 이른바 엘리너 루스벨트 클럽에 관한 수사 내용이 나와 있다.[9] 이번 크리스마스에는 백인 가정의 요리사 일을 그만두자고 독려하며 테네시주 잭슨에서 조직된 '검둥이' 여성들의 클럽이 있다는 소문은 사실무근이라는 설명이다.

---

[*]   흑인을 '검둥이(negro)'라고 표현한 것을 뜻한다.

었다. 그 이야기를 들은 사람들 가운데 어느 누구도 그게 어디서 시작되었는지를 알지는 못했다. 수사의 막바지에 이르러, FBI는 그 이야기 가운데 어느 것도 진실이라는 증거를 전혀 찾아내지 못했다고 발표했다.

그렇다면 그 음모론은 어디서 온 걸까? 그 당시에 미국 남부는 중대한 정치적, 사회적, 경제적 변화를 겪고 있었다. 미국은 1941년 12월에 일본이 진주만을 공격하자 독일과 일본에 전쟁을 선포했다. 신속한 전쟁 준비를 위해 정부에서는 남부 전역에 장비 제조 공장을 설립했다. 미국이 전쟁에 나서자, 흑인 남성 수백만 명이 군대에 합류했다. 흑인 남성과 여성 역시 공장으로 일하러 갔다.[10] 구조적인 인종차별주의 때문에 흑인들이 줄곧 머물렀던 가사 노동을 비롯한 다른 여러 직업과 비교했을 때, 군대와 공장 모두 더 높은 임금을 제공했다. 더 많은 기회가 생기면서 흑인 활동가와 노동자는 더 많은 임금과 동등한 권리를 요구했으며, 이 목표를 달성하는 데 도움을 얻기 위해 노조를 결성했다.

1870년에 미국 헌법 수정조항 15조로 인해 인종이나 피부색을 근거로 (남성) 시민의 투표권을 부정하는 것이 불법화되자, 여러 주에서는 대신 유권자 등록을 할 때 비용을 내게 하는 식으로 인두세를 도입했다. 이는 사실상 저임금 노동자, 특히 흑인과 이민자를 정치에서 배제함으로써 정부에서 목소리를 얻지 못하게 만드는 방법이었다. 이 방법은 오랫동안 효과적으로 작용했다. 1942년 이전까지만 해도 유권자 가운데 실제로 투표한 사람은 겨우 20퍼센트쯤에 불과했다.[11]

더 많은 임금을 받는 직업을 갖게 되자, 이전보다 훨씬 더 많은 사람들이 투표하러 등록할 여력을 갖게 되었다. 앞서의 헛소문을 믿은 백인들은 자기네가 좋아하지 않는 방향으로 사회가 변화하고 있음을 느끼고 있던 것이다. 즉 흑인에게 동등한 권리를 부여하고, 남부의 짐크로우법(1965년까지 효력을 발휘한 이 법률로 인종 분리가 가능했다)을 종식시키는 방향으로 말이다.

그 헛소문은 남부에서 루스벨트 부부의 인기가 없다는 사실 때문에 시작된 것이기도 했다. 남부에서는 대통령을 싫어했을 뿐만 아니라, 인종분리 종식과 민권에 대해 공개적으로 옹호했던 영부인은 훨씬 더 싫어했다.[12] 1942년에 영부인이 노스캐롤라이나주를 방문했을 때에는 지역 행사가 줄줄이 열렸는데, 그중에는 인근 여러 지역에서 온 흑인들과의 만찬도 포함되어 있었다. 영부인에게 그날 밤 숙소를 제공하기로 약속했던 백인 주최자들은 이 손님이 인종 분리에 관한 법률을 위반했다는 사실에 격분해 마지않았고, 그날 밤에 영부인은 숙소를 얻지 못해 워싱턴 DC로 돌아가고 말았다.[13]

이 사건은 절대적으로 진실이었으며, 많은 사람이 보기에는 음모론을 훨씬 더 믿을 만하게 만들어 준 요소였다. 진짜로 영부인은 남부를 돌아다니며 반란을 조직하고 있는 것이었다! 이 헛소문을 믿은 사람들은 이것이야말로 영부인이 자기네 일에 간섭하려 시도하고 있음을 보여 주는 더 많은 증거라고 간주했다.

그 당시에 확산된 음모론은 단지 무해하고 소소한 이야기에 그치지 않았다. 그렇기는커녕 민권 측면에서 심각한 결과를 가져왔다. 군대에 징집된 흑인들은 제2차 세계대전 동안 자신들의 복무가 군대에서 필수적이었던 만큼 장차 민권도 증진될 것이라고 믿었다. 흑인 활동가와 언론인은 한편에 유럽에서 미국과 싸우는 나치당을 놓고, 또 한편에 짐크로우법의 핵심에 자리한 남부의 백인 우월주의를 놓은 다음, 이 두 가지의 유사성을 지목했다.[14] 그런데 앞서의 헛소문은 흑인에 대한 백인의 폭력을 증가시켰으며, 특히 흑인 병력이 주둔한 남부 여러 지역에서 그렇게 되었다.[15]

이전의 여러 장에서 살펴본 것처럼, 소수자 집단은 종종 가짜 뉴스의 표적이 되며, 정치적이고 사회적인 변화의 시기에는 특히 그렇다.[16] 사람들은 무슨 일이 벌어지는지를 설명하기 위해 정보를 찾아 헤매는데, 헛소문은 그들을 적대하여 음모하는 사악한 세력에 관한 내용으로 시작된다. 사실이 아닌 줄 알면서도 사람들이 개의치 않고 음모론을 전달할 때, 이 음모론은 가짜 뉴스로 변모한다. 그 당시에 남부에서 여러 신문이 저질렀던 일이 바로 그것이었다. 가짜 뉴스는 사람들이 기존에 가지고 있던 인종차별주의, 또는 소수자 공동체에 관한 다른 차별적 믿음을 활용했다. 그 헛소문을 믿은 사람들은 흑인이 더 많은 임금을 받는 직업으로 옮겨 가고, 꾸준히 더 많은 권리를 얻어 가는 것을 지켜보았다. 이들은 이미 인종차별주의에 젖어 있었기 때문에, 그런 일들이 벌어지는 이유는 경제적이고 정치적인 환경의 변화와 흑인 활동가 및 공동체 지도자의 노력 때문이 아니라, 백악관의 사악한 영부인과 국가를 전복하려 시도하는 소수자 단체 탓이라고 믿게 되었던 것이다.

실제가 아니었던
외계인 침공

1938년 할로윈데이 전날 밤, 컬럼비아 방송국의 라디오에서 생방송되던 춤곡이 중단되더니, 아나운서가 등장해 한 천문학자가 화성에서 "마치 총에서 나온 듯한 파란색 불길의 분출과도 비슷한" 폭발을 발견했다고 전했다. 그로부터 몇 분 뒤에는 피어슨 교수라는 그 천문학자를 한 기자가 생방송으로 인터뷰했다. 천문학자는 그 폭발의 원인을 자기도 모른다고 말했다. 아울러 청취자들에게 굳이 걱정할 일까지는 아니라고 당부하면서도, 자기가 생방송 중에 받은 전보에 따르면 뉴저지주 프린스턴 인근에서 거대한 지진 비슷한 현상이 감지되었다고 덧붙였다.

곧이어 라디오 방송은 신나는 음악으로 돌아갔지만, 잠시 후에 아나운서가 다시 등장해서는 방금 전에 보도된 지진은 사실 뉴저지주 그로버스밀의 한 농장에 떨어진 운석의 충돌이었다고 청취자에게 알렸다. 기자와 피어슨 교수는 운석 낙하 현장으로 달려갔다. 배경에서 사이렌 소리가 요란한 가운데, 두 사람은 그곳에 떨어진 물체가 운석과는 거리가 멀고, 오히려 직경 30미터쯤 되는 금속제 원통이라는 사실을 알아냈다. 일종의 외계 물체였던 것이다.

그 물체가 움직이기 시작하더니 웬 형체가 나타나자, 공포에 사로잡힌 목소리가 공중을 가득 메웠다. "신사 숙녀 여러분, 이것이야말로 지금까지 제가 목격한 것 중에서도 가장 무시무시한 물체입니다." 기자는 떨리는 목소리로 이렇게 말했다. "하느님, 맙소사. 어둠 속에서 뭔가가 마치 회색 뱀처럼 꿈틀거리며 기어 나오고 있습니다. 이제 또 한 마리, 또 한 마리, 또 한 마리가 나옵니다. 제가 보기에는 촉수 같은데…… 이제 저 물체의 몸통이 보입니다. 커다란, 마치 곰처럼 커다란 것입니다. 젖은 가죽처럼 번들거립니다. 하지만 저 얼굴은, 저— 저— 신사 숙녀 여러분, 저것은 차마 형용할 수가 없습니다. 저로선 저것을 계속 쳐다보는 것조차도 어렵습니다. 저것은 너무 끔찍합니다. 눈은 시커멓고, 마치 뱀처럼 번쩍입니다. 입은 V자 형태이고, 마치 떨리고 박동하는 것처럼 보이는 테두리 없는 입술에서는 침이 뚝뚝 떨어집니다."

운석 추락 현장에 경찰이 가까워지자, 그 생물체가 드러낸 거울 비슷한 물체에서 불길이 일더니 구덩이 밖으로 쏟아져 나왔다. 불길이 확산되면서 라디오에서는 비명이 분출되었으며, 그로버스밀에서의 생방송은 갑자기 뚝 끊어지고 말았다.

이후 몇 분 동안, 일련의 뉴스 속보가 이어지며 당국이 뉴저지주와 펜실베이니아주에 계엄령을 선포했다고 청취자에게 알렸다. 외계인이 지구를 침공하고 있다는 것이었다. 군 장교 한 명이 전한 목격담에 따르면, 뉴저지주에서 외계인과 싸우기 위해 배치한 7,000명에 가까운 무장 방위군이 대규모로 학살당했다고도 했다. 외계인은 "열 광선"을 이용해서 그들 모두를 죽였으며, 마천루보다도 더 높은 "세 발 달린 기계"를 타고 걸어 다녔다. 하지만 침공은 여기서 멈추지 않았다. 머지않아 버펄로, 시카고, 세인트루이스에도 "화성의 원통" 이 떨어져서, 유독성 검은색 가스를 이용해 도시 인구 전체를 살해했다는 것 이 라디오의 보도 내용이었다.[17] 외계인들은 모든 사람과 모든 것을 파괴하기 위해서 온 것이었다.

이쯤 되면 왜 여러분의 역사책에서는 1938년의 화성인 대침공 사건에 대해 서 한마디도 하지 않았는지가 궁금해질 수도 있겠다. 그 이유는, 여러분도 이 미 짐작했겠지만, 이 사건은 실제로 일어난 적이 없기 때문이다. 우리가 마음 대로 골라 볼 수 있도록 24시간 방송되는 TV 프로그램과 수백 개의 케이블 TV 채널이 생기기 전에만 해도, 온 식구가 집집마다 한 대뿐인 라디오 앞에 모여들곤 했다. 이 가전제품은 사람들에게 뉴스와 여흥의 주된 출처였다. 사람 들은 라디오에서 나오는 방송극에 귀를 기울였는데, 마치 오늘날 우리가 오디 오북을 듣는 것과도 비슷했다. 문제의 프로그램이 시작될 때에도, 아나운서는 오슨 웰스라는 젊은 배우가 이끄는 방송극단이 유명한 소설인 H. G. 웰스의 『우주 전쟁』을 각색한 방송극을 내보낼 것이라고 설명했다. 방송국에서는 이 작품을 자기네 할로윈 시리즈의 일부로 계획했던 것이다.

이 프로그램은 정말로 인상적일 정도로 혁신적이었다. 오늘날 그 녹음 내용 을 들어 보면, 얼마나 설득력 있게 들리는지 깜짝 놀랄 정도이다. 부분적으로 는 극적 폭발과 자동차 경적까지 집어넣은, 그 당시로서는 매우 정교한 음향 효과를 사용했다.

비록 그 프로그램 대부분이 일련의 뉴스 속보 형식으로 이루어지기는 했 지만, 그 방송 자체가 가짜 뉴스의 사례인 것까지는 아니다. 라디오 방송국에 서 의도적으로 H. G. 웰스의 소설을 사실인 척 전달하려고 시도했던 것도 아니고, 프로그램이 시작될 때에 허구의 방송극이라고 청취자들에게 공지했었다. 하지만 이후에 신문에서 이 작품에 대해 보도한 내용은 확실히 가짜 뉴스였다. 이 프로그램이 방송된 다음날, 미국 전역의 신문들은 의도적인 날조였다며 이 프로그램을 비난했다. 일부 청취자들은 프로그램이 이미 시작된 상태에서 주파수를 맞춘 까닭에, 시작 부분의 중요한 공지를 놓쳐 버렸다는 것이 신문 기사의 주장이었다. 그리하여 화성인이 지구를 침공했다고 진짜로 믿은 사람이 수천 명에 달했다는 것이었다. 신문에서는 사람들이 동부 연안에서 벗어나려고 시도하는 바람에 벌어진 여러 시간에 걸친 교통 정체에 관한 기사를 보도했다. 《뉴욕 타임스》는 뉴저지주에 사는 몇몇 가족이 유독성 가스 공격을 벗어나기 위해 젖은 수건으로 얼굴을 감싸고 집 밖으로 뛰어나오기도 했다고 보도했다. 어소시에이티드 프레스의 기사에서는 한 남자가 집에 돌아와 보니 아내가 침공에서 도망치기 위해 자살하려는 준비를 마치고 있더라고 주장했다.[18] 심지어 이후에 나온 역사책에서도 대중 히스테리에 관한 이 주장을 그대로 받아들여 서술해 놓았다.

하지만 이런 주장 가운데 대부분은 전혀 입증된 바 없다. 더 나중에 가서 수행된 조사에 따르면, 이 방송을 실제로 청취한 사람의 비율은 매우 적었다. 그렇다면 어째서 이렇게 자극적인 신문 보도가 나왔던 걸까? 사실 인쇄 언론과 라디오는 그 당시에 경쟁 관계였다. 정규 라디오 방송은 1920년에 처음 시작된 상태여서, 그 당시까지만 해도 여전히 새로운 것이었다. 따라서 라디오 방송국을 최대한 무모하고도 기만적인 것처럼 보이게 만들어서, 소비자들이 뉴스를 오로지 인쇄 언론에 의존하게끔 만드는 쪽이 신문에게는 이익이었던 것이다.[19]

이 사건에 관한 가짜 뉴스 때문에 역사가들이 그 프로그램에 실제로 속은 사람이 얼마나 되는지를 판정하기가 어려워졌지만, 일부 청취자는 실제로 이 각색물을 심각하게 받아들였다는 증거도 있기는 하다. 여하간 라디오 방송을 잠깐 듣고서 공황에 사로잡혀 뛰어다니는 것은, 어떤 뉴스의 헤드라인을 보고는 격분하거나 겁에 질린 탓에 본문을 다 읽어 보지도 않고서 같이 공감해 주길 바라며 기사 전체를 공유하는 행동과 유사하다고 하겠나. 어떤 징보가 우리 안에 강한 감정을 촉발할 경우, 그 감정에 사로잡혀 행동하기 전에 우리가 전체 이야기를 알고 있는지를 확인하는 것이 중요하다. 만약 청취자가 좀 더 사태를 파악할 때까지 기다렸더라면, 이 방송극이 사실은 아니라는 중간 공지를 들을 수 있었을 것이다.

여러 해 뒤인 1955년에 오슨 웰스도 BBC와의 인터뷰에서 그 당시의 방송에 관여했던 사람들의 진짜 의도를 밝히면서 유사한 조언을 내놓았다. "화성인 방송을 했을 때, 우리는 흔히 생각하는 것만큼 순진하지는 않았습니다." 그의 말이었다. "우리는 라디오라는 이 새로운 마법 상자에서 나온 모든 것이 무작정 받아들여지는 방식에 대해 그만 질려 버린 상태였고…… 그래서 어떤 면에서, 우리의 방송은 그 기계의 신빙성에 대한 공격이었습니다. 우리는 어떤 의견이든지 쉽게 받아들여서는 안 된다는 것을, 라디오든지 뭐든지 간에 어떤 수도꼭지에서 흘러나오는 모든 것을 무작정 받아들여서는 안 된다는 것을 사람들이 이해하기를 원했던 겁니다."[20]

가짜 뉴스와
흡연과 건강

1953년 12월, 미국에서 가장 큰 담배 회사 여섯 군데의 대표들이 뉴욕시의 플라자 호텔에서 일련의 비밀 회동을 가졌다.[1] 이들에게는 중대한 문제가 하나 있었다. 《타임》의 보도 내용에 따르면, 담배 원료로 사용되는 타르와 기타 화학 약품이 실험실 생쥐에게 암을 유발했다는 과학자들의 발표가 나왔던 것이다. "담배 연기에 들어 있는 뭔가가 암을 유발할 수 있다는 점은 의심의 여지가 없다."[2] 이 잡지에서는 이렇게 말했다.

이 당시에 미국에서는 남성 가운데 약 3분의 2와 여성 가운데 약 3분의 1이 담배를 피웠으며, 폐암은 암 중에서도 치사율 1위를 차지한 상태였다. 담배 산업은 호황을 누리고 있었지만, 이제 자칫 만사에 차질을 줄 수도 있는 건강 위험에 관한 새로운 보고서들이 나오고 있었다. 그 당시에 통하던 별명대로 '큰 담배사'Big Tobacco의 대표들은 사람들이 계속해서 흡연하게 만들 전략을 공동 개발할 필요가 있다고 비밀 회동에서 합의했다. 이들로선 새로운 건강 보고서를 이용해 반격을 가하고, 미디어를 속이고,

대중을 기만할 필요가 있었던 것이다.

이를 위해서 이들은 미국에서 가장 영향력 있는 홍보 회사 가운데 한 곳인 힐 앤드 놀턴Hill & Knowlton을 고용했다. 이 회사는 예를 들어 주류 업체나 화학 산업 분야의 여러 기업들처럼 건강에 큰 위험을 끼칠 수 있는 제품을 생산하는 회사들의 대중적 이미지를 향상시키기 위해 다년간 일한 경험이 있었다. 만약 과학 연구가 담배 회사들을 위협한다면, 그 해 결책의 열쇠 역시 과학 연구에 있다는 것이 힐 앤드 놀턴의 주장이었다. 이들의 도움을 받아서 큰 담배사들은 흡연과 폐암의 연관성에 대해 의구 심을 표시하는 연구자들의 목소리를 찾아내고 홍보하기 시작했다. 하지 만 담배 회사들은 점차 커지는 담배 반대 목소리에 반격하려면 이것만으 로는 충분하지 않다는 것을 알고 있었다.[3]

바로 그때 이들은 한 가지 발상을 떠올렸다. 과학 전반에 대한 대중의 신뢰를 잠식해야겠다는 것이었다. 이를 위해서는 담배 회사들이 직접 지 시하고 통제할 수 있는 '자체적인' 연구 조직을 가질 필요가 있었다. 이 연 구 단체는 과학이 실제로는 의견의 문제일 뿐이라고 궁극적으로 주장할 예정이었다. 이들은 과학자들을 고용하기 시작했으며, 담배 산업 연구 위 원회Tobacco Industry Research Committee, TIRC라는 이름의 조직을 창설했다. 그 당시에 힐 앤드 놀턴의 대표인 존 W. 힐은 "그 위원회의 성명에 무게 를 부여하고 신빙성을 더하려면 그 이름에 '연구'라는 단어가 들어갈 필 요가 있다"고 썼다.[4] 다른 말로 표현하자면, TIRC가 마치 독립적이고 과 학적인 단체인 것처럼 만들 필요가 있었다는 뜻이다. 그래야만 이 단체가 자기네 연구를 정당하고도 무편향적인 것인 양 제시할 수 있을 것이기 때 문이었다. 실제로는 정당하지도 않고 무편향적이지도 않은 내용일지라도 말이다.

큰 담배사의 대표들은 미국 전역의 신문 400개 이상에 전면 광고를 실어서, 흡연의 효과에 대한 새로운 건강 보고서에 대응하는 차원에서 TIRC의 창설을 발표했다. "우리는 예전에는 물론이고 앞으로도 계속해서 공중 보건을 보호하는 임무를 지닌 분들과 긴밀히 협조할 것입니다." 이들은 광고에서 이렇게 서약했다. 하지만 이들은 흡연과 폐암 사이의 연계가 아직 입증되지 않았다고 주장했고, "그 원인에 관해서는 권위자들 사이에서도 합의가 전혀 이루어지지 않았다"고 주장했다. "무려 300년이 넘는 세월 동안, 담배는 인류에게 위안과 긴장 완화와 즐거움을 제공해 왔습니다. 그 세월 중에도 때때로 인간 신체의 사실상 모든 질병의 원인으로 담배를 지목하는 비판자들이 있었습니다. 그러나 증거 부족으로 인해 그런 혐의는 하나둘씩 기각되어 버렸습니다."[5] 자기네가 TIRC를 창설한 이유도 그래서라고 말했다. 즉 그 문제의 진실에 다가가기 위해서라는 것이었다.

아니나 다를까, TIRC에서는 흡연이 전혀 위험하지 않다는 사실을 실제로 알아냈다! 사람들에게 암이 생기는 이유는 여러 가지가 있다고, 하지만 그중 어느 것도 흡연과 관계있지는 않다고 TIRC는 말했다. 물론 그 발견은 무편향적인 것과는 거리가 멀었다. 담배 회사들이 TIRC의 연구자들에게 봉급을 주고 있다는 사실은 물론이고, 그 모든 일은 사람들이 계속해서 담배를 사도록 만들려는 홍보 책략이라는 사실도 쏙 빠져 버렸기 때문이다.

다음으로 큰 담배사들은 미디어를 끌어들일 필요가 있었다. 맞다. 수천 명에 달하는 과학자들은 흡연이 암을 유발한다는 데에 합의했지만, 그렇게 합의하지 않은 과학자들도 소수이나마 있었다. 이 과학자들의 목소리가 널리 알려질 필요가 있다고 회사들은 말했다. 논쟁에는 양쪽 진영이 있으므로, 만약 언론인이 양쪽 모두를 보도하지 않을 경우에는 객관적으로 정보를 제공한다는 책임을 다하지 못하는 셈이라고 주장했으며, 설령 어느 한쪽에 대한 증거가 압도적으로 많은 경우에도 마찬가지라고 주장했다. 1968년에 힐 앤드 놀턴의 한 중역이 말했듯이, "질병과 흡연에 관한 인과 이론에 의구심을 가하는 이야기의 가장 중요한 유형은 다음과 같다. 즉 눈길을 사로잡는 헤드라인이 핵심을 강력하게 주장해야 하는 것이다. 논쟁! 반박! 다른 요인들! 미확인 내용들!"[6]

여러 해 동안 황색 언론이 미디어의 신빙성을 훼손한 이후이다 보니, 1950년대 기자들의 최우선 관심사는 자칫 편향되었다는 비난을 받지 않게끔 최대한 객관적이고자 노력하는 것이었다. 큰 담배사들은 이런 점을 이용했고, 또한 그 이슈를 보도하는 기자들 스스로가 과학자나 그 분야 전문가까지는 아니라는 사실을 이용했다. 기자들이야 정보를 검증할 수도 없었고, 독자적인 실험실 연구를 수행할 수도 없었으므로, 대부분의 기자들에게 최선의 해결책은 양쪽 진영 모두를 소개함으로써 대중이 알아서 판단하게 만드는 것이었다(물론 그 대중 역시 대부분 과학자가 아니었지만 말이다).[7] 담배 회사들은 어느 누구도 완전히 납득시킬 필요까지는 없었다. 이들은 사람들이 계속해서 흡연하게끔 그저 충분한 정도의 불확실성만 뿌리면 됐을 뿐이었고, 미디어에서는 이들이 그렇게 할 수 있도록 도와주었다. 갑자기 사람들 앞에 흡연에 관한 모순적인 정보가 제공되자, 마치 과학적 발견이 실제로도 논쟁의 여지가 있는 것처럼 들리게 되었다. 만약 여러분이 흡연을 좋아하는데, 과학자들조차도 흡연이 건강에 나쁜지 괜찮은지 그 효과를 실제로는 모르는 것처럼 보인다면, 이런 상황에서 내릴 선택은 쉬울 수밖에 없었다. 즉 계속 흡연하는 것이었다.

큰 담배사들은 또한 정치인들을 자기편으로 끌어들이려고 작업했다.

A Frank Statement

to Cigarette Smokers

RECENT REPORTS on experiments with mice have given wide publicity to a theory that cigarette smoking is in some way linked with lung cancer in human beings.

Although conducted by doctors of professional standing, these experiments are not regarded as conclusive in the field of cancer research. However, we do not believe that any serious medical research, even though its results are inconclusive should be disregarded or lightly dismissed.

At the same time, we feel it is in the public interest to call attention to the fact that eminent doctors and research scientists have publicly questioned the claimed significance of these experiments.

Distinguished authorities point out:

1. That medical research of recent years indicates many possible causes of lung cancer.

2. That there is no agreement among the authorities regarding what the cause is.

3. That there is no proof that cigarette smoking is one of the causes.

4. That statistics purporting to link cigarette smoking with the disease could apply with equal force to any one of many other aspects of modern life. Indeed the validity of the statistics themselves is questioned by numerous scientists.

We accept an interest in people's health as a basic responsibility, paramount to every other consideration in our business.

We believe the products we make are not injurious to health.

We always have and always will cooperate closely with those whose task it is to safeguard the public health.

For more than 300 years tobacco has given solace, relaxation, and enjoyment to mankind. At one time or another during those years critics have held it responsible for practically every disease of the human body. One by one these charges have been abandoned for lack of evidence.

Regardless of the record of the past, the fact that cigarette smoking today should even be suspected as a cause of a serious disease is a matter of deep concern to us.

Many people have asked us what we are doing to meet the public's concern aroused by the recent reports. Here is the answer:

1. We are pledging aid and assistance to the research effort into all phases of tobacco use and health. This joins financial aid will of course be in addition to what is already being contributed by individual companies.

2. For this purpose we are establishing a joint industry group consisting initially of the undersigned. This group will be known as TOBACCO INDUSTRY RESEARCH COMMITTEE.

3. In charge of the research activities of the Committee will be a scientist of unimpeachable integrity and national repute. In addition there will be an Advisory Board of scientists disinterested in the cigarette industry. A group of distinguished men from medicine, science, and education will be invited to serve on this Board. These scientists will advise the Committee on its research activities.

This statement is being issued because we believe the people are entitled to know where we stand on this matter and what we intend to do about it.

TOBACCO INDUSTRY RESEARCH COMMITTEE

5400 EMPIRE STATE BUILDING, NEW YORK 1, N. Y.

SPONSORS:

1954년 1월 4일, 신문 구독자들에게 TIRC를 소개한 "담배 흡연자에게 보내는 솔직한 선언문" 광고.[8]

자기네 목적에 유리한 정치인들의 유세에 기부금을 냈으며, 그 정치인들에게 뭐라고 발언해야 할지 내용까지 줌으로써, 흡연 관련 규제 실시를 원하는 환경보호국EPA이나 식품의약청FDA 같은 정부 기관들에 대항해서 담배 회사들을 옹호하게 만들었다.

담배의 가짜 뉴스 작전은 무려 40년 넘게 지속되었으며, 세월이 흐르면서 흡연의 위험을 입증하는 연구가 점점 더 많이 나오는 와중에도 지속되었다. 1964년에 흡연이 암을 야기한다는 사실을 미국 보건위생국장이 최초로 경고했을 무렵, 흡연의 위험성을 알린 보도 기사는 무려 7,000개 이상 나온 상태였다. 상황이 다시 한 번 위중해 보였기에, 담배 회사들은 전략을 바꾸기로 했다. 큰 담배사들은 필터를 이용한 '저타르', 또는 '라이트light' 담배를 고안한 다음, 이것이야말로 건강에 좋은 선택지라고 주장했고, 이를 뒷받침할 (당연히 TIRC에서 나온) 연구를 제공했다. 하지만 실제로 저타르 담배는 더 많은 발암 물질이 더 깊이 폐 속으로 들어가게 만들 뿐이었는데, 이런 담배를 피우는 사람들은 담배를 더 깊이 빨아들이기 때문이다. 1996년에 미국 암 학회American Cancer Society에서 간행한 연구에서는 이른바 저타르 담배가 시장에 등장한 이후로 폐암 사망률이 실제로 증가했다는 사실이 입증되었다.[9]

1990년대에 들어서 비로소 비밀 문서가 공개되기 시작하면서, 담배 회사들이 일반 담배와 '라이트' 담배 모두의 흡연 효과에 대해 오래전부터 알고 있었으며, 그런 상황에서도 오히려 반대로 이야기하는 가짜 뉴스를 쏟아냈다는 사실이 밝혀졌다.[10] 그러자 미국 정부는 이제는 뭔가 조치를 취해야 될 때라고 판단했다. 1999년에 미국 정부는 이 작전에 관여한 여섯 곳의 가장 큰 담배 회사들을 고발했는데, 이는 완전히 합법적인 산업을 겨냥한 정부의 소송 중에서도 가장 큰 사례 가운데 하나였다. 법무부에서는 여러 해에 걸쳐 증거를 수집했으며, 여기에는 고발 대상 회사에서 유출된 내부 문서도 포함되어 있었다. 고발장 내용에 따르면, 큰 담배사들은 담배를 더 중독성 있도록 만들면서도 그런 담배가 전혀 중독성 없다고 주장했다. 고발장에는 그 회사들이 광고 전술에서 젊은이들을 표적으로 삼았으며, 이는 사람들을 일찍부터 담배에 사로잡히게 만들기 위해서라고 명시했다. 또한 고발장에는 그 회사들이 흡연의 건강 위험에 대해서 의도적으로 거짓말을 했으며, 심지어 자기네 행동을 감추기 위해 문서를 파기하기까지 했다는 사실이 담겨 있었다.[11]

이 기념비적인 사건에서 판사는 담배 회사들이 공갈 행위를 저질렀다고 판결했다. 그 회사들이 부정직한, 또는 사기적인 행위를 했다는 뜻이었다. 판사의 말에 따르면, 담배 회사들은 "자신들의 치명적인 제품을 마케팅하고 판매하는 과정에서 열성을 발휘했고, 기만을 이용했으며, 경제적 성공에 전적으로 초점을 맞추었고, 바로 그 성공으로 말미암은 인간의 비극이나 사회적 비용에 대해서는 고려하지 않았다".[12] 담배 회사들은 대중을 겨냥한 거짓말을 중단하라는 명령을 받았다.

이 소송에도 불구하고 (그로부터 몇 년 뒤에) 큰 담배사들은 여전히 자기네 제품을 마케팅하는 방법을 놓고 미국 정부와 싸움을 벌였다. 흡연 같은 사안에 대해서 과학적 결과가 그토록 명백한데도 불구하고, 어째서 그토록 많은 사람들이 가짜 뉴스 전술에 사로잡히는 것일까? 우선 우리가 큰 담배사들의 사례에서 살펴본 것처럼, 많은 사람들은 단지 독립적이고 무편향적인 것처럼 들린다는 이유만으로 TIRC의 연구를 믿었다. 거기 소속된 진짜 과학자들이 나서서 흡연은 안전하다고 말했기 때문이었다. 그렇다면 그 과학자들이 실제로는 담배 회사에서 돈을 받고 그런 결론을 만들었다는 것만 알았더라도, 사람들의 마음이 바뀌기는 했을까? 어쩌면 그랬을지도 모르겠다. 하지만 사실 그들은 흡연을 좋아했으며, TIRC는 그들이 듣고 싶어 하는 내용을 말한 것뿐이었다.

미디어 역시 무편향적이고 객관적인 것처럼 보이려고 시도하는 와중에 오히려 가짜 뉴스의 목소리를 키우는 데 도움을 주었다. 어떤 이슈에서 '양쪽 진영' 모두를 보도하더라도, 정작 그 정보가 어디서 나온 것인지를 독자에게 이야기하지 않을 경우에는 위험이 있게 마련이다. 한편에 뭔가를 입증하는 수천 페이지짜리 과학 보고서가 있고, 또 한편엔 담배 회사들로부터 돈을 받고 불확실성을 이야기하는 소수 과학자의 성명서가 있는 경우, 이 두 가지가 마치 똑같은 것인 양 들리게 만들기 때문이다.

아마도 가장 우려할 점은 큰 담배사가 사업을 지속하기 위해서 가짜 뉴스를 성공적으로 확산시켰던 그 40년 동안에, 다른 산업들이 뒤따를 일종의 선례가 만들어졌다는 점일 것이다. 1998년에 앤드류 웨이크필드 박사 Dr. Andrew Wakefield는 한 의학 학술지에 간행한 연구 보고서에서 홍역, 이하선염, 풍진MMR 백신과 자폐증 사이에 연계가 있다고 주장했다. 그의 연구에 따르면, 이전까지만 해도 건강했던 어린이 12명을 조사한 결과, 그중 8명이 백신을 맞은 지 2주 이내에 그 증상에 걸렸다는 것이었다.[13] 웨이크필드는 더 많은 연구가 이루어지기 전까지는 MMR 백신을 자녀들에게 접종하지 말도록 부모들에게 호소했다. 이것만으로도 충분했다. 웨이크필드와 그의 연구는 갑자기 뉴스를 도배하다시피 했으며, 전 세계적으로 건강 공포를 야기했다.[14]

웨이크필드의 분석을 반박하는 증거가 제기되기 시작했을 때조차도, 《데일리 메일》과 다른 영국 신문들은 그의 발견에 관한 긍정적인 기사를 간행했다. 제니 맥카시, 찰리 신, 알리시아 실버스톤을 비롯한 그 당시의 할리우드 유명인사들까지도 백신 반대 운동에 뛰어들었다. 웨이크필드의 연구는 불과 몇 년 만에 부정되었지만, 그 사이에 MMR 백신 접종이 급격히 줄어들었고, 백신을 맞지 않은 아이들의 숫자가 늘어나기 시작하면서, 2006년경부터 캐나다와 영국과 미국에서는 대대적인 홍역 유행이 일어났다.[15]

여러 해 뒤에 런던의 《타임스》에서는 웨이크필드가 명백히 연구 중에 자료를 조작하고 결과를 바꿈으로써 의도적으로 백신과 그 질병의 연관성을 보여주었다고 보도했다. 그는 도대체 무엇 때문에 공중 보건까지 위험에 빠트렸던 것일까? 당연히 돈이었다! 알고 보니 웨이크필드는 MMR 백신이 유해한 부작용을 일으킨다고 믿고서 그 제조사를 고소하려던 부모들로부터 돈을 받았던 것이었다. 혹시 자기가 조작해서라도 백신과 그 질병 사이의 연관성을 억지로 만들어 낼 수 있다면, 훗날 소송을 통해 많은 돈을 얻어 그 이슈에 대해서 연구를 지속할 수 있으리라고 생각했던 걸까? 충분히 가능성 있는 일이다. 웨이크필드는 의사 면허를 박탈당했으며, 그때 이후로는 의료 행위를 금지당했다. 그의 최초 연구를 간행한 의학 학술지는 2010년에 철회 조치를 내렸지만, 이미 해악은 벌어진 다음이었다. 오늘날까지도 여전히 여러 군데 가짜 뉴스 출처에서는 웨이크필드의 연구 내용을 온라인으로 제공하며, 그 역시 자신의 결론을 계속해서 옹호하고 있다.

큰 담배사와 웨이크필드의 가짜 뉴스 계책은 우리가 얻은 정보를 믿기 전에 그게 어디서 나왔는지를 알아볼 필요성에 대해서, 아울러 그 정보를 내놓은 사람이나 단체의 동기를 살펴볼 필요성에 대해서 중요한 교훈을 제공한다. 어떤 내용을 말하는 대가로 누군가에게 돈을 받은 편향된 저자나 단체에서 나온 정보는 그 본성상 객관적이지가 않은 것이다.

텔레비전의
도입

미국 최초의 TV 뉴스 프로그램은 1940년에 방송을 시작했다. 보통 15분 내지 30분으로 짧은 내용이었는데, 처음에만 해도 방송국에서는 사람들이 그렇게 많은 뉴스를 원할지 여부를 확신하지 못했다.[16] 하지만 대중은 이런 프로그램을 좋아했다. 더 이상은 멀리 떨어진 나라에서 벌어지는 사건들에 대해서 글로 읽거나, 라디오 대담에서 흘러나오는 얼굴 없는 목소리에 귀를 기울일 필요가 없어진 대신, 해외 특파원과 촬영 기사가 안방까지 가져다주는 장면을 직접 목격할 수 있었기 때문이다. 뉴스에 대한 대중의 수요는 수십 년에 걸쳐서 증가했으며, 1980년에는 워낙 높아진 수요에 맞춰 최초의 24시간 뉴스 방송국인 CNN이 설립되었으며, 다른 케이블 뉴스 방송국들도 창설되는 결과를 가져왔다.

당시에 TV 뉴스에 대한 관심을 견인한 큰 요인 중 하나는, 사람들이 수백 년 동안의 선정적 뉴스 이후 처음으로 자기가 듣는 내용을 시각적으로 검증할 수 있게 된 것을 좋아했다는 점이었다.[17] 사람들은 객관적이고도 사실 위주인 뉴스를 원했으며, 보도되는 내용을 직접 볼 수 있게 됨으로써 뉴스에 대한 신뢰도 늘어났다. 하지만 여기에는 단점도 역시나 있었다. 자기 눈으로 직접 볼 수 있다는 점 때문에, 오랫동안 사람들은 TV에서 보는 내용을 전부 진실이라고 믿었다.

1992년에 공포 작가 스티븐 보크와 TV 프로듀서 루스 봄가튼은 그러한 신뢰를 기회로 삼았다. 할로윈데이 밤에 두 사람은 BBC에서 〈고스트워치 Ghostwatch〉라는 90분짜리 쇼를 방송했다. 이 프로그램은 "영국에서 가장 유령이 많이 출몰하는" 장소라고 알려진 런던 북서부의 한 주택을 조사하는 내용의 생방송이라고 홍보되었다.[18] 이 쇼에서는 바로 그 주택에서 유령과 함께 살아가는 패멀라 얼리라는 여성과 두 딸의 일상을 보여주었다. 이 식구들은 수도 파이프를 두들기기 좋아한다는 그 유령에게 '파이프스'라는 이름까지 붙여주었다.

이 프로그램의 리포터 두 명은 BBC에서 가장 신뢰받는 진행자였으며, 모든 장면은 보통 TV 쇼를 녹화하는 16밀리미터 필름 대신 가정용 비디오테이프로 녹화되었다. 이러다 보니 〈고스트워치〉는 마치 그 집 식구들이 직접 찍은 듯하고 더 진짜인 것처럼 보였다. 카메라는 얼리 가족을 뒤쫓아 집안 곳곳을 돌아다니는데, 이 과정에서 파이프스가 온갖 종류의 난동을 일으키고, 심지어 딸들에게 빙의되기까지 했다. 리포터들이 현장에서 유령을 조사하는 사이, 카메라는 BBC 스튜디오로 돌아가서 초자연 현상 전문가와 인터뷰를 나누는가 하면, 비슷한 유령 현상을 겪었다는 시청자들의 전화를 받기도 했다. 결말에 가서는 리포터들의 현장 조사로 영국 전역의 생방송 시청자 1,100만 명이 일종의 강령회에 참여한 듯한 효과가 발휘돼 파이프스의 악령이 풀려나 전파를 타고 시청자들의 가정으로 스며들었다고 나온다. 급기야 유령이 BBC 방송국의 카메라까지 장악하게 되면서 TV 화면이 검게 변한다.[19]

이 쇼는 방영 전에 영국의 TV와 라디오 방송 일정표를 게재하는 한 주간지의 표지에도 특집으로 등장한 바 있었다. 〈고스트워치〉에 대한 그 기사에서는 이 쇼가 허구임을 명백히 밝히고 있었다. 그런데 문제는 이 쇼를 시청한 사람 모두가 그 기사를 읽은 것까지는 아니었다는 점이다. 그 쇼를 방영하고 나서 BBC는 무려 2만 통이 넘는 항의 편지를 받았으며, 나중에 가서는 그 쇼 때문에 외상 후 스트레스 증후군을 진단받았다는 어린이들의 사례도 여럿 등장했다.[20] 또한 이 쇼로 인해 자살 사건도 한 건 있었다는 주장까지 나왔다. 훗날 영국의 한 법원에서는 BBC가 "위협의 느낌을 조성하려" 시도했다고, 아울러 "자신들이 시청자에게 보여 주는 속임수에 대해서 단순한 암시 이상의 조치를 취해야 하는 의무"를 소홀히 했다고 판결했다.[21]

영화 제작자들이 초자연 현상을 영화에 가짜로 담으려 했던 시도는 〈고스트워치〉 이후로도 있었다.

1999년에 저예산 독립 공포 영화 〈블레어 위치The Blair Witch Project〉가 미국 극장가를 휩쓸고 전 세계에서 2억 5000만 달러를 벌어들였다. 이 영화는 메릴랜드 주의 한 숲으로 들어가 야영하면서 '블레어 위치'라는 그 지역 전설의 수수께끼를 파헤치려는 영화 제작자 세 명의 행적을 뒤쫓는다. 영화에서 이들은 숲에서 길을 잃고, 유령에게 시달리다가, 결국 마녀에게 살해당하고 만다. 배우들은 영화 내내 휴대용 핸드헬드 카메라를 이용해 스스로를 촬영했기 때문에 마치 진짜 다큐멘터리처럼 보인다. 이보다 더 눈에 띄는 점은 영화가 개봉되기 전까지만 해도, IMDB의 해당 영화 정보에 세 명의 주연 배우가 "실종, 사망 추정"이라고 기록되어 있었다는 점이다.[22]

제10장

The Fake News Intelligence Battles

가짜 뉴스
첩보전

이제는 거대한 책임 부인의 시대가 되었다. 미국을 포함한 거의 모든 정부는 다른 여러 나라의 사건에 영향을 끼치기 위한 무기로서 가짜 뉴스를 사용해 왔다. 물론 정부에서는 이를 "역逆정보"니, "정보 작전의 영향력"이니 하는 표현으로 일컬었지만 말이다. 대부분의 나라에서는 첩보 기관을 이용해 그렇게 했으며, 미국의 경우에는 바로 CIA가 그런 기관이었다.

제2차 세계대전 이후, 세계는 곧 소련과 미국 사이에 벌어지는 격렬한 힘겨루기에 휘말리게 되었다. 이른바 냉전이라고 일컬어진 기간 동안 양국은 전 세계에서 우위를 차지하기 위해 노력했던 것이다. 이 전쟁에서 실제로 군사적 전투를 벌인 것은 아니었으며, 최소한 서로를 겨냥해 직접적으로 그런 적은 없었다. 비록 상대편을 공격하겠다고 무지막지하게 위협하기는 했지만, 피차 실제로는 그러기를 원하지 않았기 때문이다. 대신 양국은 수많은 역정보를 이용해서 전투를 벌였는데, 부분적으로는 그게 워낙 저렴한 동시에 상대적으로 손쉬웠기 때문이었다.

양국은 세계 각지의 개발도상국에서 자국의 영향력을 늘리고 싶어 했다. 미국은 미디어의 성장을 이점으로 삼아 역정보를 확산시킴으로써 공산주의의 확산에 맞서 싸웠고, 소련의 평판을 깎아내렸으며, 심지어 자국의 이익에 해가 된다고 간주되는 외국 정부를 흔들고 전복시키기까지 했다.

1947년에 창설되었을 당시의 CIA의 주요 임무 가운데 하나는 해외에서 비밀 작전을 수행하는 것이었다. 즉 다른 여러 나라의 정치적, 경제적, 군사적 상황에 영향력을 끼치기 위한 비밀 작전을 펼쳤다. 대개는 미국의 목표를 진작시키기 위한 유일한 방법이 비밀 작전뿐이라고 정부 공직자들이 생각할 때에 그런 방법을 사용했다. 예를 들어 전통적인 외교나 군사 작전을 이용해서는 안 된다고 판단될 경우에 말이다. 냉전 내내 백악관은 CIA를 '많이' 사용했다. 이에 관해서라면 나도 많은 이야기를 알고 있지만, 안타깝게도 특히 재미있는 이야기 대부분은 기밀로 분류되어 있다. 그러므로 대신 소련에 관해 이야기해 보자.

미국이 CIA를 창설한 바로 그 해에 소련은 자국의 비밀 작전 가운데 일부를 운영할 새로운 해외 첩보 기관인 정보 위원회(KI라고 불렀다)를 창설했다.[1] 소련은 아프리카와 라틴아메리카의 여러 신문에 자금을 지원하기 시작했는데, 바로 그 두 지역에서 자국의 정치적이고 경제적인 영향력을 늘리고 싶어 했기 때문이다.[2] 이런 방식으로 소련은 해외 신문에 게재될 기사에 대해서 영향력을 발휘하려고 했다. 이어서 소련 공직자들은 미국의 뉴스에 이미 간행되고 보도된 내용을 철저히 분석했다. 공직자들은 역정보 중에서도 정치적으로나 문화적으로 유의미한, 그리고 현재 진행 중인 실제 사건을 다루는 주제가 더 잘 확산된다는 사실을 신속히 배우게 되었다.

1964년에 소련은 각종 문서를 위조함으로써 마치 서방 정치인들이 독일 나치 정권을 지원했던 것처럼 보이게 만들었지만, 금세 거짓임이 밝혀지고 말았다. 또한 소련은 자국의 자금을 지원받는 여러 신문에다가 황당무계한 음모 이론을 심었으며, 여러 언론인을 포섭해서 CIA가 존 F. 케네디 대통령과 인권 운동 지도자 마틴 루서 킹 2세를 암살했다는 주장을 내보내고 퍼뜨리게 만들었다.[3] 소련이 수행한 또 다른 작전에서는 미국의 여러 부부가 장기 적출을 위한 비밀 작전의 일환으로 다른 여러 나라에서 갓난아기들을 입양했다고도 주장했다. 이 역정보 작전은 워낙 설득력 있게 들렸기 때문에, 일부 국가에서는 미국인의 아동 입양을 중지시키기까지 했다.[4]

이런 초기 역정보 작전의 성공을 통해 소련은 중요한 사실을 배우게 되었다. 즉 사람들은 정부의 비밀 음모에 관한 가짜 기사에 잘 속아 넘어갈 수 있다는 것이었다. 사실 오늘날까지도 여전히 이런 기사들을 퍼뜨리는 음모 이론 웹사이트가 있는 지경이니 말이다.

1981년에 소련은 미국 질병 통제 방지 센터US Centers for Disease Control and Prevention, CDC가 이전까지만 해도 건강했던 로스앤젤레스의 남성 동성애자 다섯 명에게 나타난 갑작스러운 질환에 관해 간행한 보고서를 유심히 살펴보았다.[5] 이 보고서에서는 이 남성들이 다수의 감염과 폐렴을 겪었으며, 이들의 면역계가 작동 불능 상태라고 설명했다. CDC도 그 원인이나 그 질환의 확산 과정이나 치료 방법까지는 알지 못했으며, 그 보고서가 작성되어 간행되었을 무렵에는 환자 다섯 명 가운데 두 명이 이미 사망한 다음이었다. 이 보고서가 간행된 이후, 미국 전역의 의사들이 유사한 사례에 관해 내놓은 보고가 CDC로 잔뜩 들어왔다. 그로부터 1년이 조금 지나자 이 질환에는 후천성 면역 결핍 증후군Acquired Immunodeficiency Syndrome, AIDS이라는 이름이 붙었으며, 이제는 미국 전역뿐만이 아니라 세계 전체에 걸쳐서 창궐하여 대규모 유행병이 되었다.[6] 소련의 입장에서는 전 세계가 미국에 등을 돌리도록 만들 완벽한 기회였다.

1980년대에 미국 대중은 생물학 및 화학 무기(화학 무기는 화학 약품을 이용해 사람을 죽이거나 손상시키도록 만드는 장치로, 예를 들어 제1차 세계대전에서 처음 사용된 겨자 가스가 그런 종류였다. 또한 전시에 농작물을 파괴함으로써 대중이 굶주리게 만드는 데에도 화학 약품이 사용되었다. 생물학 무기는 바이러스나 세균, 또는 탄저균 같은 각종 독소를 의도적으로 유포하는 장치다)에 대해서 매우 걱정이 많았다.[7] 여러 차례에 걸친 의회 조사를 통해 대중은 정부가 생물학 및 화학 전쟁에 대한 연구에 많은 돈을 지출했다는 사실을 알게 되었다. 대중은 유럽과 한국과 베트남에서 연이어 벌어지는 전쟁에 질려버린 상태여서, 자국을 또 한 번의 전쟁으로 몰아넣지 않겠다는 정부의 말을 믿지 않았다.

소련은 이런 불신으로 말미암아 미국 국민이 정부의 행동을 평소보다 더 많이 주시하고 있음을 파악했고, 이것이 기회임을 깨달았다. 바로 이때 소련은 '인펙티온 작전Operation INFEKTION'이라는 비밀 역정보 작전을 출범시켜서, 미국 정부의 과학자들이 에이즈AIDS라는 치명적인 바이러스를 만들어 냈다고 주장했다. 소련으로서는 사실 너무나도 손쉬운 일이었다. 소련의 주력 안보 기관인 KGB 출신의 역정보 전문가 두 명이 나중에 주장한 바에 따르면, 그 발상은 "사실상 스스로 꼴을 갖추다시피" 했다.[8]

평소와 마찬가지로, 그 첫 단계는 관련 기사를 소련 외부에 있는 미디어 업체들에 심음으로써, 그 기사가 원래 어디서 나왔는지 숨기는 것이었다. 그즈음 소련은 진짜 사실에다가 가짜 정보를 뒤섞어야만 역정보가 가장 잘 작동한다는 사실을 배운 다음이었다. 소련이 만들어 낸 첫 번째 기사는 1983년에 이들로부터 자금 지원을 받는 인도의 작은 신문 《패트리어트》에서 "에이즈가 인도를 침략할 가능성 있어: 미국의 실험으로 야기된 수수께끼의 질병"이라는 헤드라인을 달고 등장했다. 이 기사에는 그 바이러스에 관한 수많은 사실들이 들어 있었다. 이 기사에서는 미국의 화학 및 생물학 무기 현황 조사에 관해 미국에서 보도된 진짜 정보를 먼저 인용했다. 그리고 나서 이 기사에 가짜 정보를 심었다. 즉 미국 과학자로 추정되는 인물의 말을 빌려, 메릴랜드주에 있는 육군 의료 기지 포트 데트리크에 있는 비밀 실험실에서 실행된 "새롭고도 위험한 생물학 무기를 개발하기 위한 펜타곤의 실험 결과"가 바로 "에이즈"라고 주장했던 것이다.[9]

소련은 또 다른 기사를 간행했는데, 이번에는 자국의 선전을 싣는 것으로 알려진 러시아의 한 신문에 "서방의 공황 사태, 또는 에이즈를 둘러싼 소동 배후에 숨은 것"이라는 제목을 붙였다. 이 기사에서는 미국 동부 연안의 에이즈 발생에 관한 실제 통계를 사용했다. 아울러 비밀 생물학 전쟁 프로그램을 열거함으로써, 미국 정부가 다른 집단보다도 에이즈에 가장 크게 고통 받는 집단을 겨냥한 일종의 종족 학살로서 바이러스를 의도적으로 퍼뜨리고 있다고 암시했다. 여기서 가리키는 집단이란 바로 남성 동성애자와 흑인이었다.[10] 아울러 이 기사에서는 《패트리어트》에 게재된 이전의 기사를 인용함으로써, 두 기사 모두를 더 신빙성 있게 만들었다. 하지만 소련은 여기에서 그치지 않았다.

가짜 뉴스를 확산시키는 일에서 핵심 가운데 하나는 똑같은 메시지를 최대한 다양한 형태로 거듭해서 반복하는 것이다. 따라서 소련은 라디오 방송을 기획하고, 더 많은 기사와 논문을 간행하고, 소책자와 포스터를 인쇄했으며, 예를 들어 (지금은 콩고민주주의공화국으로 이름이 바뀐) 자이르, 아르헨티나, 파키스탄처럼 전략적으로 소련에 가장 중요한 여러 나라에서 특히나 그렇게 했다. 이런 기사와 포스터 가운데 일부에서는 해외에 전개된 미국 병력이 비밀리에 지역 주민에게 바이러스를 직접 주입하고 있다고까지 주장했다.[11] 이런 노력은 성과를 거두었다. 가짜 뉴스 보도가 계속해서 나타나면서, 진짜 뉴스 미디어들도 그 기사를 다루기 시작했으며, 마침 에이즈 바이러스가 확산되고 있었던 여러 개발도상국에서 특히나 그러했다. 이런 여러 국가 가운데 상당수에서는 미디어가 여전히 성장 중이었기 때문에, 거기서는 두루뭉술한 기사라도 내보내기가 더 쉬운 경우가 흔했다.

소련의 작전에서 언론 보도에 뒤이은 두 번째 단계는 바로 '영향력 있는 대리인'을 이용해서 역정보를 확산하는 것이었다. 이들은 KGB와 연줄이 있으면서 중요한 직위를 차지한 인물들로, 과학자와 언론인과 유명인사 등이 포함되어 있었다. 1985년에 소련은 동독의 국가 안보 기관인 슈타지에 접근해서 인펙티온 작전을 도와달라고 요구했다. 이곳은 동독 공산당 정부 기관 중에서도 각별히 공포와 증오의 대상인 곳이었다. 슈타지는 동독을 마치 감옥처럼 운영했으며, 비밀 정보원들로 이루어진 거대한 네트워크를 보유했는데, 그 정보원 대부분은 강요에 의해 각자의 이웃을 염탐하게 된 평범한 일반인이었다. 아울러 KGB가 예상한 대로, 슈타지는 이 작업에 딱 어울리는 인물도 보유하고 있었다. 바로 현직에서 은퇴한 동독의 생물물리학자 야코프 제갈 박사Dr. Jakob Segal였다.

제갈은 러시아 상트페테르부르크에서 태어났고, 동독에서 살았으며, 최소한 본인이 아는 한도에서는 KGB와 아무런 연계도 없었다. 그는 존경받는 과학자로서 건강 관련 이슈에 대해서 권위 있고 설득력 있게 말할 수 있는 인물이었다. 한마디로 사람들이 진지하게 받아들일 만한 인물이었다. 제갈과 접촉한 슈타지는 에이즈 유행이 미국의 책임이라는 (당연히 가짜인) 증거를 제공했다. 그즈음 에이즈는 남극을 제외한 모든 대륙에서 발생했고, 미국에서만 1만 5,500건 이상의 사례가 보고되었으며, 거의 그에 버금가는 사망자가 보고된 상태였다.[12] 제갈은 그 '증거'를 확신한 나머지 47페이지짜리 보고서를 작성해서, 미국 정부가 감옥에 있는 남성 동

CIA 분석가가 알려 주는 **가짜 뉴스의 모든 것**

성애자들을 대상으로 실험한 끝에 에이즈를 만들어 내고 확산시켰다고, 그렇기 때문에 이후에 뉴욕과 샌프란시스코의 게이 인구가 에이즈에 감염된 것이라고 주장했다. 1987년에 이르러 이 보고서는 무려 80개국의 미디어에서 보도되었다.

제갈의 보고서 외에도, 인펙티온 작전의 가장 큰 성공 가운데 하나는 슈타지가 오스트리아 출신의 한 베스트셀러 저자에게 에이즈의 기원에 관한 (역)정보가 담긴 익명의 소포를 보낸 이후에 이루어졌다.[13] 이 저자는 미끼를 물었고, 1987년에 그 역정보를 근거로 삼아 집필한 소설을 간행했다.* 미디어와의 인터뷰에서 그는 미국이 에이즈 바이러스를 만들었다는 사실로부터 그 작품을 쓰기 위한 영감을 얻었다고 말했다.

미국은 소련이 작전의 배후에 있다는 사실을 알아내고 공개적으로 비난을 가했다. 세계 각국의 과학자들 역시 이 기사에 맞서서 목소리를 높였다. 1987년에 이르러 에이즈가 소련에서도 확산되기 시작했다. 소련 연구자들이 먼저 접근해서 에이즈 바이러스 치료를 도와달라고 요청하자, 미국은 칼자루가 자기네한테 넘어왔다는 사실을 깨달았다. 미국 공직자들은 소련이 역정보 작전을 중지하기 전까지는 도와주지 않겠다고 통보했다. 그리하여 소련은 인펙티온 작전을 포기할 수밖에 없었다.

하지만 이미 해악은 뿌리를 내린 다음이었다. 첫 번째 기사가 간행된 1983년부터 소련이 작전을 중단한 1987년까지 무려 50개국의 미디어 업체에서 이 음모론에 관한 뉴스를 간행했다.[14] 미군 병력이 에이즈를 확산시킨다는 음모론을 퍼트린 소련의 노력으로 인해, 여러 나라에서 두려움

---

* 우리나라에서도 번역된 요하네스 마리오 짐멜(1924-2009)의 소설 『눈물은 광대와 함께 왔다』(1987)를 말한다.

을 느끼고 미군 병력을 받아들이지 않았다.[15] 뿐만 아니라 인펙티온 작전을 수행하는 기간 내내 소련은 '자체적인' 화학 및 생물학 무기를 비밀리에 개발하고 있었다. 하지만 온 세계가 미국을 지켜보느라 정신이 팔린 까닭에, 어느 누구도 그 방면에서 소련이 무슨 일을 하고 있는지에는 주목하지 못했다.

이 작전은 특히 미국 본토에서 훨씬 더 오래 지속적인 영향을 끼쳤다. 1992년의 여론 조사에 따르면, 미국인 응답자 가운데 15퍼센트는 미국 정부가 에이즈 바이러스를 실험실에서 의도적으로 만들어 냈다고 믿는다고 대답했다. 더 나중에 《후천성 면역 결핍증 학술지Journal of Acquired Immune Deficiency Syndromes》에 간행된 2005년의 조사에서도 미국 흑인 응답자 가운데 15퍼센트는 에이즈가 흑인을 겨냥한 종족 학살의 일종이라고 믿는다고 대답했으며, 에이즈를 인공 바이러스라고 믿는다고 대답한 사람도 거의 50퍼센트에 달했다.[16]

인펙티온 작전은 우리가 가진 정보가 어디서 나왔는지를 살짝이라도 알아보는 일이 얼마나 중요한지를 보여준다. 미국이 에이즈를 발명했다고 주장하는 기사 가운데 상당수는 소련에서 자금 지원을 받은 인도 신문에 실린 1983년의 최초 기사를 근거로 삼고 있었다. 여러분이 과제물이든 보고서든 작성할 때 출처를 명시하는 게 중요하다고 하는 이유가 여기에 있다. 우리는 미디어 업체들이 뭔가를 보도할 때에도 그렇게 하기를 바라는 것이 마땅하다. 신뢰할 수 있는 미디어라면 자사가 보도하는 내용이 진실임을 예증하기 위해서 정보의 출처를 한 가지 이상 명시할 것이다. 어떤 나라가 비밀 실험실에서 만들어 낸 바이러스 무기로 국민을 공격하고 있다는 어마어마한 주장을 내놓을 경우에는 특히나 그러할 것이다.

인터넷에
오신 것을
환영합니다

1937년에 H. G. 웰스는 인터넷의 창조를 예견했다(맞다. 앞에서 말했던 외계인 침공
에 관해서 썼던 바로 그 저자다). "인류 전체의 기억에 모든 개인이 접근할 수 있게
될 것이며, 아마도 짧은 시간 안에 그렇게 될 것이다." 그는 이렇게 썼다. 같은
해의 어느 강연에서는 이렇게 말하기도 했다. "세계 어느 지역에서나, 그 어느
학생이라도, 각자 편할 대로, 자기 방의 투사기 앞에 앉기만 하면, 그 어느 책
이나 그 어느 문서도 정확한 복제본으로 살펴볼 수 있는 때가 가까워졌습니
다."[17] 그 당시에만 해도 대부분의 사람들은 이런 발상을 혁명적이라고 간주했
다. 하지만 실제로는 그리 먼 이야기도 아니었다.

　1960년대에 미국 국방부의 자금 지원을 받은 몇몇 대학의 연구자들은 서로
를 모조리 연결해 주는 컴퓨터 네트워크를 만든다면 사람들이 서로 정보를 더
손쉽게 공유할 수 있으리라는 발상을 떠올렸다. 이들은 여기에 고등 연구 프
로젝트 기관 네트워크Advanced Research Projects Agency Network, 약자로 아르파
넷ARPANET이라는 이름을 붙였다. 최초의 인터넷 브라우저인 월드 와이드 웹

World Wide Web은 1989년에 만들어졌지만, 그 당시에만 해도 대개 과학자들을 위한 용도였다.[18] 더 나중인 1990년대 중반에 인터넷이 더 널리 이용 가능하게 되자, 마치 인쇄기의 발명 직후와도 약간은 비슷한 상황이 되었다. 차이가 있다면 인쇄기가 정보의 홍수를 만들어 냈다면, 인터넷은 정보의 쓰나미를 만들어 냈다는 것뿐이었다.

  인터넷 웹사이트는 1993년 6월에만 해도 130개에 불과했지만,[19] 2019년에 가서는 거의 20억 개가 되었다.[20] 갑자기 이전까지는 없던 분량의 정보와 뉴스를 이용할 수 있게 되었으며, 그것도 클릭 한 번 만에 그렇게 할 수 있었다 (때로는 클릭 한 번보다 좀 더 시간이 걸릴 수 있었다. 초창기의 전화선 인터넷은 상당히 느렸으니까!). 1994년에 변화의 물결을 감지한 로이터는 뉴스 통신사 중에서 최초로 뉴스를 온라인에서 공짜로 볼 수 있게 했다.[21] 머지않아 다른 주요 미디어 업체들도 이 선례를 따르게 되었다. 새로운 대안 미디어가 (즉 전통적인 뉴스 업체들 이외의 미디어가) 우후죽순으로 생겨났는데, 평소 같으면 종이 신문이나 라디오 방송국이나 TV 쇼를 시작할 만큼의 자본을 갖지 못했던 사람이나 단체가 시작한 것들이 대다수였다. 대안 미디어가 제공하는 보도는 훨씬 더 범위가 좁았으며, 때로는 한 가지 특정 주제만을 다루거나, 특정 독자의 특정 관심사에 맞추기까지 했다. 이제 사람들이 뉴스와 정보를 얻을 수 있는 곳만 놓고 보면, 이전의 그 어느 때보다도 더 많은 선택지가 생겨났으며, 그 대부분은 공짜였다. 2000년에만 해도 미국 성인 가운데 인터넷을 이용하는 사람은 46퍼센트에 불과했다. 하지만 2008년에는 74퍼센트 이상이 인터넷을 이용했다.[22]

  온라인에서의 정보 급증은 실제로도 전통적인 미디어에 부정적인 영향을

주류 미디어는 어떻게 정의될까?

주류 미디어라는 용어는 대중의 시각에 가장 큰 영향력을 발휘하는 전국적인 미디어 업체를 말한다(여기에는 뉴스, 라디오, 텔레비전 네트워크가 포함된다). 주류 미디어 업체는 예를 들어 NBC, 《워싱턴 포스트》, BBC처럼 수백만 명의 독자나 시청자를 가진 경우가 일반적이다. 아울러 이들은 객관적이고 정치적으로 중립적이라고 자처하며 마케팅하는 반면, 다른 미디어 업체들은 이런 정의에 도전을 제기한다. 예를 들어 폭스 뉴스의 경우, 1996년에 그 창립자들이 좌파 편향이라고 간주한 CNN에 맞서 균형을 잡아 주기 위해 보수의 목소리가 될 것이라고 주장한 바 있다.[23] 하지만 주류 미디어의 일부라고 간주되는 업체들의 목록이 정해져 있는 건 아니다.

끼쳤다. 온라인으로 이용 가능한 공짜 내용이 워낙 많아지다 보니, 사람들이 종이 신문 구독을 중단한 것이었다. 그 결과 기업들도 신문의 광고 페이지를 구매하지 않게 되었다. 이제 이 미디어를 통해 도달할 수 있는 독자가 그리 많지 않았기 때문이다. 이제 광고는 굳이 미디어를 통할 필요조차 없이 온라인으로 잠재 고객에게 직접 도달할 수 있었다. 1950년에만 해도 거의 모든 사람이 신문을 한 가지씩 구독했으며, 일부 가구에서는 두 가지 이상을 구독하기도 했다. 하지만 2010년에 이르러 대부분의 신문은 그 구독자 가운데 70퍼센트를 상실하게 되었다.[24] 신문은 치명타를 맞았고, 언론인도 줄줄이 해고당했다.[25]

오늘날 대부분의 뉴스 업체에서는 종이본 인쇄를 완전히 중단했으며, 오로지 디지털 뉴스만 내는 방향으로 선회해서 독자가 구독료를 내야만 접근할 수 있게 했다. 하지만 이것조차도 생존 경쟁이 치열했으니, 온라인에는 워낙 많은 공짜 정보가 있기 때문이다. 1994년에만 해도 인쇄되는 신문은 매년 6,000만 부에 달했지만, 2018년에 이르러 신문 발행 부수는 인쇄본과 디지털 뉴스를 '모두 합친' 양이 매년 3,100만 내지 3,400만 부에 그쳤다.[26] 세계 전역에서 더 규모가 작은 지역 뉴스 업체들도 가장 큰 타격을 입고 나서 직원을 해고하거나 아예 문을 닫아 버렸다. 영국에서만 해도 2005년부터 2018년까지 문을 닫은 지역 신문이 무려 200개 이상에 달했다.[27]

인터넷은 가짜 뉴스에도 중대한 영향을 끼쳤다. 평범한 사람들조차도 자기가 인터넷에 계속 연결돼 있기만 하다면 온라인에는 아무런 한계도 없다는 점을 금세 깨닫게 되었다. 인터넷은 사실상 어느 누구에게도 속해 있지 않았다. 최소한의 웹디자인 실력만 있으면, 한 사람이 도메인을 구입해서 자기 웹사이트나 블로그를 만드는 것도 순식간이었으며, 실제로 웹디자인 회사들이 실력과 상관없이 누구나 사용할 수 있는 템플릿을 만들어 내면서 그러기는 훨씬 더 쉬워졌다. 가짜 뉴스 유포자들은 더 이상 가짜 정보를 퍼트리기 위해 주류 미디어 업체를 활용할 필요가 없어졌다. 이메일 주소나 웹사이트를 알기만 하면 잠재적으로 수천 명의 사람들에게 곧바로 연결될 수 있었기 때문이다. 그들이 실제로 한 일도 바로 그것이었다.

제3막

가짜 뉴스
홍수의 시대

디지털 시대의
개막

"저는 시리아의 다마스쿠스에 살고 있습니다. 이곳은 억압적인 경찰 국가입니다. 대부분의 LGBT 사람들은 여전히 정체를 숨기거나, 또는 최대한 눈에 띄지 않게 남아 있습니다. 하지만 저는 스스로의 성적 지향성sexuality을 알리기 위해서 저의 이름과 사진을 보여주는 블로그를 만들었습니다. 혹시 제가 미친 걸까요?" 25세의 시리아계 미국인 동성애자 아미나 아라프Amina Arraf는 "다마스쿠스의 한 동성애자 여성A Gay Girl in Damascus"이라는 제목의 블로그에 올린 자신의 첫 게시물 가운데 하나에서 이렇게 썼다.[1] 이 블로그는 정말이지 영웅적인 행동이 아닐 수 없었다. 시리아 정부는 언론과 출판의 자유를 제한하고, 자국 지도자에게 반대하는 발언을 하는 사람은 누구나 투옥하는 오랜 역사를 지니고 있었기 때문이다. 아미나의 경우에는 더욱 위험할 수밖에 없었던 것이, 시리아에서는 동성애가 불법이었기 때문이다.

2010년 말에 중동과 북아프리카 전역에 걸쳐서 부패한 권위주의 정권에 반대하는 대규모 시위가 발생했다. 미디어 업체들에서는 이를 '아랍의 봄'이라고 불렀다.[2] 맨 먼저 튀니지에서 시작된 시위는 리비아와 이집트로 확산되었고, 시리아가 그 다음이 될 것처럼 보였다. 2011년 3월에 결국 시리아 전역에서 전국적인 시위가 발발하자, 아미나는 거리에서 변화를 요구하는 수천 명의 사람들과 합류했을 뿐만 아니라, 자신의 블로그에 시위대의 행진을 자세히 기록했다. 그녀는 시리아 사람들이 너무 오랫동안 자국 정부에게 탄압을 당했다고, 이제 더는 참으려 하지 않는다고 느꼈다. "음모론도 없고, 사악한 계획도 없고, 단지 불만과 모욕의 점차적인 누적과 아울러 그 통치자보다 웃자란 국민이 있을 뿐입니다." 아미나는 자기 블로그에다가 이렇게 설명했다. "우리는 여전히 잠들어 있었습니다만, 얕은 잠일 뿐이었습니다. 그래서 우리를 깨우는 데에는 딱 하나의 불꽃만이 필요했던 것입니다."[3]

세계는 아랍의 봄을 면밀히 주시했으며, 아미나의 블로그 독자는 현지에서 벌어지는 일에 관한 자세한 이야기에 매료되었다. 시위가 벌어진 일부 국가에서는 정부가 사퇴하기까지 했다. 하지만 시리아에서는 정부가 군대와 경찰을 동원해서 시위대를 살해하고 감옥에 가두었다. 독자들에게 공유한 내용에 따르면, 아미나는 혹시나 시위에 참가했다가 살해될 경우를 대비해서 매번 팔뚝에 자기 이름과 전화번호를 적은 채 참가하곤 했다. 가장 많이 공유된 게시물 가운데 하나에서 아미나가 독자에게 말한 내용에 따르면, 마침내 시리아 안보 기관이 그녀의 정체를 알아내고, 4월에 체포하러 집까지 찾아왔다고 했다. 아버지가 용감하게 나서서 대화 끝에 상대방을 집에서 몰아냈지만, 아미나는 도피 생활에 들어갈 수밖에 없었다고 한다.

6월이 되자, 아미나의 팔로워 가운데 다수가 오랫동안 우려하던 내용의 게시물이 올라왔다. 사촌 라니아가 쓴 내용에 따르면, 아미나가 동료 활동가를 만나러 가는 길에 무장한 남자 세 명을 만나 체포당했다는 것이었다. 그녀의 체포는 전 세계 각지에서 뉴스가 되었다. 시리아에서 일어난 아랍의 봄 시위의 처음 세 달 동안, 시리아 정부에서는 1만 명 이상을 투옥한 것으로 집계되고 있었다.[4] 이제는 아미나도 그들 중 한 명이 된 것처럼 보였다.

그녀는 국적상 미국 시민이었기 때문에, 이 대목에서 미국 국무부가 나서게 되었다. 하지만 국무부에서는 조사를 시작하자마자 아미나 아라프라는 사람의 기록이 없다는 사실을 발견했다. 미디어 업체들에서 그녀의 실존 여부에 대해서 의문을 제기하기 시작하자 비로소 진실이 밝혀졌다. 시리아계 미국인 동성애자 여성의 정체는 사실 톰 맥마스터Tom MacMaster라는 40세의 미국인 이성애자 기혼 남성이었다. 스코틀랜드의 에든버러 대학에서 유학생으로 대학원에 재학하는 동안 이 모든 일을 꾸며 냈던 것이었다.[5]

아미나가 실제로는 스스로 주장하는 사람이 아닐 수도 있다는 신호는 이전부터 몇 번이나 있었다. 체포되었다는 소식이 알려지기 전에 그녀를 인터뷰한 언론인 몇 사람이 서로 정보를 교환한 결과, 그들 중 어느 누구도 당사자를 직접 만나거나 전화로 직접 대화한 적이 없었다는 사실을 깨달았던 것이다. 아미나와의 모든 통신은 이메일로만 이루어졌다. 한 번은 영국 신문 《가디언》에서 다마스쿠스에서 직접 만나 인터뷰하기로 약속까지 잡아 놓았지만, 당사자는 약속 장소에 나타나지 않았다. 자칭 '아미나'는 나중에 기자에게 이메일을 보내서, 자신이 그날 약속 장소에 가지 못한 까닭은 안보 기관의 미행 때문에 그 도시를 안전하게 돌아다닐 수가 없었기 때문이라고 주장했다. 물론 그 당시에는 이치에 맞는 이야기처럼 들렸지만, 어느 누구도 그녀를 직접 본 적이 없다는 사실을 기자들이 깨달으면서 적신호가 켜졌다. 나중에 가서 한 탐사 기자는 맥마스터가 블로그에 아미나라며 올린 사진 역시 실제로는 런던에 사는 어느 크로아티아 여성의 사진임을 밝혀냈다.[6]

정체가 들통난 이후, 맥마스터는 자기가 어디까지나 선의에서 거짓말을 했을 뿐이라고 주장했다. 즉 중동에서 벌어지는 사람들의 영웅적인 행동에 대한, 그리고 시리아 정부가 범하는 진짜 악행 그 자체에 대한 국제적인 관심을 끌어 모으는 데 도움을 주는 일이라고 생각했다는 것이었다. 블로그에 올린 게시물에서는 비록 자기가 아미나와 그녀의 이야기 모두를 꾸며낸 것은 사실이지만, 그 블로그는 여전히 실제 사람들이 아랍의 봄 동안에 겪었던 일들을 대변하고 있다고 주장했다.[7]

하지만 그가 그렇게 한 진짜 이유는 아마도 탐욕이었던 것처럼 보인다. 맥마스터는 이전에 자전적인 책을 여러 권 썼지만, 번번이 원고를 퇴짜만 맞았다. 그러다가 시위 발발에 관한 기사를 읽으면서 그는 더 흥미롭고도 설득력 있는 이야기를 만들어 낼 기회를 포착했다. 비록 필명으로 집필할 수밖에는 없었지만, 그래도 언젠가는 실제로 출간 계약을 맺을 수 있을 만한 이야기를 말이다.[8] 맥마스터는 등장인물을 만들기 시작했고, 출신 배경을 설정해서 아미나를 마치 진짜 온전히 존재하고 있는 사람인 것처럼 꾸몄다. 그녀의 이름으로 소셜미디어 계정을 만들었고, 이 과정에서 앞서 언급한 크로아티아 여성의 사진이나, 더 나중에 가서는 역시나 블로그에 사용한 어느 팔레스타인 여성의 사진을 이용했다. 심지어 그는 직접 쓴 책의 일부 장章을 (아미나의 이름으로) 블로그에 올리기까지 했는데, 출판사의 관심을 끌려는 의도였다. 하지만 이렇게 함으로써, 맥마스터는 자신이 실제로 속하지도 않은 공동체 전체를 대변하는 셈이 되었다. 아울러 그의 게시물 가운데 상당수도 사실 면에서 부정확하거나 또는 아랍인에

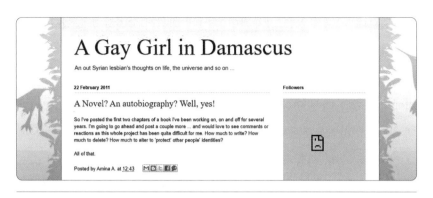

인터넷 아카이브 웨이백 머신에 저장된 2011년 2월 22일자 "다마스쿠스의 한 동성애자 여성" 블로그의 스크린샷.

대한 고정관념을 반복하는 수준이었다.

맥마스터는 인터넷의 익명성 덕분에 개인적 위험은 사실상 없다시피한 상태에서 가짜 내용을 이용해서 돈을 벌 기회가 생긴다는 점을 깨달았다. 이걸 깨달은 사람은 그 혼자만도 아니었다. 야후, 마이크로소프트, 구글 같은 회사들이 클릭당 지불 방식(방문자를 다른 웹사이트로 인도하는 디지털 광고를 말하며, 이때에는 방문자가 광고를 한 번 클릭할 때마다 원래의 웹사이트에 소액의 비용이 지불된다)의 광고를 만들어 내자, 인터넷 사용자들은 광고를 띄운 자기네 사이트에 트래픽을 끌어들이기만 해도 경제적으로 수익을 창출할 수 있음을 깨닫게 되었다.[9] 과거에 가짜 뉴스가 신문이 팔리게 해 주었던 것처럼, 이제는 가짜 뉴스가 온라인에서 돈을 벌어들이게 할 수도 있었던 것이다. 더 선정적인 내용일수록 더 많은 트래픽을 웹사이트로 끌어들일 수 있었으며, 웹사이트 소유주들은 자기네 광고에 대해서 더 많은 클릭수를 얻을 수 있었다.

2014년에 에볼라라는 치명적인 질환이 서아프리카 전역의 국가에서 발생했으며, 사람들은 그 잠재적인 확산에 대해서 우려하고 있었다. 이때 내셔널 리포트National Report라는 가짜 뉴스 웹사이트가 이 국제적인 불안 현상을 이용할 요량으로, 미국 텍사스주의 댈러스 외곽에 있는 어느 소도시에서 일가족 다섯 명이 에볼라 양성 판정을 받았다는 허구의 이야기를 게시했다.[10] 사람들로서는 손쉽게 믿을 수밖에 없었는데, 불과 며칠 전에 그 질병으로 인한 사망자가 실제로 한 명 나왔기 때문이었다. 내셔널 리포트 웹사이트에서는 나중에 가서야 자기네 홈페이지에 작은 글자로 다음과 같은 면피성 공지를 올렸다. "내셔널 리포트에 게시된 모든 뉴스 기사는 허구이며, 가짜 뉴스일 가능성이 있음." 하지만 이런 공지도 아무런 문제가 되지 않았다. 이 게시물이 올라온 지 불과 몇 시간 만에 수천 명이 텍사스에 에볼라가 창궐하게 될 것이라고 확신하면서 그 기사를 읽고 공유했다.[11]

내셔널 리포트는 캘리포니아 남부 출신의 제스틴 콜러가 디스인포미디어Disinfomedia라는 이름으로 설립한 회사를 통해 운영하는 수많은 가짜 뉴스 사이트로 이루어진 전체 네트워크 가운데 단 하나에 불과했다. 앨런 몽고메리라는 가명을 사용하는 콜러는 사람들이 온라인으로 공유하는 가짜 뉴스의 숫자가 많다는 점에 흥미를 느꼈고, 어떤 선정적인 주장을 내놓을 때 대중이 믿게 만들 수 있을지를 궁리했다. 그저 호기심 때문에, 콜러는 2013년에 내셔널리포트닷넷NationalReport.net이라는 도메인과 자칭 "자매 사이트들"의 도메인 열두 개를 구입했다.[12] 번역하면 "전국 보도"라는 뜻인 그 이름부터가 사람들을 속이기 위해 마치 공식 뉴스 웹사이트인 듯 들리게 만든 것이다. 그는 이 사이트에다가 자기가 생각할 수 있는 한 가장 선정적인 가짜 뉴스 기사를 가득 채웠다. 예를 들어 에볼라에 관한 기사처럼 사람들에게 겁을 주기 위한 기사도 있었다. 퇴역 군인을 위한 성조기 케이크 제작을 거부한 무슬림 소유의 빵집에 관한 기사처럼 인

종차별주의적인 기사도 있었다. "오바마 대통령, 독립기념일 연설에서 개
식용 옹호"라는 제목이 붙은 기사처럼 그냥 엽기적인 기사도 있었다. 콜
러는 자기 웹사이트가 인기를 끌기 시작하는 것을 지켜보며 황당했지만,
지체 없이 이를 적극적으로 활용하기 시작했다. 기사마다 갖가지 디지털
광고를 채워 넣어서, 이용자가 광고를 클릭할 때마다 몇 센트씩을 받았다.
2017년에 이르러 그는 매달 3만 달러를 벌게 되었으며, 그의 여러 웹사이
트는 무려 조회수 1,000만 회 이상을 기록하게 되었다. 콜러의 여러 사이
트는 워낙 인기가 좋아서, 심지어 가짜 뉴스를 만들어 내기 위해 직원까
지 채용해야 할 정도가 되었다.[13]

콜러의 웹사이트가 마치 독립적인 뉴스 미디어 업체인 척 가장했던 반

인터넷 아카이브 웨이백 머신에 저장된 2015년 7월 7일자 내셔널리포트닷넷의
"오바마 대통령, 독립기념일 연설에서 개 식용 옹호" 제목 기사 스크린샷.

면, 다른 여러 성공한 가짜 뉴스 웹사이트에서는 사람들이 그 내용을 믿게 만들기 위해서 실제 뉴스 업체의 포맷을 모방했다. 예를 들어 2016년에 등장한 CN뉴스3닷컴CNNews3.com이 그렇다. 이 웹사이트의 홈페이지는 CNN의 홈페이지(CNN.com)와 똑같이 보이며, 심지어 CNN의 붉은색 로고와 다른 요소들까지도 고스란히 가져왔다. 바로 그해에 이 CNN 사칭 업체의 가장 많이 공유된 기사는 긴급 속보로 간행된 것으로, 10세 소년이 HIV에 오염된 바나나를 월마트에서 구입해 먹고 나서 HIV에 감염되었다는 소식이었다.[14] 무려 17세 이하의 어린이 8명이 그 바이러스에 감염되었는데, 이들 모두 오클라호마주 털사에 있는 월마트 매장 한 곳에서 구입한 바나나를 먹은 것으로 추정된다고 했다. 이 기사에는 날짜가 기재되지 않았으며, 그 사건 가운데 어떤 것에 대해서도 발생 날짜를 결코 언급하지 않았다. 하지만 이 기사는 소셜미디어를 통해 수천 회나 공유되었다. 사실 이는 온라인에서 회자된 수수께끼의 유독성 과일에 관한 기사로는 최초인 것도 아니었다. 몇 년 전에도 누군가가 바나나에 HIV를 감염시켰다는 기사가 떠돌았는데, 여기서는 무려 세계 보건 기구WHO까지도 인용했다. 물론 해당 기구에서는 관련 발언을 내놓은 적이 전혀 없었다.[15]

유독성 바나나에 관한 이런 기사의 기원은 2015년에 한 여성이 작성한 페이스북 게시물로까지 거슬러 올라간다. 작성자의 말에 따르면, 네브라스카주에 사는 자기 친구의 자매가 구입한 바나나에 피가 주입되어 있었다는 것이었다.[16] 그녀는 껍질 벗긴 바나나 속에 붉은 줄이 깊이 박혀 있는 사진을 올렸다. 그 지역 병원에서 그 피를 검사해 보았더니 HIV 양성 판정이 나왔다는 것이 그녀의 말이었다. 이 게시물은 대유행했으며, 워낙 많은 관심을 끌었기 때문에, 급기야 그 과일을 판매한 업체인 델몬트에서

"HIV Virus" Detected In Walmart Bananas After 10 Year Old Boy Contracts The Virus

CNNews Health, National News, Strange News

인터넷 아카이브 웨이백 머신에 저장된 2016년 4월 2일자 CN뉴스3닷컴의 "월마트 바나나에서 10세 소년을 감염시킨 HIV 바이러스 검출" 기사 제목의 스크린샷.[17]

공식 발표를 하지 않을 수 없었다. 즉 그 과일의 변색은 사실 흔한, 아울러 인간에게는 무해한 세균이 원인이라고 밝혔다.

가짜 뉴스 웹사이트라고 해서 항상 관심을 끌거나 돈을 벌려고 의도하는 것까지는 아니다. 오히려 특정 정치 사상이나 정당을 홍보하려는 의도인 경우도 상당수 있다. 인터넷 초창기에는 당파적인 가짜 뉴스 웹사이트가 매우 인기를 누렸으며, 선거 기간에는 특히나 그러했다. 초기에 이런 웹사이트들은 유권자를 혼란시키기 위해서 정부의 이슈나 정책에 관한 가짜 통계를 게시하거나, 또는 사람들이 실제로 투표하지 못하도록 막기 위해서 투표 방법에 관한 부정확한 정보를 제공하기도 했다. 아울러 선거에 나선 후보에 대해서 가짜 정보를 게시하기도 했으며, 실제 후보의 웹사이트 이름과 유사한 도메인명을 구입해서 그 후보에 관한 정보를 인터넷에서 찾아보는 잠재적인 유권자를 오도하기도 했다.

1999년에 두 웹사이트가 그 당시 대통령 후보 조지 W. 부시에게 심각한 두통을 안겨 주었는데, 둘 다 부시의 공식 유세 웹사이트로 자처하고 나섰기 때문이었다. 그중 첫 번째인 GW부시닷컴GWBush.com은 보스턴 출신의 29세의 컴퓨터 프로그래머가 만든 것이었다. 이 사이트는 어디까지나 패러디 웹사이트라는 점을 명시했지만, 부시가 마약을 하는 모습을 담은 디지털 변조 사진을 게시해 놓는 등 URL에 속아서 그곳까지 온 유권자들에게 그 어떤 후보자도 절대로 내놓고 싶어 하지 않을 내용을 담고 있었다.[18] 두 번째 웹사이트인 부시캠페인HQ닷컴Bushcampaignhq.com은 진짜 유세 웹사이트가 아니라고 명시했고, 부시에 관한 거짓이고 오도하는 정보를 게시했음에도 불구하고 상당한 관심을 끌었다.[19] 이곳은 만들어진 첫 달에만 조회수가 650만 회에 가까웠던 반면, 부시의 실제 공식 웹사이트는 같은 시기에 조회수가 겨우 3만 회밖에 되지 않았다.[20] "자유에도 제한이 있어야 마땅하다." 부시가 이런 가짜 웹사이트에 대해서 이렇게 말한 것이 잘 알려져 있다.[21]

각종 혐오 단체 역시 자기네 메시지를 확산시키기 위해 가짜 정치 웹사이트를 만들었다. 마틴루서킹닷오알지MartinLutherKing.org는 마치 저 위대한 민권 지도자 마틴 루서 킹 2세 박사의 공식 웹사이트와 유사하게 보이도록 디자인되었지만, 실제로는 스톰프론트Stormfront라는 신新나치 백인 우월주의자 단체가 만든 곳이었다. 그 제작자들은 킹 박사의 사생활, 가족, 민권 관련 업적에 대해 거짓 정보를 올려서 그에 대한 불신을 조장하려 시도한다.[22] 그 웹사이트의 최초 버전에서 제작자가 혐오 단체임을 보여주는 유일한 증거는 바로 단체와 연관된 이메일 주소뿐이다. 하지만 그걸 안다고 해도 대개는 스톰프론트가 도대체 뭐 하는 곳인지 그 이름을

　　　　　　　CIA 분석가가 알려 주는 **가짜 뉴스의 모든 것**

검색해야만 그 실체를 알 수 있었다. 이 가짜 웹사이트는 지금도 간혹 킹 박사에 대한 인터넷 검색 결과에서 상위에 모습을 드러내곤 한다.

오늘날 인터넷에는 그 어느 때보다도 훨씬 더 많은 정보가 있다. 가짜 뉴스 유포자들에게는 이런 상황이 한꺼번에 더 많은 사람에게 도달할 수 있는 방법을 제공해 줄 뿐만 아니라, 대개의 경우에는 그 모든 걸 익명으로 할 수 있게 해 준다. 우리는 웹사이트에서 발견하거나 소셜미디어에서 본 내용을 뭐든지 간에 믿고 싶은 유혹을 느낄 수도 있다. 하지만 그 웹사이트를 운영하는 사람이 누구인지, 아울러 그 정보가 어디에서 온 것인지를 우리가 알지 못한다면, 뭐든지 무작정 믿는 행동은 매우 위험할 수 있다. 이와 동시에 우리로서는 지금 읽는 내용을 믿어도 되는지 알아보기 위해서 톰 맥마스터나 제스틴 콜러와 다른 유사한 모든 사람들을 일일이 추적할 만한 시간이 한마디로 없다. 따라서 정확한 정보의 제공을 위해서는 물론이고, 아울러 무엇이 가짜 뉴스인지를 확인하는 데 도움을 얻기 위해서도, 우리가 신뢰할 만한 뉴스 출처와 웹사이트의 목록을 알고 있는 게 중요하다. 그래야 우리는 어디로 가야 정확한 정보를 찾을 수 있을지 알게 되며, 나중에 시간이 있을 때에 우리가 접한 새로운 정보의 출처도 조사해 볼 수 있다.

사실 확인
웹사이트

가짜 뉴스 웹사이트가 우후죽순으로 나타나기 시작하던 바로 그 무렵, 온라인에서 유포되는 헛소문과 날조와 거짓 정보를 모아 정확한 내용과 진실이 아닌 내용을 구분해서 확인하는 독립적인 사실 확인fact check 기관들 역시 나타나기 시작했다. 오늘날에는 자기 지역에서의 정보와 미디어 보도 내용을 확인하는 전문 기관을 전 세계 각지에서 찾아볼 수 있다. 여러 신문 업체들 역시 온라인에서 유포되는 가짜 뉴스 기사를 추적한다. 예를 들어 《워싱턴 포스트》는 매주마다 정치 분야의 발언 가운데 진실과 거짓을 가려내는 검토 작업을 수행한다. 여기서는 각각의 발언에 피노키오 마크를 붙인다. 아시다시피 피노키오는 거짓말을 할 때마다 코가 길어지는 나무 인형으로 유명하다. 즉 피노키오 마크가 더 많을수록 더 큰 거짓말인 셈이다.

다만 사실 확인의 한계를 이해하는 것도 중요하다. 무엇보다도 모든 뉴스 기사나 웹사이트에 대해서 사실 확인을 할 수는 없기 때문이다. 사실 확인 전문 기관들조차도 온라인 정보의 양을 치미 감당할 수는 없기에, 매일같이 우선 순위를 결정할 수밖에 없다. 그 결과로 이런 기관들 대부분은 온라인에서 많은 관심을 얻은, 또는 대유행하는 내용에만 집중한다. 다음으로 사실 확인 기관들은 이 기사나 게시물에 관한 진실을 알리려 노력해야 하는데, 이미 널리 공유된 내용일 경우에는 그렇게 하기가 어렵다. 물론 가짜 뉴스로 확인된 내용에 대한 반박 기사를 확산시키는 과정에서 독자나 소셜미디어 이용자의 도움을 받을 경우에는 일이 쉬워지기도 하지만 말이다.

영어로 된 내용에 대해서 사실 확인을 전문적으로 수행하는 유용한 웹사이트 다섯 군데를 소개하자면 다음과 같다.

1. **스노프스닷컴**(Snopes.com). 이 독립 기관은 소셜미디어에서 인기 순위에 오른, 또는 상당한 언론 보도가 이루어진 논제에 대해서 사실 확인을 수행한다.

2. **포인터 연구소**(The Poynter Institute). 비영리 언론 교육 기관의 웹사이트로 이미 검증된 세계 각지의 사실 확인 기관들의 목록(www.IFCNcodeOfPrinciples.Poynter.org/signatories)을 제공한다.

3. **폴리티팩트닷컴**(Politifact.com). 포인터 연구소에서 운영하는 미국의 비당파적 사실 확인 기관으로, 정치 관련 이슈를 주로 다룬다.

4. **팩트체크닷오알지**(Factcheck.org). 펜실베이니아 대학 부설 애넌버그 공공 정책 센터Annenberg Public Policy Center와 연계된 비당파적 비영리 기관으

로, 미국 정치인들이 내놓은 발언이 사실에 부합하는지 감시한다.

5. 혹스슬레이어닷컴(Hoax-slayer.com). 오스트레일리아의 독립 웹사이트로서 세계 각지의 인터넷과 이메일 기반 사기와 날조를 확인한다.

아울러 한 곳을 더 추천하자면 다음과 같다.

6. 인터넷 아카이브 웨이백 머신(Internet Archive Wayback Machine). 이 도구 (archive.org/web)는 인터넷을 저장하고 보관하기 때문에, 더 이상 존재하지 않는 웹 페이지라든지 현재 웹사이트의 예전 버전을 살펴볼 수 있다. 물론 어떤 것이 진실인지 거짓인지를 직접 말해주지는 않지만, 이곳에 저장된 3,910억 개의 (그리고 지금도 여전히 늘어나는 중인!) 웹 페이지를 통해서, 여러분 스스로 사실 확인을 할 수 있게 도와줄 것이다.

가짜 뉴스의
대유행

　　"지난 며칠 동안 4세, 8세, 14세의 어린이들이 사라졌으며, 그 중 일부는 장기가 제거된 흔적과 함께 사망한 채로 발견되었다." 멕시코 중부에 사는 사람들을 대상으로 왓츠앱에 올라온 메시지에는 이런 경고가 들어 있었다. "이 범죄자들은 장기 밀매에 관여된 것처럼 보인다."[1]

　정말 무시무시한 일이었기 때문에, 사람들은 그 메시지를 곧바로 자기가 아는 모든 사람들에게 전달하기 시작했다. 2018년 8월에 왓츠앱에 있는 개인 간 채팅과 공개 단체방마다 이 메시지가 확산되면서, 그 지역 전체에 긴장이 감돌았다. 부모와 이웃은 평소보다 더 주의 깊게 아이들을 살폈고, 모두들 혹시 수상한 사람이 있는지 살펴보았다.

　그러던 어느 날, 아카틀란이라는 소도시의 중심가에서 건설 자재를 구입하는 두 남자를 주민들이 목격했다. 한 명은 21세의 리카르도 플로레스 Ricardo Flores로 인근 지역에서 성장했지만 지금은 멕시코의 다른 지역에서 법학을 전공하는 학생이었다. 다른 한 명은 리카르도의 숙부인 56세의 농부 알베르토 플로레스 모랄레스Alberto Flores Morales였다. 하지만 그곳 주민들이 보기에는 이 두 사람은 이방인이었다. 왓츠앱의 메시지를 접한 다음이다 보니, 주민들은 일말의 가능성조차도 두지 않을 작정으로 두 남자를 면밀히 주시했다. 작은 소도시였지 간간이 방문객이 있었기 때문에, 이 두 사람 역시 평범한 여행자라고 간주될 수도 있었을 것이다. 그런데 문제는 두 남자가 건축 자재를 구입한 후에 근처의 초등학교 쪽으로 향하기 시작했다는 점이었다. 주민들의 눈에는 이 한 가지 신호만으로도 충분했다. 즉 두 사람이야말로 자기네가 들은 경고에 나오는 바로 그 아동 밀매범일 수밖에 없다는 것이었다.

주민 가운데 일부가 두 남자를 공격하기 시작한 상황에서 경찰이 개입했다. 리카르도와 알베르토가 어린이를 납치하러 그곳에 왔다는 증거는 전혀 없었다. 두 사람은 자기네 신분을, 나아가 자기네는 근처에 만들고 있는 우물에 쓸 자재를 사러 왔을 뿐이라고 설명하려 시도했다. 하지만 경찰은 소란을 일으킨 혐의로 두 사람을 경찰서로 데려갔다.

소문이 퍼지면서, 일부 사람들은 경찰의 개입이야말로 두 남자가 정말로 유죄라는 의미라고 이미 결론을 내렸다. 이들은 경찰서 밖에 모여서 리카르도와 알베르토가 도착하기를 기다렸다. 군중 가운데 누군가가 그 모든 일을 페이스북으로 실시간 중계하기 시작했고, 다른 사람들에게도 자기네와 합류하라고 독려했다. 다른 사람들도 각자의 친구들에게 메시지를 보내서, 경찰이 아동 밀매범을 체포했다고 알렸다. 군중 가운데 또 한 명은 근처 교회로 달려가더니, 사람들을 경찰서로 더 많이 불러 모으기 위해서 종을 치기까지 했다. 그러자 정말로 사람들이 떼 지어 몰려왔다.

경찰이 두 남자를 데리고 도착했을 때에는 이미 사람들이 크게 무리를 지어 이들을 기다리고 있었다. 평소에 이 정도의 군중은 오로지 경축일

행사에만 모였는데, 시간이 지날수록 군중은 점점 더 늘어만 갔다. 경찰은 두 남자를 데리고 안으로 들어갔고, 밖에 모인 군중을 해산시키려고 시도했다. 하지만 군중은 두 남자가 저지른 일에 대해 처벌해야 한다고 말했다. 이후 상황은 신속하게 전개되었다. 군중 가운데 한 명이 휘발유를 한 통 가져왔다. 또 한 명은 성냥을 가져왔다. 자기네 아이들을 지키겠다는 결의에 찬 나머지, 흥분한 군중은 자기들을 안으로 들어가지 못하게 막고 있던 유일한 장애물인 작은 출입문을 뚫고 들어갔다.

폭도는 두 남자를 밖으로 끌어냈고, 경찰을 완전히 압도해 버렸다. 소셜미디어의 헛소문과 추측 이외에는 아무런 범죄 증거도 없었지만, 군중은 경찰서 앞 계단에서 무고한 두 남자를 때리고 산 채로 불태워 버렸다.[2] 이들은 그 모든 과정을 페이스북으로 실시간 중계했으며, 리카르도와 알베르토의 친척 가운데 한 명도 이를 지켜보았다. 그녀는 거듭해서 댓글을 남겼고, 군중에게 그만 멈춰 달라고 사정하며 두 남자는 무고하다고 호소했다. 하지만 이미 때가 늦은 다음이었다.

도대체 어떻게 해서 이런 일이 벌어졌을까? 우리의 감정을 이용할 경우에 가짜 뉴스는 강력한 영향력을 발휘할 수 있다. 이 사건에서 가짜 뉴스는 사람들의 두려움과 공포와 분노를 이용했다. 가짜 뉴스의 창조자들은 의도적으로 그렇게 한다. 자기가 보고 들은 내용에 대해서 강력한 감정적 반응을 보일 때, 사람들은 과연 그 이야기가 진실인지 여부보다는 오히려 자기가 어떻게 느끼는지에 더 많이 신경을 쓴다. 강력한 감정이란 결국 우리가 그 감정을 일으킨 원인을 다른 사람들과도 공유할 가능성이 크다는 사실을 의미한다. 우리 모두는 다른 누군가가 공감해 주기를, 자기가 느낀 두려움을 공유해 주기를 원하기 때문이다. 그 멕시코 사람들이 그 지역 어린이의 안전을 걱정했다는 점은 정당하다고 할 수 있지만, 그들은 공포 때문에 완전히 꾸며 낸 헛소문에 불과한 것을 공유하고 말았으며, 이 헛소문은 결국 무고한 두 남자의 죽음을 가져왔다.

아울러 아동 밀매에 관한 원래의 메시지는 친구와 이웃 사이에서 확산되었다. 대부분의 사람이 바로 이런 방식으로, 즉 익명의 전화번호나 웹사이트를 통해서가 아니라 자기가 신뢰하는 누군가를 통해서 그 메시지를 접했기 때문에, 진심으로 그 내용을 진실이라고 믿었다. 어느 누구도 원래의 정보가 도대체 어디서 나온 것인지에 대해서, 또는 두 남자가 유죄라는 사실을 누군가가 어떻게 알았는지에 대해서는 굳이 물어보려 하지 않았다.

앞에서 살펴본 것처럼, 지금까지의 역사 내내 사람들은 가짜 뉴스에 속아 넘어가곤 했다. 그것은 예나 지금이나 변함이 없었다. 단지 소셜미디어 때문에 멕시코에 사는 그 군중이 무고한 남자들을 아무런 증거 없이 죽음에 이르게 한 것까지는 아니었다. 하지만 기술의 진보와 소셜미디어의 창조 때문에 가짜 뉴스가 전례 없을 정도로 확산되는 것만큼은, 그리하여

소셜미디어는 워낙 신속하게 움직이기 때문에, 멕시코에서의 그 헛소문도 우리가 바로 앞의 장에서 소개한 사실 확인 웹사이트가 차마 따라잡을 수 없을 만큼 빠른 속도로 통제 불능 상황을 만들었다.
이 특정한 사례에서 상황을 훨씬 더 복잡하게 만든 요인은 페이스북에서 운영하는 메시지와 음성 앱인 왓츠앱이 단대단 암호화 방식이어서, 그 대화 단체방이 외부에 공개되지 않는 한 그 방 바깥의 누구도 그 내용을 못 본다는 점이었다.[3] 가짜 뉴스가 암호화 앱에서 확산될 경우, 제아무리 사실 확인 단체와 뉴스 미디어라 해도 어떤 가짜 뉴스 메시지가 주목을 끄는지 항상 알 수는 없다. 이 때문에 거짓 정보가 대유행하기 전에는 물론이고, 나아가 대유행한 다음에도 저지하기가 훨씬 더 어려워진다.

CIA 분석가가 알려 주는 **가짜 뉴스의 모든 것**

소셜미디어가 가짜 뉴스의 확성기 역할을 하는 것만큼은 사실이다. 바로 여기에 진짜 위험이 놓여 있는 것이다.

소셜미디어는 여전히 새로운 발명품이다. 페이스북은 2004년, 유튜브는 2005년, 트위터는 2006년, 왓츠앱은 2009년, 인스타그램은 2010년에 만들어졌다. 그러나 2019년에 이르러 전 세계 34억 8,000만 명이 하나 이상의 소셜미디어를 사용하고 있다.[4] 그리고 (최소한 인터넷이 일상화되기 이전에 태어난 나 같은 사람들이 보기에) 정말로 놀라운 점은 2019년에 미국 성인의 55퍼센트가 소셜미디어를 통해서 때때로, 또는 자주 뉴스를 접한다고 응답했다는 점이다.[5] 이건 결국 우리 대부분이 직접 뉴스 출처로 찾아가는 대신, 각자의 피드에 의존하는 방식으로 정보를 얻는다는 뜻이다.[6] 소셜미디어는 우리의 일상 생활에서 워낙 중요한 일부분이 되었기 때문에, 가짜 뉴스도 이 점을 이용한다. 인터넷의 창조 덕분에 가짜 뉴스 유포자들은 굳이 전통적인 미디어를 이용할 필요 없이도 자기네 내용물을 게시할 수 있게 되었다. 나아가 소셜미디어야말로 이들에게는 온 세상 앞에 자기네 웹사이트와 기사를 내놓을 수 있는 입장권이나 다름없었다.

개인, 단체, 정부는 소셜미디어를 무기로 변모시킬 수 있다는 사실을 깨달았고, 가짜 계정과 아울러 자동화 봇으로 이루어진 군대를 이용해서 정치와 경제뿐만 아니라 결과적으로는 역사의 방향 같은 것에 대해서도 영향력을 끼치려고 시도한다. 이런 시도는 극적인 성공을 거두어 왔다. 2018년에 MIT에서는 2006년부터 2017년까지 트위터에서 공유된 가장 큰 영어 뉴스 기사들에 관한 연구 결과를 발표했다.[7] 연구자들은 사용자 300만 명 이상이 공유한 12만 6,000개가량의 기사를 살펴보았다. 이 연구에서 알아낸 바에 따르면, 진짜 기사보다는 가짜 뉴스와 헛소문이 압도적으로 더 많은 사람에게 도달했으며, 무려 여섯 배나 더 빨리 확산되었다.

봇(bot)이란 무엇일까?

봇의 종류는 매우 다양하지만, 일반적으로 봇이라고 하면 특정한 작업을 수행하기 위해서 만들어진 자동화 프로그램을 뜻한다. 예를 들어 하루에 100번씩 어떤 기사 링크를 트윗한다든지, 또는 영감을 주는 인용문이나 밈을 게시하는 등의 작업이 그렇다.[8] 봇은 인간이 아니다. 온라인에 지저분한 댓글을 남기는 인터넷 트롤과는 차이가 있다. 물론 여러분이 기사에서 볼 수 있는 댓글 가운데 일부는 어쩌면 챗봇이 작성한 것일 수도 있지만 말이다.[9] 챗봇은 인간의 대화를 모방하기 위해서 고안된 장치로, 예를 들어 기사에 댓글을 달거나, 실제 사용자에게 트윗을 하거나, 심지어 여러분과 DM을 주고받을 수도 있다. 허영용 봇이란 것도 있는데, 원래의 게시물이나 게시자를 실제보다 더 인기 있는 것처럼 만들기 위해서 소셜미디어에서 '좋아요'를 누르고, 공유하고, 팔로우하도록 만든 가짜 계정을 뜻한다.[10] 소셜미디어 플랫폼에서 봇은 오로지 이미 존재하는 내용만 공유할 수 있다. 즉 새로운 내용을 만들어낼 수는 없다.

봇은 자동화된 장치이지만, 배후에서는 실제 사람이 이를 지휘하면서 뭘 하라고 지시를 내린다. 마찬가지로 제아무리 봇이 소셜미디어에 가짜 뉴스를 게시하더라도, 궁극적으로는 진짜 사용자에게 의존할 수밖에 없다. 즉 진짜 사용자가 미끼를 물어서 그 게시물을 진짜로 확산시켜야만 가짜 뉴스가 퍼져 나간다.

소셜미디어상의 가짜 정보에도 여러 가지 범주가 있었지만, 그중에서도 가짜 정치 뉴스는 더 많은 사람들에게 더 빨리 도달했으며, 사람들의 개인적 네트워크 속으로 더 깊이 침투했다.

가짜 뉴스 유포자는 소셜미디어에서 많은 사람들에게 가짜 뉴스를 퍼뜨렸을 뿐만 아니라, 이들의 게시물 역시 상당한 영향을 신속하게 발휘했다. 2013년에 시리아 전자군Syrian Electronic Army이라고 알려진 단체에서 200만 명의 팔로워를 보유한 어소시에이티드 프레스AP의 공식 트위터 계정을 해킹했다. 이 과정에서 우선 이들은 AP의 직원들에게 피싱phishing 이메일이란 것을 보냈다. 얼핏 보기에는 여느 이메일과 똑같아 보이지만,

그 목적은 수신자가 이메일 본문에 있는 링크를 클릭하게 만드는 것이었다. 일단 클릭하면 악성 소프트웨어가 자동적으로 컴퓨터에 다운로드되어서, 해커가 그 컴퓨터의 모든 파일에 접근할 수 있게 되고, 결국에는 AP의 트위터 계정에도 접근할 수 있었다.

오후 1시 7분에 해커들은 다음과 같은 가짜 헤드라인을 트윗했다. "긴급 속보: 백악관에서 폭발 2회 발생하여 버락 오바마 부상."[11] 오후 1시 10분에 뉴욕 증권거래소에서 주가가 하락하며 무려 1,300억 달러가 날아가 버렸다. 이 트윗이 나온 시점은 보스턴 마라톤에서 결승점에 설치된 테러리스트의 폭탄이 터지면서 세 명이 사망하고 다른 수백 명이 부상을 입었던 날로부터 불과 8일 뒤였다. 공황에 빠진 주식 투자자들은 또 한 번의 테러리스트 공격이 있었다고, 이번에는 무려 대통령을 겨냥했다고 우려했던 것이다. 어쨌거나 그 보도는 진짜 AP에서 나온 것이었으니까.

AP는 재빨리 자기네 계정이 해킹당했다고 발표했으며, 다른 뉴스 미디어들도 백악관에 대한 공격은 없었다고 확인해 주었다. 몇몇 언론인 역시 소셜미디어를 통해서 문제의 트윗의 몇 가지 수상한 점들을 지적했다. 예를 들어 AP에서는 오바마를 항상 "버락 오바마 대통령"이라고 지칭한 반면, 문제의 트윗에서는 그렇게 하지 않았다는 것이었다.[12]

AP는 재빨리 계정의 통제권을 되찾았고 주식 시장도 반등했지만, 해커들은 불과 3분 동안 상당한 정도의 손상을 가한 다음이었다.[13] 주식 시장에서는 여러 가지 요인들이 시시각각으로 변화를 일으키기 마련이고, 미국 같은 국가들에서는 경제적이고 정치적인 안정성에 대한 투자자들의 믿음 역시 그런 요인들 가운데 하나이다. 대통령을 겨냥한 공격은 투자자들이 시장에 대한 확신을 잃게끔 만들기에 충분한 소식이었다. 사실은 아니었지만 말이다.

2013년 4월 16일에 어소시에이티드 프레스 트위터 계정에 올라온 "긴급 속보: 백악관에서 폭발 2회 발생하여 버락 오바마 부상"이라는 내용의 트윗 스크린샷.

소셜미디어상의 가짜 뉴스는 심지어 세계 각국 지도자까지도 속여 넘겼다. 2016년 12월, 파키스탄 국방장관은 AWD뉴스닷컴AWDNews.com이라는 가짜 뉴스 웹사이트에서 이스라엘 국방장관이 핵무기로 파키스탄을 공격하겠다고 위협했다는 내용의 기사를 읽었다. 비록 본인은 이게 가짜라는 사실을 몰랐다지만, 실제로는 기사 자체에 여러 가지 오류가 있기 때문에 여차하면 눈치를 챘을 수도 있었을 것이다. 예를 들어 이 기사에서는 이스라엘 국방장관의 이름을 틀리게 적었고, 그 헤드라인에도 "보낸다면sends"을 "보내다면send"으로 오타를 냈다. 하지만 파키스탄 국방장관은 이걸 알아채지 못했고, 급기야 대응 차원에서 다음과 같은 트윗을 올렸다. "파키스탄이 이슬람국가IS와 싸우러 시리아에 가면 핵 보복을 가하겠다며 이스라엘 국방 장관이 위협했다. 이스라엘은 파키스탄도 핵 보유 국가임을 잊은 모양이다."[14]

Israeli Defense Minister: If Pakistan send ground troops into Syria on any pretext, we will destroy this country with a nuclear attack

🏷 Political   20 December 2016

The former Israeli Defence Minister has threatened to "destroy" Pakistan-after Pakistan said on Thursday it will send Sunni fighters to Syria

Pakistan said on Thursday it was ready to send ground troops to Syria as part of an international coalition to fight against Islamic State.
"We have been frustrated at the slow pace .... of confronting Daesh," said Tariq Fatemi, Minister of State for Foreign Affairs of Pakistan, referring to Islamic State by its Arabic acronym.

인터넷 아카이브 웨이백 머신에 저장된 2016년 12월 20일자 AWD뉴스닷컴의 "이스라엘 국방장관: 어떤 구실로든 시리아에 지상군을 보내다면(send) 핵무기로 파키스탄을 공격하 겠다" 기사 스크린샷.

그 직후에 이스라엘 국방부에서는 다음과 같이 트윗을 올려서 문제의 기사 내용을 부인했다. "얄론Yaalon 국방장관의 파키스탄 관련 발언이라 알려진 내용은 전혀 나온 적이 없습니다. 파키스탄 국방장관이 언급한 보 도 내용은 완전 거짓입니다."[15]

운 좋게도 두 나라 사이에서는 상황이 가속화되지 않았지만, 자칫 가짜 뉴스 기사 하나와 트윗 하나 때문에 핵 전쟁이 시작됐을 수도 있다고 생 각해 보면 아찔하지 않은가?

사라진 여객기와 가짜 뉴스 은폐 공작

2014년 7월 17일 늦은 오후, 암스테르담을 출발해 쿠알라룸푸르로 향하던 말레이시아 항공 MH17편 여객기가 우크라이나 동부 어딘가의 상공을 지나던 중에 갑자기 비행기 추적용 레이더 시스템에서 사라져 버렸다.[16] 항공 관제사들이 무전으로 조종사와 접촉하려 시도했지만, 아무런 응답이 없었다. 몇 분 뒤에 여객기의 잔해, 승객의 시신, 각종 화물이 하늘에서 비 오듯 쏟아져 러시아의 국경으로부터 40킬로미터 떨어진 우크라이나의 농지와 주택에 흩어졌다. 298명의 승객과 승무원 가운데 생존자는 아무도 없었다. 사고 원인 조사가 곧바로 시작되었으며, 다음날이 되자 우크라이나에서 발사된 미사일에 여객기가 격추되었다는 사실이 명백해졌다.

이보다 더 앞서 같은 해 2월에 우크라이나에서는 전국적으로 혁명이 일어났으며, 급기야 정부가 전복되었다. 4월에는 친親러시아 무장 민병대가 우크라이나의 불안정한 상황을 이용해서 동부 여러 도시를 장악하고 독립을 선언했다. 바로 그때부터 러시아에서는 조용히 군대를 우크라이나로 파견해서 분리주의자를 돕기 시작했다. 하지만 이 행동은 선의에서 우러난 것이 아니었다. 러시아는 크림 반도라고 일컬어지는 우크라이나의 그 지역이 오래전부터 자기네 소유라고 여겨왔으며, 이때야말로 그 지역을 탈환할 기회라고 간주한 것이었다. 모스크바에서는 자국이 우크라이나에서 수행하는 작전을 숨기려고 노력했으며, 각국 지도자들이 이 문제를 놓고 비난할 때마다 자국이 우크라이나에 군대를 불법 파견했다는 사실을 부인했다. 심지어 러시아 군인 두 명이 크림 반도에서 찍은 셀카를 게시했을 때조차도(어이쿠!), 또 다른 여러 군인들이 러시아에서 왔다는

CIA 분석가가 알려 주는 **가짜 뉴스의 모든 것**

사실을 언론인들에게 대놓고 시인했을 때조차도 여전히 그 사실을 부인했다.[17]

MH17편 여객기가 격추된 직후, 우크라이나와 러시아의 여러 지도자들은 서로 상대국을 범인으로 지목했다. 우크라이나 내무장관은 러시아가 미사일 발사기를 국경 너머 크림 반도로 밀반입했다고 주장했다. 이 주장은 곧 진실인 것으로 입증되었다. 반면 러시아는 자국에 불리한 증거를 세계 각국이 살펴보지 못하게 하려고 대대적인 가짜 뉴스 작전을 시작했다. 우선 러시아 공직자들이 나서서, 애초부터 자기네가 그 지역에 병력을 파견한 적이 없다며 공개적으로 부인했다. 군사 장비와 군인이 크림 반도에 갑자기 나타났을 가능성이야 있기는 하지만, 그 일은 자국과 아무 관련이 없다는 것이 이들의 주장이었다.

다음으로 러시아는 자기네 버전의 상황 설명을 내놓았다. 사실, 한 가지가 아니라 여러 가지 버전을 내놓았다. 러시아에서는 레이더상으로 MH17편 여객기 근처에 우크라이나 군용기가 한 대가 있는 걸 목격했다면서, 따라서 우크라이나가 여객기를 격추시킨 것이 분명하다고 주장했다. 문제의 미사일이 러시아의 것이라는 우크라이나 측의 증거는 모조리 가짜라고도 주장했다. 심지어 러시아는 바로 그날 키이우에서 일했던 항공 관제사 한 명이 추락 당시 자기네 레이더에서도 우크라이나 제트기를 목격했음을 직접 확인해 주었다는 기사를 꾸며 내기까지 했다.[18] 이어서 러시아 정부는 자신들이 통제하는 미디어 업체들을 동원하여 똑같은 기사를 확산시켰다. 게다가 추락 지역에 사는 우크라이나 주민과 인터뷰했다는 가짜 영상을 만들어 내기까지 했는데, 그 내용을 보면 자칭 주민들은 우크라이나 비행기가 MH17편 여객기를 격추시키는 모습을 목격했다고 주장한다.[19] 지상에 있는 사람이 수천 미터 위의 구름 속을 날아가는 우크라이나 제트기를 알아본다는 것이 사실상 불가능하다는 것은 굳이 신경 쓰지 말라는 식이었다. 이 사례에서 러시아인은 사실 논리를 별로 신경 쓰지 않았다.

러시아 첩보 기관 역시 자국의 주장을 뒷받침하기 위해서 대규모 소셜 미디어 작전을 개시했다. 이들은 굳이 논리가 탄탄한 기사를 필요로 하지도 않았다. 단지 사람들이 진실에 의문을 제기하기에 충분한, 그리하여 궁극적으로 러시아가 무사히 빠져나가기에 충분한 혼란을 만들어 낼 필요만 있었을 뿐이었다. 러시아 첩보부에서는 자기네가 필요할 때마다 역정보를 확산시키는 데 도움을 줄 가짜 계정을 페이스북과 트위터에서 만들어 내는 일에 한동안 전념했다. 추락 다음날, 러시아의 봇과 트롤 계정 수천 개가 트위터에 등장해서 이 사건에 대한 책임을 부인하는 러시아를 지지하고, 우크라이나가 한 일이라는 주장에 동조했다.[20] 이 계정들에서는 #키이우가보잉기를격추했다KievShotDownTheBoeing, #키이우가진실을자백했다KievTellTheTruth, #키이우의도발ProvocationByKiev 같은 해시태그를 단 트윗을 불과 하루 만에 5만 7000개나 올렸다.[21] 이 계정들은 러시아 미디어 업체들이 앞서 내놓았던 주장을 지지했을 뿐만 아니라, 자기네 나름대

인터넷 트롤이란 무엇인가?

인터넷 트롤은 자동화 봇과는 달리 진짜 사람으로, 다른 사용자를 도발하고, 혼란시키고, 서로 싸우게 만들기 위해서 선동적인 내용을 의도적으로 게시한다. 트롤의 행동에는 가짜 뉴스 확산, 타인 괴롭히기, 인종차별적이거나 기타 차별적인 언어 사용 등이 포함된다. 또 트롤 농장이라는 것도 있는데, 어떤 이슈에 관해서 여론을 바꾸는 것을 목표로 삼고 가짜 뉴스와 정보를 확산하기 위해 함께 행동하는 조직화된 이용자 집단을 말한다.[22]

CIA 분석가가 알려 주는 **가짜 뉴스의 모든 것**

로의 황당무계한 새 음모론들도 확산시켰다. 그중에서도 가장 우스꽝스러운 것은 무려 그 여객기에 이미 시신이 가득했으며, 어떤 범죄를 은폐하기 위해서 일부러 추락시켰다는 음모론이었다.[23]

모스크바에서는 자기네 거짓말을 소셜미디어에서 제대로 확산시키기 위해, 바로 이 사건이 정말로 우크라이나의 책임이라고 러시아 국민들을 납득시킬 수 있게 게시물을 맞춤 제작했다. 그렇게 하면, 진짜 사람들이 이들을 위한 두 번째 군대와도 비슷하게 행동하면서, 온라인에서 자국 정부를 옹호하는 데 도움을 줄 것이었다. 실제로도 러시아 정부가 이른바 증거라고 내세운 사진 여러 장을 제공하자(당연히 나중에 가서는 조작된 것으로 판명되었다), 소셜미디어상의 가짜 계정과 진짜 계정 모두가 이를 확산시키는 데 일조했다.[24]

그 사이에 여러 국가에서 파견된 조사단이 추락 사건에 대한 공식 조사를 수행하고 있었지만, 러시아에서 쏟아져 나온 온갖 거짓 정보 때문에 진실에 다가가기까지는 어느 정도 시간이 걸릴 수밖에 없었다. 결국 조사단은 2018년에 가서야 비로소 그 결과를 발표했다.[25] 즉 러시아가 크림 반도로 미사일을 가져가서 친러시아 민병대에게 건네주었다는 것이었다. 그 분리주의자들이 MH17편 여객기를 격추시킨 건 우크라이나의 군용기로 오인했기 때문이라는 설명이었다. 러시아 공직자들은 이 보고서를 부인하면서, 오히려 조사단에게 비난을 전가하려고 했다. 즉 조사단이 사용한 사진과 영상은 조작된 것이며, 따라서 '그것'이야말로 실제로 가짜 뉴스라고 주장했다. 아울러 러시아는 MH17편 여객기의 격추에 관해서 이야기하는 어느 우크라이나 병사의 녹음 내용이 있다고 주장했지만, 정작 그 녹음 내용을 조사단을 포함한 다른 어느 누구에게도 공유하지 않았다. 오늘날까지도 러시아는 자국이 여객기 격추에서 담당한 역할을 여전히 부인한다.

소셜미디어에서 가짜 뉴스와 싸우려면 아예 소셜미디어를 사용하지 않는 것이 답이라고 주장하는 것은 현실적이지 못하다. 이제는 소셜미디어가 우리의 삶에서 워낙 큰 부분을 차지하고 있으니 말이다. 아울러 독자 여러분이나 내가 소셜미디어를 모조리 중단하기로 작정하더라도, 세계의 나머지 사람 대부분은 계속해서 소셜미디어를 사용할 것이고, 따라서 가짜 뉴스가 횡행할 장소는 여전히 남게 될 것이다. 그러니 우리는 피드에서 믿을 수 있는 내용이 무엇인지 알아내는 방법을 반드시 배워야 한다. 소셜미디어 플랫폼들은 신속하게 변화한다. 게시물은 불과 몇 분 사이에 대유행할 수도 있다. 그 결과로 우리는 좋아요, 공유, 새로운 팔로워를 얻는 데에 너무 집중하는 까닭에, 어떤 내용을 남에게 전달하면서도 정작 그렇게 공유하는 내용 자체나, 또는 그 내용의 출처에 대해서는 잠시도 생각해 보지 않게 되는 것이다. 앞에서 언급한 멕시코의 사례에서처럼, 우리가 공유하는 내용에 대해서 강력한 감정을 품을 때에는 더욱 그렇게된다. 문제는 만약 우리가 뭔가를 공유했는데 그 내용이 거짓으로 밝혀질 경우, 우리로선 그걸 되돌리기 위해서 할 수 있는 일이 별로 없다는 점이다. 사람들이 뉴스를 접하기 위해서 소셜미디어에 얼마나 많이 의존하는지를 고려해 본다면, 우리 모두 어떤 내용을 공유하고 싶을 때마다 일단 멈춘 다음, 그 내용이 정확한지 여부를 알아볼 시간 여유를 잠시나마 갖는 것이 반드시 필요하다.

가짜 뉴스,
선거를 장악하다

미국 대통령 선거일로부터 한 달도 채 되지 않은 2016년 12월 초, 노스캐롤라이나주에서 온 한 남자가 AR-15 반자동 소총과 권총과 칼로 무장하고 워싱턴 DC의 어느 피자집에 쳐들어왔다. 그는 공중에 총을 쏘더니 식당 안을 수색하기 시작했다.[1] 그 남자는 전직 대통령 빌 클린턴과 전직 국무장관 (겸 지난번 선거의 대통령 후보) 힐러리 클린턴이 바로 이 식당의 지하실에서 아동 성노예 인신매매 사업을 운영하고 있다고 확신하고 있었다. 그래서 아이들을 풀어 주고 클린턴 부부에게 대가를 치르게 하려고 그곳까지 찾아온 것이다. 남자는 주방을 수색하고, 닫힌 문을 모조리 열어 보았으며, 사무실에 걸린 자물쇠를 총으로 쏴서 부수기까지 했다.[2] 다음으로는 지하실을 찾아 나섰지만, 그 식당에는 애초부터 지하실이 없었다. 그는 클린턴 부부를 전혀 찾아내지 못했다. 아울러 갇혀 있는 아이들도 전혀 찾아내지 못했다.

남자는 충격을 받았다. 아이들 한 무리를 자기가 구해 낼 것이라고 워낙 확신한 상태였기 때문이다. 어쨌거나 간에, 성노예 인신매매 조직에 관한 이야기는 소셜미디어 전체에 가득한 상태였으니까. 그렇게 생각한 사람은 그 혼자만도 아니었다. 사실은 그 남자처럼 그 이야기를 진짜라고 믿고 있던 다른 여러 사람들이 이 피자집 주인에게 벌써 몇 주째 살해 위협을 가해 오던 참이었다. 그렇다면 도대체 그 이야기는 어디에서 나온 걸까?

그 이야기는 2016년 7월, 고위급 FBI 분석가로 자처하는 어떤 사람이 이미지보드 웹사이트 포챈4chan에서 '무엇이든 물어보세요Ask Me Anything, AMA' 게시글을 올리면서 시작되었다(여기서 이미지보드란 사용자가 이미지를 게시하는 데에 초점을 맞춘 포럼을 말한다. 물론 가끔은 텍스트를 곁들여 게시하기도 한다). 그는 거기에서 자기가 클린턴 부부가 설립한 자선 기관인 클린턴재단에 관한 FBI의 비밀들을 폭로하겠다고 말했다. 대부분의 사용자는 익명으로 게시물을 올렸으며, 이 자칭 FBI 분석가도 마찬가지였다. "깊이 파고들어 보니, 빌과 힐러리는 해외 기부자를 무척 좋아한다." 그는 이렇게 경고를 내놓았다. "이들은 돈으로만이 아니라 어린이로도 기부를 받는다."[3] 이 경고는 오래지 않아 퍼져 나갔다. 그해 늦여름부터 초가을 사이에 클린턴 부부가 자기네 자선 재단을 끔찍한 범죄의 위장막으로 이용하고 있다는 헛소문이 소셜미디어에서는 물론이고 레딧 같은 포럼에도 가득해졌다.[4] 포챈의 개별 이용자들이 다른 여러 사이트에다가 AMA에 관한 게시물을 올린 것이 부분적인 원인이었다. 하지만 소셜미디어에서 이 헛소문을 확산시키기 위한 여러 단체의 조직적인 노력도 역시나 있었다. 예를 들어 '트럼프 작전 본부Trump WarRoom'라는 비밀 온라인 활동가 단체는 그 산하의 거대한 봇 네트워크를 이용해서 이와 유사한 가짜 뉴스 기사를 비롯해, 도널드 트럼프를 지지하고 힐러리 클린턴을 반대하는 내용의 정치적 메시지를 유세 기간 내내 공유하고 선전했다.

　애초부터 있지도 않은 범죄를 꾸며 냈을 뿐이었지만, 그 증거가 있다고 주장하는 계정들이 소셜미디어에 넘쳐났다. 그보다 더 앞서는 한 백인 우월주의자가 뉴욕에 사는 유대인 변호사로 자처하는 가짜 트위터 계정을 만들기도 했다. 10월에 그는 클린턴 부부를 포함한 민주당원 여러 명이 소아성애 조직에 관여했다는 증거를 뉴욕시 경찰NYPD이 발견했다는 내용의 트윗을 올렸다. 그는 NYPD의 소식통과 아는 사이라고 주장하는 미주리주 거주 한 여성의 페이스북 게시물을 인용했는데, 정작 그 게시물에서 그녀는 자기가 그 소식통과 어떻게 아는 관계인지를 설명하지 않았다.

인터넷 아카이브 웨이백 머신에 저장된 자칭 뉴욕 변호사 데이비드 골드버그의 가짜 계정(@DavidGoldbergNY)이 자칭 미주리주 여성의 주장을 리트윗해 올린 2016년 10월 30일자 트윗 원본의 스크린샷. 힐러리 클린턴의 핵심 참모가 보낸 이메일에 클린턴 부부가 소아생애 조직의 핵심이라는 증거가 담겨 있다는 가짜 뉴스를 소개하고 있다.[5]

그래도 상관은 없었다. 이 게시물들은 대유행하게 되었으며, 몇 군데 가짜 뉴스 사이트와 음모 이론가와 봇 네트워크에도 공유되었다.[6]

이런 와중에 바로 같은 달에는 러시아군이 힐러리 클린턴의 유세 담당자와 민주당 전국위원회Democratic National Committee의 이메일 계정을 해킹했다. 이들은 그렇게 해킹한 이메일을 위키리크스에 넘겨 주었다. 예전에도 비밀 정보를 온라인으로 공개한 조직인 위키리크스에서는 그 해킹 파일을 모두 공개했다. 여기서 아이러니한 점은 그 이메일의 내용이 상당히 무미건조했으며, 비밀 계획이나 음모에 관한 내용은 전무했다는 것이다. 하지만 클린턴 부부에 관한 가짜 뉴스 기사를 유포하던 사람들은 환희를 느꼈다. 한편으로는 여름에 나왔던 AMA를 인용하고, 또 한편으로는 그때 이후로 소아성애 조직에 관한 발상을 확산시키기 위해 자기들이 한 모든 작업을 인용하면서, 가짜 뉴스 작성자들은 그 해킹한 이메일 안에 자기네 이야기를 확인해주는 암호화된 메시지가 들어 있다고 주장했다. 즉 클린턴 측 유세 담당자의 유출된 이메일 속에서 '치즈 피자'라는 구절이 언급될 경우, 그건 항상 아동 포르노그래피를 가리키는 암호라는 식이었다.

가짜 뉴스 사이트와 봇 네트워크는 클린턴 부부에 관한 이야기를 열심히 확산시켰다. 불과 며칠도 안 되어서 우익 가짜 뉴스 웹사이트와 소셜 미디어에는 이 이야기가 파다해졌으며, 심지어 #피자게이트pizzagate라는 해시태그가 트렌드 순위에 오르기도 했다. 그러다가 어느 가짜 계정에서 워싱턴 DC에 있는 피자집을 범죄의 장소로 거명하자, 그 이야기 역시 금세 퍼져 나갔다. 《롤링 스톤》에 따르면 피자게이트 기사는 불과 5주 만에 무려 25만 개 이상의 트위터 계정을 통해 약 140만 회나 공유되었다.[7] 나중에 밝혀진 바에 따르면, 트위터에서 이 기사를 공유한 이용자 대부분은

CIA 분석가가 알려 주는 **가짜 뉴스의 모든 것**

봇이었으며, 그런 봇 대부분은 체코 공화국, 키프로스, 베트남에 사는 가짜 뉴스 작성자가 운영했다. 하지만 일반적인 소셜미디어 이용자들은 물론이고 일부 핵심 우익 편향 정치 인사와 미디어의 시사 평론가, 극우 뉴스와 칼럼 사이트, 인포워스Infowars 같은 극우 음모론과 가짜 뉴스 웹사이트 역시 이 기사를 확산시켰다.

헛소문의 경우에 흔히 그러하듯이, 기사가 열기를 더해가면서 (마치 그 모든 내용이 아직까지는 충분히 엽기적이지 않다는 듯) 내용 역시 추가되었다. 여러 계정에서는 그 식당에 있는 대형 냉장고가 실제로는 "살인실"이라고 주장했다.[8] 또한 클린턴 부부가 직접 어린이를 살해하고 강간했으며, 그것도 그 피자집에서만이 아니라 세계 각지에서 그렇게 했다는 보고도 있었다.[9] 한 극우 음모 이론가는 직접 피자집을 찾아가서, 자신의 페리스코프Periscope(모바일 방송 전용 어플) 계정에다가 그 방문 전체를 기록했으며, 클린턴 부부가 그 식당 지하에 어떻게 아이들을 가두어 놓았는지를 서술했다. 바로 이 대목에서 두 아이의 아버지이기도 한 그 노스캐롤라이나주의 남자가 미국 전직 대통령과 전직 국무장관으로부터 무고한 아이들을 보호하기 위해 직접 나섰던 것이다.

그즈음 가짜 뉴스 기사를 유포하던 사람들에게는 크나큰 성공으로 간주된 일이 벌어졌으니, 선거 이후 몇 주가 지난 11월에 《뉴욕 타임스》가 피자게이트의 정체를 폭로하는 기사를 간행한 것이었다.[10] 보통 어떤 주장이 잘못임을 입증하는 기사가 나올 경우, 그런 거짓말을 확산시키는 사람들에게 좋은 일이라고 할 수는 없기 마련이지만, 이 경우에는 의도하지 않았던 결과가 나타났다. 어떤 사람들은 그런 기사가 간행되었다는 단순한 사실로부터, 결국 피자게이트는 현재 진행 중인 유의미한 이론이라는 함의를 이끌어 냈기 때문이다. 아울러 피자게이트 같은 음모 이론을 믿을 가능성이 있는 사람들 가운데 다수는 이미 《뉴욕 타임스》가 클린턴 지지자들에 의해 운영되고 있다고 생각했기 때문에, 이들의 눈에는 그 신문이 피자게이트 기사를 부인한 것이야말로 그 내용이 사실이라는 확인이나 마찬가지였다.

피자게이트는 2016년 이후로 철저히 반박되었지만, 클린턴 부부가 아동 성노예 인신매매 조직을 운영한다고 단언하는 사람은 여전히 존재한다. 선거 이후에 《이코노미스트》와 여론 조사 회사 유고브YouGov에서 수행한 여론 조사에 따르면, 선거에서 도널드 트럼프에게 투표한 사람 가운데 무려 46퍼센트가 클린턴의 유세 관리자에게서 해킹한 이메일을 통해 클린턴 부부의 아동 인신매매 조직 운영이 실제로 입증되었다고 믿었다.[11]

선거 이후인 12월의 의회 연설에서 힐러리 클린턴은 "작년 내내 소셜 미디어에 범람했던 악의적인 가짜 뉴스와 거짓 선전의 만연"을 비판했다. 그녀는 이렇게 말했다. "이제는 이른바 가짜 뉴스가 현실에서 확실한 결과물을 만들어 낼 수 있음이 명백해졌습니다."[12] 그녀는 피자게이트에 관해서 언급했으며, 선거에서 두드러진 일부분이 되었던 다른 여러 가짜 뉴스 기사에 관해서도 언급했다. 사실 이것이야말로 워낙 결정적인 이슈였기 때문에, 콜린스 영어 사전Collins Dictionary에서는 "가짜 뉴스fake news"를 2017년 올해의 단어로 선정하기까지 했다. 그렇다면 선거 동안 도대체 '얼마나 많은' 가짜 뉴스가 실제로 있었는지, 이를 분석한 몇 가지 통계를 살펴보도록 하자.

수준 높은 언론을 장려하는 비영리 조직인 나이트 재단Knight Foundation에서는 2016년 선거 직전의 한 달 동안 가짜 뉴스와 음모론 뉴스의 간행자에게 넘어가는 링크를 제공한 트윗이 무려 660만 개 이상이었음을 알아냈다. 흥미로운 점은 선거 동안에 트위터에서 확산되었던 가짜 뉴스 링크 가운데 65퍼센트는 상위 10개 가짜 뉴스 웹사이트에서 비롯되었다는 점이다.[13] 가짜 뉴스 대부분은 보수 지지 및 트럼프 지지 계정에서 비롯되었지만, 이른바 진보적이라고 확인된 계정에서 비롯된 가짜 뉴스도 비록 수는 더 적지만 여전히 상당한 양이었다. 《버즈피드 뉴스BuzzFeed News》에서 알아낸 바에 따르면, 페이스북에서는 2016년의 상위 20개 가짜 뉴스가 상위 20개 진짜 뉴스 기사보다 더 많이 공유되었다.[14]

이 모든 통계는 결국 무슨 뜻인 걸까? 일단은 선거 직전에 가짜 정보가 진짜 뉴스보다 더 멀리 확산되었고, 더 많은 사람들에게 도달했다는 뜻이다. 아울러 이런 현상은 가짜 뉴스를 유포하는 전문 웹사이트가 수천 개씩 되기 때문에 생긴 것도 아니었다. 가짜 뉴스 대부분은 역시나 가짜 뉴스 웹사이트와 소셜미디어 계정에서 생성되었다. 하지만 가짜 뉴스가 도달한 영역이 그토록 넓었던 것은 어디까지나 소셜미디어에서 그 기사를 공유하고 그 사이트를 방문하는 진짜 사람들이 있었기 때문이었다.

선거 당시에 나왔던 상위 10개 가짜 뉴스 기사.
이 기사 각각의 조회수는 최소 50만에서 최대 100만 회까지 나왔다.

1. 프란치스코 교황, 도널드 트럼프를 대통령으로 지지하여 세계를 놀라게 하다.
가짜 뉴스 웹사이트 WTOE 5 뉴스는 지역 TV 뉴스 업체로 자처하는 곳인데, "세계 각지의 뉴스 제작사들이" 이렇게 보도했다면서 거짓으로 주장했다.[15]

2. 도널드 트럼프, 방황하는 해병대 200명을 이송하기 위해 자가용 비행기 급파.
폭스 뉴스의 정치 평론가 션 해니티가 처음 발표한 기사로, 나중에는 아메리칸밀리터리뉴스닷컴(Americanmilitarynews.com)에서도 정식 기사로 간행되었지만, 사실 확인 전문가들로부터 부정확한 내용이라는 판정을 받자 결국 내려갔다.[16]

3. 피자게이트.

4. 아일랜드, 미국에서 온 트럼프 피난민을 공식 수용하는 중.

선정적인 내용을 제작하는 좌파 웹사이트 위닝 데모크라츠(Winning Democrats)에서 간행한 이 기사는 조회수가 거의 100만 회에 달했으며, 심지어 실제 뉴스 미디어에서도 이 내용을 보도하기까지 했다.[17]

5. 위키리크스, 힐러리가 ISIS에 무기를 팔았음을 확인… 이후 또 다른 폭탄 투하.

가짜 뉴스 사이트인 폴리티컬 인사이더(Political Insider)에서 간행한 이 기사는 위키리크스의 설립자가 한 인터뷰 도중에 내놓은 실제의 (하지만 내용 자체는 거짓인) 발언에 근거했다.[18]

6. 힐러리 이메일에서 수상하다고 언급된 FBI 요원, 아파트에서 사망한 채로 발견. 살인인가, 자살인가.

이 기사를 간행한 《덴버 가디언(Denver Guardian)》은 "덴버에서 가장 오래 된 뉴스 업체"로 자처하지만, 실제로는 가짜 뉴스 웹사이트에 불과하다(그 본사의 주소로 나와 있는 곳은 사실 어느 주차장이다).

7. FBI 국장, 클린턴 재단에서 수백만 달러 받아. 그 형제의 법률 회사에서 클린턴 부부 세금 처리.

선거를 앞두고 페이스북에서 공유된 가장 인기 있는 가짜 뉴스 기사 상위 10건 가운데 4건은 당시 스물네 살이었던 루마니아인이 운영한 인기 있는 가짜 뉴스 웹사이트 엔딩 더 페드(Ending the Fed)에서 나왔으며, 이 웹사이트의 조회수는 2016년에만 수백만 회에 달했다.[19]

8. ISIS 지도자, 미국 내 무슬림 유권자에게 힐러리 클린턴 지지 호소.

이 기사는 가짜 뉴스 웹사이트임을 자인하는 WNDR에서 간행한 기사임에도 불구하고, 다른 수백 군데 가짜 뉴스 웹사이트에 재게시되었으며, #ISIS는그녀편(ISISwithHer)이라는 해시태그를 달고 가짜 소셜미디어 이용자들에 의해서 공유되었다.[20]

가짜 뉴스는 누구의 책임일까?

미국에서 대학을 갓 나온 사람 가운데 상당수가 그러하듯이, 23세의 캐머런 해리스 역시 2016년에 졸업하자마자 학자금 대출을 갚아야 하는 처지가 되었다. 오랫동안 공화당 정치에 관심을 가졌고, 특히 자신이 사는 메릴랜드주의 지역 정치에 관심이 있었기 때문에, 그는 미국 대통령 선거의 추이를 면밀히 지켜보았다.[23] 그해 8월에 캐머런 해리스는 도널드 트럼프의 유세 집회 중 하나를 보았는데, 거기서 당시 대통령 후보는 열광한 군중을 향해 이렇게 말했다. "11월 8일에는 우리도 주의하는 게 좋습니다. 왜냐하면 선거가 조작될 예정이기 때문입니다. 한 사람이 들어가서는 열 번이나 투표를 할 겁니다. 어쩌면 그럴 수도 있다는 겁니다. 누가 아니라고 장담하겠습니까?"(이 주장은 훗날 폴리티팩트에 의해 거짓으로 입증되었다).[24] 그 당시에 대부분의 주요 여론 조사에서는 트럼프가 클린턴보다 9퍼센트 처지는 것으로 나왔다. 바로 그 순간, 캐머런 해리스는 한 가지 아이디어를 떠올렸다. 바로 자기한테 필요한 돈을 버는 동시에 자기가 지지하는 후보 도널드 트럼프의 승리를 돕는 방법이었다.

해리스는 사용 기간이 만료된 도메인 이름을 하나 구입했는데, 이에 들인 비용이라고 해야 스타벅스의 라지 더블샷 카라멜 마키아토 한 잔 값에 불과했다. 그는 자기 아파트 부엌 식탁에 앉아서 크리스천타임스뉴스페이퍼닷컴 ChristianTimesNewspaper.com이라는 웹사이트를 하나 만들었다. 이렇게 기독교계 신문인 척하는 이름을 붙인 도메인을 이용한다면, 자기 기사를 공유할 가능성이 가장 높은 부류의 독자를 끌어모으는 데 도움이 되리라 생각했다. 그가 생각한 독자는 바로 보수적인 기독교인이었다. 해리스는 언론인도 아니었고, 신문 산업에서의 경험도 전무했지만, 이 웹사이트를 각종 헤드라인과 사진으로 장식해서 여느 정식 뉴스 사이트와 똑같이 보이게 만들었다. 또한 이 웹사이트에 광고를 잔뜩 달아 놓아서, 누군가가 그중 하나를 클릭할 때마다 자기에게 돈이 들어오게 했다. 만약 이 모두가 그의 예상대로 돌아가기만 한다면, 광고를 통해 자기에게 필요한 돈을 얻게 될 것이었다. 어쨌거나 대부분의 진짜 뉴스 사이트들 역시 디지털 광고가 잔뜩 깔려 있었으니, 이런 광고들 덕분에 해리스의 사이트는 마치 진짜인 것처럼 보였다. 그는 9월 20일에 첫 번째 기사를 게시했다.

해리스의 이 기사에서는 (앞서 트럼프가 선거 조작이 있으리라고 주장했던 바로 그 유세 집회가 있었던 장소인) 오하이오주 콜럼버스에 사는 어느 전기 기사가 어느 창고에서 모조리 클린턴에게 기표된 가짜 투표용지를 잔뜩 발견했다고 주장했다.[25] 클린턴 선거 운동 본부에서 자기네 후보의 승리를 보

인터넷 아카이브 웨이백 머신에 저장된 해리스의 크리스천타임스뉴스페이퍼닷
컴의 첫 번째 게시물 "긴급 속보: 오하이오주 창고에서 클린턴 부정 표 '수만 장' 발
견"(2016년 10월 2일자)의 스크린샷.

장하기 위해서 선거일에 그 가짜 투표용지를 투표함에 집어넣을 예정이었다는 것이었다. 해리스는 이 모두를 꾸며 냈다. 전기 기사의 존재도 꾸며 냈고, 심지어 가짜 투표용지가 들어 있다는 상자와 함께 있는 한 남자의 사진을 게시하기까지 했다.[26] 자기 거짓말을 보강하기 위해서, 누군가가 이 기사를 클릭하면 배너가 하나 뜨도록 만들었다. 그 배너에는 이렇게 나와 있었다. "우리는 힐러리가 예비 선거를 훔쳤다는 사실을 이미 알고 있습니다. 그녀가 대통령 선거까지 훔치게 내버려 둘 수는 없습니다."

해리스는 이 주장이 무리하다는 사실을 알고 있었지만, 그래도 그 기사가 어느 정도의 주목을 끌 수 있으리라 생각했다. 한편으로는 트럼프 지지

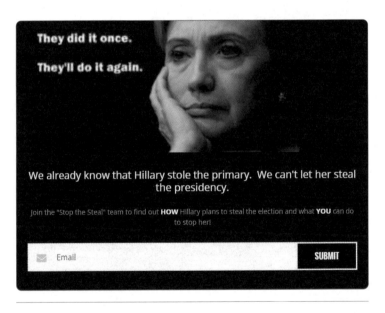

인터넷 아카이브 웨이백 머신에 저장된 해리스의 힐러리 반대 팝업창의 스크린샷. "우리는 힐러리가 예비 선거를 훔쳤다는 사실을 이미 알고 있습니다. 그녀가 대통령 선거까지 훔치게 내버려 둘 수는 없습니다"라는 문구와 함께, 진상 조사와 저지 활동에 동참해 달라고 독려하는 내용이다.

CIA 분석가가 알려 주는 **가짜 뉴스의 모든 것**

자들이 자기네 후보자를 확고히 믿고 있으며, 또 한편으로는 트럼프가 선거 조작에 대해 이야기했을 때에 유세 집회가 워낙 뜨거워졌다는 게 근거였다. 그의 예상은 옳았다. 머지않아 그 기사가 대유행하게 되었던 것이다.

광범위한 소셜미디어의 이용자들 역시 이 기사에 각자의 버전을 덧붙였다. "지금까지 클린턴을 위한 조작 투표용지 수천 장이 오하이오를 비롯한 다섯 개 핵심 경합 주에서 발견되었다. 법무장관이 지휘하는 것인가?" 한 트위터 이용자는 이런 글을 올렸다.[27] 클린턴 선거 본부가 힐러리의 당선을 위해서 연방 정부와 비밀리에 공조하는 중이라고 주장한 사람은 이 이용자 혼자만이 아니었다. 실제로 해리스의 기사로부터 시작해서, 클린턴과 정부의 공모에 관한 온갖 종류의 이론이 나왔다.

해리스의 기사는 모두 합쳐 600만 회나 공유되었다. 그는 바로 그 기사 하나로 불과 며칠 만에 광고 수익 수천 달러를 벌어들였다. 하지만 해리스는 여기에서 멈추지 않았다. 성공적인 시작 이후, 그는 더 많은 기사를 작성하는 쪽으로 나갔는데, 그 대다수는 클린턴에게 부정적인 내용이었다.[28]

결국에는 《뉴욕 타임스》 소속의 어느 탐사 기자가 크리스천타임스뉴스페이퍼닷컴과 그 운영자에 관한 진실을 파헤쳤고, 그의 정체를 폭로하는 기사를 간행했다. 구글에서는 해리스의 광고 게재 기능을 차단함으로써 더 이상 자기 사이트를 이용해서 돈을 벌지 못하게 만들었고, 결국 그는 페이지 운영을 중단하고 말았다. 그렇지만 해리스는 돈을 챙겼고, 대출금도 갚을 수 있었다. 비록 그 웹사이트는 더 이상 운영되지 않지만, 트위터를 살짝 검색해 보기만 해도, 이미 몇 년이 지난 지금까지도 그 의심받지 않은 전기 기사가 오하이오주에 있다는 가공의 창고에서 가짜 투표용지 상자를 발견했다고 믿는 사람들이 여전히 많다는 사실을 알 수 있을 것이다.

어째서 해리스의 기사는 그토록 쉽게 유행할 수 있었을까? 해리스는

《뉴욕 타임스》와의 인터뷰에서 그 답의 일부를 다음과 같이 직접 설명했다. "트럼프 지지자들 사이에서는 미디어에 대한 극심한 불신이 있기 때문에, 그런 사람들은 트럼프의 핵심 주장을 그대로 따라 쓴 기사가 있다면 뭐든지 간에 클릭하고 볼 겁니다. 트럼프는 '투표 조작, 투표 조작'이라고 말하고 있습니다. 그 말을 들은 사람들은 힐러리 클린턴이 속임수를 쓰지 않는 한에는 이길 수 없다고 믿는 선입견을 가진 겁니다."[29] 달리 표현하자면, 선거가 조작될 것이라고 트럼프가 말한 순간, 사람들은 이미 그 말을 믿고 있었다는 뜻이다. 해리스의 기사는 단지 그들이 필요로 하는 '증거'를 제공해 주었을 뿐이었다.

유럽 남동부 마케도니아의 소도시 벨레스Veles에 사는 청소년들 역시 미국의 선거 덕분에 자기네가 많은 돈을 벌 수 있음을 알아냈다. 2016년 이전에도 이 십대 소년들은 가짜 의료 조언 웹사이트를 만들고, 거기다가 클릭당 지불 방식 광고를 가득 채우는 방법으로 수천 달러를 벌어들인 바 있었다. 하지만 이들은 미국의 선거가 다가오자 더 나은 경제적 가능성을 깨달았다. 벨레스의 이 집단은 교황이 트럼프를 지지했다는 기사를 비롯해서 선거에 관한 각종 게시물을 올린 가짜 뉴스 웹사이트를 100개도 넘게 만들었다.[30] 사람들이 최신 내용을 확인하러 돌아오도록 만들기 위해서, 대부분 마치 진짜 뉴스 업체처럼 하루에 8개 내지 10개의 새로운 기사를 간행했다.

그들로서는 자기네 사이트에 사용할 내용을 찾아내는 것도 간단했다. 대부분은 기존 기사나 소셜미디어 게시물의 일부를 복사해서 붙여 넣은 것이었다. 예를 들어 벨레스의 가짜 뉴스 작성자인 18세 소년이 자신의 웹사이트인 데일리 인터레스팅 씽즈Daily Intersting Things에 간행한 최초의 기사 가운데 하나는 도널드 트럼프가 노스캐롤라이나주에서 열린 유세 집회 중 하나에서 자신의 주장에 동의하지 않는 어떤 남자의 뺨을 때렸다는 내용이었다. 이 십대 소년은 소셜미디어상의 미국 정치 관련 모임 여러 곳을 무작위로 검색하다가 그 기사를 발견해서 자기 웹사이트에다가 복사한 것이었다.[31] 다른 기사들의 경우, 벨레스의 십대들이 미국의 극우 뉴스 웹사이트에서 기사를 가져와서 사람들이 클릭할 가능성이 더 높아지게끔 더 선정적인 헤드라인을 덧붙이는 등의 사소한 변화만 주었을 뿐이었다. 더 많은 사람들을 자기네 웹사이트로 끌어들이기 위해서, 가짜 소셜미디어 계정을 이용해서 자기네 기사의 링크를 게시하곤 했으며, 페이스북에서 자기네 웹사이트를 홍보하기 위해서 유료 광고를 올리기까지 했다.

어째서 이 십대들이 그런 일을 했는지를 알기는 어렵지도 않다. 마케도니아에서는 평균 월급이 대략 400달러쯤이었다. 반면 이 소년들 가운데 한 명은 2016년 8월부터 11월까지 가짜 사이트 두 군데를 운영함으로써 무려 1만 6000달러를 벌어들였다. "미국인들은 우리의 기사를 좋아했고, 우리는 그들 덕분에 돈을 벌었어요." 또 다른 소년은 BBC와의 인터뷰에서 이렇게 말했다. "그게 진실인가 거짓인가를 누가 굳이 신경 쓰겠어요?"[32] 2017년에 이르러, 이 십대들은 다음번 가짜 뉴스 돈벌이의 표적을 일찌감치 골라 놓았다. 바로 2020년에 있을 미국 대통령 선거였다.[33]

그렇다, 또 러시아다

선거 동안의 정치적 긴장을 이용하기 위해서 열심히 노력했던 또 하나의, 아울러 더 심각한 가짜 뉴스 유포자가 있었다. 바로 러시아였다. 앞서 여러 장에 걸쳐서 살펴보았듯이, 러시아 정부는 종종 미국을 표적으로 삼아 왔다. 러시아에서는 자국이 역정보를 이용해서 미국에 대한 전쟁을 수행할 수 있다고 오래전에 계산을 끝냈기 때문이다. 실제로 모스크바는 바로 그런 일을 했으니, 대통령 선거의 결과에 영향을 주기 위한 비밀 작전을 전례가 없는 규모로 수행했다. 냉전 동안에 소련은 가짜 기사를 신문에 싣게 할 방법을 찾아낸 다음, 그 기사가 확산되기를 그저 바라는 것이 고작이었다. 그런데 이제 러시아는 소셜미디어라는 무기를 갖게 되었다.

미국 첩보계를 구성하는 17개 기관에서 (CIA도 그중 하나이다) 2017년에 간행한 공개 평가서에 따르면, 러시아 대통령 블라디미르 푸틴은 미국 선거에 영향을 주기 위한 작전을 직접 지휘했다.[34] 이 평가서에 따르면 그의 목표는 (예를 들어 투표 같은) 미국의 민주주의 과정에 대한 대중의 믿음을 침식시키는 것, 그리고 트럼프가 당선되도록 돕는 것이었다. 이 목표를 달성하기 위해서, 푸틴은 휘하의 첩보 기관, 해커, 러시아 정부가 운영하고 후원하는 전통적인 미디어, 소셜미디어, 가짜 뉴스 등에 의존했다.

러시아의 전략 가운데 일부는 상트페테르부르크에 자리한 트롤 농장으로, 2014년부터 일찌감치 활동을 시작한 일명 인터넷 조사 기구Internet Research Agency, IRA를 이용하는 것이었다. 이 트롤 농장에서는 선거와 후보자에 관한 가짜 뉴스와 역정보를 확산시켰다. 우리가 앞서 살펴본 것처럼, 온라인에는 이미 수많은 가짜 뉴스가 있으며, 그중 상당수는 미국인 스스로가 만들어 낸 것이다. IRA는 소셜미디어에서 그런 웹사이트들을 선전하는 방식을 통해 기존 가짜 뉴스를 이용했다. 또 한편으로 IRA는 자체적인 작전도 펼쳤다. 즉 진짜 미국인 소유인 것처럼 보이는 가짜 소셜미디어 계정 수천 개를 만들어서 유튜브 동영상, 밈, 웹사이트, 소셜미디어 사

이트의 디지털 광고를 활용한 것이다.[35]

선거를 앞두고 IRA는 특별히 도널드 트럼프와 버니 샌더스를 지지하고 힐러리 클린턴을 비판하는, 아울러 민주당 내에 분열을 심는 과제를 부여받았다. 이어서 러시아는 영어 TV 뉴스 채널《러시아 투데이》처럼 자국 정부가 통제하는 미디어를 이용해서 가짜 뉴스를 보도했는데, 그런 기사에 일말의 신빙성을 부여하는 것이 마치 정당하기라도 하다는 식이었다. IRA의 전직 직원 가운데 한 명이《타임》과의 인터뷰에서 밝힌 바에 따르면, 그곳에서 일하는 사람들에게는 무슨 내용을 쓰라는 둥, 자기네 가짜 뉴스에 어떤 정치적 내용을 집어넣으라는 둥의 지시가 매일같이 내려왔다.[36]

버니 샌더스가 민주당 예비 선거에서 패배하고, 힐러리 클린턴이 민주당의 대통령 후보가 되자, 소셜미디어의 IRA 계정들과 가짜 뉴스 사이트들은 샌더스 지지자들을 향한 작업에 착수했다. 이들의 목표는 샌더스 지지자가 민주당에 등을 돌리도록 만들고, 샌더스 지지자가 클린턴에게 투표하지 않게끔 만류하는 것이었다. 그렇게 하면 트럼프가 더 많은 표를 얻을 것이기 때문이었다.[37]

IRA는 또한 소외된 집단의 사람들을 표적으로 삼았다. 예를 들어 이들은 '흑인의 생명도 소중하다Black Lives Matter' 같은 흑인 인권 운동이나 무슬림 옹호 단체와 연계가 있는 척 위장하는 가짜 계정을 소셜미디어상에 만들었다. 이후 이런 계정들은 특정 집단 사람들에게 선거일에 투표하지 말라며 만류하는, 또는 클린턴의 득표를 막기 위해 제3의 후보자에게 투표하라고 유도하는 작업에 들어갔다.[38] 아울러 IRA의 계정들에서는 선거가 조작되었다는 주장을 유포했다. 그 계정들 중 가장 인기 많은 트위터 계정은 텐지오피(@TEN_GOP)였다. 이 계정은 선거일로부터 며칠 전, 즉 사전 투표가 이미 진행 중일 때 플로리다주의 한 카운티에서 근무하는 선

Missouri News @MissouriNewsUS · May 14
Hillary rigs system and then her supporters complain because we don't like it?
#FeelTheBern
34
24
Missouri News @MissouriNewsUS · May 14
Violence erupts at NV Dem convention amid tensions between Clinton and Sanders supporters
rawstory.com/2016/05/violen...

미주리뉴스유에스(@MissouriNewsUS)라는 가짜 뉴스 계정에서 올린 2016년 5월 15일자 트윗. 힐러리가 시스템을 조작했으며(위), 클린턴과 샌더스 지지자 간에 폭력 사태가 벌어졌다(아래)는 등의 내용이 담겨 있다. 버니 샌더스 지지자들이 힐러리 클린턴에게 투표하지 않게끔 만류하기 위해서 꾸며 낸 내용들이다. 이 계정은 러시아가 운영했음이 나중에 가서 밝혀졌다.[39]

거 담당 공직자가 본래는 득표로 계산해서는 안 되는 판독불능의 우편 투표용지를 클린턴의 득표로 계산하고 있다는 내용의 트윗을 올렸다.

또 가짜 계정들 가운데 상당수는 미국의 정치 활동가인 양 가장했다. 이런 계정들은 진짜 사람들을 접촉하고 포섭해서 미국 각지에 걸친 시위, 유세 집회, 기타 모임을 실시하도록 만들었다. 이들은 무척이나 그럴 듯해서 깜박 속을 만했다. IRA의 계정 가운데 하나는 매트 스키버Matt Skiber라는 미국인인 양 가장하고서 "플로리다 트럼프 지지 모임Florida for Trump"이라는 이름의 페이스북 그룹에 다음과 같은 메시지를 보냈다.

안녕하세요! 저는 '애국하기Being Patriotic'라는 온라인 커뮤니티의 회원입니다. 저기, 우리한테 한 가지 아이디어가 있거든요. 플로리다주는 여전히 보라색의 경합주purple state이기 때문에, 우리는 이곳을 공화당의 붉은색으로 칠할 필요가 있어요. 플로리다주를 잃는다면, 우리는 미국 전체를 잃는 셈이니까요. 그런 일이 벌어지도록 내버려 둘 수 없잖아요, 그렇죠? 그러니 플로리다주의 모든 도시에서 '허다랗게'* 트럼프 지지 플래시 몹을 조직하면 어떨까요? 우리는 현재 지역 활동가들과 접촉 중인데, 플로리다주 거의 모든 지역에서 그런 행사를 조직하는 임무를 맡겠다고 나선 사람들이 나오고 있어요. 하지만 여전히 우리에게는 여러분의 지원이 필요합니다. 여러분께서는 어떻게 생각하시나요? 여러분도 함께 하시겠어요?[40]

이런 행사들 역시 그저 트럼프를 지지하는 수준에서 그친 것은 아니었다. 이들은 트럼프를 반대하는 시위 가운데 일부도 조직함으로써 양측 간의 긴장을 높이려 시도했고, 심지어 선거가 끝난 뒤에도 그렇게 했다. 예를 들어 11월 12일에 IRA에서는 뉴욕에서 상반되는 성격의 두 가지 시위를 은밀하게 주최했는데, 한쪽은 "대통령 당선자 도널드 트럼프를 향한 여러분의 지지를 보여주세요"라는 제목이었고, 다른 한쪽은 "트럼프는 나의 대통령이 아니다"라는 제목이었다.[41] 그 행사에는 실제로 사람들이 모여들었고, 각자의 무리와 함께 시위를 벌이고, 거리를 사이에 두고 상대편에게 서로 소리를 질렀는데, 그 이면에서 러시아가 그 모든 일을 설계했다는 사실은 전혀 모르고 있었다.

IRA는 대규모 작전이었다. 그 직원들은 온라인 댓글, 블로그, 소셜미디

---

* '커다란(huge)'을 '허다란(yuge)'으로 발음하는 트럼프 특유의 말투를 따라한 것이다.

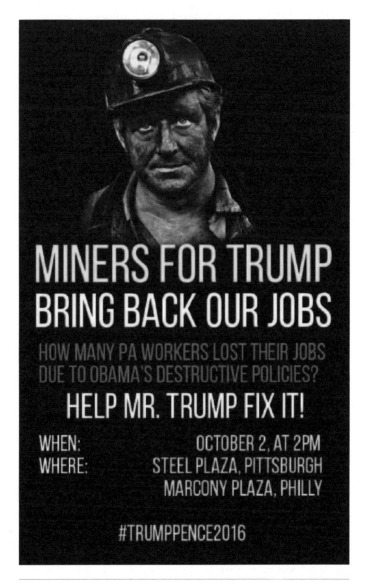

IRA가 펜실베이니아주에서의 유세 집회를 위해 제작한 포스터.[42] 오바마의 잘못된 정책으로 그 지역 광부들이 일자리를 잃었다며, 이를 해결하려면 트럼프를 지지해야 한다고 독려하고 있다. 미국 법무부 특별 검사의 수사 보고서에서도 중요하게 언급된 내용이다.

어 게시물을 만들고 게시하는 과정에서 각자 정해진 분량을 채워야만 했다. 2016년 여름에 이르러 IRA는 이 작전에 매달 125만 달러 이상을 지출했으며, 수백 명의 직원을 두고 있었다.[43] 2017년 10월에 이르러 트위터에서는 IRA가 운영하는 계정을 4,000개 가까이 발견했다.[44]

페이스북의 집계에 따르면, 2015년 1월부터 2017년 8월까지 IRA가 올린 내용을 페이스북에서 본 사람은 대략 1억 2,600만 명에 달했으며, 인스타그램에서 본 사람은 2,000만 명에 달했다.[45] 2018년 1월에 트위터에서는 IRA가 운영하는 계정 가운데 최소한 하나를 리트윗거나, 인용하거나, 팔로우하거나, 좋아요하거나, 답장한 사람의 숫자가 대략 140만 명에 달한다고 추산했다.[46]

미국의 선거 결과에 영향을 주려는 러시아의 시도는 워낙 어마어마했기 때문에, 미국 법무부에서는 특별 검사를 임명하여 이 사건을 수사했다.[47] 수사 결과, 러시아 시민 13명과 러시아 회사 3곳이 (그중 하나가 바로 IRA였다) 미국 정치와 대통령 선거에 개입하려 모의한 혐의로 기소되었다.[48]

가짜 뉴스가 선거 결과에 끼친 영향이 어느 정도였는지에 대해서는 학자들이 여전히 연구하는 중이다. 프린스턴 대학의 앤드루 게스Andrew Guess 교수, 다트머스 대학의 브렌던 니언Brendan Nyhan 교수, 엑시터 대학의 제이슨 라이플러Jason Reifler 교수가 공동 수행한 연구에 따르면, 미국인 네 명 가운데 한 명은 2016년 10월 7일부터 11월 14일 사이에 가짜 뉴스 웹사이트를 한 곳 이상 방문했다.[49] 아울러 이 연구에서는 가짜 뉴스 웹사이트 방문자 열 명 가운데 여섯 명이 전체 국민의 10퍼센트에 해당하는 집단임을 밝혀냈다. 이 집단은 평균적으로 나이가 많은 축이었고, 대부분 트럼프 지지자여서 트럼프에게 호의적이고 클린턴에게 비판적인 기사를 게시한 가짜 뉴스 웹사이트를 방문한 것이었다. 아울러 이들은 가짜 뉴스를 소비했을 뿐만 아니라, 주로 보수적인 미디어 업체를 통해서도 정치의 추이를 매우 면밀히 주시했다.

선거 동안 가짜 뉴스가 얼마나 많았는지를 고려하면 오히려 놀라운 결과도 있었다. 정작 이 연구에서는 가짜 뉴스가 선거일에 어느 후보에게 투표할 것인지에 대해서 사람들의 마음을 변화시켰다는 증거를 찾아내지 못했기 때문이다. 심지어 (항상 같은 정당에 투표하지는 않는 사람을 가리키는) '부동층swing voters' 사이에서도 그런 증거는 나오지 않았다. 가짜 뉴스가 실제로 한 일은 단지 사람들의 기존 믿음을 강화함으로써 각자의 의견을 더욱 고수하게 만들고, 자기네 시각을 뒷받침하지 않는 새로운 증거를 고려하려는 의향을 감소시킨 것이었다.[50]

가짜 뉴스는 선거 이후에도 끝나지 않았으며, 그즈음에는 많은 사람들이 문제의 심각성을 깨닫게 되었는데도 불구하고 마찬가지였다. 미국 선거를 통해서 전 세계적으로 가짜 뉴스 문제가 부각되었으며, 기업과 정부 모두가 가능한 해결책에 대해서 논의하게 되었지만, 그 문제는 그저 계속되기만 했다. 나이트 재단이 수행한 앞서의 연구 내용에 따르면, 실제로 선거 동안 가짜 뉴스를 확산시켰던 계정 가운데 80퍼센트 이상이 2018년 10월 기준으로 여전히 트위터에서 활동 중이었다. 이런 계정들은 모두 합쳐 하루에 100만 건 이상의 트윗을 올렸다.[51]

하지만 선거 동안 가짜 뉴스가 고조되면서 생겨난 가장 큰 효과는 아마도 이를 통해 실제 뉴스 미디어에 대한 대중의 신뢰가 부식되었다는 점, 그리고 사람들이 진실이란 게 과연 존재하는지 여부에 대해 의문을 제기하게 되었다는 점일 것이다. 유세 과정 내내 도널드 트럼프는 '가짜 뉴스'라는 단어를 전혀 다른 식으로 정의해서 사용했다. 즉 거짓인 정보를 지칭하기 위해서가 아니라, 단지 자기에게 비판적인 진짜 기사를 지칭하는

Donald J. Trump ✔
@realDonaldTrump

The FAKE NEWS media (failing @nytimes, @NBCNews, @ABC, @CBS, @CNN) is not my enemy, it is the enemy of the American People!

4:48 PM · Feb 17, 2017 · Twitter for Android

47.3K Retweets   **146.9K** Likes

미국의 주요 언론사들을 가짜 뉴스 미디어라며 매도한 트럼프 대통령의 2017년 2월 16일 자 트윗 스크린샷.

데 이 용어를 사용했던 것이다. "가짜 뉴스 미디어들(엉터리 @뉴욕타임스, @NBC뉴스, @ABC, @CBS, @CNN)은 나의 적이 아니라 미국 국민의 적이다!" 트럼프는 2017년 2월에 이런 트윗을 올렸다.[52]

트럼프는 자신의 지지율이 50퍼센트 미만이라고 밝힌 여론 조사에 관한 미디어의 보도에 대한 응답으로 "부정적인 내용의 여론 조사는 하나같이 가짜 뉴스이며, 선거 당시에 CNN, ABC, NBC의 여론 조사가 그랬던 것과 매한가지이다"[53]라고 2017년 2월에 트윗을 올렸다. 2018년 7월에 그는 연례 해외 파견 참전 용사Veterans of Foreign Wars 대회에서 현재 이 나라에서 벌어지고 있다고 보도되는 내용을 믿지 말라고 참석자들에게 말했다. "그 사람들이 여러분에게 보여주는 그 엉터리, 가짜 뉴스를 믿지 마십시오. …… 여러분이 보는 내용이며, 여러분이 읽는 내용은 실제로 벌어지고 있는 내용과 다릅니다." 그의 말이었다.[54] 그보다 앞선 2016년에, 즉 그가 대통령 후보였던 시절에, 트럼프는 TV 시사 프로그램 <60분>의 기자와의 인터뷰에서 자기가 미디어를 '가짜 뉴스'라고 부르는 이유를 이렇게 설명했다. "제가 왜 그렇게 말하는지 아십니까? 당신네 모두를 불신하게끔, 당신네 모두를 저질이라 여기게끔 만들어서, 당신네가 나에 관한 부정적인 기사를 쓰더라도 누구 하나 당신네 말을 믿지 않게 만들기 위해서입니다."[55]

갤럽의 2018년의 여론 조사에 따르면, 미국 성인 대부분은 최근 수년 사이에 미디어에 대한 신뢰를 잃었다고 응답했다. 이들 가운데 45퍼센트는 미디어가 부정확하기 때문에, 편향되었기 때문에, 가짜 뉴스이기 때문에, 또는 자기네가 '대안적 사실'을 믿기 때문에 그렇다고 이유를 들었다.[56] 이런 불신 가운데 일부는 사람들이 선거 동안 소셜미디어에서 목격한 거짓 정보의 어마어마한 분량 그 자체에서 비롯되었다. 많은 사람들은 뭔가를 믿었다가 나중에 가서야 틀렸음을 깨닫기보다는, 차라리 자기네가 듣거나 읽는 것을 모조리 신뢰하지 않는 편이 더 안전하다고 계산한 것이다.

하지만 이런 불신은 그 당시 양대 정당 간에 조성된 심각한 긴장의 결과이기도 했다. 사람들은 각자 선택한 대통령 후보에게 워낙 헌신한 까닭에, 자기네 후보에게 긍정적인 내용은 뭐든지 진짜라고 믿었던 반면, 부정적인 내용은 뭐든지 가짜 뉴스라고 믿었다. 이런 식으로 해서, 많은 사람들은 (단지 사실만을 보도할 뿐이었던) 정상적인 미디어 업체를 신뢰할 만하지 못하다고, 또는 가짜 뉴스라고 바라보게 된 것이었다. 아울러 이들은 어떤 일에 대한 각자의 개인적 의견이 현실보다 더 중요하고 타당하다고 믿기 시작했다. 옥스퍼드 영어 사전에서는 "탈진실post-truth"을 2016년 올해의 단어로 선정하면서, 이를 가리켜 "여론을 형성하는 과정에서 객관적인 사실이 그저 감정과 개인적 믿음에 호소하는 것보다 오히려 덜 영향력을 미치는 상황과 관련된, 또는 그런 상황을 가리키는" 것이라고 정의했다.[57]

이른바 '대안적 사실'이란 무엇이며, 도대체 언제부터 이런 표현이 사용되었을까?

2017년 1월 백악관 언론 담당 비서관 션 스파이서(Sean Spicer)는 트럼프의 취임식 행사 규모에 관해서 미디어가 가짜 뉴스를 확산시키고 있다고 주장했다. "실제로는 역대 취임식 중에서도 가장 많은 하객이 참석했습니다. 이상." 그는 이렇게만 말하고, 아무런 근거도 인용하지는 않았다. 하지만 취임식 사진을 보면, 실제로는 하객이 상당히 적은 편이었다. 나중에 가서 트럼프의 고문 가운데 한 명인 켈리앤 콘웨이(Kellyanne Conway)는 스파이서의 거짓말을 옹호하기 위해서, 그는 단지 "대안적 사실"을 제시했을 뿐이라고 말했다.[58] 스파이서는 나중에 가서 자신의 발언을 정정했지만, 이른바 '대안적 사실'이라는, 즉 사실이라는 것은 결국 의견의 문제에 불과하다는 발상은 이미 퍼져 나가고 있었다.

세계 각지에서
무기로 사용된
가짜 뉴스

미국이 선거 전후로 가짜 뉴스의 홍수를 상대하는 동안, 세계의 나머지 지역은 그 추이를 면밀히 지켜보고 있었다. 그러다가 일부 정치인, 단체, 정부는 자기네도 가짜 내용을 대거 퍼뜨림으로써 자국의 선거에 영향을 끼치고, 정치권력을 획득하거나 유지할 수 있음을 깨달았다.

필리핀에서는 가짜 뉴스의 확산이야말로 2016년에 대통령이 된 로드리고 두테르테의 성공적인 유세에서 핵심적인 일부분을 차지했으며, 그가 이후 자신의 의제를 진척시키기 위해서 사용한 전술이기도 했다. 필리핀에서는 인터넷 이용자 가운데 페이스북 계정을 보유한 사람이 무려 97퍼센트라는 놀라운 비율에 달하기 때문에, 두테르테는 이런 상황을 이용해 가짜 소셜미디어 계정 수천 개를 생성하여 선거 내내 가짜 뉴스를 유포했다.[59] 앞서 소개했던 한 가짜 기사의 내용과도 유사하게, 당시에 필리핀에서 유포된 가짜 기사 가운데 하나에는 교황이 두테르테를 "축복"이나 다름없다고 말했다는 내용도 있었다.

소셜미디어에서 확산되어 인기를 끌었지만 거짓이었던 또 다른 기사에서는 영국의 해리 왕자와 메건 마클 왕자비가 두테르테를 지지했다고도 주장했다.[60]

두테르테는 당선 이후에도 가짜 뉴스 기사와 사진을 계속 사용했는데, 이번에는 많은 폭력을 동원한 '마약과의 전쟁'을 정당화하기 위한 것이었다. 그는 사살 부대를 동원해서 수천 명을 살해하고 투옥했는데, 그중에는 마약 밀매업자와 중독자로 알려진 사람뿐만 아니라 무고한 사람도 있었다. 한번은 두테르테 행정부의 구성원이 어느 젊은 여성의 사진을 게시하면서, 필리핀에서 범죄자들에게 강간당하고 살해당한 피해자의 모습이라고 주장했다. 공직자들이 이 사진을 꺼내 든 까닭은 두테르테의 마약 전쟁을 비판하는 미디어를 계획이 "틀어지게" 만든다며 비난하는 한편, 그런 폭력적인 단속이 필요하다고 대중을 납득시키기 위해서였다. 하지만 문제의 사진 속 여성은 알고 보니 실제로는 브라질에서 범죄에 희생되었던 것으로 밝혀졌다.[61] 또한 두테르테 행정부는 일부 활동가들을 적극적으로 독려하고 지원했는데, 이들은 대통령의 비판자를 향해 악랄한 온라인 공격을 수행하는 한편, 대통령을 지지하는 가짜 뉴스 기사와 동영상을 유포했다.

두테르테는 폭력적인 마약과의 전쟁을 수행하는 한편, 아직까지 정부의 통제를 받지 않고 있는 일부 미디어 업체를 폐쇄하는 작업에도 나섰다. 예를 들어 신생 독립 온라인 뉴스 업체인 래플러가 그런 표적이었다. 래플러는 페이스북과 협업하여 친親두테르테 가짜 뉴스 페이지를 확인하고 제거하는 작업을 해 왔으며, 또한 비판자를 향한 두테르테의 폭력적인 대응과 가짜 뉴스 사용에 관해서 폭넓게 보도해 왔다.[62] 두테르테는 자신을 비판하는 모든 미디어를 격하시키고 불신시키기 위해서, '언론'press과 '창녀'prostitute의 합성어인

'언창'pressititute이라는 새로운 용어를 사용하기도 했다. 아울러 그는 목소리를 높이는 활동가들을 정기적으로 투옥하고 살해했으며, 당신들도 "암살 대상에서 예외는 아닐 것"이라며 언론인들에게 경고했다.[63]

2017년, 트럼트 대통령이 마닐라의 한 국제 정상 회의 도중에 짬을 내어 두테르테와 회담을 가졌다. 트럼프와의 공동 기자 회견에서 미디어가 필리핀의 인권 탄압에 관해서 질문하자, 두테르테는 언론을 "스파이"라고 비난했다.

당혹스러운 웃음이 터져 나오자, 그는 마치 강조하듯 이렇게 말했다. "바로 당신들을 말하는 거요."[64]

'언론과 출판의 자유'란 실제로 무슨 뜻일까?

언론과 출판의 자유란 국민이 정부의 간섭이나 검열, 또는 신체적 폭력이나 투옥 같은 징벌을 두려워할 필요 없이 정보와 의견을 간행하고 공유할 수 있는 권리를 갖고 있다는 뜻이다. 여러 국가에서는 언론과 출판의 자유가 구체적인 법률로 보장된다. 예를 들어 미국에서는 언론과 출판의 자유가 헌법에 들어 있는 권리이며, 미디어는 종종 "제4의 권력기관"이라고 지칭되는데, 이는 결국 언론이 정부라든지 기타 권력을 소유한 사람이나 집단에 필수적인 견제 역할을 한다는 뜻이다.[65]

앞에서 우리가 살펴본 것처럼, 사람들이 인쇄기로 인쇄할 수 있는 내용을 제한하기 위해 유럽의 여러 왕실은 온갖 종류의 법률을 만들어 냈다. 이와 마찬가지로 오늘날의 정부는 '가짜 뉴스'를 구실로 미디어를 단속하고 언론과 출판의 자유를 제한한다.

여러 정부는 온라인 비판자들을 저지하기 위한 법률을 제정해 왔다. 2018년에 러시아는 공직자에게 비판적인 정보를 간행하는 웹사이트를 정부가 폐쇄할 수 있게 허락하는 법률을 통과시켰고, 말레이시아에서는 가짜 뉴스를 불법화하자마자 유튜브에서 정부를 비판한 덴마크 국적자에게 바로 그 법률을 적용해 유죄를 선고했으며, 벨라루스에서는 언론법을 수정함으로써 인터넷에서 거짓 정보를 확산시켰다고 간주되는 사람을 누구든지 정부가 기소할 수 있게 만들었다.[66]

아울러 2018년에 이집트 대통령 압델 파타 엘시시Abdel Fattah el-Sisi는 팔로워 5,000만 명 이상의 소셜미디어나 블로그를 법원 명령 없이도 제거, 금지, 기소할 수 있는 폭넓은 권한을 정부에 부여하는 법률을 통과시켰다. 아울러 이법률에서는 이런 계정과 블로그가 법적으로는 미디어 업체로 간주되므로, 웹사이트를 만들기 위해서는 반드시 사전에 이집트 정부의 허가를 받아야 한다고 명시했다.[67] 정부에서 통과시킨 또 다른 법률에서는 국가 안보에 위협이 된다고 간주되는 웹사이트는 굳이 이유를 설명하지 않고도 차단할 수 있는 권한을 정부에 부여했으며, 심지어 헛소문을 추적하는 동시에 그런 헛소문을 온라인에서 확산시키는 사람들까지 추적하는 전담 부서를 정부 내에 설립하게 했다.

이집트 공직자들은 가짜 뉴스가 자국에 분열을 심고, 이집트 대통령의 통치를 위협한다고 주장했지만, 이 법률들은 하나같이 무엇을 가짜 뉴스로 간주해야 하는지 정의조차 내리지 않았다. 이후 정부는 이 법률들을 이용해 언론인과 정부를 비판하는 다른 목소리들을 탄압했다. 이 법률들을 위반한 점이 발견되는 사람은 누구든지 간에 막대한 벌금을 물거나 투옥되었으며, 그리하여 2018년에 이집트에서는 가짜 뉴스 혐의로 투옥된 언론인의 숫자가 세계에서

제일 많았다.[68]

미디어라든지 언론과 출판의 자유에 대한 탄압이 늘어날수록, 전 세계적으로 언론인에 대한 폭력의 비율이 역시나 늘어나는 것은 결코 우연이 아니다.[69] 2016년부터 투옥된 언론인의 숫자는 급증했으며, 2018년에는 살해당한 언론인의 숫자가 그 어느 때보다도 더 높았다는 것이 언론인 보호 위원회Committee to Protect Journalists, CPJ의 설명이다.[70]

HOW WE

FIGHT BACK!

제2부

가짜 뉴스와
싸우는 방법

사실 대부분의 사람들은 진실을 찾기 위해 애쓰지 않을 것이며, 차라리 자기가 맨 처음
들은 이야기를 받아들이려는 경향이 훨씬 더 많을 것이다.

— 투키디데스

사실 VS 의견

    한마디로 말하자면, 사실fact이란 입증될 수 있는 진술을 말한다. 이때의 입증은 관찰이나 실험을 통해 가능하다. 예를 들어 "해는 동쪽에서 떠서 서쪽으로 진다"는 진술이 있다고 하자. 이것이 사실인 이유는 무엇일까? 정 확인하고 싶다면, 매일 아침과 저녁마다 작은 나침반을 들고 밖에 나가서, 무슨 일이 일어나는지를 살펴보면 되기 때문이다. 혹시 지구가 평평하지 않다는 것을 결정적으로 입증하고 싶은가? 여러분이 우주비행사가 된 다음, 우주에 나가서 직접 살펴보면 된다.

    반면 의견opinion이란 여러분이 믿거나, 생각하거나, 느끼는 것을 말한다. 의견은 입증할 수 없으며, 다른 누군가는 여러분의 의견과 정반대되는 의견을 가질 수도 있다. 예를 들어 "사계절 중에서 최고는 여름이다" 같은 진술이 바로 의견이다. 나로선 사계절 중에서 여름이 최고인지를 입증할 수 없다. 사계절에 대해서는 물론이고, 그중 어떤 계절이 각별히 좋거나 나쁜지에 대해서도 보편적으로 용인되는 척도가 없기 때문이다. 나의 진술은 어디까지나 개인적인 선호에 근거한 것이다. 즉 내가 해를 좋아하고, 따뜻한 것을 좋아하고, 나무에 잎이 돋은 것을 좋아하고, 슬리퍼 신기를 좋아하기 때문이다. 이 책을 읽는 사람 가운데 다수는 아마 다른 계절을 선호할 테지만, 그래도 아무 상관은 없다. 왜냐하면 각자의 의견이기 때문이다.

> '사실'이라는 단어가 영어에 처음 등장한 것은 16세기경,
> 그러니까 인쇄기의 발명으로부터 약 100년이 흐른 다음의 일이었다.[1]

사실에 관한 사실들

1. 우리가 검증할 수 있는 (아울러 검증할 수 있어야 마땅한) 진술이다.
2. 믿음이나 느낌에 근거하지 않는다.
3. 특정한 입장을 옹호하여 주장하거나, 독자를 설득하려 시도하지 않는다.
4. 실험이나 관찰을 통해 입증될 수 있다.
5. 그게 참인지 여부는 사람들이 어떻게 생각하는지와 무관하다.
6. 보통 정확한 언어나 척도를 사용한다. 예를 들어 날짜, 장소, 숫자 같은 것 말이다.
7. 측정되거나 입증된 것이 아닌 경우에는 단언적 표현을 멀리하는 경향이 있다. 예를 들어 '모두가', '항상', '절대로', '아무도' 같은 것이 그런 표현이다.

CIA 분석가가 알려 주는 **가짜 뉴스의 모든 것**

1. 우리가 검증할 수 없는 느낌, 시각, 생각, 판단, 믿음이다.

2. 때로는 사실에 대한 누군가의 해석과 분석에 근거하며, 결론으로 제시된다.

3. 때로는 이것, 또는 저것을 선호하는 논증으로 제시된다.

4. 입증될 수 없으며, 누군가는 정반대 시각을 가질 수도 있다.

5. 예를 들어 '내 생각에는', '너는 당연히', '마땅히', '내 느낌에는', '내가 믿기로는' 같은 표현과 유행어를 자주 사용한다.

6. 예를 들어 '최고'와 '최악' 같은 단어를 비롯해서 뭔가를 판단하고 설명하는 용어를 사용한다.

7. 예를 들어 '모두가', '항상', '절대로', '아무도'처럼 단언적 표현을 자주 사용한다.

어쩌면 간단해 보일 수도 있다. 하지만 2018년 6월에 퓨 리서치 센터에서 미국 성인 5,000명 이상을 상대로 실시한 간단한 여론 조사는 이 구분이 쉽지 않다는 사실을 보여준다. 이 조사에서는 참가자에게 10개의 진술을 보여준 다음, 각자가 그 진술의 내용에 동의하는지 여부와는 무관하게, 그중 무엇이 사실이고 무엇이 의견인지를 구분하도록 했다. 그런데 응답자 가운데 사실을 모두 제대로 골라낸 사람은 겨우 26퍼센트에 불과했고, 의견을 정확하게 구분한 사람은 겨우 35퍼센트에 불과했다(이 여론 조사에서는 참가자가 질문을 하나 건너뛸 때마다 정답 선택에 실패한 것으로 계산했다). 이는 결국 미국인 대다수가 의견과 사실의 차이를 충분히 확실히 구분하지 못한다는 뜻이었다.[2]

그런데 어째서 이 구분이 어려웠을까? 이 연구에 따르면, 어느 정당의 지지자이건 간에 참가자들은 각자의 정치적 믿음에 호소하는 진술을 사실이라고 말할 가능성이 더 높았다. 이와 비슷하게, 각자가 동의하지 않는 내용의 진술을 의견으로 분류할 가능성이 더 높았다. 예를 들어서 "버락 오바마 대통령은 미국에서 태어났다"라는 진술은 사실이고, 이는 그의 출생 증명서를 찾아보기만 해도 충분히 확인할 수 있는 내용이다. 민주당원의 89퍼센트는 이를 사실이라고 답한 반면, 공화당원 가운데서는 63퍼센트만 그렇다고 답했다. 공화당원들이 이 내용에 대해서 회의적인 태도를 갖게 된 데는 다양한 요인들이 작용했을 터이지만, 가장 기본적인 요인은 다음과 같았다. 즉 공화당원들은 단지 오바마가 민주당원이라는 이유만으로도 그가 대통령이 될 자격을 갖추지 못했다고 믿기 쉬웠기 때문이다.

그런가 하면 "연방 최저임금을 시급 15달러로 올리는 것이야말로 미국 경제의 건전성에 필수적이다"라는 의견 진술을 보았을 때, 민주당원 가운데 37퍼센트는 이를 사실이라고 부정확하게 답변했던 반면, 공화당원 가운데 이를 잘못 답변한 사람은 겨우 17퍼센트에 불과했다. 이 진술이 의견인 까닭은, 건전한 경제에 기여할 수 있는 요인들은 예를 들어 실업률 저하라든지, 저렴한 의료 보장처럼 다양하기 때문이다. 따라서 최저임금 인상을 '필수적'인 것으로 만드는 건 그 사람의 시각이나 결론이다. 민주당원은 대부분 최저임금 인상이 옳다고 믿었기 때문에, 민주당원 참가자는 이 문장을 듣자마자 마치 사실처럼 여기게 되었던 것이다.

이 연구에서는 사실과 의견을 구분할 때에 우리 모두가 갖기 마련인 다른 두 가지 중요한 약점도 밝혀졌다. 첫 번째 약점은 의견을 선언적 진술로 만들어서 제시할 경우, 때로는 우리가 깜박 속아 넘어가서 그 의견을 사실이라고 생각하게 된다는 것이다. 예를 들어 "파리는 유럽에서 가장 아름다운 수도이다"라는 문장은 "파리는 프랑스의 수도이다"라는 문장만큼의 확신을 담고 있다. 하지만 설령 어떤 사람이 뭔가를 (즉 어떤 의견을 확신을 가지고) 생각하거나 믿었던 나머지, 마치 진실인 것처럼 들리도록 그 내용을 진술한다고 해서, 그 내용이 실제로 사실이 되는 것은 아니다.

두 번째 약점은 우리가 종종 '결론'과 '사실'을 똑같다고 여긴다는 점이다. 의견은 보통 우리가 실제 사실에 대한 분석을 수행한 후에 이끌어 낸 결론이게 마련이다. 예를 들어 자기가 가장 좋아하는 영화가 역대 최고의 영화라고 누군가가 여러분에게 말한다고 치자. 그 사람은 그 주장을 뒷받침하는 여러 사실들을 제공할 수도 있다. 예를 들어 그 영화의 감독이 오스카상 후보로 얼마나 많이 지명되었는지, 또는 그 영화가 개봉 첫 주에 얼마나 많은 돈을 벌어들였는지 하는 내용 등이 그렇다. 이런 것들은 여러분이 검증할 수 있는 사실들이지만, 그렇다고 해서 그 사실들이 그 결론을 입증해 주는 것까지는 아니다. 그 사람의 주장은 그 사실들에 대한 그 자신의 특정한 해석이나 분석으로부터 나온 것이며, 이로써 사실들이 결론으로 변모한 것이다. 즉 그 사람이 가장 좋아하는 영화가 역대 최고의 영화라는 결론으로 말이다.

그 사람의 결론은 의견일 뿐이다. 어째서? 왜냐하면 내가 만약 그 의견에 동의하지 않을 경우, 실제로는 '내가' 가장 좋아하는 영화가 역대 최고의 영화인 이유를 보여주는 내 나름대로의 사실들도 내세울 수 있기 때문이다. 예를 들어 내가 좋아하는 그 영화의 배우들에 관해서, 그 배우들이 받은 오스카상이 몇 개인지에 관해서, 그 영화가 완전히 새로운 영화 장르를 출범시킨 과정에 관해서 말할 수도 있다. 이 모든 것들은 사실일지 몰라도, 그 결론은 여전히 나의 의견일 뿐이다.

TV 뉴스 프로그램과 신문 기사를 보면, 현재 진행 중인 여러 사건에 대한 각자의 분석을 내놓을 만한 전문가라고 간주된 사람들이 종종 나와서 기자와 인터뷰를 한다. 신문의 칼럼니스트와 TV의 시사 평론가 모두는 유용한 정보를 제공할 수도 있지만, 그들은 어디까지나 각자의 개인적 시각과 분석을, 또는 의견을 내놓고 있을 뿐이라는 점을 기억하는 점이 중요하다. 이런 의견은 대체로 사실과 분석과 개인적 시각의 혼합물인 경우가 많다. 이런 점 때문에 그런 의견은 우리가 미처 바라보지 못한 세계에 대한 통찰을 주지만, 거기서 도출된 결론이 곧 사실인 것까지는 아니다.

여러분이 뉴스를 읽다 보면, 정상적인 미디어 업체라면 독자가 사실과 의견을 명백히 구분하도록 돕는다는 사실을 파악할 수 있을 것이다. 대부분의 뉴스 기사는 특정 주제에 대해서 언론인이 수집하고 관찰한 사실

CIA 분석가가 알려 주는 **가짜 뉴스의 모든 것**

을 단순히 보도만 하고 있다. 하지만 미디어 업체는 또한 오피니언 기사와 독자 편지도 간행한다. 여러 뉴스 웹사이트에서는 이런 분석과 오피니언에 별도의 표지를 붙여 놓으며, 보통은 여기다가 '오피니언', '사설', '칼럼', '독자 편지'라고 명시함으로써, 표준적인 뉴스가 아니라는 점을 독자에게 보여준다.[3] 이런 식으로 지금 여러분이 읽고 있는 내용이 무엇인지를 신속히 확인할 수 있다.

그렇다면 사실이나 의견을 이용함으로써 유사한 주제를 어떻게 달리 표현할 수 있는지를 살펴보자.

의견	사실
여성 우주비행사는 충분히 많지 않다	발렌티나 테레시코바(Valentina Tereshkova)는 우주에 간 최초의 여성 우주비행사였다.
에이브러햄 링컨은 미국 대통령 중에서 가장 말솜씨가 좋았다.	에이브러햄 링컨의 게티스버그 연설은 문장 10개로 이루어졌다.
모두가 캥거루를 좋아하는 이유는 깡충깡충 뛰기 때문이다.	캥거루 중에서도 가장 큰 종인 붉은캥거루는 최고 속도일 경우에 보통 7.5미터 높이까지 뛸 수 있다.
모두가 알다시피, 양질의 교육을 저렴하게 제공하는 것이 미국 실업 문제의 해결책이다.	2018년에 미국의 대학 및 단기 대학 학위 취득자의 실업률은 3.5퍼센트였던 반면, 고등학교 졸업장 만 보유자의 실업률은 5.9퍼센트였다.[4]

왼쪽 열의 진술은 모두 의견이다. 즉 그 내용을 입증할 방법이 전혀 없다. 물론 나는 각각의 진술을 뒷받침하는 여러 가지 증거를 여러분에게 줄 수는 있지만, 거꾸로 여러분은 그 결론이 진실에 부합하지 않는 이유를 설명하기 위해서 내게 여러 가지 논증을 내놓을 수도 있다. 오른쪽 열의 진술은 모두 사실인데, 왜냐하면 역사책이나 백과사전이나 사전을 들여다봄으로써 그 내용을 검증할 수 있기 때문이다. 예를 들어 캥거루에 관한 사실 같은 몇 가지 경우, 여러분이 그 내용을 검증하기 위해서 자체적인 실험을 수행할 수도 있다(물론 여러분이 캥거루에게 접근할 수 있다면 말이다).

어떤 내용이 사실인지, 아니면 의견인지를 알고자 할 때에는 이렇게 스스로에게 물어보라. '이것은 내가, 또는 다른 누군가가 입증할 수 있는 내용인가? 내가 이 내용을 역사책에서, 또는 온라인 백과사전에서 찾아볼 수 있는가?' 만약 '그렇다'라고 대답할 수 있다면, 여러분이 보는 내용은 아마 사실일 것이다. 누군가와 이야기를 나눌 때는, 상대방이 사실이라고 말하는 내용을 어떻게 알았느냐고 물어보는 습관을 들이도록 하라. 만약 그 내용이 사실이라면, 상대방은 그 정보의 출처를 여러분에게 말할 것이다. 만약 상대방이 증거 자료를 댈 수 없거나, 또는 상대방의 진술이 다른 사실들에 대한 나름대로의 분석에서 유래했다고 하면, 그 상대방이 말하는 내용은 본인의 의견일 뿐이다. 물론 그렇다고 해서 상대방이 말한 내용이 중요하지 않다거나, 타당하지 않다거나, 틀렸다는 뜻은 아니다. 단지 상대방이 나름의 관점을 여러분에게 전달했다는 뜻일 뿐이다.

사실과 의견의 차이를 구분하는 법을 배우는 일이야말로 가짜 뉴스를 감지하는 방법을 배우는 일에서 정말로 중요한 첫걸음이다. 기억하겠지만, 이 장의 앞부분에서 언급한 연구는 사람들이 그렇게 하기가 얼마나 어려운지 보여 주었다. 물론 그 결과에는 약간의 희망도 들어 있다. 그 연구에 따르면, 정치적으로 각성한, 디지털에 능숙한(정기적으로 디지털 장치와 인터넷을 사용한다는 뜻이다), 일반적으로 미디어를 신뢰하는 사람의 경우 사실과 의견 진술의 차이를 정확하게 구분할 가능성이 더 높았다. 요컨대 이 책에서 알려 주는 내용만 잘 배운다면, 여러분은 사실과 의견을 혼동할 가능성이 더 적어지리라는, 아울러 궁극적으로는 가짜 뉴스에 속아 넘어갈 가능성이 더 적어지리라는 뜻이다.

·연습문제·

사실일까, 아니면 의견일까?

《샌프란시스코 크로니클》에서 가져온 아래 발췌문을 읽어 보라.[5] 여기에는 의견과 사실 모두가 들어 있으며 뭔가를 주장하는 내용이기에 이 원래의 기사는 당연히 사설로 게재되었다. 여러분이 읽으면서 사실을 발견하면 밑줄을 긋고, 의견을 발견하면 동그라미를 쳐서 표시하라. 그리고 다음 페이지에 나오는 정답과 비교해 보라.

사설

밀레니얼 세대가 죽이는 제품 가운데 상당수는 죽어야 마땅하다.

[http://www.sfchronicle.com/opinion/article/Many-of-the-products-Millennials-are-killing-13442886.php]

2017년 12월 4일 | 케일 밀너

…… 이번 주에 나온 '자본가의 고민'을 읽는 동안 (지난 30년 동안 참치 캔 소비량이 1인당 42퍼센트나 줄었다는 내용이었다. 과연 누가 책임일까?) 나는 뭔가를 깨달았다. 밀레니얼 세대는 고급 취향을 가졌다는 점이다.

이 세대로 말하자면 그 부모가 벌었던 것보다 훨씬 더 적은 돈을 번다. 따라서 이 세대는 주택이나 결혼이나 자녀 같은 비용이 많이 드는 선택지를 택할 능력이 없다.

따라서 밀레니얼 세대는 그나마 있는 푼돈을 휴가와 아보카도 토스트에 소비한다. 그런데 솔직히 말하자면? 이런 것들이야말로 참치 캔이나 골프나 섬유 유연제보다는 훨씬 더 나은 선택이다.

밀레니얼 세대가 죽이는 제품 가운데 상당수는 죽어야 마땅하다. 젊은이들은 그냥 괜찮은 정도가 아니다. 그들이야말로 어른들보다 더 현명하다. 기회가 있었음에도 불구하고 지금보다 더 나은 나라를 젊은이들에게 물려주지 못한 어른들보다는 말이다.

밀레니얼 세대가 죽이는 제품 가운데
상당수는 죽어야 마땅하다.

(http://www.sfchronicle.com/opinion/article/Many-of-the-products-Millennials-are-
killing-13442886.php)

2017년 12월 4일 | 케일 밀너

…… 이번 주에 나온 '자본가의 고민'을 읽는 동안 (즉 지난 30년 동안 참치 캔 소비량이 1인당 42퍼센트나 줄었다는 내용이었다. 과연 누구 책임일까?) 나는 뭔가를 깨달았다.

사실 이건 조금만 검색해 보면 나오는 통계이다.

밀레니얼 세대는 고급 취향을 가졌다는 점이다.

의견 이건 예를 들어 참치 캔처럼 밀레니얼 세대가 더 이상 구매하지 않는 제품에 대한 저자의 개인적 선호도에 근거한다.

이 세대로 말하자면 그 부모가 벌었던 것보다 훨씬 더 적은 돈을 번다. 따라서 이 세대는 주택이나 결혼이나 자녀 같은 비용이 많이 드는 선택지를 택할 능력이 없다.

사실 시대별 수입 수준에 대해서 조사해 보면 검증할 수 있다.

따라서 밀레니얼 세대는 그나마 있는 푼돈을 휴가와 아보카도 토스트에 소비한다.

사실 소비 습관에 관해 조사하면 검증할 수 있다.

그런데 솔직히 말하자면? 이런 것들이야말로 참치 캔이나 골프나 섬유 유연제보다는 훨씬 더 나은 선택이다.

의견 이것도 저자의 개인적 선호도에 근거한다.

밀레니얼 세대가 죽이는 제품 가운데 상당수는 죽어야 마땅하다.

의견 이 제품들에 대한 저자의 불호는 이른바 "죽어야 마땅"한 제품과 그렇지 않은 제품을 판가름하는 검증가능한 기준이 아니다.

젊은이들은 그냥 괜찮은 정도가 아니다. 그들이야말로 어른들보다 더 현명하다. 기회가 있었음에도 불구하고 지금보다 더 나은 나라를 젊은이들에게 물려주지 못한 어른들보다는 말이다.

의견 이 진술에는 서술적이고 판단적인 언어가 가득하다.

제15장

I'm Biased, You're Biased, We're all Biased

나는 편향되었고, 너도 편향되었고, 우리 모두 편향되었다

지금부터 내가 여러분을 매우 뜨끔하게 만들 것이다. 준비가 되셨는지?

사실 확인이라는 한 가지만으로는 우리의 가짜 뉴스 문제에 대한 해결책이 될 수 없다.

"뭐라고?" 이렇게 반문하고 싶을지도 모르겠다. 진실을 가지고 거짓말을 반박하는 것은 효과가 있어야 마땅하지 않은가? 물론 그래야 '마땅한' 것이기는 하지만, 실제로는 '그렇지 않은' 경우가 꽤 많다. 예를 들어 근처에 사는 한 친구가 진실이 아닌 어떤 기사를 소셜미디어에 게시했을 경우, 우리는 단지 그 기사의 정체를 폭로하는 사실 확인 사이트의 링크를 걸어서 답변하고 나서, 우리 할 일을 다 했다고 말할 수는 없다. 불운하게도, 설령 우리의 친구가 그 반박 기사를 보았더라도, 그의 마음은 전혀 바뀌지 않을 수도 있다.

그 이유는 간단하다. 사람은 편향되었기 때문이다. 우리 모두는 편향을, 즉 선입견과 불합리한 경향 내지 의향을 갖고 있다. 어느 누구도 편향에서 자유로울 수는 없다. 제아무리 세상에서 가장 자유롭게 사고하고, 깨어 있으며, 개방적 사고를 지닌 사람이라도 여전히 특정한 렌즈를 통해 정보를 바라보며, 그 정보를 해석하고 신뢰하는 (또는 신뢰하지 않는) 과정에서 그 렌즈의 영향을 받기 때문이다. 그 렌즈는 각자의 배경, 인종, 종교, 성별, 정치적 정체성, 교육, 삶의 경험, 문화 같은 것에 따라 달라진다.

편향은 우리가 어떤 정보에 주의를 기울이는지에도 영향을 준다. 편향 때문에 우리는 중요한 정보를 무시하는가 하면, 반대로 우리가 이미 알고 있는 내용을 확증한다는 이유 때문에 다른 정보를 자동적으로 받아들이곤 한다. 또한 편향은 우리를 가짜 뉴스에 속아 넘어가도록 만들 수도 있다. 그래도 온라인 시대가 되었으니까, 사람들도 어쩌면 편향을 이전보다는 덜 갖게 되지 않았을까 생각할 수도 있을 것이다. 어쨌든 우리는 매일같이 무척이나 많은 정보에 노출되고 있으니 말이다. 실시간 중계, 어느 곳의 어느 누구와도 의사소통할 수 있는 기술, 거기다가 우리가 생각할 수 있는 모든 질문에 답변해 주는 구글까지 있으니, 사실상 우리 손가락 아래에 전 세계가 있는 셈이다. 하지만 불운하게도 우리의 정신은 그런 방식으로 작동하지 않는다.

우리의 삶이 워낙 빠른 속도로 움직이고, 점점 더 온라인에서 보내는 시간이 많아지면서, 우리는 진실을 찾기 위해 조사하기보다는 차라리 감을 믿으려는 경향을 보이게 되었다. 즉 만사에 대해서 우리의 기존 의견을 신뢰하게 되었다는 뜻이다. 따라서 우리는 각자가 현재 가지고 있는 지식과 믿음에 근거하여 우리에게 이치에 닿아 보이는 내용을 편들곤 한다. 하지만 이렇게 하면 우리는 가짜 뉴스에 더 취약해진다. 만약 우리의 믿음에 이의를 제기하는 정보가 있을 경우, 우리의 감은 저게 진실이 아니라고 말할 것이다. 가짜 뉴스가 우리를 속이기 위해서 사용하는 방법이 바로 이것이다. 가짜 뉴스는 실제 사실을 이용해서 우리를 설득할 수가 없으므로, 대신 우리의 감정과 편향을 건드리는 것이다.

또한 편향은 각자의 의견을 재확인해 주는 정보를 찾아 나서게 만드는 동시에, 각자의 의견과 상충하는 정보는 외면하게 만든다. 1967년에, 그러니까 인터넷이나 소셜미디어가 나오기보다 훨씬 오래전에, 한 가지 중요한 연구가 수행되었다.[1] 연구자들은 여러 대학생들로 이루어진 참가자들에게 잡음이 섞여 있는 연설 녹음을 듣게 했다. 학생들은 연설자가 하는 말을 알아듣기 위해서 정말로 주의를 집중했다. 내용을 더 잘 듣고 싶을 경우, 버튼을 한 번 누르면 몇 초 동안 잡음이 싹 사라졌다.

연설은 모두 네 가지였다. 두 가지는 기독교에 관한 내용으로, 긍정적인 내용과 부정적인 내용이 하나씩이었다. 나머지 두 가지는 흡연에 관한 내용이었다. 그중 하나는 흡연이 암을 일으킨다는 내용이고, 다른 하나는 흡연이 암을 일으키지 않는다는 내용이었다. 이미 앞에서도 설명했지만, 흡연과 암이라는 주제에 대해서는 이미 수많은 가짜 뉴스가 나온 바 있다. 따라서 흡연과 폐암 사이의 관계가 전혀 없다고 주장하는 연설을 들을 때, 비흡연자인 학생보다 흡연자인 학생이 그 내용을 더 열심히 듣기 위해 버튼을 더 자주 눌렀다는 사실은 놀라울 것도 없었다.

그 반대의 경우도 마찬가지였다. 흡연자인 학생은 흡연의 부정적인 효과에 대한 불편한 사실들을 듣는 데는 전혀 관심이 없었다. '응, 아니야.' 비흡연자는 물론 그 녹음을 듣는 데 관심이 있었다. 그 내용이 흡연을 하지 않겠다는 자신들의 결심이 올바른 것임을 확증해 주었기 때문이었다. 이와 유사하게 기독교에 반대하는 내용의 연설을 들을 경우, 헌신적인 기독교 신자보다는 교회에 다니지 않는 학생들이 버튼을 더 많이 눌렀다. 한마디로 정리하자면, 학생들은 자기가 동의하지 않는 내용을 자동적으로 걸러 냈던 반면, 자기네가 듣고 싶어 하는 내용은 온몸에 감싸다시피 했던 것이다. 우리는 항상 정보를 걸러 내고 있는데, 우리가 그 정보에 동의하지 않는다는 단순한 이유에서다.

오늘날 소셜미디어는 이러한 자동적 경향을 완전히 새로운 수준으로 가져갔다. 즉 우리는 자신이 동의하는 사람과는 친구 맺기를 하고, 자신이 동의하지 않는 사람은 차단하고, 친구를 끊고, 언팔로우하는 것이다. 소셜미디어와 검색 엔진의 알고리즘 가운데 상당수는 이런 문제를 가중시킨다. 인터넷 회사들은 우리가 링크를 클릭하기를 원하는데, 그래야 자기네가 돈을 벌기 때문이다. 따라서 그들은 우리가 가장 클릭할 가능성이 높다고 짐작되는 내용을 우리에게 보여준다. 그들은 편향에 대해서도 너무나도 잘 알기 때문에, 우리가 동의할 거라고 짐작되는 내용을 보여주는 것이야말로 우리의 클릭을 유도하는 최선의 방법이라는 사실도 알고 있다. 이 모두는 작은 정보 거품을 만들어 내며, 그 거품 안에서 우리는 자신의 시각에 문제를 제기할 만한 정보를 보는 것이 아니라, 자신의 시각에 맞아 떨어지는 정보만을 보게 된다. 아울러 그런 정보 거품 때문에 우리는 그저 애초부터 자신이 옳았다고 더 많이 확신하게만 된다.

1967년의 그 학생들은 어떤 연설을 듣는지 간에 잡음을 없애기 위해서 계속해서 버튼을 누를 수도 있었다. 어쨌거나 잡음을 듣고 있기는 매우 짜증스러웠을 테니까. 하지만 그들은 굳이 그러지 않았으며, 이는 오늘날 우리 대부분이 자기가 동의하지 않는 뉴스 업체를 굳이 팔로우하지 않는 것과도, 또는 소셜미디어에서 우리와 다른 시각을 가진 사람들과 친구 맺기를 하지 않는 것과도 마찬가지 현상이다. 이런 현상은 이른바 인지적 부조화라는 것 때문이다. 지금부터는 그게 뭔지 분석해 보자.

인지적 부조화

인지적 부조화란 뭔가에 대한 개인적 시각과 관념이 자기 앞에 놓인 실제 사실이나 증거와 맞아떨어지지 않을 때에 우리가 겪는 정신적 불편함을 말한다. 대개 사람은 자신에게 문제 제기가 들어오는 걸 좋아하지 않으며, 자기가 틀렸다는 말을 듣기도 좋아하지 않는다. 우리의 시각에 사실이 이의를 제기할 때, 우리의 두뇌는 스스로를 가장 편안하게 만드는 방식으로 그 두 가지를 화해시킬 방법을 자동적으로 찾아보기 시작한다. 실제로 우리가 그런 머릿속의 작동을 의식하건 그렇지 않건 간에, 우리는 자기가 옳지 않을 때조차도 자기가 옳다고 납득시키려고 무척이나 애를 쓰는 것이다. 달리 표현하자면, 때로는 우리가 자기 시각을 정당화하기 위해, 또는 자기 믿음에 더 잘 어울리게끔 사실을 재해석하려 시도하기 위해, 자기 머릿속에서 올림픽 체조 선수에 버금가는 묘기를 펼친다는 뜻이다. 또 때로는 우리가 사실을 전적으로 무시한다는, 또는 우리가 틀렸음을 입증할 수도 있는 내용은 무엇이든지 간에 선별적으로 망각한다는 뜻이다.[2] 자신의 기존 시각과 들어맞지 않는 뭔가를 보았을 때, 우리의 두뇌는 이렇게 말한다. '아니야! 이건 옳지 않아!'

1954년에 일리노이주 오크파크에 사는 도로시 마틴은 자기가 수호자 Guardians라고 부르는 외계의 존재들로부터 12월 21일에 지구 대부분의 지역을 쓸어버릴 홍수가 벌어질 것이라는 경고 메시지를 받았다고 그 지 과학자들은 MRI 장치를 이용해서 사람들이 각자의 시각과 상충하는 정보를 들었을 때에 두뇌가 어떻게 반응하는지를 살펴보았다.[3]

한 연구에서 과학자들은 사람들이 각자 선호하는 선거 후보자에 관한 부정적인 정보를 들었을 때 어떻게 반응하는지를 실험했다. MRI 결과에 따르면, 사람들은 자연히 그 정보를 합리화하려, 또는 해명하고 넘어가려 시도했다.[4] 다른 한편으로, 자기가 좋아하지 않는 후보에 관한 부정적인 정보를 들은 경우, 사람들은 그 후보가 나쁘다고 더 많이 확신하게 되었다.

역 신문에 말했다. 하지만 나쁜 소식만 있는 것은 아니었다. 수호자가 클래리언Clarion이라는 그들의 행성에서 비행접시를 타고 날아와서 그녀와 다른 신자들을 구출할 예정이었기 때문이다.[5] 마틴은 탐구자들Seekers이라는 과격 종교 집단의 일원이었으며, 수호자가 그녀에게 메시지를 보낸 것은 이번이 처음도 아니었다. 12월 21일 저녁, 여러 사람이 그녀의 집 일광욕실에 모여 외계인 구출자를 기다렸다. 하지만 그날 밤에 외계인은 나타나지 않았다. 이후 마틴이 예정일을 다음날로 세 번이나 미루었지만, 번번이 결과는 마찬가지였다.

번번이 수호자나 세계를 끝장낼 홍수가 오지 않을 때마다, 마틴과 그 무리는 자기네가 뭔가를 잘못했기 때문이라고 받아들였다. 그들은 외계인이 존재한다고 믿었고, 외계인이 자기네를 찾아올 거라 믿었지만, 다른 한편으로는 외계인이 실제로는 결코 찾아오지 않았다는 현실에도 맞닥트려야만 했다. 바로 그 순간 이들의 인지적 부조화가 발동되었다. 우선 이 무리에서는 외계인이 존재하지 않기 때문에 이런 일이 벌어진 것은 아니라고 결론을 내렸다. 대신 외계인은 금속을 소지한 사람을 데려가지 않기 때문이라는 이유를 내놓았다(참고로 외계인은 금속을 좋아하지 않는다는 모양이

CIA 분석가가 알려 주는 **가짜 뉴스의 모든 것**

다). 그날 밤, 이 무리는 반지며 목걸이며 심지어 브래지어에 이르기까지 각자 소지했던 금속을 제거했다. 하지만 외계인은 여전히 찾아오지 않았다. 그리하여 인지적 부조화도 계속해서 작용했다.

훗날 미디어와의 인터뷰에서, 마틴과 그녀의 추종자들은 외계인이 약속한 대로 찾아와서 자기네를 구출하지 않은 것에 대해서 갖가지 이유를 내놓았는데, 그 이유 가운데 어느 것도 외계인이 실재하지 않는다는 사실과는 아무런 관련이 없었다. 크리스마스이브에, 그러니까 그 무리가 네 번째로 모였는데도 불구하고 수호자가 나타나지 않자, 마틴은 자기가 새로운 메시지를 받았다고 선포했다. 즉 외계인은 마틴의 무리가 "매우 많은 빛을 확산시켰기에, 하느님께서 이 세계를 파괴하지 않고 온전히 남겨 두기로 결정했다"고 말했다는 것이었다. 따라서 지구가 온전히 남게 된 이상, 탐구자들에게도 더 이상은 외계인 구출자가 필요 없게 되었다는 이야기였다.[6]

사회심리학자 리온 페스팅어, 헨리 W. 리켄, 스탠리 샤크터는 마틴과 탐구자들에 관해서 연구한 후에 인지적 부조화의 이론을 처음으로 저술했다.
이들이 그 연구를 토대로 1956년에 내놓은 저서 『예언이 끝났을 때』에서는 인지적 부조화를 다음과 같이 요약했다.

확신을 지닌 사람은 변화되기가 어렵다. 만약 우리가 동의하지 않는다고 말하면, 그는 외면하고 돌아설 것이다. 우리가 사실이나 수치를 보여주면, 그는 우리의 출처에 대해서 의문을 제기할 것이다. 우리가 논리에 호소하더라도, 그는 핵심을 파악하지 못할 것이며 …… 결국에 가서 그가 자신의 믿음이 잘못되었음을 보여주는 증거를, 그것도 명료하고도 부정할 수 없는 증거를 마주한다고 가정해 보자. 과연 무슨 일이 일어날까? 그 사람은 십중팔구 그런 곤경에

▶▶

우리 대부분에게는 전적으로 우스꽝스러워 보이는 이야기이지만, 탐구자들은 외계인이 실재한다고, 아울러 외계인이 자기네한테 오고 있다고 완전히 확신하고 있었다. 추운 일광욕실에 서서 그 수많은 시간을 보내고 나서, 우주선에 올라타는 일도 없고, 지구를 끝장내는 홍수를 목격하는 일도 없었지만, 그들은 생각을 달리하게끔 설득되지 않았다. 인지적 부조화가 강하게 작용했기 때문이다.

부정 편향

우리 모두는 비관주의자가 어떤 사람인지 알고 있다. 항상 컵에 물이 절반이나 비어 있다고만 보는 사람이다. 화창하고 햇빛 쨍쨍한 날이 한창인데도, 그들은 내일의 비 예보를 들먹이며 불평한다. 그들은 이 세상의 이요르*들이다. 하지만 따지고 보면, 우리 안에는 이요르가 약간씩은 들어 있다. 우리는 세상이 잘 돌아가고 있다고 말하는 기사보다는, 오히려 세상의 종말에 관한 부정적인 기사를 클릭할 가능성이 더 높다.

---

* '곰돌이 푸' 시리즈의 캐릭터로, 매사에 부정적이고 불평불만이 많은 당나귀이다.

우리는 과연 어떤 끔찍한 일이 우리에게 다가올지를 그저 '반드시' 알아야 하는 것이다. 인간은 태초부터 줄곧 그래 왔다. 우리 조상님이 동굴에 살던 시절에만 해도, 그들은 부정적인 것들에 대해서 반드시 더 많이 의식하고 있어야만 했다. 예를 들어 그들을 잡아먹고 싶어 하는 야생 동물 같은 것들 말이다. 우리의 두뇌는 긍정적인 뉴스나 정보보다 부정적인 뉴스나 정보에 더 많이 주의를 기울이게끔 문자 그대로 배선되어 있다. 우리는 실험 참가자가 부정적인 뉴스를 접하는 순간, MRI 스캔 이미지에서 두뇌의 특정 부분이 실제로 빛나는 것을 살펴볼 수 있다.[8] 우리의 두뇌는 부정적인 것에 초점을 맞춤으로써 혹시라도 생길 수 있는 위험으로부터 우리를 보호하려 시도한다. 우리는 긍정적인 정보보다 부정적인 정보에 주의를 기울일 가능성이 더 높을 뿐만 아니라, 긍정적인 것보다 부정적인 것을 '기억할' 가능성 역시 더 높다. 그런 기억은 정말이지 우리에게 착 달라붙는다.

여러분은 아마 어제 점심에 뭘 먹었는지는 기억 못하겠지만, 장담하건대 지금으로부터 10년 전에 누군가로부터 놀림을 받았던 일은 기억하고 있을 것이다. 여러분은 아마 심지어 그들로부터 들은 말 한 마디 한 마디며, 그 가해자가 입고 있던 옷차림까지도 모조리 기억하고 있을 것이다. 그 기억은 아마 여러분이 잠자려고 할 때에 갑자기 머릿속에 툭 튀어나와서, 가슴을 답답하게 만들거나 양손을 불끈 쥐게 만들 것이다. 미래가 어떻게 될지는 아무도 모르는 까닭에, 우리의 두뇌는 위험으로부터 보호하거나 경고하는 데 도움이 되는 정보를 항상 수집하며, 우리가 젊을 때에는 특히나 그렇기 하기 때문이다. 우리의 두뇌는 우리에 관한 부정적인 정보를 저장함으로써, 미래에 곤란의 신호를 파악하는 방법을 알게 만들고 이에 적절하게 반응하는 방법을 알게 만든다고, 따라서 우리가 모든

가능성에 대해서 대비하게끔 도와준다고 생각한다.[9]

부정 편향 때문에 우리는 파국과 우울을 담고 있는 가짜 뉴스를 믿을 가능성이 더 높아지게 된다. 아울러 이 때문에 우리는 음모론을 받아들일 가능성도 더 높아진다. 그런 가짜 뉴스를 들을 때 우리는 "이봐, 어쩌면 어떤 끔찍하고도 은밀한 힘이 '정말로' 우리를 해치우려고 시도할지도 몰라!" 하고 생각하기 시작하기 때문이다.[10]

확증 편향

확증 편향은 우리가 자기의 세계관에 문제를 제기하는 판단이나 분석보다는 각자의 세계관에 들어맞는 판정이나 분석을 찾아보고 동의할 가능성이 더 높은 경향을 뜻한다. 확증 편향 때문에 우리는 가짜 뉴스에 각별히 취약해지게 된다. 우리가 인지적 부조화의 불편함을 느끼면, 확증 편향이 끼어들어서 이를 해소하고 넘어가도록 도와준다.[11]

바로 이런 현상은 헌신적인 스포츠 팬들에게 항상 일어난다. 우리는 스스로를 팀과 한몸으로 엮으며, 그럴 때 그 팀은 우리에게 워낙 중요해지기 때문에, 우리는 그 팀의 승리와 패배를 매우 심각하게 받아들인다. 야구팀 보스턴 레드삭스가 승리하면 좋은 날이다. 반면 레드삭스가 승리하지 못하면 마치 세상이 무너져 내리는 듯한 기분이 든다(이 대목에서는 여러분도 나처럼 모두 레드삭스 팬일 것이라고 가정하겠다. 왜냐하면 레드삭스는 정말 끝내주기 때문이다). 하지만 이런 강박은 한편으로 우리가 경기를 관람할 때마다 반칙을 저지르는 쪽은 항상 다른 팀이라고 확신하게 된다는 뜻이 되기도

한다. 왜냐하면 '우리의' 사랑스러운 팀은 그 어떤 잘못도 범할 수 없기 때문이다.

나는 지금 과장하는 게 아니다. 오늘날 잘 알려진 한 실험에서, 과학자들은 서로 라이벌인 미식축구팀의 팬들에게 맞대결 경기 영상을 똑같이 보여주었다. 무슨 일이 일어났을까. 양쪽 팬들 모두 '자기네' 팀이 항상 옳고, 상대 팀이 항상 틀렸다고 생각했다.[12]

좋다. 그렇다면 이 모든 일은 실제로 일어나는 것일까, 아니면 그저 이론에 불과한 걸까? 이제 내 삶에서 한 가지 사례를 (그리고 약간의 고백을) 내놓을 차례이다. 2008년에 나는 '블레이드 러너'라는 별명으로 통하던 육상 선수 오스카 피스토리우스에 관한 기사를 처음 읽었다. 어려서 양쪽 다리를 절단한 남아프리카 출신의 운동선수인 그는 패럴림픽에 출전해 메달을 따기도 했다. 이후 피스토리우스는 올림픽 출전 권리를 얻기 위해 국제육상경기연맹International Association of Athletics Federations, IAAF을 상대로 긴 법적 싸움을 벌였다. IAAF에서는 그가 자격 획득 시도조차 못하도록 금지했는데, 의족 두 개를 착용함으로써 다른 운동선수에 비해 불공평한 이득을 얻게 된다고 여겼기 때문이었다. 피스토리우스는 결국 싸움에서 승리했고, 2012년 런던 하계 올림픽에 출전하여 올림픽대회 육상 종목에 출전한 최초의 절단 장애인이 됨으로써 역사를 만들었다. 그는 400미터 경기에 출전했으며, 남자 1600미터 계주에서도 최종 주자로 출전했다.

나 역시 장애 여성인 까닭에, 그의 경기를 지켜보며 눈물을 흘렸음을 솔직히 시인한다. 올림픽에 출전할 권리를 얻기 위한 그의 오랜 법적 싸움은 매우 많은 장애인들이 각자의 삶에서 동등한 권리를 얻기 위해 수행한 싸움을 상징했다. 런던 올림픽 이후 피스토리우스는 다음 대회인 2016년 브라질 올림픽에도 다시 출전하고 싶다고 말했다. 나도 그의 경기를 직접 보기 위해 짐을 꾸리겠다고 마음먹고 있었는데, 2013년 2월에 피스토리우스가 오래 사귄 여자친구 레바 스텐캄프를 총으로 쏴서 살해했다는 뉴스가 나왔다.[13]

피스토리우스는 한밤중에 자기 집에 침입자가 들어왔다가 그만 화장실에 갇혔던 것으로 짐작했다고 주장했다. 그래서 정당방위 차원에서 닫힌 문에 총을 쏴서 그 너머에 있는 사람을 맞추었다는 것이다. 나는 이 재판의 추이를 면밀히 주시하면서, 내내 그가 무죄일 수 있다고 확신했다. 그 무엇도 내게는 이치에 닿지 않아 보였다. 얼마 전에 역사를 만든 사람이, 다음번 올림픽에도 출전할 준비가 된 사람이 도대체 왜 의도적으로 사람을 죽이겠는가? 나는 피스토리우스를 영웅이라고 생각했다. 영웅은 의도적으로 사람을 죽이고 돌아다니지 않는다. 그 사건은 정당방위가 되어야만 했다.

나는 그가 무고하다고 믿고 싶었기 때문에, 그런 믿음을 뒷받침해 줄 기사가 무엇이라도 있는지 애써 검색했다. 검찰의 주장에 따르면, 이 사건이 의도적인 살인이라고 믿을 수밖에 없는 여러 가지 이유 가운데 하나는 피스토리우스가 그 당시에 의족을 착용하고 있었다는 점이었다. 정말로 도둑이 내는 소리에 놀라 잠에서 깨어나서 자기가 위험에 직면했다고 믿었다면, 굳이 시간을 들여가면서 의족부터 착용하지는 않았으리라는 것이 검찰의 주장이었다. 하지만 이 대목에서 나의 확증 편향이 작동했다. 만약 침입자가 우리 집에 들어온다면, 나 역시 이리저리 움직일 수 있도록 맨 먼저 휠체어에 올라탈 것이라고 추론한 것이다. 나도 반드시 피스토리우스와 같아야만 했던 것이다.

하지만 배심원단은 그가 심한 말다툼을 벌인 후에 여자친구를 의도적으로 살해한 혐의에 대해 유죄라고 판단했다. 연이은 항소 끝에 그는 징역 15년형을 선고받았다. 여러분은 아마 눈치채셨을지 모르겠지만, 인지적 부조화는 내게서 처음부터 열심히 작동하고 있었다. 나는 피스토리우스를 존경했으며, 따라서 그는 반드시 무고해야만 했다. 내 생각이 맞다고 입증해 주는 것이라면 뭐든지 적극적으로 찾아볼 때는 확증 편향이 작용하기 시작했다. 시간이 흐르면서 나는 그의 유죄를 해명하고 넘어가려던 나의 필사적인 시도를 있는 그대로의 모습으로, 즉 편향으로 바라볼 수 있게 되었다. 다시 말해 나는 누군가가 어떤 영웅적인 일을 할 수도 있는 동시에, 결국에 가서는 살인자가 될 수도 있다는 불편한 사실을 받아들이게 된 것이다.

나의 편향을 확인하는 방법

편향에 맞서 싸우기 위한 첫걸음은 우리 모두가 편향을 갖고 있다는 점을 인식하고 시인하는 것이다. 여러분도 넉넉히 시간을 들여서 자신의 개인적 편향을 확실히 인지한다면, 더 명료하게 뉴스를 평가하고 새로운 발상을 고려하는 데 도움이 될 것이다. 자신이 잘못되었음을 보여 주는 사실들을 마주할 때 우리도 결코 좋은 기분을 받지 않으리라는 점을 스스로도 반드시 인정해야만 한다. 사실 이것이야말로 평생에 걸친 투쟁이 될 수도 있을 것이다. 하지만 각자의 편향에 정면으로 맞선다면, 우리는 가짜 뉴스에 속아 넘어갈 가능성이 더 적어질 것이다.

우선 여러분이 개인적으로 정보를 바라볼 때에 사용하는 렌즈를 구성하는 모든 것들의 목록을 작성하는 것으로 시작하자. 예를 들어 내 목록에는 다음과 같은 내용이 들어갈 것이다.

- 여성
- 중산층
- 밀레니얼 세대
- 정치적으로 적극적이고 좌파 성향
- 장애인
- 시골에서의 유년기와 도시에서의 성년기
- 미국인, 동부 연안 출신
- 전직 CIA 직원
- 백인
- 과학과 수학을 못함

이것 말고도 종교, 교육, 나이처럼 이 목록에 추가할 붙일 내용이 스무 가지쯤 더 있을 것이다. 다음으로 각각의 항목 밑에다가, 우리가 매일 받아들이는 정보에 관해서 생각하는 방식에 이 각각의 요인들이 어떻게 영향을 주는지를 적어 보라. 예를 들어 나는 이렇게 쓸 것이다.

- **장애인:** 장애인 인권, 의료보건, 교육·교통·공동체에 대한 접근권을 다루는 뉴스에 주의를 기울일 가능성이 더 높다. 나는 장애 관련 기사 중에서 장애인이 작성하지 않은 기사에 대해서는 회의를 표할 가능성이 있다.
- **전직 CIA 직원:** 국가 안보나 해외 정책에 관한 뉴스에 주의를 기울일 가능성이 더 높다. 국가 안보 기관이 생산한 정보에 대해서는 의문을 제기하기보다는 그

대로 받아들일 가능성이 더 높다.

- **과학과 수학을 못함:** 이런 주제에 관한 뉴스에는 주의를 기울일 가능성이 덜하다. 그런 주제에 관심이 없기 때문이다. 내가 이해하지 못하는 내용이기 때문에, 이 두 주제에 근거한 정보나 분석에 더 쉽게 설득된다.

일단 여러분의 목록을 다 작성했다면, 여기서 중요한 점은 새로운 정보를 볼 때 이런 요소들을 기억하는 것이다. 우리는 언제나 편향되어 있을 것이다. 하지만 자기 자신이 가진 편향을 깨닫기만 해도, 그런 편향 때문에 가짜 뉴스에 속아 넘어가는 일이 없도록 하는 데 도움이 될 것이다.

·연습문제·
자신의 편견을 확인하기

내 예시를 따라서, 여러분이 정보를 바라보고 해석하는 렌즈를 구성하는 것들의 목록을 작성하라. 그런 다음에 각각의 항목 옆에다가 그것이 여러분의 정보를 바라보는 방식에 어떻게 영향을 끼칠 수 있는지를 적어 보라. 몇 가지 범주를 예로 들어보면 다음과 같다.

- 여러분이 사는 곳:
  _____
- 성 정체성:
  _____
- 인종:
  _____
- 나이:
  _____
- 종교:
  _____
-
  _____
-
  _____
-
  _____
-
  _____
-
  _____

-
-
-
-
-
-
-
-
-
-
-
-
-
-
-

뉴스 미디어의 편향
이해하기

우리가 살펴보아야 하는 것은 자기 자신의 편향만이 아니다. 편향은 뉴스 보도에도 나타날 수 있기 때문이다. 다만 미디어의 편향은 뉴스 소비자를 속이려는 의도가 없다는 점에서 가짜 뉴스와 다르다는 점을 유념하는 것이 중요하다. 하지만 때로는 언론인과 뉴스 평론가가 '의도하지 않은' 상태에서 자신들의 뉴스 보도 방식에 각자의 개인적 편견을 개입시키는 경우도 있다. 만약 기자들이 자기 작업에 자기 편향이 스며드는 일을 방지하려 노력하지 않을 경우, 뉴스 기사의 내용과 방식 모두가 편향에 영향을 받을 수 있다.[1] 각자의 편향이 작용할 경우, 기자는 특정 공동체나 주제에 관한 뉴스 기사를 거의 쓰지 않게 되거나, 이와 반대로 좀 더 객관적인 보도였다면 그리 많은 주목을 받지는 않았을 법한 주제에 대해 매우 많은 기사를 쓰게 될 수 있다. 예를 들어 백인이 운영하는 미디어 업체는 편향 때문에 비非백인 공동체에 영향을 주는 이슈에 관한 잠재적으로 중요한 내용을 기사로 다루지 않을 수도 있다. 아울러 미국의 언론인은 대부분 뉴욕, 보스턴, 로스앤젤레스 같은 주요 대도시 지역에 사는 경향이 있기 때문에, 농촌 지역의 이슈를 무시할 수도 있다.[2]

> **객관적인 뉴스 보도를 때로는 '공정한', 또는 '균형 잡힌' 보도라고도 지칭한다.** 이는 미디어 업체가 어떤 이야기의 모든 측면을 편향 없이 제시함으로써, 기자의 예정된 결론으로 독자를 이끌어가는 법 없이 최대한 정확하고 객관적이기를 목표한다는 뜻이다.[3] 영어권에서 비교적 객관적인 미디어 업체로는 로이터, 어소시에이티드 프레스(AP), BBC, NPR, 블룸버그, 《USA 투데이》, 《워싱턴 포스트》, 프랑스 통신사(AFP) 등이 있다.[4]

아울러 그저 건조하고 딱딱한 사실만을 보도할 경우, 뉴스 보도가 매우 지루해질 수 있다. 뉴스를 더 흥미롭게 만들기 위해서 기자들은 종종 사람들의 이야기라든지, 인터뷰 인용문이라든지, 사건에 대한 생생한 묘사를 덧붙인다. 그 결과 개인적 편향이 보도에 끼어들 수 있다. 중요한 뉴스 속 사건에 대해 내가 엄밀하게 사실 위주로 서술한 것, 그리고 같은 사건에 대해 《뉴욕 타임스》가 더 문학적으로 보도한 것 사이의 차이점을 아래에서 확인해 보라.

- **나:** 2019년 4월 15일, 프랑스 파리에 있는 노트르담 대성당의 일부가 화재로 불타서 무너졌다. 천장과 첨탑이 무너졌다. 부상자는 없었다. 프랑스 공직자의 말에 따르면 이 화재는 누전으로 시작되었을 가능성이 있다.

•**《뉴욕 타임스》**: 파리의 아름다움과 역사의 상징인 노트르담 대성당이 월요일 저녁 발생한 광범위한 화재로 인해 상처를 입었다. 화재로 인해 그 섬세한 첨탑은 무너져 버렸고, 파리의 하늘은 검댕으로 물들었으며, 이미 몇 주 동안의 격렬한 시위로 크게 놀란 이 도시는 더욱 낙담하게 되었다.

불길의 장관이 대성당의 나무 지붕에서 솟구치고, 그 첨탑이 빨갛게 달아오르다 못해 사실상의 숯덩어리로 변하는 사이, 넋이 나간 구경꾼 수천 명이 센 강변을 따라 늘어서고, 인근 비유 호텔의 광장에 모여들어, 공포에 사로잡힌 나머지 탄성을 지르고, 입을 막았으며, 눈물을 훔쳤다.[5]

똑같은 사건에 대한 두 가지 버전 가운데 어느 것이 더 흥미롭고 재미있는지는 굳이 물어볼 필요조차 없다. 내 버전은 정확하고 무편향적이지만, 단지 그것뿐이다. 반면 《뉴욕 타임스》의 기사 발췌문은 생생한 그림을 그리는 한편, 우리로 하여금 이에 반응해서 뭔가를 느끼게 한다. 그 뭔가는 대부분 슬픔이다. 이처럼 뉴스가 어떤 이야기의 기본 사실을 더 흥미롭게 만들려고 시도할 때, 편향은 의도치 않게 끼어들 수 있다. 뭔가를 느끼게 된다고 해서 그 보도 내용이 잘못되었다는 신호까지는 아니다. 단지 보도 내용에 대해서 우리가 더 면밀히 주의를 기울일 필요가 있다는 뜻일 뿐이다.

이 대목에서 우리가 만나게 될 미디어의 편향 가운데 두 번째 종류가 등장한다. 이번에는 '의도적인' 편향이다. 의도적인 미디어의 편향이란, 미디어 업체가 뭔가에 대한 청중의 의견에 영향을 주는 특정한 방식으로 뉴스 기사를 서술하는 것을 말한다. 미디어 업체의 편향으로 인해 어떤 특정 입장에 대해서 그 미디어 업체가 찬성하거나 반대하는 것처럼 보이거나 들릴 수 있다.

미디어에서의 편향은 정치적 제휴라는 측면에서 종종 논의된다. 특정 미디어 업체를 좌파나 진보 성향, 중도 성향, 우파나 보수 성향이라고 표현할 수 있다. 때로는 미디어 회사가 편리하게도 스스로 정리해 주는데, 자사의 편향을 대놓고 주장함으로써 정치적으로 이쪽, 또는 저쪽 성향이라고 그 웹사이트에다가 말해 놓기도 한다. 예를 들어《내셔널 리뷰》잡지의 FAQ 페이지에는 자사가 "보수적 의견을 지녔다"고, 아울러 자사의 독자는 주로 미국 보수주의자라고 밝혀 놓았다.[6] 이와 유사하게 좌파 성향인《네이션》의 사이트에는 자사가 "우파에 도전을 제기하는 진보적인 언론 공동체"의 일부분이라고 밝혀 놓았다.[7] 만약 어떤 미디어 업체가 보수적인, 또는 진보적인 목소리라고 주장할 경우, 그렇다고 해서 그 미디어 업체에서 말하는 내용이 반드시 부정확하다는 뜻까지는 아니다. 다만 그 미디어 업체에서는 특정 의제의 뉴스를 특정 정치적 렌즈를 통해서 보도한다는 뜻이라 할 수 있다.

다음과 같은 의도적인 편향의 사례를 살펴보자. 버락 오바마 대통령은 2011년 6월에 미국이 아프가니스탄에서 점차 군 병력을 철수시키기 시작할 것이라고, 아울러 2014년이 되면 안보 책임을 아프가니스탄 정부에 넘겨줄 것이라고 발표했다. 정치적으로 중도에서 약간 좌파 성향인《뉴욕 타임스》는 이 발표에 대한 기사를 게재하면서, '오바마, 아프가니스탄 전쟁 철수 가속화하기로'라는 헤드라인을 내걸었다.[8] 이 기사는 미국의 철수 예정 스케줄에 관해서, 그리고 아프가니스탄 군대가 어떻게 준비하고 있는지에 관해서 이야기했다. 반면 폭스 뉴스는 똑같은 발표를 보도하면서 매우 다른 접근법을 취했다. 이들의 기사 제목은 '오바마, 페트라이어스에게 감사 언급 없어'였다.[9] 데이비드 페트라이어스 장군은 그 당시에 아프가니스탄 주재 미군 사령관이었는데, 이 기사에서는 연설 중에 그를 언급하지 않았던 오바마를 비판하는 데 초점을 맞추었다. 그러면서 이 기사에서는 정작 아프가니스탄에 관한 오바마의 발표 내용에 대해서는 거의 아무런 정보도 담고 있지 않았다.

이 기사를 읽어 보면, 여러분은 폭스 뉴스 기사가 어떤 목적으로 작성되었음을 알 수 있을 것이다. 바로 오바마를 감사할 줄 모르는 사람인 것처럼 만들려는 목적이었다. 오바마가 연설에서 페트라이어스에게 감사를 표하지 않았다는 주장은 정확한 걸까? 그건 맞다. 하지만 이 기사가 오바마의 연설 중에서도 긍정적으로 비칠 가능성이 있는 다른 모든 내용을 빼먹고서, 심지어 미군 철수라는 중대한 사실조차도 빼먹고서까지 유독 그한 가지 내용에 초점을 맞추었다는 점은 매우 의도적이었으며, 그 미디어 업체의 더 커다란 패턴의 일부였다. 미디어와 사회 문제 센터Center for Media and Public Affairs에 따르면, 오바마 행정부의 첫 50일 동안 폭스 뉴스의 대통령 관련 보도 가운데 겨우 13퍼센트만이 긍정적이었던 반면,《뉴욕 타임스》는 긍정적인 보도의 비율이 73퍼센트였다.[10]

인터넷을 가볍게 검색해 보기만 해도, 폭스 뉴스가 뉴스 업계에서 보수적인 목소리를 담당한다고 자처함을, 아울러 이는 곧 보수적인 렌즈를 거쳐 뉴스를 이야기한다는 의미임을 알 수 있을 것이다. 하지만 어떤 뉴스 업체가 특정한 정치적 경향이나 편향을 갖고 있다고 공개적으로 선언하지 않을 경우, 여러분은 어떻게 그 업체가 어떤 편향을 가지고 있는지 알아낼 수 있을까?

1. 여러분 자신의 뉴스 '골방silo' 밖으로 나오라.

우리는 아주 많은 정보를 손에 쥐고 있기는 하지만, 종종 스스로 정보 거품이나 뉴스 골방을 만든다. 이는 우리가 정보의 출처를 겨우 몇 가지만 가지고 있으며, 그것도 보통은 자신이 동의하는 출처만 발견한 다음, 오로지 거기에만 매달린다는 뜻이다. 그런 식으로 한다면 우리는 다른 관점을 볼 수가 없다. 여러분이 보고 있는 정보를 다른 신뢰할 만한 뉴스 출처들과 비교한다면, 편향을 더 잘 찾아내는 데 도움이 될 것이다. 여러분이 어떤 언론인, 전문가, 미디어 업체를 구독하고 있는지를 살펴본 다음, 여러분이 이들을 구독하는 까닭은 이들이 여러분에게 계속 좋은 정보를 주기 때문인지, 아니면 단지 이들이 보도하는 내용에 여러분이 동의하기 때문인지를 스스로에게 물어보라.

여러분이 아주 복잡한 퍼즐을 맞추려 한다고 생각해 보라. 어쩌면 자기 힘으로 결국 해결할 수도 있을 것이다. 하지만 다른 사람을 불러서 도움을 받는다면, 아마 더 빠르고 더 손쉽게 해결할 수 있을 것이다. 뉴스 출처를 폭넓게 접하는 것은 이와 유사한 일이다. 이렇게 하면 여러분은 현재 보도되는 내용의 그림을 더 명료하고 더 정확하게 맞춰보는 데 도움을 받을 수 있다.

2. 읽다 보면 오히려 오피니언과 비슷한 느낌을 주는 자칭 '뉴스 보도'를 경계하라.

우리가 제14장에서 논의한 것처럼, 평판 좋은 뉴스 업체들은 오피니언 기사와 뉴스 보도를 구분함으로써, 무엇이 사실 위주인 보도이고 또 무엇이 개인적 시각과 분석에 근거한 글인지를 독자가 알도록 한다. 하지만 때로는 정치적으로 이쪽, 또는 저쪽 성향을 의도적으로 지닌 미디어 업체들이 뉴스 보도와 오피니언 사이의 경계를 흐릴 것이다. 만약 여러분이 뉴스 보도라고 표시된 기사를 읽었는데, 그 내용에 우리가 앞에서 이야기한 의견의 특성이 (예를 들어 판단이 잔뜩 들어간 언어를 많이 사용한다든지) 많이 들어 있으면, 여러분의 미디어 편향 감지 레이더가 작동되어야 마땅하다.

3. 제시된 증거를 확인하라.

어떤 미디어 업체가 정기적으로 인용하는 출처가 무엇인지를 살펴보면, 그 업체의 보도에서 나타날 수 있는 편향이 무엇인지에 관해서 많은 것을 알 수도 있다. 만약 어떤 뉴스 업체가 오로지 정치적으로 한쪽으로 치우친 성향인 조직이나 개인으로부터 나온 정보만을 항상 사용한다면, 그것이야말로 편향의 신호일 수 있다.

출처를 살펴볼 경우, 여러분은 이른바 '취사선택cherry-picking'이라고 일컬어지는 것을 찾아낼 수도 있다. 즉 어떤 주장을 내놓은 다음, 오로지 그 주장을 지지하는 증거만을 인용하는 것이다. 예를 들어 내가 '최고의 계절은 여름'이라고 말할 경우, 나는 따뜻한 날씨며 휴가며 야외 활동에 대해서만 이야기함으로써 여러분을 납득시키려 시도할 것이다. 이 과정에서 나는 모기라든지, 기온과 습기가 너무 높아 바깥에 나갈 수도 없이 무더운 날들에 관해서는 당연히 언급하지 않을 것이다. 여러분이 발견한 증거가 정말로 뉴스 업체가 말하는 내용을 지지하는지, 아니면 그 업체가 빠트린 증거가 있는지 스스로에게 물어보라.

4. 이야기의 다른 측면을 살펴보라.

여러분이 배심원이라고, 즉 어떤 재판의 막바지에 이르러 어떤 사람이 어떤 범죄에 대해서 유죄인지 여부를 판정해야 한다고 가정해 보자. 이때 만약 오로지 검사만이 그 사람에게 불리한 증거를 제공할 수 있도록 허락된다면, 여러분은 그 이야기의 단 일부만을 파악하게 되고, 그렇다면 결코 공정한 재판이라고 할 수 없을 것이다.

균형 잡힌 뉴스 업체들의 경우, 자기네가 이야기를 온전히 전하고 있음을 확실히 하기 위해 뉴스 보도 대상에게 발언권을 준다. 예를 들어 어떤 회사의 CEO가 논란이 될 만한 어떤 말을 했을 경우, 기자는 사실을 보도한 이후에 그 CEO에게 그 말이 무슨 의미인지에 대해서, 또는 왜 그런 말을 했는지에 대해서 해명하는 발언을 남길 기회를 줄 수 있다. 만약 어떤 뉴스 업체가 어떤 이야기에서 오로지 한 부분만을 보도한다면 과연 어째서인지를, 그리고 혹시 더 커다란 편향이 작용하는 것은 아닌지를 여러분 스스로에게 물어보라.

5. 정부가 운영하는 미디어 업체들에게는 경계의 눈초리를 보내라.

여러 국가에서는 정부가 특정 미디어 업체들을 운영하거나, 후원하거나, 조종하는 데서 큰 역할을 담당하거나 한다. 바꿔 말하자면, 정부가 미디어 업체들에게 무엇을 보도할지를 (예를 들어 자국 정치 지도자에 관한 긍정적인 뉴스 기사를), 아울러 무엇을 멀리할지를 (예를 들어 정부의 좋지 않은 면을 부각시킬 법한 뉴스를) 말해 준다는 뜻이다. 여러분은 그런 업체들에게 무편향적인 뉴스 보도를 기대해서는 안 된다. 외국의 미디어 업체들 가운데 일부는 종종 자국 정부가 거짓 정보를 확산시키는 것을 돕기도 하는데, 예를 들어 이란 정부 소유의 파스 뉴스 통신사Fars News Agency라든지,[11] 중국 정부 소유의 신화 통신사가 그렇다.[12]

6. '함축적인' 용어를 주의하라.

훌륭한 기자는 자신의 단어 선택이 어마어마하게 중요하다는 점을 알고 있으며, 따라서 최대한 정확하고 중립적인 단어를 사용하려 노력한다. 함축적인 단어는 정확하고 중립적인 단어의 정반대이다. 이런 단어는 부정적인, 또는 긍정적인 반응을 야기한다.[13] 예를 들어 누군가가 뭔가를 "시인했다admitted"고 말하는 것은 함축적인 용어를 사용한 경우인데, 왜냐하면 그 사람이 원래는 뭔가를 숨기려고 시도했음을 암시할 수 있기 때문이다. 이 단어를 보는 순간, 우리는 자동적으로 문제의 인물을 수상하게 여기게 된다. 함축적인 단어는 우리가 사람들을 지칭하는 방식에서도 역시나 발견될 수 있다. 예를 들어 일부 뉴스 업체에서는 어떤 나라에서 비자나 시민권을 갖지 않은 상태로 살아가고 일하는 사람들을 표현할 때에 '미등록 이민자undocumented immigrant'라는 용어를 사용하기 시작했는데, 더 이전에 사용한 '불법 체류 외국인illegal alien'이라는 용어는 뉴스 기사를 더 부정적으로 들리게 만들 수 있기 때문이다.[14]

·연습문제·

기사에서 편향을 찾아낼 수 있을까?

아래는 두 군데 미디어 업체에서 각각 간행한 기후변화에 관한 두 가지 기사의 발췌문이다. 이 기사를 읽는 동안 (의도했건 의도하지 않았건 간에) 미디어 편향의 잠재적 신호를 찾아낼 경우에는 모두 밑줄을 그어 표시하라. 그리고 여러분의 답변을 뒤에 나오는 나의 답변과 비교하라.

---

https://dailycaller.com/2019/03/15/children-strike-school-climate-change/

겨우 12년 남았다고?
아이들의 기후변화 시위를 조장하는
호들갑스러운 주장을 낱낱이 따져 보자

2019년 3월 15일

이번 금요일에는 수천 명의 학생들이 지구 온난화 때문에 학교를 빼먹을 예정이다. 이유인즉, 성인 활동가들이 지원하는 어떤 국제 운동의 일환이라는데, 그 운동으로 말하자면 UN의 기후 보고서 최신판을 오독한 데에 근거하며 ……

학생 시위에 불을 붙인 사람은 16세인 그레타 툰베리로, 지난 8월부터 학교를 빼먹고서 스웨덴 의회 바깥에서 연좌 시위를 시작했으며 ……

학생 운동가들의 호들갑은 놀라운 일도 아니다. 지난 10월에 UN 보고서가 배포된 이후에 미디어, 기후 운동가, 정치인이 줄곧 이를 키워 왔기 때문이다.

UN 특별 보고서에서는 2030년까지 탄소 배출을 2010년 수준의 45퍼센트 이하로 만들고, 2050년까지 탄소 배출을 0에 도달하게끔 만들어야만, 2100년에 이르러 섭씨 1.4도 이상의 온난화를 피할 수 있을 것이라고 서술했는데 ……

(그런데 이것도 우리가 UN의 기후 모델을 신뢰할 경우에만 그렇다는 것이다. 이 모델은 온난화를 최대 50퍼센트까지 과대평가했음이 이미 입증되었다).

과연 1.5도 내지 2도의 온난화가 정말로 파국적일까? UN의 예측은 아니라고 주장하지만, 미디어에서는 이를 가지고 기후변화의 파국을 방지할 수 있는 12년간의 시한이라고 규정해 버렸으며 ……

지구 각지의 청년 활동가들 기후 행동을 위한 시위

2019년 3월 15일

이번 금요일에 지구 각지에서는 기후변화의 불가피한 효과를 저지하기 위한 행동에 돌입할 것을 정부에 요구하는 시위가 청년 활동가들의 주도로 벌어졌다.

이스라엘부터 남아프리카를 거쳐 미국에 이르기까지 수천 명의 학생 시위대가 학교와 도심에 모여서 지구 온난화에 대처하는 연방 및 국제 차원의 행동을 요구했다. 지구 온난화의 효과가 젊은 세대에게 큰 영향을 끼칠 수 있으므로 ……

케이프타운에서는 교복 차림의 학생들이 피켓을 들었는데, 그중 하나에는 "부정은 정책이 아니다"라고 적혀 있었다.

레바논에서는 집회에 다음과 같은 피켓이 등장했다. "여러분이 바다를 상승시킨다면, 여러분은 나를 울리는 법을 제대로 알고 있는 셈입니다."

홍콩에서는 금요일의 기후 시위 참가자가 이 도시의 환경 집회 중에서도 최대 규모에 달해서 1000명으로 추산되는 학생들이 피켓을 들고 거리로 나왔다. 그중에는 "우리의 아이들은 멸종 위기종이 될 것이다"라고 적혀 있었다.

학생들이 시위에 참가하기 위해서 학교를 빼먹은 경우도 상당수였는데 ……

금요일의 시위가 있었던 바로 그 주에는 UN이 새로운 과학 보고서 2종을 배포했는데, 여기서는 지구 온난화와 해수면 상승의 효과가 이전에 측정했던 것보다도 훨씬 더 불가피할 수도 있다고 경고했다.

https://dailycaller.com/2019/03/15/children-strike-school-climate-change/

이 업체에 대해서 살짝 인터넷을 검색하기만 해도, 미국의 보수적인 미디어 출연자들이 설립한 보수적인 뉴스와 오피니언 웹사이트로 분류됨을 발견할 수 있을 것이다. 이 사실은 곧바로 이곳에서 보도하는 내용이 특정 청중에게 영합한다는 점을, 아울러 이곳의 보도는 특정한 정치적 편향을 지니고 있음을 말해 준다.

겨우 12년 남았다고?
아이들의 기후변화 시위를 조장하는
호들갑스러운 주장을 낱낱이 따져 보자

2019년 3월 15일

이 헤드라인은 작성자의 개인적인 시각에 근거하고 있다. "호들갑스러운"이라는 단어가 어떤 전문가에서 나오지도 않았고, 이 단어와 관련한 증거가 인용되지도 않았다는 점을 근거로 알 수 있다.

이번 금요일에는 수천 명의 학생들이 지구 온난화 때문에 학교를 빼먹을 예정이다. 이유인즉, 성인 활동가들이 지원하는 어떤 국제 운동의 일환이라는데, 그 운동으로 말하자면 UN의 기후 보고서 최신판을 오독한 데에 근거하며 ……

작성자가 "아이들," "학생들," "학교를 빼먹을"처럼 판단이 잔뜩 들어간 언어를 사용함으로써, 시위 참가자를 미성숙한 것처럼, (진지한 활동가라기보다는) 단지 학교에 가지 않기 위해서 시위를 벌인 것처럼, 성인과 환경 보호 조직과 UN과 미디어에게 이용당한 것처럼 보이게 만들려고 의도한 몇 가지 사례 가운데 하나이다.

학생 시위에 불을 붙인 사람은 16세인 그레타 툰베리로, 지난 8월부터 학교를 빼먹고 서 스웨덴 의회 바깥에서 연좌 시위를 시작했으며 ……

참가자들이 아이들이라는 것, 아울러 상당수가 시위 참가를 위해 학교에 가지 않았 다는 것은 실제 사실이지만, 작성자는 "학교를 빼먹고서" 같은 표현을 사용함으로써 우리에게 이 모두는 나쁜 일이라고 말하려고 의도했다.

학생 운동가들의 호들갑은 놀라운 일도 아니다. 지난 10월에 UN 보고서가 배포된 이 후에 미디어, 기후 운동가, 정치인이 줄곧 이를 키워 왔기 때문이다.

저자는 이 주장에 대한 증거를 제공하지 않는다. 예를 들어 미디어나 기후 활동가가 내놓은 성명서를 보여주든지, 그 성명서와 학생 활동가들이 만든 성명서의 직접적인 관계를 입증했어야 하지 않을까.

UN 특별 보고서에서는 2030년까지 탄소 배출을 2010년 수준의 45퍼센트 이하로 만 들고, 2050년까지 탄소 배출을 0에 도달하게끔 만들어야만, 2100년에 이르러 섭씨 1.4도 이상의 온난화를 피할 수 있을 것이라고 서술했는데 ……
(그런데 이것도 우리가 UN의 기후 모델을 신뢰할 경우에만 그렇다는 것이다. 이 모델 은 온난화를 최대 50퍼센트까지 과대평가했음이 이미 입증되었다).

여기서 작성자는 UN의 환경 연구의 합법성에 대해 의문을 제기하지만, 역시나 증거 를 제시하지는 않는다. 이는 이 주장이 저자의 개인적 시각에 근거했음을 암시한다.

저자는 UN 보고서가 부정확하다는 증거가 있다고 주장하면서, "이미 입증되었다"는 표현을 이용함으로써 이번과 지난번 UN 보고서 모두를 불신한다. 하지만 그는 증거 를 제시하지도, 어떤 출처의 링크를 제시하지도 않았다. 우리는 "누가 입증했을까?" 하고 스스로에게 물어보아야 마땅하다.

CIA 분석가가 알려 주는 **가짜 뉴스의 모든 것**

과연 1.5도 내지 2도의 온난화가 정말로 파국적일까? UN의 예측은 아니라고 주장하지만, 미디어에서는 이를 가지고 기후 변화의 파국을 방지할 수 있는 12년간의 시한이라고 규정해 버렸으며 ……

여기서 작성자는 예를 들어 그 보고서나 미디어 업체들에서 직접 가져온 인용문 같은 증거를 포함시킬 수도 있었겠지만, 실제로는 그렇게 하지 않았다. 이는 작성자가 사실만 열거하고 결론은 독자가 알아서 내리도록 내버려 두는 대신, 오히려 자신의 주장을 뒷받침하는 정보를 취사선택해서 해석하고 있음을 암시한다.

이 기사를 다 읽고 나면, 우리는 기사가 다루는 행사에 관해 이 미디어가 의도하는 방식으로 느끼게 된다. 즉 미성숙한 학생들로 이루어진 무리가 학교를 빼먹도록 조종당했는데, 이 모두는 외부 집단의 사악한 의도와 의도적인 보고서 오독에 근거한 것이라고 말이다. 이 기사에는 판단에 근거한 언어가 가득하기 때문에, 이 '뉴스 보도'는 마치 사설이나 오피니언 기사에 더 가까운 느낌을 준다. 이 모두는 미디어 편향의 가능성을 보여주는 신호다.

인터넷 검색을 하면, 이 간행물이 때로는 중도에서 약간 좌파 경향이 있다고 분류된 것을 발견할 수 있으므로, 이는 결국 이곳의 보도가 좌파 성향의 편향을 가질 수도 있다는 뜻이다. 물론 그렇다고 해서 이곳에서 보도하는 내용이 사실 위주가 아니라는 뜻은 아니지만, 정치적 좌파의 관심 주제를 보도할 가능성이 더 높다는 뜻인 것은 확실하다.

지구 각지의 청년 활동가들 기후 행동을 위한 시위

2019년 3월 15일

이번 금요일에 지구 각지에서는 기후변화의 불가피한 효과를 저지하기 위한 행동에 돌입할 것을 정부에 요구하는 시위가 청년 활동가들의 주도로 벌어졌다.

'기후변화의 불가피한 효과' 같은 표현은 여러분이 과도하게 보수적인 미디어 업체에서 나온 기사를 읽는 건 아닐 거라는 신호이다. 왜냐하면 보수적인 업체에서는 기후변화가 사실이라는 것 자체에 의문을 제기하는 경향이 있기 때문이다.

이스라엘부터 남아프리카를 거쳐 미국에 이르기까지 수천 명의 학생 시위대가 학교와 도심에서 집회를 열고 지구 온난화에 대처하는 연방 및 국제 차원의 행동을 요구했다. 지구 온난화의 효과가 젊은 세대에게 큰 영향을 끼칠 수 있으므로 ······

비록 전적인 편향의 신호까지는 아니지만, 작성자는 이 사실이 어떤 전문가에게서, 즉 기후변화가 젊은 세대에게 끼치는 효과에 관해서 방대하게 집필한 사람에게서 나왔다고 명시할 수도 있었을 것이다. 만약 그랬더라면 이 대목이 마치 작성자의 개인적 시각인 듯 보이지는 않았을 것이다.

케이프타운에서는 교복 차림의 학생들이 피켓을 들었는데, 그중 하나에는 "부정은 정책이 아니다"라고 적혀 있었다.

레바논에서는 집회에 다음과 같은 피켓이 등장했다. "여러분이 바다를 상승시킨다면, 여러분은 나를 울리는 법을 제대로 알고 있는 셈입니다."

홍콩에서는 금요일의 기후 시위 참가자가 이 도시의 환경 집회 중에서도 최대 규모에 달해서 1000명으로 추산되는 학생들이 피켓을 들고 거리로 나왔다. 그중에는 "우리의 아이들은 멸종 위기종이 될 것이다"라고 적혀 있었다.

학생들이 시위에 참가하기 위해서 학교를 빼먹은 경우도 상당수였는데 ……

예를 들어 "집회를 열고"와 "거리로 나왔다"의 경우처럼, 이 대목 이전까지 사용된 언어는 상당 부분 학생들을 전 세계적인 운동에서 용감한 영웅으로 활약하는 것으로 생생히 묘사했기 때문에, "학교를 빼먹은"이라는 언급에 앞에 나온 다른 기사와 같은 판단이 깃들어 있지는 않다. 앞에 나온 단락들을 읽으며 점차 감정적으로 몰입하게 되면서, 이 구절에 도달했을 즈음에는 독자도 시위대가 훌륭한 대의를 위한다고 이미 믿게 되었을 것이다.

금요일의 시위가 있었던 바로 그 주에는 UN이 새로운 과학 보고서 2종을 배포했는데, 여기서는 지구 온난화와 해수면 상승의 효과가 이전에 측정했던 것보다도 훨씬 더 불가피할 수도 있다고 경고했다.

이 기사를 다 읽고 나면, 우리는 이 시위에 대해서 앞서 다른 기사에서 느꼈던 것과는 매우 다른 느낌을 받게 된다. 이번 기사에서 우리는 기후변화라는 매우 심각한 위협에 맞서 싸우는 학생 시위대를 성숙하고도 용감하다고 생각하게 된다.

가짜 뉴스 기사
알아보기

나는 다음과 같은 종류의 대화를 많이 듣는다.

첫 번째 사람: 어이쿠, 세상에. 혹시 [현재 진행형인 어떤 사건 / 유명
인사 부부의 결별 / 자연 재해 등 무엇이라도] 이야기 들었어? 나는
[뉴스에서 / 누군가가 올린 관련 게시물에서] 그걸 봤어.

두 번째 사람: 말도 안 돼! 어떻게 된 거래?

첫 번째 사람: 나도 잘은 몰라. 그냥 헤드라인만 봤거든.

첫 번째 사람은 뭔가 흥미로운 것을 알게 되었고, 그 정보를 전달하고
싶어 한다. 하지만 문제는 첫 번째 사람도 사실은 아무것도 알지 못한다
는 점이다. 그가 읽은 헤드라인에서 말하는 뭔가는 실제로 일어났을 수도
있고 일어나지 않았을 수도 있으며, 그 밑에 이어지는 기사에 들어 있는
정보는 이를 뒷받침할 수도 있고 뒷받침하지 않을 수도 있기 때문이다.

사실은, 우리 대부분이 이렇게 하고 있다. 실제로 미디어 인사이트 프로젝트Media Insight Project에서 수행한 2018년의 연구에 따르면, 어떤 뉴스 기사에서 헤드라인 이상의 내용을 읽는 사람은 미국인 열 명 가운데 겨우 네 명꼴이었다.[1] 더 이전의 한 연구에 따르면, 소셜미디어에서 공유되는 뉴스 기사 전체의 59퍼센트는 실제로 클릭하지 않은 상태였다. 결국 사람들이 오로지 헤드라인만 보고 기사를 공유했을 뿐, 실제로 기사 자체를 읽지는 않는다는 뜻이었다.[2]

우리가 제15장에서 이야기한 편향들은 헤드라인 읽기처럼 빠르게 진행되는 일을 하고 있을 때도 끼어든다. 만약 그 헤드라인이 우리의 흥미를 끌고, 우리가 이미 믿던 바에 맞아떨어지는 내용일 경우, 우리는 그 헤드라인을 신뢰하는 경향이 있다. 또한 우리는 그 기사가 헤드라인에서 이야기한 바로 그 내용을 정확히 말할 것이라고 가정하며, 따라서 굳이 더 이상 읽을 필요가 없다고 생각하는 것이다.[3] 결국 헤드라인은 독자가 읽고 싶어 하도록 만들려고 기사를 신속하게 요약하기 위한 것이니 말이다.

하지만 막상 기사를 읽어 보면, 우리는 금세 그 헤드라인이 제시하는 내용이 실제로는 나오지 않는다는 것을 발견할 수도 있다. 뉴스 기사는 거의 항상 헤드라인이 제시하는 것보다 훨씬 더 복잡하다. 여기에는 충분히 이해할 만한 이유가 있는데, 헤드라인은 반드시 짧아야 하기 때문이다. 헤드라인은 단지 기사의 한 측면을 부각시킬 뿐이며, 실제 기사의 내용은 그보다 훨씬 더 많게 마련이다.

가짜 뉴스 사이트와 소셜미디어 업체들은 종종 오도하는, 또는 선정적인 헤드라인을 이용해서 사람들을 자기네 웹사이트로 끌어오거나, 또는 사람들이 기사를 읽어 보지도 않은 상태에서 공유하게 만든다. 그런 기사는 때때로 '충격적인 사실! 그들이 여러분에게 알리고 싶어 하지 않는 내용……'이라는 헤드라인으로 시작해서 우리의 관심을 얻는다. 이런 종류의 헤드라인을 흔히 '낚시성 제목clickbait'이라고 부르는데, 흥미진진하거나 선정적인 헤드라인이 링크를 클릭하도록 만들기 위한 미끼로 사용되기 때문이다. '낚시성 제목'은 우리에게서 강력한 정서적 반응을 끌어내기 위해 고안되는데, 바로 그렇게 했을 때 우리가 그것들을 클릭하거나 공유할 가능성이 더 높아지기 때문이다.

심리학자들의 말에 따르면, 헤드라인이 우리의 정신에 어떤 인상을 새겨 놓을 경우, 우리가 그 밑에 나오는 기사를 읽는 방식도 변화될 수 있다.[4]
그리고 헤드라인은 첫인상을 심어 주기 때문에, 우리는 기사에서 실제로 말하는 내용보다도 헤드라인을 떠올릴 가능성이 더 높아진다. 예를 들어 헤드라인에서는 전쟁이 벌어질 것이라고 말하는 반면, 기사 내용 자체에서는 전쟁이 벌어지려면 정말로 큰 사건 열 가지가 반드시 먼저 일어나야 하는데 그중 일부는 정말로 가능성이 없다고 나왔다고 치자. 헤드라인이 우리에게 워낙 강력한 인상을 남길 것이므로, 비록 의도하지 않았더라도 우리는 전쟁의 가능성이 그리 높지는 않다고 말하는 기사의 일부분을 놓치거나 무시하게 될 수 있다.[5]

그렇다면 여러분은 어떻게 해야만 가짜 뉴스 헤드라인을 알아볼 수 있을까? 그중 일부는 워낙 터무니없기 때문에 대번 알아볼 수 있다. 예를 들어 '9세 아동, 과학 경연대회 프로젝트를 통해 암 치료법을 우연히 발견'이라든지, '과학자들, 앞으로 2년 이내에 세계를 끝장낼 홍수가 온다고 예견'이라든지 하는 경우가 그렇다. 하지만 여러분도 확신하지 못하는 사례의 경우, 다음 몇 가지 질문을 고려해 본다면 헤드라인만 보고서도 가짜 뉴스 기사를 간파하는 데 도움이 될 수 있다.

- 이 주제에 대해 내가 아는 바로 미루어 볼 때, 헤드라인에 나온 이 야기는 과연 이치에 닿는가? 예를 들어 헤드라인에서 묘사하는 내 용이 과연 가능하기는 한가?
- 헤드라인이 너무 터무니없거나, 또는 너무 좋은 일이라서 오히려 진실이 아닌 것 같은가?
- 이 이야기는 농담이나 풍자일 가능성이 있는가?

그렇다면 터무니없는 것과 그냥 완전한 헛소리인 것 사이의 어딘가에 해당하는 헤드라인도 진실일 수 있을까? 최근 몇 년 사이에 나온 다음의 가짜 헤드라인을 고려해 보라.

1. 팔레스타인, 텍사스를 멕시코의 일부로 인정하다.[6]

이 헤드라인은 2017년에 미국이 자국 대사관을 텔아비브에서 예루살렘 으로 이전하고 예루살렘을 이스라엘 국가의 수도로 인정할 예정이라는 트 럼프 대통령의 발표 이후에 풍자 웹사이트 비버턴Beaverton에서 나왔다. 그 저 헤드라인만 보았을 뿐, 아예 기사 자체를 읽지 않은 까닭에 비버턴이 풍 자 웹사이트라는 사실을 미처 파악하지 못한 사람이 꽤 많았다.[7]

2. 보도: 키드 록, 공화당 상원의원 후보 출마 고려.

미국의 음악가 키드 록이 정치에 뛰어든다는 발상 자체만 해도 이 기사 가 가짜 뉴스라고 사람들이 의심하게 만들기에는 충분했겠지만, 리얼리 티쇼의 스타와 영화 배우가 당선된 사례는 이전에도 있었다. 그렇다면 왜

키드 록은 안 되겠는가? 그가 미시간주 상원의원에 출마를 고려하고 있다는 이야기가 갑자기 모든 뉴스에 퍼졌다. 대부분의 주요 뉴스 업체들은 이를 날조로 간주하고 무시했는데, 부분적으로는 키드 록의 자칭 유세 웹사이트가 단지 그의 굿즈 판매처로 링크되어 있었기 때문이다. 또한 그는 동시에 두 개의 신곡을 발표했으며, 순회 유세 대신에 음악 순회공연 계획을 발표했다. 하지만 키드 록의 복잡했던 과거에 (그는 여러 차례 물리적 충돌로 말썽에 휘말렸으며, 섹스 테이프가 유출되기까지 했다) 일부 미디어 업체들은 열광했으며, 심지어 평소에는 진지한 정치 관측자들로부터 존경을 받았던 뉴스사이트 폴리티코까지도 이 내용이 진짜라고 주장하기에 이르렀다.[8] 이 모두는 실제로 그의 새로운 음반을 판매하는 동시에 콘서트 순회공연의 티켓 판매량을 높이기 위한 홍보 전략에 불과했음이 곧 밝혀졌다.[9]

3. 오바마, 전국 학교에서 국기에 대한 맹세를 금지하는 행정 명령에 서명.[10]

이 기사는 2016년에 ABC 뉴스와 비슷하게 디자인된 가짜 뉴스 사이트인 ABC뉴스닷컴시오abcnews.com.co에서 나왔다. 헤드라인 밑의 기사에서는 오바마가 국기에 대한 맹세를 금지했을 뿐만 아니라, 연방의 자금 지원을 받는 모든 기관에 대해서도 국기에 대한 맹세의 게시와 암송은 물론이고 타인에게 권유하는 것까지도 불법화했다고 주장했다. 이 헤드라인에 속아 넘어간 독자들도 기사를 모조리 읽어 보았다면 가짜 뉴스임을 신속히 파악할 수 있었을 것이다. 왜냐하면 이 기사에서는 예를 들어 어느무명 기독교 조직의 마스코트라고 언급된 '자위행위 반대 돌고래 패피'처럼 꾸며 낸 것이 분명한 출처를 인용하고 있었기 때문이다. 아울러 이 기사에서는 독자가 이 행정 명령에 대한 각자의 입장을 제시할 수 있도록상담 전화번호를 게시했는데, 실제로는 소수 집단과 다른 종교와 군대 장례식에 대해서 반대 시위를 해 온 것으로 알려진 조직인 웨스트보로 침례교회의 전화번호였다. 200만 명 이상이 페이스북에서 이 기사에 '좋아요'를 누르고, 공유하고, 댓글을 달았지만, 정작 이 기사 자체의 조회수는 11만 회에 불과했다. 결국 190만 명 이상은 그저 헤드라인만 보고 반응했다는 뜻이었다.[11] 오바마 대통령을 인정하지 않는 사람들에게는 이것이 가능한 일로 보였으며, 그 헤드라인만으로도 그게 실제임을 납득시키기에 충분했던 것이다.

4. 트럼프, 오바마가 사면한 칠면조들에 대한 도살 집행 명령.

미국에서는 추수감사절 즈음에 대통령이 칠면조 한 마리를 사면하는 전통이 있다. 즉 추수감사절 만찬용으로 도살하지 않고 살려 두는 것이다. 이 헤드라인은 풍자를 전문으로 하는 사이트에서 나왔다(비록 쉽게 확인할 수는 없게 되어 있지만, 웹사이트에는 풍자 사이트라는 사실이 제시되어 있다).[12] 하지만 어떤 사람들은 2017년에 이 기사가 게시되자 의외로 진지하게 받아들였는데, 당시는 버락 오바마가 대통령이었을 때에 통과시킨 법안과 정책을 트럼프가 철회하는 작업에 한창이었던 것이 주된 이유였을 것이다.[13] '그러니 오바마가 살려 둔 칠면조들의 사면을 취소하는 것도 충분히 가능하지 않겠어?' 어떤 사람들은 이렇게 생각했던 모양이다. 우리가 뭔가에 대해 이미 특정 방식으로 생각했다면, 우리는 거의 모든 것을 바로 그 시각 안에 들어맞는 식으로 바라보게 된다.

하지만 제아무리 이런 사례를 읽고, 우리가 이야기한 질문을 살펴본다 하더라도, 우리 역시 눈길을 사로잡는 가짜 뉴스 헤드라인에 완전히 면역되지는 않을 것이다. 대부분의 헤드라인에는 그게 진실인지 가짜인지를 입증할 만한 증거가 충분하지 않기 때문이다. 하지만 걱정하지 마시라. 기사나 웹사이트를 살펴보면 훨씬 더 많은 단서가 들어 있으니까. 우리가 단지 헤드라인만 읽지 말고 내용을 더 자세히 읽을 필요가 있는 이유도 그래서이다.

그럼 이제 우리가 실제로 기사를 읽고자 한다면, 과연 무엇을 살펴보면 좋을까? 우선 뭔가가 가짜 뉴스임을 말해 주는 적신호 가운데 몇 가지를 이야기해 보자. 때로는 가짜 뉴스가 첫 문장에서부터 명백해지기도 한다. 또 때로는 첫 문단은 제법 타당해 보이지만, 그러다가 갑자기 중간에 터무니없는 쪽으로 갈 수도 있다. 심지어 때로는 가짜 뉴스 작성자가 합법적인 출처에서 내용을 복사해다 붙여넣기 해서 그 기사를 독자의 눈에 더 그럴싸하게 보이도록 만든 다음, 거짓말과 부정확한 내용을 집어넣고 실제 사실과 혼합한다. 그렇게 알아보기가 더 어려운 사례에서도, 여러분은 다양한 방식으로 그런 적신호를 찾아낼 수 있다. 약간의 첩보 분석 작업만 수행하면 된다.

우선 여러분이 해서는 '안 되는' 일들이 있다. 일단 기사를 읽고 나서도 단지 감만 믿어서는 '안 된다'. 제15장에서 논의했던 것처럼 우리에게는 온갖 개인적 편향이 작동하기 때문에, 어떤 정보가 진실인지를 알아내는 일에서만큼은 우리의 감조차도 항상 신뢰할 만한 것까지는 아니기 때문이다. 뭔가를 읽고 나서 '그래, 내가 듣기에는 옳은 것 같은데' 하고 생각하고 넘어갈 경우, 자칫 여러분이 읽은 내용이 실제로는 진실이 아니라는 그 모든 신호를 놓칠 수도 있기 때문이다.

아울러 여러분이 동의하지 않는 내용이라고 해서 대뜸 가짜 뉴스로 일축해서도 '안 된다'. 우리는 이렇게 행동하도록 자연적으로 프로그램되어 있다는 점을 잘 알고 있다. 따라서 어떤 기사나 정보를 곧바로 일축해 버리고 싶은 마음이 들 경우, 그러지 말고 충분히 시간을 들여 과연 그 내용들이 사실은 우리가 줄곧 틀렸음을 보여주고 있는지 여부를 진심으로 고려해 보라.

다음으로 여러분이 해야 '되는' 일이 있다. 다음 단계를 따라가면, 뭔가가 가짜 뉴스인지 여부를 알아내는 데 도움이 될 뿐만 아니라, 어떤 진짜 뉴스 업체가 훌륭한 정보의 출처인지를 알아내는 데도 도움이 될 것이다.

1. URL을 확인하라.

우선 도메인 이름을 살펴보라. 때로는 도메인 이름을 살펴봄으로써 그 웹사이트에 대해서 뭔가를 알 수 있다. 예를 들어 그 제작자와 그 목적에 대해서는 물론이고, 그 웹사이트가 제작된 국가에 대해서도 종종 알 수 있다. 심지어 가짜 뉴스일 가능성에 대해서도 여러분에게 경고해 줄 수 있다. 일반적인 도메인의 종류는 다음과 같다.

- **닷컴(.com):** 특정 제품을 홍보하는 상업적인 웹사이트가 사용하는 도메인명이다. 때로는 판매가 목적이 아닐 수도 있지만, 그런 경우에도 그 웹사이트는 뭔가를 홍보할 수 있는데, 이때 그 뭔가는 바로 정보가 될 수 있다.
- **닷이디유(.edu):** 유치원부터 대학까지 교육 기관이 사용하는 도메인명이다. 하지만 그곳에 다니는 학생들의 개인 웹사이트에도 사용될 수 있다는 사실을 주의하라.
- **닷지오브이(.gov):** 오로지 정부 기관만이 사용하는 도메인명이다. 예를 들어 백악관White House의 진짜 홈페이지(Whitehouse.gov)도 이 도메인명을 사용하는데, 그곳 역시 미국 정부의 일부분이기 때문이다. 예

전에 화이트하우스닷컴 Whitehouse.com도 만들어졌는데 실제로는 포르노 웹사이트였다.[*][14] 그곳을 방문한 사람들이 얼마나 놀랐을까!

- **닷오알지(.org):** 전통적으로 비영리 단체가 사용하는 도메인명이지만, 실제로는 어떤 단체가 실존한다는 증거를 전혀 제공하지 않은 상태에서도 누구나 구입할 수 있다. 비영리 단체 가운데 다수는 무편향적이며, 특정 이슈에 대한 사실 위주의 보고서와 훌륭한 분석을 간행한다. 하지만 다른 다수는 특정 내용을 옹호하거나 당파적인 시각을 갖고 있기 때문에, 그런 비영리 단체에서 간행하는 정보는 편향되었을 수도 있다. 예를 들어 2016년 미국 대통령 선거와 관련된 가짜 기사로 수천 명을 속여 넘긴 웹사이트의 이름도 무려 '실제이며 진실한 뉴스'라는 뜻의 리얼트루뉴스닷오알지 RealTrueNews.org였다.[15]

- **닷비즈(.biz), 닷넷(.net), 닷인포(.info), 닷엑스와이제트(.xyz) 등:** 다른 도메인명에는 딱 맞아 떨어지지 않는 사이트들이 사용하는 도메인명이다. 합법적인 뉴스 출처들은 대부분 이런 도메인명을 사용하지 않으며, 설령 이런 도메인명 가운데 하나를 소유하고 있다 하더라도, 보통은 자사의 대표 도메인명인 닷컴 주소로 넘어가도록 해 놓게 마련이다.

가짜 뉴스 웹사이트가 사람들을 속이기 위해서 진짜 뉴스 웹사이트와 유사한 도메인명을 사용하는 경우가 종종 있다. 예를 들어 버즈피드닷컴 buzzfeed.com과 NBC뉴스닷컴 nbcnews.com을 따라한 버즈피드유에스에이닷컴 BuzFeedUSA.com이나 NBC뉴스9닷넷 NBCNews9.net이 그렇다.

---

[*]   현재는 포르노 사이트로 운영되고 있지 않다.

2. 날짜를 확인하라.

어떤 기사가 간행된 날짜와 시간을 신속히 확인해 보면, 나중에 가서 크게 후회하지 않을 수 있다. 때로는 옛날 뉴스를 재활용하는 누군가 때문에 가짜 뉴스가 시작되기도 한다. 예를 들어 갑자기 온라인에서 모두가 떠들어 대는 어떤 사건의 경우, 실제로 일어나긴 했지만 원래는 무려 5년 전에, 또는 그보다 더 전에 일어났던 일이었을 수도 있다. 다만 그 기사를 공유하는 사람 가운데 어느 누구도 그 간행 날짜를 굳이 확인하지 않았을 뿐이다. 가짜 뉴스 작성자들 역시 때로는 옛날 가짜 뉴스 기사를 2년쯤 뒤에 재활용하는데, 그때쯤 가서는 사람들이 그 뉴스가 마지막으로 떠돌던 때를 잊어버리기 때문이다. 앞에서 언급한 HIV 함유 바나나 이야기를 기억하시는지? 그 최초의 버전은 이미 여러 해 전에 작성되었으며, 원래는 HIV 함유 오렌지였다. 앞으로 한두 해 뒤면 또다시 그 이야기가 튀어나올 것이다. 두고 보시라. 아마 다음번에는 HIV 함유 파파야쯤이 될 것이다.

3. 출처를 조사하라.

그 뉴스가 어디서 나왔는지를 알아보라. 즉 그 내용을 공유하는 미디어 업체, 또는 개인을 조사하라. 여러분 스스로에게 다음과 같은 질문을 던져 보라.

- 이 기사, 또는 게시물은 언론인이라고 주장하는 누군가가, 또는 뉴스 조직이라고 자처하는 뭔가가 작성한 것인가? 만약 그렇다면, 여러분은 해당 업체를 조사해 볼 수 있다.
- 이 기사는 뉴스 전문까지는 아닌 어떤 조직, 어떤 정부 기관, 제품을

홍보하려는 어떤 회사, 또는 개인이 작성한 것인가?

해당 웹사이트에 대해 약간의 조사만 해 보아도 여러분은 많은 것을 알수 있다. 대개 웹사이트의 헤더header(상단 섹션)를 살펴보기만 해도, 어떤 기사나 보고서의 간행자가 누구로 자처하는지를 알 수 있다. 또 대부분의 합법적인 뉴스 웹사이트에는 "회사 소개About Us" 코너, 또는 그 회사의 역사를 서술하는 비슷한 코너가 있어서 우리에게 더 많은 정보를 제공한다. 풍자, 또는 뉴스 농담 웹사이트 역시 자기네는 진짜 뉴스가 아니라고 종종 명시할 것이다. 웹사이트의 모습 역시 신호가 될 수 있다. 다른 기사라고는 기껏해야 너덧 개뿐이라면, 그 자체만으로도 적신호가 된다. 여러분은 아마 가짜 뉴스와 마주친 셈일 것이다.

또 하나, 간단한 인터넷 검색만으로도 어떤 출처의 배경에 관해 수많은 유용한 정보를 얻을 수 있다. 예를 들어 인포워스Infowars에 대해서 검색해 보면, 구글에서는 다음과 같은 위키피디아의 설명을 보여준다. "인포워스는 미국의 극우 음모 이론 및 가짜 뉴스 웹사이트이다." 결국 인포워스에서 나오는 이야기는 무엇이든지 간에 진지하게 받아들이지 말아야 한다는, 최소한 더 많은 조사 없이는 그러지 말아야 한다는 좋은 암시이다. 또 우리는 대개 검색을 통해 해당 간행물의 소유주가 어떤 사람이나 회사인지도 알 수 있으며, 덕분에 그 간행물이 어떤 편향이나 동기에서 그런 내용을 내보내는지 파악하는 데 도움을 얻을 수도 있다. 만약 여러분이 그 간행물에 대해서 아무런 정보도 발견할 수 없는 경우, 여러분은 그곳과 그곳에 게시된 모든 뉴스를 매우 회의적으로 바라보아야 한다.

마지막으로, 가짜 뉴스 기사는 때때로 전문가를 꾸며 냄으로써, 또는 익명의 전문가를 인용함으로써 자기네 주장을 강화하려 한다. 따라서 인용된 전문가에 대해서 확인해 볼 필요가 있다. 우선 그 사람이 실존하는지를, 다음으로는 그 사람에게 전문성이 실제로 있는지를 확인하는 것이다.

4. 맞춤법과 문법의 오류가 있는지 살펴보라.

이제 여러분이 어떤 기사나 게시물의 실제 텍스트를 읽고 있는데, 중간에 맞춤법 실수가 나온다고 치자. 맞춤법 실수도 한 번은 정말 실수일 수 있지만, 곧이어 또 하나, 다시 또 하나가 나온다고 치자. 여러분이 면밀히 살펴보았더니만, 말투도 아주 자연스러운 것까지는 아니다. 이것이야 말로 여러분이 가짜 뉴스를 보고 있다는, 또는 아무리 줄잡아 말해도 개인 블로그나 웹사이트를 보고 있다는 커다란 신호이다. 어느 쪽이든지 간에, 진짜 뉴스는 아닌 것이다. 신뢰할 만한 미디어 업체들은 편집자, 교열자, 사실 확인 담당자를 보유하고 있기 때문에, 그런 여러 겹의 확인 과정을 거치고 나서도 그렇게 실수로 가득한 기사가 간행되었을 가능성은 매우 낮다.

5. 다른 뉴스 업체들도 같은 내용을 보도하는지 살펴보라.

매우 큰 뉴스거리라면 대부분의 미디어 업체들이 덩달아 보도할 것이다. 만약 여러분이 뭔가 경천동지할 뉴스를 담은 기사를 접했을 경우, 신속한 온라인 검색을 통해 다른 업체들도 같은 내용을 보도하고 있는지 확인할 수 있다. 하지만 때로는 가짜 뉴스 작성자들도 가짜 뉴스 사이트를 여러 곳 보유하고 있기 때문에, 자기네 웹사이트 모두에 해당 기사를 간행함으로써 더 신빙성 있게 만들기도 한다. 이런 경우, 여러분이 이미 진짜라고 알고 있는 어떤 뉴스 업체에서도 문제의 웹사이트에서 주장하는 내용을 보도하고 있는지 살펴보라. 여기서 다시 HIV 함유 바나나 이야기를 예로 들어 보자. HIV 양성 혈액이 들어 있는 주사위를 들고 다니며 다른 사람을 감염시키려고 드는 진짜로 극악무도한 인간이 실제로 있다면, 그거야말로 전 세계적인 뉴스거리이므로 모든 업체에서 그 내용을 보도할 것이다. 따라서 겨우 웹사이트 한 곳만 그 내용에 관해서 썼다는 사실이야말로, 결국 그 모두가 꾸며 낸 내용임을 독자에게 알리는 큼지막한 경고판인 셈이다.

6. 이야기를 하는 사람과 이유를 확인하라.

모든 정상적인 뉴스 기사에는 작성자가 나와 있다. 따라서 여러분이 작성자의 이름을 클릭해 보면, 그가 이전에 작성하거나 간행한 기사가 모조리 나오는 게 보통이다. 뉴스 업체들은 그 작성자의 그 분야 이력에 대한 관련 정보를 포함시키는 경우도 종종 있다. 이는 여러분이 그들의 전문성 수준을 파악하는 데에, 아울러 그들이 그 특정 주제에 관해서 기사를 작성할 만한 자격이 있는지 여부를 짐작하는 데에 도움이 된다.

하지만 기사에 작성자가 나와 있다고 해서 반드시 그게 진짜 뉴스 보도라는 신호인 것까지는 아니다. 예를 들어 앞에서도 언급했던 오바마의 국기에 대한 맹세 금지 기사만 해도, 지미 러슬링Jimmy Rustling이라는 사람이 작성했다고 나와 있기 때문이다.[16] 심지어 그의 이름을 클릭해 보면 작성자 소개 페이지로 넘어가기까지 한다. 바로 그 페이지에는 지미가 의사라고 나와 있다. 좋다. 의사가 정치 이슈에 관한 기사를 작성한다는 것이 약간 이상하기는 하지만, 그렇다고 해서 반드시 걱정해야 할 이유가 되는 것까지는 아니다. 하지만 곧이어 지미의 약력에서는 그가 미국 언론계 최고의 상을 여러 번 수상했다고 나온다. 어떤 사람들은 그것을 인상적인 증거로 받아들이고, 지미가 진실을 보도하고 있다고 결론을 내렸을 수도 있다. 하지만 그건 실수이다. 간단한 인터넷 검색만 해 보아도, 지미 러슬링이라는 사람이 그 약력에 나와 있는 상 가운데 어느 것이라도 받았다는 이야기는 없기 때문이다. 이 모두는 그 기사를 더 신빙성 있어 보이도록 꾸며 낸 것에 불과하다.

작성자의 이력에 대해서 조금만 검색해 보면, 그가 보도하는 내용에 영향을 주었을지 모를 동기나 편향의 가능성을 알아낼 수도 있다. 앞에서 설명했듯이 큰 담배사들이 과학자들에게 돈을 줘서 흡연과 폐암의 연관성이 없다는 보고서를 내놓게 만들었던 것을 기억하시는지? 만약 그 당시에 우리에게 구글만 있었더라도, 그들의 연구 내용은 거짓임이 금방 폭로되었을 것이다.

7. 작성자가 어디에서 그 정보를 얻었는지 살펴보라.

즉 작성자가 인용하는 출처와 그가 제공하는 정보에 어느 정도나 접근 가능한지 주의를 기울이라는 뜻이다. 진짜 뉴스는 관련 인물이나 단체가 수집한 사실과 정보로 이루어지기 때문에, 기사마다 갖가지 출처며, 배경 정보며, 인용문이 가득하게 마련이다. 구체적인 이름이 출처로 제시될 경우, 여러분은 굳이 시간을 들여서라도 우선 그 사람이 실존하는지, 다음으로 그 사람이 가졌다는 배경을 정말로 갖고 있는지 검증할 필요가 있을 것이다.

출처는 그 기사에서 논의하는 주제와 연관되어야 마땅하다. 예를 들어 기후변화를 논의하는 기사라면 해당 분야의 과학자, 연구, 활동가로부터 나온 정보에 근거해야 마땅한 것이다. 그런 기사에 애완견 훈련사나 소설가를 인용했을 경우, 그것이야말로 그 정보가 정확하지 않을 수도 있다는 신호이다(물론 그 훈련사나 소설가가 알고 보니 원래는 환경 과학 박사로서 30년간의 현장 연구를 마치고서 그쪽으로 전업했을 가능성도 결코 없으리라고는 장담 못하겠지만 말이다). 대개 진짜 뉴스에서는 그 취재원의 이력에 대해서 짧게나마, 예를 들어 "아무개 대학의 경제학 교수 제인 스미스"라는 식으로나마 간단하게 표현한다.

뭔가 대단한 주장을 내놓으면서도 출처를 딱 하나만 인용한 기사, 또는 아예 출처를 전혀 제시하지 않은 기사를 주의하라. 출처가 없다는 건 그 기사가 조사나 인터뷰에 근거하지 않았을 가능성이 있다는 뜻이다. 최소한 기사에 사용된 출처 가운데 일부는 그 사건에 관련된 사람들의 직접 설명이어야 한다. 즉 사건을 직접 목격했거나, 또는 어떤 식으로건 개인적으로 관련되어 있어야 한다는 뜻이다. 앞에서 언급했듯이 잭 더 리퍼에 관한 헛소문을 신문들이 어떻게 보도했는지 기억하시는가? 단지 다른 누군가로부터 정보를 들었을 뿐인 사람들에게만 근거해서 기사 전체를 작성했을 경우, 그 보도가 반드시 틀린 것까지는 아니라도 세부사항 가운데 일부가 왜곡되고 모호해졌을 수 있다.

때때로 진짜 기자들도 취재원의 이름을 밝히지 않는 경우가 있는데, 만약 이름이 알려지면 해당 인물이 일종의 보복을 당할 가능성이 있을 때 그렇게 한다. 바로 이럴 때에 나오는 표현이 "익명을 요구한 소식통"이다. 그런 경우에도 가장 신뢰할 수 있는 뉴스 기관들은 예를 들어 "백악관의 익명 소식통"이라는 식으로 그 소식통의 배경을 설명함으로써, 해당 인물이 그 이슈에 관해서 어느 정도 지식 수준을 보유했음을 보여줄 것이다. 만약 어떤 기사가 익명의 소식통에 근거해서 폭발력 있는 주장을 내놓았는데, 그 배경에 대해서나 그 정보에 어떻게 접근했는지 아무런 설명이 없다면, 그것은 그 기사를 충분히 회의적으로 대해야 하는 이유가 된다.

온라인 기사에는 거의 항상 다른 기사로 넘어가는 하이퍼링크가 포함

CIA 분석가가 알려 주는 **가짜 뉴스의 모든 것**

되어 있어서, 작성자가 어디에서 정보를 얻었는지를 찾아볼 뿐만 아니라, 원한다면 더 많은 정보를 찾으러 갈 수도 있다. 따라서 그런 장치가 없을 경우에는 매우 수상하게 여길 만한 이유가 된다. 하지만 가짜 뉴스조차도 하이퍼링크를 달아놓은 경우가 종종 있고, 뭔가 큰 주장을 내놓는 기사일 경우에는 특히나 그렇다. 때로는 그저 가짜 뉴스 기사를 신빙성 있게 보이도록 만들려는 의도에서, 아무 데로도 연결되지 않는 하이퍼링크를 집어 넣은 경우도 있다. 혹시 이런 것을 발견했다면, 여러분이 가짜 뉴스를 접했다는 결정적 단서를 찾은 셈이다. 설령 신뢰성 있는 웹사이트로 연결되는 링크가 들어 있다 하더라도, 정작 그 링크가 그 기사에서 주장하는 바를 말하거나 지지하지는 않을 수 있다. 앞에서 언급한 오바마의 국기에 대한 맹세 금지에 관한 기사에도 대통령이 실제로 서명한 행정 명령으로 가는 링크가 들어 있었지만, 그 명령은 국기에 대한 맹세와 아무런 관련이 없었다.

8. 아직 남은 이야기가 있는지 여러분 스스로에게 물어보라.

때로는 가짜 뉴스가 실제 사건과 실제 뉴스 기사에 근거하기도 하는데, 가짜 뉴스 작성자는 실제 기사의 일부분만을 복사해다가 붙여놓기 때문에 이제는 정확하지 않은 내용이 된다. 따라서 신뢰할 수 있는 뉴스 출처에서 가져왔다는 기사를 읽을 때조차도, 여러분은 혹시 이것이 기사 전체를 포함한 것인지, 아니면 뭔가 중요한 맥락이 빠졌는지를 스스로에게 물어보아야 마땅하다. 언론인이 현재 진행형인 사건을 보도하는 경우, 특히 그 과정에서 분량 제한과 마감일을 지켜야 하는 경우에는 내용과 관련된 역사와 맥락을 빼먹기가 쉽다.

가짜 뉴스는 종종 실제 전문가로부터 실제 인용문을 가져오지만, 단지 그중 일부만을 사용함으로써 마치 작성자가 말하기 원하는 대로 전문가가 말한 것처럼 보이게 만든다. 앞에서 언급한 거대 달 날조 사건에서나, 전신 때문에 지구가 태양과 충돌하게 되었다는 기사에서도 기자들이 유명한 과학자들의 인용문을 꾸며 냈던 것을 여러분도 기억할 것이다. 충분히 시간을 들여서 인용문을 확인하고, 혹시 아직 남은 이야기가 있는지, 또는 기사가 말하려는 내용에 맞춰서 이야기가 맥락에서 벗어났거나 꾸며 낸 것은 아닌지 살펴보라.

9. 사실 확인 웹사이트를 방문하라.

이렇게까지 했는데도 여러분이 읽은 것이 가짜 뉴스인지 여부가 여전히 의심스럽다면 어떻게 할까? 그럴 땐 온라인에 떠도는 가장 큰 음모론, 날조, 가짜 뉴스 기사를 폭로하는 여러 군데의 사실 확인 웹사이트 가운데 한 곳을 방문하라.

가짜 뉴스를 퍼트리는 사람들은 여러분을 속이기 위해 최선을 다할 것이다. 솔직히 말해서 그들은 상당히 실력이 뛰어나다. 따라서 여러분도 지금까지 열거한 방법들의 목록을 다 읽어 보고 나서야, 자기가 가짜 뉴스를 찾아냈다는 사실을 비로소 알게 될 수도 있다. 하지만 여러분이 가짜 뉴스를 찾아냈다면, 그것에 대해서나 여러분이 한 일에 대해서나 오히려 흡족해 해도 좋다. 여러분 덕분에 그들이 속여 넘길 수 있는 사람이 하나 줄어든 셈이니까!

정보를 검증하기 위해 이 방법들을 실천함으로써 여러분이 얻는 또 하나의 이점은 이제 정보를 얻기 위해 찾아갈 수 있는 중요하고 신뢰할 만한 자신만의 뉴스 출처 목록을 갖게 된다는 점이다.

진짜일까 가짜일까?

아래는 세 개의 기사 발췌문이다. 우리가 이번 장에서 살펴본 방법을 이용해서 아래의 내용을 읽다가, 그 기사가 가짜이거나 진짜임을 암시하는 신호를 발견할 때마다 표시해 보라. 진짜인지 가짜인지 판단하기가 어려울 경우, 여러분이 추가로 조사할 필요가 있는 것들의 목록을 작성해 보라. 그런 다음에 마지막에 나오는 내 정답과 비교해 보라.

---

http://www.rilenews.com/stories/us-international/federal-technology-grant-to-provide-e-cigs-for-inner-city-students#sthash.iVQlfooS.dpuf

연방 학급 기술,
도심 학생 모두에게 전자 담배 제공 보장

기술을 필요로 하는 학생에게 마침내 지원 결정

새러 코너 / 2014. 08. 03

전국에서 학업 수행이 가장 저조한 학교 가운데 일부는 이번 주에 새로운 연방 기술 기금에 관한 이야기가 공표되면서 반가운 깜짝 선물을 받게 되었다. 학생들에게 아이패드를 제공하는 교외 프로그램과 상당히 유사하게, 이번 프로그램에서는 교실에서 기술에 목말라 하던 문제 학생들에게 마침내 전자 담배를 제공할 예정이기 때문이다. 이번 조치는 교외와 도심 학교 간의 격차를 줄이는 획기적 방안이 것으로 기대된다.

디트로이트에서도 최악의 학군 가운데 한 곳의 교장인 에마 해리스는 이번 조치에 찬사를 보냈다. "우리는 이미 여러 해 동안 아이들이 이용할 수 있는 더 진보된 기술을 얻기 위해 분투했습니다. 저로선 선생님들을 회의에 모아 놓고서, 우리가 시작했던 일을 마침내 달성하게 되었다고 말하는 날을 직접 보게 되리라고는 결코 생각하지 않았습니다. 우리 모두는 기쁨의 눈물을 흘렸고 ……

연예 뉴스

비욘세와 제이지,
아기 이름 짓기 온라인 경연대회 개최

2017년 2월 31일 / 호버스 J. D.(Hobbus J. D.)

캘리포니아주 로스앤젤레스 — 비욘세와 제이지가 쌍둥이를 임신했다는 깜짝 놀랄 발표 이후 24시간이 채 지나기도 전에, 퀸비(Queen Bey)와 가까운 한 소식통은 이 슈퍼스타 부부가 아기 이름 후보를 제안하고 투표할 수 있는 온라인 경연대회를 개최할 계획이라고 밝혔다고 연예 뉴스 웹사이트 TMZ가 목요일에 보도했다.

"카터 부부는 항상 팬들과 강력한 유대를 느꼈으며, 이것이야말로 팬들에게 진정으로 보답하는 한 가지 방법이다." 이 소식통은 TMZ에 이렇게 말했다. 향후 비욘세스베이비네임스닷컴(beyoncesbabynames.com)을 통해 실시간으로 진행될 예정인 이 경연대회는 먼저 3주간 후보작 제출이 이루어진 다음, 며칠에 걸쳐 투표가 이루어질 예정이며 ……

…… 카터 가족의 가까운 친구가 익명을 요구하며 《리얼 뉴스 라이트 나우》에 밝힌 바에 따르면, 당선작 이름을 제출한 사람은 비욘세가 직접 쓴 감사 편지를 받게 되는 동시에, 쌍둥이의 출산 장면을 볼 수 있도록 초대까지 받을 예정이라고 ……

CIA 분석가가 알려 주는 **가짜 뉴스의 모든 것**

플랜테이션에서의 폭발 소식 이후 23명 부상

중상자는 2명인 것으로 당국 발표

어맨다 배철러 (디지털판 편집차장), 로이 라모스 (기자),

파커 브랜턴 (기자), 트렌트 켈리 (기자)

게시일: 2019년 7월 6일 12:00

플로리다주 플랜테이션 — 토요일에 플랜테이션에 있는 한 쇼핑센터에서 일어난 폭발로 인해 모두 23명이 부상당했다는 당국의 발표가 나왔다.

플랜테이션 소방국의 부국장 조엘 고던의 말에 따르면, 사우스 유니버시티 드라이브에 있는 마켓 온 유니버시티 쇼핑센터에서 오전 11시 30분 직전에 일어난 것으로 보고된 폭발로 인한 중상자는 두 명이었으며 ……

브라워드 헬스 메디컬 센터 측에서도 성인 한 명이 트라우마 증세를 보여 병원으로 이송되었다고 확인했으며 ……

http://www.rilenews.com/stories/us-international/federal-technology-grant-to-provide-e-cigs-for-inner-city-students#sthash.iVQlfooS.dpuf

이 URL을 보자마자 여러분은 의문을 느껴야 마땅하다. 여기 나온 '라일(rile)'은 '진짜(real)'의 오타이거나, 또는 누군가의 이름이 아닐까?

연방 학급 기술,
도심 학생 모두에게 전자 담배 제공 보장

과연 이것이 연방 정부가 할 만한 일인 것처럼 들리는가?

기술을 필요로 하는 학생에게 마침내 지원 결정

새러 코너 / 2014. 08. 03

전국에서 학업 수행이 가장 저조한 학교 가운데 일부는 이번 주에 새로운 연방 기술 기금에 관한 이야기가 공표되면서 반가운 깜짝 선물을 받게 되었다.

실제 미디어 업체라면 자기네 주장의 증거로서 이 대목에서 그 발표로 넘어가는 하이퍼링크를 제공했을 것이다.

학생들에게 아이패드를 제공하는 교외 프로그램과 상당히 유사하게, 이번 프로그램에서는 교실에서 기술에 목말라 하던 문재 학생들에게 마침내 전자 담배를 제공할 예정이기 때문이다.

오타는 가끔 생길 수도 있지만, '문제'를 '문재'라고 쓰는 것부터 시작해서 이 기사에는 여러 개의 오타가 등장한다.

이번 조치는 교외와 도심 학교 간의 격차를 줄이는 획기적 <u>방안이 것으로</u> 기대된다.

역시나 오타. 이번에는 '될'이라는 단어가 빠졌다.

정부가 아이들에게 전자 담배를 주는 것을 좋은 방안이라 생각했다는 둥, 그것이야 말로 학생들에게 필요한 기술의 일종이라고 생각했다는 둥의 이야기가 정말로 현실성 있는 것 같은가? 이런 경우에는 같은 내용을 보도했음직한 다른 뉴스 업체들을 검색함으로써 이중 확인을 할 수 있다.

디트로이트에서도 <u>최악의</u> 학군 가운데 한 곳의 교장인 에마 해리스는 이번 조치에 찬사를 보냈다. "우리는 이미 여러 해 동안 아이들이 이용할 수 있는 더 진보된 기술을 얻기 위해 분투했습니다. 저로선 선생님들을 회의에 모아 놓고서, 우리가 시작했던 일을 마침내 달성하게 되었다고 말하는 날을 직접 보게 되리라고는 결코 생각하지 않았습니다. 우리 모두는 기쁨의 눈물을 흘렸고 ……

사실을 보도하는 언론인이라면 어떤 학교를 이런 식으로 지칭하지는 않는 것이 보통인데, 왜냐하면 '최악'은 함축적인 용어이기 때문이다. 차라리 언론인이라면 예를 들어 낮은 시험 점수, 자금 부족, 높은 자퇴 비율처럼 그 학교가 곤란을 겪고 있음을 나타내는 정보를 제공할 것이다. 그런 한편으로 그 학교를 '최악'이라고 부른 다른 누군가의 말을 인용할 수 있었을 것이다.

이런 URL을 보면 경계심을 품어야 마땅하다. 정상적인 미디어 업체라면 굳이 URL에다가 '진짜(real)'라고 적어서까지 독자를 납득시키려 시도하지 않을 것이기 때문이다.

연예 뉴스

비욘세와 제이지,
아기 이름 짓기 온라인 경연대회 개최

2017년 2월 31일 / 호버스 J. D.(Hobbus J. D.)

두 가지 문제가 있다. 첫째로 2월에는 31일이 없다. 둘째로 이 작성자의 이름을 검색해보면, 이 사람이 이전까지 진짜 뉴스 기사를 작성한 적이 단 한 번도 없었으며, 단지 같은 웹사이트에서 올라온 이와 유사하게 수상한 기사 몇 가지만 올렸음을 알 수 있다. 아울러 J. D.는 '법학박사(Juris Doctor)'라는 뜻이므로, 결국 법학 학위를 가진 사람이라는 이야기다. 물론 변호사를 하다가 연예 전문 기자로 전업하는 사람도 있을 수는 있겠지만, 그래도 아주 흔한 일까지는 아니므로 여러분은 이 대목에서 좀 더 많은 검색을 해보아야 할 것이다.

캘리포니아주 로스앤젤레스 — 비욘세와 제이지가 쌍둥이를 임신했다는 깜짝 놀랄 발표 이후 24시간이 채 지나기도 전에, 퀸비(Queen Bey)와 가까운 한 소식통은 이 슈퍼스타 부부가 아기 이름 후보를 제안하고 투표할 수 있는 온라인 경연대회를 개최할 계획이라고 밝혔다고 연예 뉴스 웹사이트 TMZ가 목요일에 보도했다.

만약 TMZ가 진짜로 이런 내용을 보도했다면, 이 기사에는 그 보도로 가는 하이퍼링크가 들어가 있을 것이다. 하지만 그런 하이퍼링크가 없으므로, 여러분은 TMZ 웹사이트에 가서 과연 그런 보도가 있는지 확인해 볼 수 있다. 물론 실제로는 그런 보도가 없다.

"카터 부부는 항상 팬들과 강력한 유대를 느꼈으며, 이것이야말로 팬들에게 진정으로 보답하는 한 가지 방법이다." 이 소식통은 TMZ에 이렇게 말했다.

> 비록 두 사람이 팬들과 강력한 유대를 느꼈다 하더라도, 자기네 쌍둥이 이름 짓기를 대중에게 흔쾌히 떠넘기는 일이 정말 있을 법하다고 생각되는가?

향후 비욘세스베이비네임스닷컴(beyoncesbabynames.com)을 통해 실시간으로 진행될 예정인 이 경연 대회는 먼저 3주간 후보작 제출이 이루어진 다음, 며칠에 걸쳐 투표가 이루어질 예정이며 ……

> 이 하이퍼링크를 클릭해 보면 이런 사이트가 실제로 있는지를 살펴볼 수 있다.

…… 카터 가족의 가까운 친구가 익명을 요구하며 《리얼 뉴스 라이트 나우》에 밝힌 바에 따르면, 당선작 이름을 제출한 사람은 비욘세가 직접 쓴 감사 편지를 받게 되는 동시에, 쌍둥이의 출산 장면을 직접 보도록 초대까지 받을 예정이라고 ……

> 설령 이 유명인사 부부가 자기네 쌍둥이 이름 짓기를 팬들에게 흔쾌히 맡긴다고 할지라도, 비욘세와 제이지에 대해서 여러분이 이미 알고 있는 내용과 이들의 사생활을 고려해 볼 때, 과연 이들이 낯선 사람을 분만실에 들여놓을 가능성이 정말로 있을 거 같은가?

https://www.local10.com/news/florida/plantation/gas-explosion-reported-at-shopping-center-in-plantation

만약 여러분이 이전까지 한 번도 들어 본 적이 없는 뉴스 업체라면, 인터넷 검색을 통해서 이 업체에 대한 정보를 더 알아볼 수도 있다.

플랜테이션에서의
폭발 소식 이후 23명 부상

다른 뉴스 업체들을 확인해 보면, 이 사건이 실제로 일어났는지를 신속히 검증할 수 있다. 특히 이 사건이 벌어졌다고 나와 있는 플로리다에 근거한 뉴스 업체들을 확인해 보면 된다.

중상자는 2명인 것으로 당국 발표

어맨다 배철러 (디지털판 편집차장), 로이 라모스 (기자),
파커 브랜턴 (기자), 트렌트 켈리 (기자)
게시일: 2019년 7월 6일 12:00

이 언론인 각자에 대해서 검색을 해 보면, 이들 모두가 다른 뉴스 기사를 다수 작성했음을 알 수 있다.

플로리다주 플랜테이션 — 토요일에 플랜테이션에 있는 한 쇼핑센터에서 일어난 폭발로 인해 모두 23명이 부상당했다는 당국의 발표가 나왔다.

플랜테이션 소방국의 부국장 조엘 고던의 말에 따르면,

> 비록 하이퍼링크가 없어서 확인할 수는 없지만, 이 기사에서는 전문가의 증언을 인용하고 있다. 여러분은 온라인으로 과연 이 사람이 실제로 소방국의 부국장인지를 검증할 수 있다.

사우스 유니버시티 드라이브에 있는 마켓 온 유니버시티 쇼핑센터에서 오전 11시 30분 직전에 일어난 것으로 보고된 폭발로 인한 중상자는 두 명이었으며 ……

> 사건이 일어난 정확한 장소가 나와 있으므로, 여러분은 검색을 통해서 이 내용을 손쉽게 검증할 수 있다.

브라워드 헬스 메디컬 센터 측에서도 성인 한 명이 트라우마 증세를 보여 병원으로 이송되었다고 확인했으며 ……

> 여기서도 작성자는 전문가를 출처로 인용했다.

여론 조사와
가짜 통계

최근의 한 여론 조사에 따르면, 사람들 가운데 62퍼센트는 사실 아이스크림을 좋아하지 않는다고 한다. 이 내용을 읽었을 때 여러분은 어떤 느낌이 드는가? 이와 비슷한 여론 조사 결과는 사람들로부터 다음과 같은 세 가지 종류의 반응을 일으키는 게 일반적이다.

1. "이게 사실일 리 없어. 아이스크림을 좋아하지 않는다고 말한 미친 놈들이 도대체 누구야?"(내가 이 글을 쓰지만 않았더라도, 내 반응이 딱 이러했을 것이다)

2. "맞아, 옳은 말 같아."

3. "있지, 솔직히 생각해 보자. 아이스크림은 차가운 데다가 대개는 설탕도 너무 많아. 그러니 다른 모든 사람이 아이스크림을 싫어한다면, 나 역시 싫어해야 할 것 같아."

만약 우리가 아이스크림을 좋아한다면 첫 번째와 같은 반응일 것이다. 내가 아이스크림을 좋아하니, 다른 모든 사람도 역시나 좋아하리라고 생각하는 것이다. 만약 우리가 아이스크림을 좋아하지 않는다면, 우리의 반응은 아마 두 번째 진술에 가까울 것이다. 하지만 다수의 사람들이 어떻게 생각하는지 알게 되면서 영향받는 사람들도 역시나 있다. 이런 사람들의 경우, 여론 조사 결과는 일종의 또래 압력처럼 작용한다. 이 사람들은 인기 있는 집단의, 또는 이기는 팀의 일부가 되고 싶어 한다. 그렇다면 가짜 뉴스 작성자들이 완전히 꾸며 낸 여론 조사 결과를 자주 이용하는 것은 당연하지 않겠는가? 이들은 그렇게 하여 자기네 기사를 더 신빙성 있어 보이게 만드는 동시에 독자에게 더 많은 영향력을 발휘하려고 한다. 특히 선거, 범죄, 인종 같은 이슈의 경우에 그러한데, 서로 다른 이야기를 내놓는 여러 가지 여론 조사가 한꺼번에 유포되기 때문이다.

그렇다면 아이스크림 여론 조사 결과를 보았을 때의 올바른 반응은 무엇일까? 정답은 사실 목록에는 없는 네 번째 선택지이다. "이 여론 조사는 이상해 보이는데. 몇 가지 의문이 들어."

여론 조사에서는 대중이, 또는 대중 가운데 특정한 하위 집단이 특정 시점에서 특정 주제에 대해서 느끼는 바를 측정한다. 여론 조사 수행 방식은 그 결과는 물론이고, 나아가 그 신빙성에도 큰 영향을 끼칠 수 있다. 1948년에 공화당 소속 뉴욕 주지사 토머스 듀이는 현직 대통령 해리 S. 트루먼에 맞서서 대통령 선거에 출마했다. 주요 여론 조사 대부분은 듀이가 최소한 몇 퍼센트 차이로 이길 것이라고 예견했다. 어쨌거나 트루먼은 소속 정당의 당원들로부터도 지지를 얻지 못하는 곤란을 겪고 있었기 때문이다. 아울러 그가 대통령으로 재직하던 시절에는 경제가 썩 좋지 못했는데, 항상 이런 경우에는 현직 대통령이 재선에서 당선되기가 더 어려워지게 마련이다. 대부분의 신문에서는 트루먼의 상황이 좋아 보이지 않는 다고 말했다.

선거 당일 밤늦게까지 득표 집계가 계속되었는데,《시카고 데일리 트리 뷴》에서는 신문을 인쇄해서 다음날 아침에 때맞춰 내놓기 위해 서둘렀다. 편집자들은 여론 조사 결과가 워낙 분명해 보였기 때문에, 그 내용에 따라 서 당선자를 미리 예측해도 무방하리라고 판단했다. "듀이, 트루먼 꺾다" 이들의 신문 1면 헤드라인에는 이렇게 나왔다. 그런데 문제가 하나 생겼 다. 역사상 가장 큰 선거 역전승의 결과로 트루먼이 당선되었던 것이다.[1]

도대체 어떻게 해서 여론 조사가 이토록 잘못되었던 걸까? 대부분의 여 론 조사는 전화를 통해 이루어졌다. 하지만 1948년에만 해도 오로지 부유

해리 S. 트루먼이《시카고 데일리 트리뷴》의 유명한 낙선 발표 헤드라인을 보여주며 환히 웃 고 있다.[2]

CIA 분석가가 알려 주는 **가짜 뉴스의 모든 것**

한 사람들만 전화를 보유할 수 있었다. 따라서 이 당시의 여론 조사는 사실상 다양한 배경을 가진 사람들을 대변하지 못했다. 또 다른 문제는 여론 조사를 실시한 이들이 무려 선거일로부터 2주 전에 일찌감치 조사를 중단해 버렸다는 점이다. 바로 그 2주 사이에 트루먼의 유세는 더욱 열기를 띠었으며, 트루먼에게 투표하게끔 유권자의 마음을 움직였다. 결국 여론 조사는 가장 중요한 시기를 앞두고 중단된 셈이었다.

따라서 진짜건 가짜건 간에, 뉴스에서 여론 조사 결과를 사방에 쏟아내기 시작할 경우, 여러분은 그 결과들을 어떻게 해석해야 할까?

1. 여론 조사의 구성 방식에 유의하라.

"역사적," 또는 "충격적"이라는 딱지가 붙은, 또는 매우 예상치 못한 뭔가를 보여주는 여론 조사 결과를 조심하라. 대부분의 여론 조사는 단지 특정 시점에 특정 주제에 대한 특정 집단의 생각을 일시적으로 알아보는 방법일 뿐이다. 하지만 태도는 변화를 만들 수도 있고, 실제로도 만들어낸다. 여론 조사에서 가장 중요한 점은 시간에 따른 의견의 변화를 평가함으로써 패턴과 추세를 파악하는 것이지, 갑작스럽고 중대한 시각 변화를 파악하는 것이 아니다. 예를 들어 선거의 경우처럼 여론 조사의 주제가 충분히 중요하다고 치면, 아마 몇 가지 서로 다른 단체가 여론 조사를 수행하고 있을 것이다. 약간의 조사를 해 보고, 이른바 "역사적" 여론 조사가 다른 단체들의 결과와 어떻게 비교되는지 살펴보라.

2. 여론 조사를 수행하는, 또는 후원하는 사람이 누구인지 조사하라.

정말 온갖 종류의 단체들이 여론 조사를 수행하고 후원한다. 비당파적 단체, 당파적 단체, 자사 제품에 대한 사람들의 생각을 알아보려는 기업,

선거 후보와 결부된 단체, 정부 등등. 일부 단체에서는 여론을 정확히 읽어 내는 것이 목적이다. 한편 어떤 단체에서는 특정 결과를 얻고자 하기 때문에, 여론 조사를 통해 그 단체가 내세우는 바를 입증해 주는 증거를 보여주려고 한다. 지금은 서베이몽키SurveyMonkey 같은 웹사이트가 있기 때문에, 사실 누구나 여론 조사를 할 수 있다. 여론 조사를 만들고 수행한 사람의 배경에 대해서 약간만 파 보고, 과연 그 사람이 처음부터 그런 결과를 원했던 것인지를 살펴보라.[3]

2016년에 영국의 한 마케팅 회사에서 수행한 여론 조사에서는 1969년의 우주 비행사 최초 달 착륙이 날조라고 믿는 영국인이 52퍼센트에 달했다는 결과가 나왔다. 이 회사에서는 18세 이상 1003명 이상을 대상으로 조사했다고 발표했다. 이 발표는 마침 달착륙 47주년 기념일에 맞춰 나왔기 때문에, 전 세계 신문의 헤드라인을 장식했다. 그런데 수상하게도 그 회사에서는 자료 가운데 어느 것도 공개하지 않았고, 자기네가 여론 조사를 어떻게 수행했는지에 관한 정보도 공개하지 않았다. 결국 언론인들은 약간의 조사 끝에 이 마케팅 회사가 자기네 고객 가운데 한 명을 위해 미디어 보도를 이끌어 내고자 그렇게 했다는 사실을 밝혀냈다.[4]

가짜 뉴스 작성자들도 때로는 여론 조사 회사를 아예 꾸며 낼 것이므로, 혹시 여러분이 이전까지는 들어 본 적이 없는 어떤 업체의 이름을 마주하게 된다면, 회의적인 태도를 취하고 그 업체에 대해 조사해 보라.[5] 만약 어떤 여론 조사 결과에 인용된 업체를 온라인에서 검색했는데 아무것도 나오지 않는다고 치자. 축하한다. 여러분은 가짜 여론 조사를 본 것일 수 있다. 또 한 가지 속임수는 신뢰도 높은 여론 조사 기관에서 수행한 진짜 여론 조사 결과를 가져다가 조작해서 가짜 뉴스 기사에 써먹는 것이다. 진짜 뉴스 기사는 해당 여론 조사를 수행하고 간행한 기관으로 가는 하이퍼링크를 제공하기 때문에, 여러분도 그 결과를 검증할 수 있다.

3. 가능하다면 직접 자료를 살펴보라.

대개 여러분도 여론 조사 자료 모두에 접근할 수는 없을 텐데, 예를 들어 조사에 사용된 질문이나 응답자의 인구 분포 같은 건 잘 알려져 있지 않다. 하지만 만약 여러분이 모든 자료에 접근 가능하다면, 이를 토대로 결과를 이끌어 내는 방식이 정확한지, 표본 크기가 충분히 큰지, 여론 조사가 측정하려 시도하는 인구 분포를 실제로 반영할 만큼 참가자 그룹이 충분히 다양한지 여부를 파악할 수 있다. 여론 조사에서 자주 문제가 되는 한 가지는 거기서 사용되는 질문이다. 예를 들어 다음 질문에서 뭐가 잘못되었는지를 알아보라. "62퍼센트의 사람들이 아이스크림을 싫어한다는 것을 알았을 때, 여러분은 얼마나 화가 났습니까?" 여러분이 택할 수 있는 선택지는 매우 화났다, 상당히 화났다, 중간 정도이다, 이렇게 세 가지이다. 이것을 가리켜 유도 질문이라고 한다. 질문 그 자체에서 여러분이 그 사람들에게 최소한 약간은 화가 났다고 전제하고 있기 때문이다. 뿐만 아니라 모든 범위에 달하는 선택지를 제공하지도 않고 있다. "나는 전혀 화나지 않았고, 이건 좀 이상한 질문이다" 같은 답변도 있어야 하지 않을까?

바로 이 대목에서 좀 더 심각한 난제가 하나 등장한다. "여러분은 다음 선거에서 누구에게 투표할 계획입니까?" 이 질문의 문제는 응답자 모두 투표할 것이라고 가정했다는 점이다. 물론 이 여론 조사에서 굳이 위와 같은 질문을 던진 까닭은, 어쩌면 이 질문을 받을 시점에 투표할 계획이 없던 사람을 걸러내기 위한 의도라고 좋게 생각하고 넘어갈 수도 있다. 하지만 그렇지 않다면, 결국 참가자 전체는 아직 투표할 생각이 없는데도 불구하고 후보자를 선택한 것이기 때문에, 여론 조사 결과를 왜곡하게 된다.

4. 표본 크기를 확인하라.

여론을 정확히 읽어 내려면 반드시 참가자가 충분히 많아야만 한다. 그 크기는 조사 대상으로 삼은 인구의 크기에 따라서, 또 조사에 사용하는 질문 내용에 따라서 달라질 것이다. 예를 들어 어떤 주제에 대해서 미국인 전체의 생각을 알고 싶은 경우, 전국에 걸쳐서 상당히 큰 참가자 집단이 있어야만 한다. 반면 예를 들어 일리노이주 시카고의 시 의회에 대한 그곳 주민의 생각을 알고 싶은 경우, 표본 크기는 더 작아질 수 있고, 단지 시카고 주민에게만 한정될 수 있다(어쨌거나 그 이슈에 대해서 메인주 포틀랜드에 사는 누군가의 생각을 굳이 알 필요까지는 없을 테니까). 설령 여러분이 여론 조사 자료에 접근할 수 없는 경우에도, 진짜 뉴스 매체에서 간행된 기사에는 표본 크기에 관한 언급이 거의 항상 나온다.

5. 여론 조사의 수행 방식을 살펴보라.

여론 조사는 세 가지 주요 방식으로 수행된다. 첫 번째는 여론 조사원이 무작위적으로 사람들에게 전화를 걸어서 질문을 던지는 것이다. 일부 여론 조사 기관에서는 휴대전화를 배제하고 유선전화를 보유한 사람에게만 연락을 취한다. 유선전화 보유자는 압도적으로 더 나이가 많기 때문에, 여론 조사원도 그 결과의 가중치를 조정해야 한다. 전화 여론 조사의 응답률은 대개 매우 낮은데, 알다시피 대부분의 사람은 모르는 번호로 온 전화를 아예 받지도 않기 때문이다.[6]

두 번째로, 일부 기관에서는 온라인으로 여론 조사를 실시한다. 인터넷에 근거한 여론 조사 결과는 매우 신뢰할 수 없게 마련인데, 대개는 자원한 사람들이 주로 참여하는 까닭에, 특정 결과를 내놓기 위해 조작되기도 쉽기 때문이다. 아울러 사람들이 알아서 찾아와야 하기 때문에, 굳이 조사에 참여하러 오지 않는 사람들 모두를 대표하지는 못한다. 나아가 잠재적인 참여자가 인터넷에 연결된 상태여야만 한다. 오로지 해당 주제에 대해 강한 의견을 지닌 사람만 응답하는 경우가 일반적이어서, 특정 결과를 원하는 사람들이 서로 마음이 맞는 친구들을 보내서 자기네가 원하는 쪽에 투표하게 만들기가 매우 쉽다. 예를 들어 2016년에 영국의 자연 환경 조사 위원회Natural Environment Research Council에서는 새로 건조한 2억 8800만 달러짜리 북극 탐사선에 이름을 붙이기 위해 인터넷 여론 조사를 실시했다. 이 여론 조사는 대유행하게 되었고, 인터넷 사용자들이 몰려들어서 자기네가 선택한 이름인 '보티 맥보트페이스'라는 이름을 선정시키려고 했다.[7] 실제로 그 이름이 1위를 차지했지만, 정작 위원회에서는 그 이름을 사용하지 않기로 결정했다.[*]

세 번째로 출구 여론 조사가 있다. 이 여론 조사는 최종 승자가 누구인지를 추측하기 위해 선거일에 실시된다. 여론 조사원이 직접 투표소 밖에 서 있다가, 밖으로 나오는 투표자에게 일련의 질문을 던지는데, 여기서 가

---

[*] '보티 맥보트페이스(Boaty McBoatface)'는 영국에서 방영된 동물 프로그램에 등장해서 인기를 끈 올빼미의 이름인 '후티 맥아울페이스(Hooty McOwlface)'에다가 '배(Boat)'라는 단어를 조합한 결과물이었다. 투표에서 이기고도 너무 장난스럽다는 이유로 탐사선의 정식 명칭이 되지는 못했지만, 대신 이 사업에 대한 대중의 관심을 환기시킨 홍보 효과를 인정하여 탐사선에 탑재된 무인잠수정(AUV)의 정식 명칭이 되었다. 참고로 북극 탐사선의 정식 명칭은 저명한 자연 다큐멘터리 제작자의 이름을 딴 '서 데이비드 어텐보로호(RRS Sir David Attenborough)'로 정해졌다.

장 중요한 질문은 누구에게 투표했느냐는 것이다. 출구 여론 조사는 자칫 오도되기가 쉬운데, 여론 조사원이 모든 투표소에 서 있을 수가 없다 보니, 조사 대상의 인구 분포가 모든 투표자를 정확히 대표하지 않을 수도 있기 때문이다.[8]

6. 여론 조사를 어떤 시점, 어떤 기간에 수행했는지 살펴보라.

만약 어떤 기사에서 어떤 주제에 대한 사람들의 생각을 이야기하기 위해 여론 조사 결과를 이용할 경우, 그 여론 조사가 여전히 정확하다고 볼 만큼 최근에 수행했는지를 확인하라. 그 주제가 아이스크림에 대해서건 정치에 대해서건 간에, 참가자가 5년 전에는 어떻게 느꼈다가, 지금 와서도 여전히 그때와 똑같이 느낄 가능성은 매우 적기 때문이다(나도 예전에는 딸기 아이스크림을 좋아했지만, 최근 몇 년 사이에 초콜릿 땅콩버터 아이스크림으로 갈아타는 매우 합리적인 행보를 취했다). 또 한 가지 고려할 점은 여론 조사 기간의 길이이다. 질문을 단지 이틀에 걸쳐 던졌는가, 아니면 한 달이나 한 해에 걸쳐서 여러 차례 던졌는가? 사람들이 가스 요금을 너무 비싸다고 느낀다고 결론을 내린 여론 조사가 있다고 치자. 그게 만약 가스 가격이 크게 인상된 다음날에 수행된 여론 조사 결과라면, 더 긴 기간에 걸쳐 이루어진 여론 조사에 비해서는 무게감이 떨어질 수밖에 없다. 어쨌거나 가스 가격은 항상 오르락내리락하기 때문이다.

7. 오차 범위를 살펴보라.

여론 조사원은 단지 인구의 한 표본만을 조사하기 때문에, 자기네 결과가 단지 근사치에 불과하다는 사실을 알고 있다. 정확하게 수행된 여론 조사 모두가 오차 범위를 갖게 되는 이유도 그래서다(결과를 보여주는 그래프가 있을 경우, 보통 그 아래에 오차 범위가 나와 있다. 때로는 아예 기사 오른쪽에 나오기도 한다). 오차 범위는 우리가 그 여론 조사 결과를 어느 정도까지 진실에 가깝다고 기대해도 되는지를 보여 준다.[9] 예를 들어 어떤 여론 조사에서 특정 선거 후보가 48퍼센트를 득표할 것이라고 나왔는데, 오차 범위가 +/- 3퍼센트라면, 이는 결국 그 후보가 실제로는 45퍼센트에서 51퍼센트 사이를 득표하리라고 짐작할 수 있다는 뜻이다.

8. 혹시 가능하다면, 그 여론 조사가 무작위적인 것인지 알아보라.

1,500명을 대상으로 실시한 여론 조사가 일반 대중의 시각을 대표하는 데 가까워지려면, 반드시 참가자를 무작위로 선정해야만 한다. 여론 조사에 참여한 사람들이 단지 자기 친구와 이웃을 조사해 놓고서, 전국 나머지 사람들의 생각을 정확히 대표하리라고 기대할 수는 없다. 일반적으로 참가자는 반드시 인구에서도 다양한 범위를 망라해야 한다. 즉 서로 다른 연령, 인종, 성별, 장소를 고려해 대상을 선정해야 한다는 뜻이다. 여론 조사를 수행하는 사람들은 예를 들어 18세부터 35세까지의 여성처럼 특정한 종류의 대상자만을 조사하기로 결정할 수도 있다. 이럴 경우, 그 여론 조사는 그 주제에 대한 50세 남성의 생각을 보여 준다고 말할 수는 없다. 달리 표현해서, 만약 어떤 여론 조사 업체가 단지 이성애자 백인 남성만을 인터뷰했을 경우, 설령 참여자를 무작위로 선정했다 치더라도, 그 결과는 더 넓은 대중이 아닌, 오로지 이성애자인 백인 남성만을 대표할 것이라는 뜻이다.[10]

9. '미결정'에 주의를 기울이라.

대부분의 여론 조사는 참여자가 어떤 질문에 응답하는 과정에서 미결정 상태라고, 또는 어떻게 답해야 할지 모르겠다고 말할 기회를 제공한다. 여론 조사에서 '미결정'이라는 응답이 (또는 무응답이) 상당한 숫자를 차지할 경우에는 그 결과가 거의 쓸모없어질 수도 있다. 예를 들어 어떤 여론 조사에서 참여자 가운데 30퍼센트가 컨트리 음악, 30퍼센트가 알앤비 R&B를 좋아한다고 응답했는데, 40퍼센트가 결정을 내리지 못했다고 나온다면, 이 여론 조사는 사람들이 어떤 종류의 음악을 선호하는지를 알아내는 데 사실상 실패한 셈이다.

특히 선거에서는 두 후보가 박빙의 승부를 펼칠 경우, 미결정 상태인 유권자가 결과를 좌우하는 요인이 될 수도 있다. 만약 유권자 가운데 34퍼센트가 A 후보를 찍겠다고 말하고, 37퍼센트가 B 후보를 뽑겠다고 말했는데, 29퍼센트가 아직 결정하지 못했다고 말했을 경우, 여기에서는 누가 이길지에 대한 결론을 사실상 전혀 이끌어 낼 수 없다.

10. 결과를 다른 각도에서 바라보는 것을 잊지 말라.

매우 존경받는 여론 조사 기관인 갤럽에서는 2015년에 미국의 밀레니얼 세대 가운데 36퍼센트가 특정 종교에 소속되지 않았음을 보여주는 여론 조사 결과를 발표했다.[11] 이후 몇 군데 뉴스 업체에서는 이 여론 조사를 통해 종교가 죽어간다는 사실이 입증되었다는 내용의 기사를 내놓았다.[12] 그런데 이런 기사들이 미처 주목하지 못한 대목도 있었으니, (여러분도 직접 계산해 보면 알겠지만) 이 여론 조사에서 여전히 응답자의 64퍼센트가 '확실히' 종교를 갖고 있다고 응답했다는 점이었다. 아울러 특정 종교에 소속되지 않았다고 응답한 사람들 중에서도 3분의 2는 여전히 신을 믿는다고 말했다. 그렇다면 밀레니얼 세대가 종교를 죽이고 있다는 내용의 기사들에서는 왜 이런 내용이 전혀 언급되지 않았을까? 아마 여러 가지 이유가 있었겠지만, 거대 종교의 느린 죽음이야말로 더 흥미진진한 이야기를 만든다는 점, 따라서 더 많은 조회수를 올릴 수 있다는 점이 그 이유 가운데 하나였음은 의심의 여지가 없다. 이것이 반드시 가짜 뉴스의 사례까지는 아니지만, 그래도 실제 결과와는 매우 다른 이야기를 하는 방향으로 자료를 조작하기가 얼마나 쉬운지를 확실히 보여준다. 즉 때로는 정상적인 업체에서 내놓은 진짜 여론 조사 결과조차도 특정한 이야기를 만들어 내기 위해 조작될 수도 있다.

·연습문제·
여론 조사 연습

아래에는 두 가지 여론 조사가 있다. 이전 장에 나온 정보를 이용하고, 아울러 아래에 나온 체크리스트를 이용해서, 여러분은 둘 중 어떤 것이 더 신빙성 있는지 확인할 수 있겠는가?

여론 조사 1

2017년에 '키드 록, 가상 대결에서 데비 스티버나우를 앞서'라는 헤드라인을 달고 나온 기사에 다음과 같은 여론 조사 그래프가 첨부되었다.

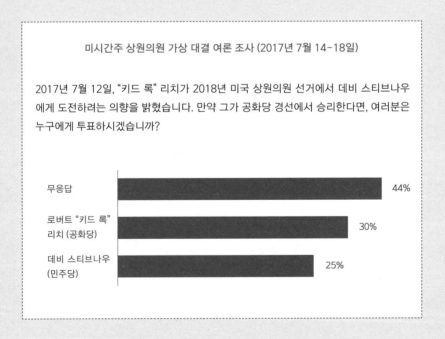

CIA 분석가가 알려 주는 **가짜 뉴스의 모든 것**

이 기사에는 여론 조사 결과와 관련해서 다음과 같은 정보가 포함되었다.

데비 스티브나우는 민주당 소속의 미시간주 현직 상원의원으로, 2018년에도 자신의 의석을 지키기 위해 선거에 나설 예정이다. 리치는 공화당 후보로 선거에 나설 의향이지만, 일단 예비 경선에서 수많은 경쟁자를 물리쳐야만 스티브나우에게 도전할 수 있을 것이다. 이번 여론 조사의 오차 범위는 90퍼센트 신뢰 수준에서 ±3.2퍼센트이다. 가상 총선 대결에서 리치의 당선 가능성을 가늠하기 위해, 델타 애널리티카에서는 7월 14일부터 18일까지 미시간주 거주자 668명을 대상으로 여론 조사를 수행했다.[13]

체크리스트

☐ 여론 조사를 수행한 날짜가 포함됨

☐ 여론 조사 회사의 이름이 명시됨

☐ 참여자에게 제시한 질문이 열거됨

☐ 표본 크기가 나타남

☐ 오차 범위가 제시됨

☐ 여론 조사 수행 방법에 대한 배경이 제공됨

☐ 여론 조사에 관한 주장과 결과가 부합함

이 여론 조사 보고서에 딸려 나온 긴 방법론 해설에는 다음과 같은 정보가 들어 있었다.

이 특정 여론 조사에서는 13세부터 17세까지의 십대 920명과 인터뷰했다. 인터뷰는 온라인과 전화를 통해 2018년 9월 17일부터 11월 25일까지 이루어졌으며 …… 표본 오차와 통계적 유의성 검사에서는 가중치 효과도 감안했다. 다음 도표는 조사에서 서로 다른 집단에 대해 95퍼센트의 신뢰 수준에서 기대되는 비가중 표본 크기와 표본 추출에 따르는 오류를 보여준다.[14]

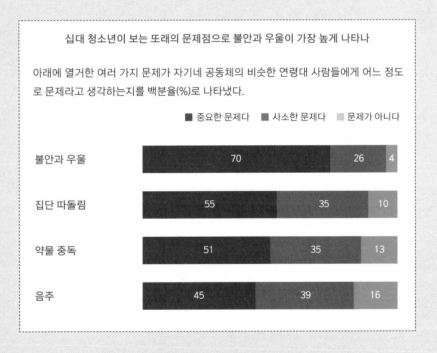

CIA 분석가가 알려 주는 **가짜 뉴스의 모든 것**

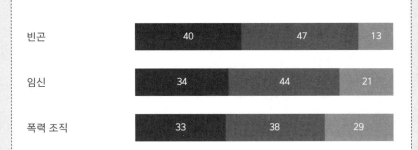

빈곤	40	47	13
임신	34	44	21
폭력 조직	33	38	29

비고: 응답자 가운데 응답하지 않은 경우는 표시하지 않았다.

출처: 13세부터 17세까지의 미국 십대 청소년을 대상으로 2018년 9월 17일부터 11월 25일까지 조사했다.

"미국 십대 청소년 대부분이 불안과 우울을 또래의 중대한 문제점으로 본다."

퓨 리서치 센터

2019년 2월 14일, 퓨 리서치 센터 웹사이트에 게시된 내용의 스크린샷.

집단	비가중 표본 크기	+/-
13-17세 청소년	920	4.8퍼센트
남자	461	7.6퍼센트
여자	454	6.6퍼센트
가구별 소득		
3만 달러 미만	210	10.1퍼센트
3만 이상 7만 4999달러 이하	326	8.5퍼센트
7만 5천 달러 이상	284	7.1퍼센트

체크리스트

□ 여론 조사를 수행한 날짜가 포함됨

□ 여론 조사 회사의 이름이 명시됨

□ 참여자에게 제시한 질문이 열거됨

□ 표본 크기가 나타남

□ 오차 범위가 제시됨

□ 여론 조사 수행 방법에 대한 배경이 제공됨

□ 여론 조사에 관한 주장과 결과가 부합함

여론 조사 1: 신뢰할 만하지 않음.

체크리스트

■ 여론 조사를 수행한 날짜가 포함됨

■ 여론 조사 회사의 이름이 명시됨

■ 참여자에게 제시한 질문이 열거됨

■ 표본 크기가 나타남

■ 오차 범위가 제시됨

□ 여론 조사 수행 방법에 대한 배경이 제공됨

□ 여론 조사에 관한 주장과 결과가 부합함

여론 조사 1에는 많은 정보가 들어 있지만, 두 가지 중요한 적신호가 나타난다. 예를 들어 여론 조사 수행 방법에 관한 정보가 포함되지 않은 것이 그렇다. 아울러 응답자 가운데 44퍼센트는 누구에게 투표할지 모르겠다고 말했는데, 이 정도면 다른 두 가지 응답보다 더 높은 비율이다. 따라서 미결정 유권자의 비율이 높다는 점을 볼 때 키드 록이 앞서고 있다는 헤드라인의 주장은 정확하지 않다. 이 여론 조사의 내용이 아주 옳지는 않다는 점에 유의하고 나면, 여러분은 약간 더 조사를 하고 싶어질 수도 있다. 만약 조사를 해 본다면, 여

러분은 델파이 애널리티카의 웹사이트가 이 여론 조사의 발표보다 겨우 몇 주 전에 생겨났음을, 아울러 이 여론 조사 이후로 다른 조사라고는 딱 한 번만 더 실시했음을 발견하게 될 것이다.[15] 미디엄닷컴의 페이지에도 팔로워가 겨우 두 명뿐이며, 델파이 애널리티카Delphi Analytica는 심지어 자기네 이름도 제대로 모르는 듯하다. 결과를 제시한 기사에서는 스스로를 "델타 애널리티카Delta Analytica"라고 지칭했으니 말이다. 이런 것들은 제대로 된 여론 조사 입제가 아니라는 신호라고 볼 수 있다.

여론 조사 2: 신뢰할 만함.

체크리스트

■ 여론 조사를 수행한 날짜가 포함됨

■ 여론 조사 회사의 이름이 명시됨

■ 참여자에게 제시한 질문이 열거됨

■ 표본 크기가 나타남

■ 오차 범위가 제시됨

■ 여론 조사 수행 방법에 대한 배경이 제공됨

■ 여론 조사에 관한 주장과 결과가 부합함

두 번째 여론 조사 보고서에는 그 결과가 신뢰할 만한지를 판단하는 데 필요한 핵심 정보가 모두 들어 있다. 표본 크기와 오차 범위 같은 것들을 포함시킴으로써, 청소년들이 불안과 우울을 가장 우려한다는 핵심 주장을 지지하는 증거가 충분한지 여부를 우리가 판단할 수 있게 했다. 만약 이 여론 조사 업체에 대해서 추가 조사를 해 본다면, 우리는 퓨 리서치 센터가 비당파적인 싱크 탱크로서 (즉 특정 정치, 또는 경제 이슈를 연구하고 옹호하는 전문가들로 이루어진 조직이라는 뜻이다) 여론 조사와 기타 조사의 수행에서 오랜 역사를 보유하고 있음을 금세 발견할 것이다. 사실 여러분은 내가 이곳의 여론 조사를 앞서 다른 장에서도 인용했다는 사실을 눈치챘을 수도 있겠다!

제19장

Your Eyes are Lying: Spotting Fake Photos and Videos

당신의 눈은 거짓말을 한다:
가짜 사진과 동영상 알아보기

  사진과 동영상이야말로 가짜 뉴스가 대유행하게 되는 가장 큰 이유 가운데 하나이다. 사람들은 그런 것들이 분명한 '증거'라고 생각하기 때문이다. 즉 우리가 직접 시각적으로 검증할 수 있는 뭔가라면 분명 진실이리라 생각하는 것이다. 문제는 발달한 기술 덕분에 디지털 변조 사진과 동영상을 진짜처럼 보이도록 만들기가 너무나도 쉬워지다 보니, 얼핏 한 번 보는 것만으로는 진짜 사실이라고 신뢰할 수가 없다는 점이다.

  2018년에 플로리다주 파크랜드의 어느 학교에서 총격 사건이 벌어져서 17명이 사망한 이후, 생존자 가운데 다수는 정치권으로 시선을 돌려 총기 안전 개혁을 요구했다. 바로 그즈음 생존자 가운데 한 명인 에마 곤잘레스Emma González의 변조된 사진이 대유행하게 되었다. 그 사진은 그녀가 미국 헌법을 (정확히는 무기 소지의 권리를 시민에게 부여한 수정조항 제2조를) 찢는 모습을 담고 있었다. 머지않아 GIF 버전도 등장해서 물리적으로 찢는 모습을 보여주자, 온라인에서는 총기 사용 옹호자들 사이에서 대대적인 반발이 일어났다. 하지만 그녀는 실제로 그런 행동을 한 적이 없었다. 《틴 보그》에 게재하기 위해 촬영한 곤잘레스의 사진이 원본이었는데, 거기서 그녀는 단지 사격용 표적지를 찢었을 뿐이었다. 《틴 보그》의 편집자 필립 피카디Philip Picardi가 밝힌 것처럼, 가짜 뉴스 사진 조작자들이 헌법의 이미지를 원본에 덮어씌운 것뿐이었다.

Phillip Picardi ✔
@pfpicardi

At left is @tyler_mitchell's photo of @Emma4Change for the cover of @TeenVogue. At right is what so-called "Gun Rights Activists" have photoshopped it into. #MarchForOurLives

1:26 PM · Mar 25, 2018 · Twitter for iPhone

《틴 보그》의 편집자 필립 피카디가 가짜 에마 곤잘레스 밈의 기원을 폭로한 2018년 3월 25일자 트윗의 스크린샷. 왼쪽이 잡지 표지에 수록된 원본 사진이고, 오른쪽이 "총기 권리 활동가"라는 제목으로 유포된 포토샵 변조 사진이라고 설명하고 있다.

몇몇 정부에서는 디지털 변조 사진을 이용해서 자국의 적들을 속이고 위협한다. 2013년에 북한 정부가 운영하는 조선중앙통신에서는 남한 침공을 염두에 둔 것으로 보이는 군사 훈련 모습의 사진을 공개했다.[1] 대부분의 뉴스 통신사에서는 북한의 공식 미디어에서 나오는 내용은 무엇이든지 간에 믿지 말아야 한다고 알고 있지만, 문제의 사진은 온라인에서 확산되었다. 이 사진에서는 병사들이 눈 덮인 바닷가에 상륙하고 있다. 이들의 뒤로는 바다를 지나 모래밭까지 병력을 수송하는 단계에 있는 호버크라프트 여덟 척도 나와 있었다. 그렇지만 그중 몇 척은 다른 몇 척을 그대로 복사한 것이었다. 즉 크기만 변조한 상태로 사진에 붙여 넣어서, 병력이 실제보다 훨씬 더 많아 보이게 만들었던 것이다.

어떤 사진이 변조되었는지를 파악하는 가장 빠른 방법은 이미지 역검색을 실시하는 것이다. 이렇게 하면 여러분이 보고 있는 사진이 온라인에 게시되었던 때 모두를 검색 엔진이 보여준다. 따라서 어떤 사진의 원본까지 거슬러 올라가서 대조해 보면, 여러분이 처음 본 사진이 변조된 것인지 아닌지 여부를 알 수 있다. 이미지 역검색은 구글에서도 가능하고, 틴아이TinEye 같은 이미지 데이터베이스를 통해서도 가능하다. 하지만 어떤 이미지가 가짜인지 여부를 판별하기 위해서 여러분 스스로 살펴볼 수 있는 사항도 여러 가지가 있다.

1. 창작자가 명시되지 않은 사진을 주의하라.

신뢰할 수 있는 뉴스 업체들은 전속 사진작가를 보유하거나, 다른 업체들에 소속된 사진기자를 이용한다. 뉴스 기사에서는 사진의 캡션에 사진작가를 명시할 것이다. 소셜미디어에 창작자가 명시되지 않은 사진이 올라온다고 해서 모두가 가짜라는 뜻은 아니지만, 여러분은 일단 그 게시자가 그 이미지를 어디서 얻었는지 물어보아야 할 것이다.

2. 대상의 가장자리를 확인하라.

어떤 대상을 도려내서 다른 이미지에 덧붙인다는 것은 정말 어려운 일이다. 따라서 사진을 확대해서 가장자리를 확인하면, 아마 상당히 울퉁불퉁하다는 걸 알 수 있을 것이다. 이것이야말로 그 대상을 도려내서 다른 이미지에 덮어 씌웠다는, 즉 그 모두가 가짜라는 뜻이다.

3. 구불거리거나 안 어울리는 선을 살펴보라.

어떤 이미지가 가짜인지를 구분하는 가장 쉬운 방법 가운데 하나는 사진에 나온 선을 확인하는 것이다. 선이 딱 맞아떨어지지 않거나, 엉뚱한 곳에 있는 경우가 흔하기 때문이다. 어떤 이미지에 다른 이미지를 덧씌우려 할 때 이런 일이 일어날 수 있다.

4. 조명이 어울리는지를 확인하라.

사진의 한쪽 부분에는 어떤 물체의 그림자가 있는데, 다른 부분에는 그림자가 없다고 치면, 이는 그 이미지가 변조되었다는 신호이다. 2016년에 시애틀 시호크스 미식축구팀의 수비수인 마이클 베네트의 변조된 사진이 대유행한 적이 있었다. 그가 라커룸에서 미국 국기를 불태우는 모습을 담은 사진이었다. 이 당시는 인종 불평등에 대한 항의 차원에서 경기 때마다 국가 연주 동안 미식축구 선수들이 무릎을 꿇는 행동을 하는 걸 놓고 미국인들 사이에 열띤 논쟁이 벌어졌던 시기였기 때문에, 국가에 대한 모독을 보여주는 이 사진이 크게 주목을 받게 됐다.[2] 그런데 이 사진의 조명만 살펴보았어도 그게 가짜라는 걸 사람들이 알게 됐을 것이다. 만약 미식축구 선수가 진짜로 국기에 불을 붙여서 자기 몸에 그렇게 가까이 댔다면, 그 불빛 때문에 그의 몸도 환해졌을 테지만 이 사진은 그렇지가 않았다. 베네트의 사진 원본은 사실 그가 경기 후에 라커룸에서 동료들과 함께 승리의 춤을 추는 모습이었다.

5. 사진 일부분의 품질 차이를 조사하라.

사진을 다른 사진 위에 덧붙일 경우에는 서로 잘 어울리지 않는 경우가 자주 있다. 그리하여 최종 이미지의 일부분에 품질 차이가 나타날 수도 있다. 예를 들어 어떤 곳에는 픽셀화나 흐릿함이 두드러질 수 있다. 이미지의 일부는 크기가 다를 수도 있고, 또 일부는 색깔이 더 밝거나 옅을 수도 있다.

6. 여러분이 이미 아는 내용과 맞아 떨어지는지를 생각하라.

가짜 뉴스 헤드라인을 알아볼 때 했던 것처럼, 여러분 스스로에게 이렇게 물어보라. '이 주제에 대해 내가 아는 바로 미루어 볼 때, 이게 과연 이치에 닿는가?' 참사 생존자 출신 활동가 에마 곤잘레스의 가짜 사진은 사실 이치에 닿지 않았다. 곤잘레스 같은 파크랜드 학생들이 총기 안전 개혁을 옹호하는 이유는 학생들의 안전을 유지하기 위해서이지 미국 헌법을 파괴하기 위해서가 아니었다. 마치 일부러 화제가 되기 위해, 또는 격분을 일으키기 위해 애쓰는 듯 느껴지는 이미지를 조심하라. 강력한 감정적 반응을 일으키는 이미지를 볼 때 우리들은 굳이 시간을 들여가며 신중하게 살펴보게 되지 않지만, 사실은 그런 이미지일수록 확실히 그렇게 살펴보아야 한다.

또 기억해야 할 점은, 만약 어떤 사진이나 동영상이 진짜라 하더라도,

여차하면 맥락에서 벗어난 상태로 가짜 뉴스에 의해 사용될 수 있다는 것이다. 예를 들어 미국 남부에 허리케인이 닥칠 때마다 여러분은 뒤집힌 보트며, 파괴된 주택이며, 물에 잠긴 거리를 헤엄치는 상어의 사진을 발견할 것이다. 하지만 이런 사진 가운데 일부는 다른 데서 가져온 것이거나, 여러 해 전의 것이거나, 아예 현재 진행형인 자연 재해와는 아무 상관이 없는 것일 가능성이 크다. 2012년에 허리케인 샌디가 닥쳤을 때는 그 폭풍이 뉴욕시를 덮치기 전부터 물에 잠긴 도시의 사진이 온라인에서 유포되기도 했다. 그 대부분은 포토샵 처리된 것이었으며, 또 일부는 〈투모로우〉라는 재난 영화의 장면이었다. 사람들이 진짜라고 믿었기 때문에 그런 사진 가운데 다수가 폭발적으로 퍼져 나가고 말았지만, 대부분의 가짜 보도는 실제 미디어를 속이지 못했다. 물론 한 가지 예외도 있었다. 익명 아이디를 사용하는 한 트위터 계정에서 소셜미디어를 떠도는 맥락 벗어난 갖가지 진짜 사진과 가짜 사진을 이용하여 뉴욕 증권거래소NYSE가 깊이 약 1미터의 물에 잠겼다고 알린 적이 있었다.[3] 그 도시의 다른 지역에도 폭풍으로 인한 홍수가 일어난 상태였기에, 이 뉴스도 뭔가 그럴듯해 보였는지 소셜미디어상에서 신속히 유포되었다. 심지어 CNN과 웨더채널에서도 보도하는 바람에, 경제 분석가들은 이 사건으로 인해 주식 시장이 폭락하지 않을까 우려했다.[4] 증권거래소에 관한 이야기가 TV에 등장했을 때에는 문제의 트윗이 언급되지 않았지만, 만약 언론인들이 소셜미디어에 유포된 사진들을 샅샅이 뒤져보기만 했어도, 이미지 역검색을 통해서 그런 사진 가운데 다수가 가짜라는 사실이 드러났을 것이다. 이는 익명 아이디의 트위터 사용자들은 신뢰할 만한 출처가 아닐 가능성이 높다는 첫번째 증거가 되었을 것이다.

때로는 주장하는 내용에 대한 증거와는 별 상관없는 사진이라 하더라도, 단지 텍스트 옆에 놓아두기만 해도 우리는 마치 그게 증거가 되는 양 생각하게끔 속아 넘어가게 된다.[5] 예를 들어 시속 80킬로미터 이상으로 달릴 수 있는 포유동물은 치타가 유일하다는 주장을 하고, 치타 한 마리가 달려가는 일반적인 사진 한 장을 덧붙여 놓았다고 하자. 비록 그 사진은 주장을 입증하거나 반증하는 것과 아무런 상관도 없지만, 우리는 단지 그 사진 때문에 그렇다고 믿도록 자연스레 더 이끌리게 된다(그나저나 치타에 관한 그 주장은 거짓이다).

실제로 연구자들은 사진을 (목적으로 위해 변조하지 않은 사진이더라도) 사용할 경우, 우리가 어떤 주장을 믿을 가능성이 60퍼센트 내지 70퍼센트나 더 늘어난다는 점을 발견했다. 오스트레일리아 국립대학의 연구자 에린 뉴스먼 박사Dr. Eryn Newsman의 설명처럼, "어떤 메시지에 사진을 덧붙일 경우, 비록 그 사진이 아무런 증거를 제공하지 않더라도, 실제로는 사람들의 믿음을 체계적으로 형성한다".[6]

그러니 여러분은 어떤 기사에 딸린 사진을 보더라도 쉽게 속아 넘어가지 말라. 잠시 멈춰 서서, 과연 그 사진이 뭔가를 입증하고 있는 것인지 진지하게 따져 보라. 만약 그 기사가 진짜라면, 가장 중요한 증거는 실제 텍스트 속에 들어 있을 것이다.

가짜 동영상은 어떨까?

2018년 9월 13일, 페이스북 사용자들은 민간 항공기 한 대가 공중에서 획 한 바퀴 도는 동영상을 보고 공포에 사로잡혔다.[7] 이 동영상에서는 비행기 한 대가 강한 바람에 휩쓸려 이리저리 흔들리다가, 옆으로 완전히 360도를 구르고 나서야 균형을 되찾고 착륙한다. '타임 뉴스 인터내셔널'이라는 페이지에 게시된 이 동영상에는 다음과 같은 캡션이 붙어 있었다. "2018년 8월 28일, 승객 166명을 태우고 베이징에서 마카오로 가던 캐피탈 항공사의 여객기가 기계 결함으로 마카오에 착륙하려던 시도가 불발된 후에 선전Shenzhen에 비상 착륙했다." 이 동영상의 조회수는 1,400만 회가 넘었다. 워낙 진짜 같은 동영상이었던 데다가, 약간 의심이 들어서 살짝 조사해 봤더라도, 그 비행기가 실제로 바로 그날 마카오에 비상 착륙을 했다는 사실을 찾을 수 있었을 것이다.

하지만 이 동영상은 완전히 가짜였다. 또는 최소한 거기 제시된 설명은 가짜였다. 이 동영상은 그보다 1년 전에 한 영화감독이자 컴퓨터 그래픽 전문가인 사람이 올린 것이었는데, 옆으로 360도를 구르는 비행기 애니메이션을 제작한 다음, 자신의 실력을 자랑하기 위해 유튜브에 게시했던 것이었다. 이 제작자는 이걸 진짜라고 주장할 의도가 전혀 없었다. 하지만 가짜 뉴스 작성자들은 딱 그렇게 했다. 충분히 많은 사람들이 이 동영상을 공유하고 보았기 때문에, 평소에는 가짜 뉴스를 단속하는 소셜미디어 플랫폼 페이스북조차도 사용자가 관심 가질 만한 내용일 수 있다며 이 동영상을 사람들의 뉴스 피드에다가 게시하기 시작했다. 그로부터 며칠 뒤에야 스노프스닷컴에서 그 기사를 가짜로 판정했다.

좋다. 어쩌면 여러분은 비행기를 조종한 적도 없을 것이고, 나와 마찬가지로 물리학을 잘 모를 수도 있을 것이다. 그렇다면 어떤 동영상을 보았는데, 거기 나오는 내용이 실제로 일어난 것인지, 아니면 어떤 식으로건 편집된 것인지를 알지 못하는 경우, 여러분은 어떻게 해야 할까? 우선 실제 뉴스를 확인한다. 여러 가짜 뉴스 동영상은 약간씩 편집되어서 (이걸 때로는 '칩 페이크a cheap fake'라고 부른다) 거의 불가능한 뭔가를 보여주어 믿게 만든다. 이것이 바로 대유행이 일어나는 방식이다. 독수리 한 마리가 급강하해 한 꼬마를 발톱으로 채간다든지, 또는 웬 여자가 트월킹을 하다가 몸에 불이 붙었다면 (양쪽 모두 실제로 있는 동영상이지만 완전히 가짜이다), 최소한 여러분의 지역 언론사에서 보도하고도 남았을 것이다.

아울러 여러분은 그걸 게시한 사람이 누구인지 살펴보고, 그 동영상의 최초 게시자를 찾기 위해 거슬러 올라가 볼 필요가 있다. 어떤 뉴스 업체에서 게시했을까, 아니면 불과 며칠 전에 계정을 만들고 첫 게시물을 크게 대유행시켰지만 그 이후로는 아무것도 올리지 않았던 팬시듀드247이라는 유튜브 채널에서 게시했을까? 만약 후자의 경우라면, 여러분의 머릿속에서는 경보 장치가 울려야 마땅하다. 동영상 원본을 찾아내는 것 역시, 여러분이 봤던 첫 번째 버전과 비교함으로써 어떤 변화가 이루어졌는지를 알아볼 수 있게 해 준다. 또한 여러분은 동영상의 품질을 살펴봐야 하는데, 예를 들어 깜박임이 있는지 여부 같은 것이 그렇다. 아울러 동영상 재생을 정지시킨 다음, 앞에서 설명한 가짜 이미지 점검 단계들을 적용할 수도 있다.

기술은 매일같이 향상되기 때문에, 소프트웨어와 앱만 있으면 그래픽 디자인이나 컴퓨터 애니메이션 실력이 없는 사람들조차도 가짜 동영상이나 오디오를 이어 붙여서 진짜와 거의 식별이 불가능한 영상을 만들기가 더 쉬워졌다. 이렇게 조작된 동영상을 '딥 페이크'라고 부르며, 이는 실제 모습과 비슷하게 보이거나 들리도록 만든 결과물이다. 발달한 소프트웨어 덕분에 사용자는 사진이라든지 때로는 음성의 디지털 복제물을 서로 덧씌움으로써, 마치 실제로 움직이고 말하는 사람의 모습을 영상으로 만들 수 있다. 예를 들어 러시아의 한 회사가 제작한 페이스앱FaceApp이라는 프로그램만 있으면, 이용자는 한 사람의 얼굴을 다른 사람의 몸에 달아서 실제와 같은 동영상을 만들 수 있다. 아울러 나이, 성별, 얼굴 표정 같은 신호를 변화시킴으로써 사람의 외양을 바꿀 수도 있다. 이러니 그 기술이 나오자마자, 사람들이 유명인사의 얼굴을 포르노 스타의 몸에 달아 놓은 가짜 포르노 동영상을 만들기 시작했다는 사실도 딱히 놀라운 일은 아닐 것이다. 트위터와 포른허브PornHub 같은 웹사이트들은 자칫 사용자가 보복 포르노revenge porn에 사용할 것을 우려해 변조된 동영상을 금지했다.[8]

혹시나 딥 페이크의 제작자들이 자칫 폭력이나 심지어 전쟁으로 이어질 수도 있는 동영상을 만들지는 않을까 하는 것이 기술 전문가들의 다음 걱정이라는 점을 예상하기는 어렵지 않다. 동영상을 변조하기가 더 쉬워지면서, 딥 페이크는 누군가가 말하지 않은 뭔가를 말한 것처럼 보이게 만들 수 있게 되었을 뿐만 아니라, 실제로는 결코 말하지 않은 뭔가를 말했다는 '증거'를 제공할 수도 있게 되었다. 이것이야말로 여러분이 신뢰할 만한 뉴스 출처들의 목록을 오랜 시간에 걸쳐 파악하는 것이 중요한 또 다른 이유이다. 그런 뉴스 출처들은 무엇이 진짜인지 검증하도록 여러분을 도와줄 것이다.

이런 종류의 동영상을 만드는 사람들은 우리가 유튜브 같은 사이트에 얼마나 쉽게 빠져드는지를 잘 알고 있다. 그런 사이트에서는 우리가 보는 동영상 하나가 끝나자마자 다음번 추천 동영상이 줄지어 재생될 준비가 되어 있다. 그러니 다음번 동영상으로 넘어가기 전에 잠시 멈춰 서서, 방금 여러분이 본 내용이며 그걸 만든 사람에 대해서 넉넉히 시간을 들여 따져 보라.

·연습문제·

어떻게 포토샵 처리를 했을까?

다음에 나오는 사진들을 살펴보라. 각각의 사진은 최소한 한 가지 이상의 방법으로 디지털 변조된 것이다. 어떻게 했는지 여러분은 알 수 있겠는가? 여러분이 발견한 변화에 동그라미를 쳐서 표시해 보라.

CIA 분석가가 알려 주는 **가짜 뉴스의 모든 것**

이 사진에서는 딱 한 가지가 변화되었는데, 그건 바로 나다! 내 사진을 잘라 내서 갖다 붙인 것이다. 나는 여러 산에 가 보았지만, 이런 산에 간 적은 없었다. 뭔가 이상하다는 것을 보여주는 한 가지 단서는 바로 조명이다. 내 모습을 보면 마치 햇빛을 받고 있는 듯하지만, 정작 이 사진에는 해가 전혀 보이지 않는다. 아울러 나는 여름옷 차림인데, 뒤에 있는 춥고 어둡고 안개 낀 산의 풍경을 고려해 보면 영 말이 되지 않는다.

이 사진에서는 두 가지가 편집되었다. 먼저, 설령 발리의 민물 호수인 바투르에 돌고래가 살지 않는다는 것을 모른다 하더라도, 저 동물이 여기 어울리지 않는다는 것은 여러분도 쉽게 알 수 있을 것이다. 아울러 자세히 들여다보면, 그 돌고래가 보트의 크기에 비해 너무 커 보인다는 사실을 깨달을 것이다. 돌고래의 가장자리도 약간 우글쭈글해 보이는데, 이는 누군가가 저 돌고래를 이 사진에 갖다 붙였다는 핵심 신호이다. 마지막으로, '바투르 호수(Lake Batur)'라는 글자가 보트 위에 추가되었다.

이 사진에서는 두 가지가 편집되었다. 첫째로 진짜 시계의 숫자판에는 로마 숫자가 들어 있다. 숫자의 글자체가 뭔가 어울리지 않아 보인다는 점도 지적할 수 있다. 아울러 이것은 영국 런던에 있는 빅벤이다. 따라서 그곳의 깃대에 미국 국기가 휘날릴 일은 절대 없다.

CIA 분석가가 알려 주는 **가짜 뉴스의 모든 것**

인터넷 밈은
뉴스가 아니다

2016년 대통령 선거 다음날, 텍사스주 오스틴의 시내를 걷던 35세의 사업가 에릭 터커는 우연히 거리에 버스 여러 대가 줄지어 주차된 모습을 봤다.[1] 그는 바로 그날 트럼프 반대 시위가 벌어진다는 뉴스를 어디선가 봤음을 기억해 냈다. '혹시 이 버스와 그 시위가 서로 연관되었을 수도 있을까?' 터커는 문득 궁금한 생각이 들었다. 그럴 가능성이 있어 보였다. 혹시나 싶어서 그는 빠르게 구글 검색을 해 봤다. 자기가 발견한 것과 같은 버스 여러 대를 동원할 법한 어떤 대회나 기타 큰 행사가 그날 있는지 확실히 알아보려는 것이었다. 검색 결과 아무것도 나오지 않았지만, 터커는 이미 증거가 충분하다고 보았다. 그는 버스를 찍은 사진에다가 자기가 보기에는 타당한 듯한 유일한 결론을 덧붙였다. "오늘 오스틴에서 개최된 트럼프 반대 시위자들은 겉보기만큼 유기적이지는 못했다. 이들이 타고 온 버스 사진을 보시라. #가짜시위fakeprotests #트럼프2016 trump2016 #오스틴Austin"[2]

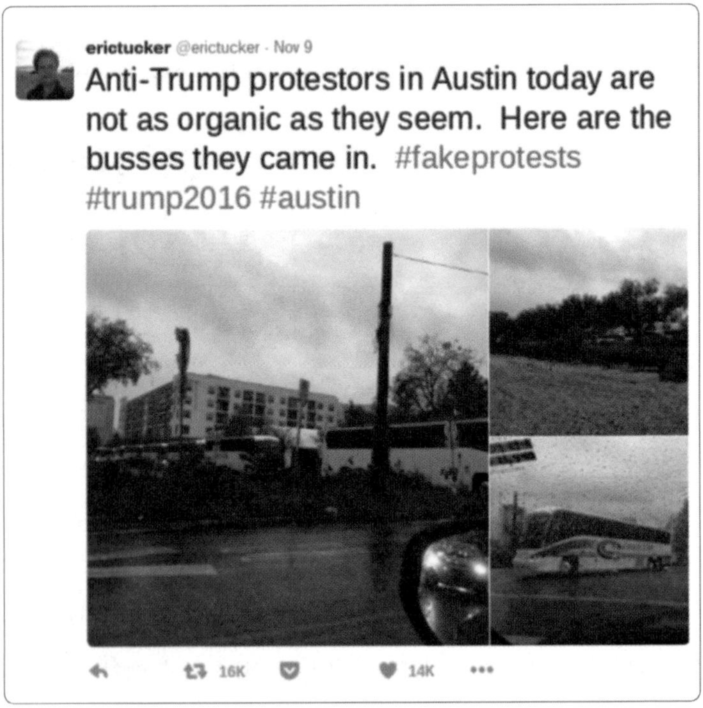
erictucker @erictucker · Nov 9
Anti-Trump protestors in Austin today are not as organic as they seem. Here are the busses they came in. #fakeprotests #trump2016 #austin
16K
14K

에릭 터커가 올린 2016년 11월 9일자 트윗의 스크린샷.

터커는 설령 자기가 잘못 알았더라도 별 문제는 없으리라 생각했다. 어쨌거나 그의 트위터 팔로워는 겨우 40명 정도였으니까. 어쩌면 게시물을 본 사람이 아무도 없을 수도 있었다. "마음 한편으로는 저 역시 뭔가 다른 설명이 가능할 수 있으리라고 생각했었습니다. 하지만 제가 보기에는 그럴듯하지가 않았습니다." 나중에 그는 한 인터뷰에서 이렇게 말했다.

다음날 레딧의 한 익명 사용자가 그의 트윗 스크린샷을 레딧의 트럼프 지지 주요 채널에 게시하면서 이렇게 덧붙였다. "긴급 속보: 버스 발견! 오스틴 시위 장소에서 불과 몇 블록 떨어진 곳에 수십 대가 늘어서 있었음!" 바로 여기서부터 보수 성향의 인터넷 포럼, 소셜미디어 페이지, 블로그, 음모론 웹사이트가 그 링크를 공유했고, 수십만 회의 조회수와 '좋아요'가 찍혔다. 이 이야기는 바로 거기서부터 눈더미처럼 불어났고, 보수적인 내용을 게시하는 소셜미디어 사용자와 가짜 뉴스 웹사이트가 등장해 그날 버스에 타고 오스틴에 온 사람들은 조지 소로스에게 돈을 받고 시위를 벌인 것이라고 주장했다. 유대계 헤지펀드 매니저인 백만장자 소로스는 오래전부터 극우, 반유대주의 단체, 음모 이론가들 사이에서 인기 있는 표적이 되어 왔는데, 이들은 바로 그가 전 세계 경제와 정치를 비밀리에 조종한다고 믿었다.[3]

터커의 사진에 등장한 버스 회사의 경영자는 갑자기 전국에서 걸려오는 전화를 받기 시작했다. 전화를 건 사람들은 이 버스 회사가 시위자를 운송했다는 주장 때문에 워낙 격분한 상태였다. 또 한편으로는 과연 이 이야기에 일말의 진실이 있는지 알아보려 시도하는 언론인들도 전화를 걸었다. 심지어 트럼프 대통령조차도 이 이야기를 공유하면서 다음과 같은 트윗을 올렸다. "매우 개방적이고 성공적인 대통령 선거를 치른 다음

> **Donald J. Trump** ✔
> @realDonaldTrump
>
> Just had a very open and successful presidential election. Now professional protesters, incited by the media, are protesting. Very unfair!
>
> ♡ 205K   10:19 PM - Nov 10, 2016
>
> ○ 119K people are talking about this

도널드 트럼프 대통령이 버스 이야기에 대한 응답으로 올린 2016년 11월 10일자 트윗의 2019년 9월 20일자 스크릿샷.

이다. 그런데 이제 전문 시위꾼들이 미디어의 부추김을 당해 시위를 벌인다. 매우 불공정하다!"[4]

최초의 트윗을 올린 지 사흘 뒤에야 터커는 자신의 주장에 구체적인 증거가 전혀 없으며, 사람들이 버스에 타거나 내리는 모습을 본 적도 전혀 없다고 트위터에서 시인했다. 그 버스들은 우연히 시위 현장 근처에 주차되었을 뿐이었다. 그는 원본을 삭제한 다음, 자신의 트윗이 잘못된 내용이었다고 설명하는 새로운 트윗을 올려서 사실을 바로잡으려 시도했다. 하지만 내용을 정정하는 그 새로운 트윗은 과연 얼마나 많은 주목을 받았을까? 겨우 23건의 리트윗과 27회의 '좋아요'뿐이었다. 이미 너무 늦은 상황이었다. 미국의 여러 극우 정치인들은 트럼프 대통령을 반대하며 시위하는 사람들이 돈을 받고 그렇게 하는 거라고 여전히 주장했다.

나중에 가서 터커는 《뉴욕 타임스》에 이렇게 말했다. "저는 또한 매우 바쁜 사업가이다 보니, 제가 거기 올리는 모든 내용에 대해서 사실 확인을 할 시간이 없고, 딱히 널리 퍼질 거라고 생각되지 않는 내용인 경우에는 더욱 그렇습니다."[5] 하지만 세상에서 가장 바쁜 사람들이라 해도, 자기가 게시하는 내용이 정확한지 확인할 책임은 가져야 한다. 팔로워 숫자가 어느 정도인지는 중요한 게 아닌데, 왜냐하면 소셜미디어상의 모든 것은 신속히 대유행할 수 있고, 급기야 작성자조차 통제할 수 없는 자체적인 생명을 얻을 수도 있기 때문이다.

여러분은 '전화'라는 놀이를 해 본 적이 있는가? 여러 사람이 줄줄이 옆으로 앉는다. 첫 번째 사람이 다음 사람에게 귓속말로 어떤 문장을 말해 준다. 예를 들어 "나 오늘 아침에 팬케이크 먹었어"처럼 말이다. 이 문장은 딱 한 번만 말할 수 있고, 상대방이 내 말을 제대로 듣거나 이해하지 못했어도 마찬가지이다. 상대방은 자기가 들었다고 생각하는 문장을 다음

CIA 분석가가 알려 주는 **가짜 뉴스의 모든 것**

사람에게 귓속말로 말해 주고, 이런 식으로 줄줄이 계속된다. 마지막 사람은 자기가 들은 문장을 큰 소리로 말해야 한다. 거의 항상 그 문장은 원래의 문장과는 딴판이게 마련이며, 완전히 이해할 수 없는 뜻인 경우도 종종 있다. "나오는 침대에 팬티가 막 끼었어"처럼 말이다.

소셜미디어도 이렇게 될 수 있다. 이는 사실상 이용자들이 세계를 보고, 알고, 듣고, 생각하길 원하는 세상의 모습을 포착한 스냅샷이다. 그 모든 것들은 거듭해서 공유되고 재해석된다. 첫 번째 사람이 뭔가에 대해 발언을 내놓는다. 곧이어 두 번째 사람이 첫 번째 사람의 게시물을 공유하며 자기 발언을 덧붙인다. 세 번째 사람이 두 번째 사람의 게시물을 공유하며 '자기' 발언을 덧붙이고, 이런 식으로 계속 가다 보면 원래의 메시지는 상당히 뒤죽박죽이 된다. 에릭 터커의 사례에서 벌어진 일 역시 분명 이러했을 것이다.

소셜미디어는 가짜 뉴스의 생성과 확산에서 중대한 역할을 담당한다. 비록 봇과 트롤과 외국 정부가 관여되기는 하지만, 대부분의 책임은 개별 소셜미디어 이용자들에게 있다. 2016년 12월에 수행된 퓨 리서치 센터의 연구에 따르면, 사람들 가운데 23퍼센트는 소셜미디어상에서 날조된 뉴스 기사를 공유한 적이 있다고, 때로는 심지어 의도적으로 그렇게 했다고 시인했다.[6] 그 정도면 아주 나쁜 정도까지는 아니라고 생각할 수도 있지만, 문제는 전 세계에서 현재 활동 중인 페이스북 사용자가 거의 25억 명에 달하고, 트위터 사용자는 거의 3억 3,000만 명이며, 사람들이 이용하는 소셜미디어 플랫폼은 이 두 가지 말고도 더 있다는 점이다.[7] 결국 최소한 4억 9,910만 명이 가짜 뉴스를 공유한 적이 있다는 뜻이 되는데, 그나마도 그렇다고 솔직히 시인한 사람만 이 정도이다!

우리가 소셜미디어에서 어떻게 행동하는지가 중요한 이유는, 제12장에서 이미 논의한 것처럼, 그곳에서는 진실보다 거짓이 더 빨리 확산되는 것으로 입증되었기 때문이다. 게다가 사람들의 시각은 각자의 피드에서 본 내용에 영향을 받는다. 2018년에 퓨 리서치 센터에서 실시한 또 다른 연구에 따르면, 미국인 가운데 14퍼센트는 소셜미디어에서 뭔가를 본 결과로 어떤 이슈에 대한 생각을 완전히 바꾼 적이 있었다.[8]

기술 회사들이 가짜 소셜미디어 계정을 정지시키고 가짜 뉴스의 확산을 중단시키기 위해 노력 중이기는 하지만, 우리로선 업체들이 그 문제를 알아서 고치겠거니 하고 마냥 믿고만 있을 수는 없다. 각자가 스스로의 소셜미디어에서의 행동에 책임을 질 필요가 있는 것이다.

따라서 여러분이 소셜미디어에서 가짜 뉴스를 알아보기 위해서는, 나아가 뜻하지 않게 가짜 뉴스의 확산에 일조하지도 않기 위해서는 어떻게 해야 할까?

다음의 원칙들이 있다.

1. 여러분이 지금 보고 있는 게시물과 계정이 어떤 종류에 속하는지 알아보라.

소셜미디어에서 우리는 온갖 이야기를 한다. 예를 들어 우리 개가 아침에 뭘 먹었는지부터, 다가올 선거에 대한 우리의 의견에 이르기까지 모두를 뒤섞는다. 모두 저마다 할 말이 있을 수 있다. 하지만 소셜미디어 게시물에는 라벨이 붙어 있지 않으므로, 사실과 의견을 구분하며 난장판 속에서 진실을 찾아내는 일은 오로지 우리에게 달렸다. 여러분의 친구에게서 온 업데이트라든지, 귀여운 동물 사진이라든지, 인기 있는 밈 같은 것들 사이의 차이를 알아보기는 상당히 쉬운 반면, 다른 게시물들은 약간 더 까다로울 수 있다.

- 공식 뉴스 게시물은 각각의 뉴스 업체에서 나온 것이며, 설령 이후에 일반적인 소셜미디어 이용자들에 의해 공유되더라도 마찬가지다. 여러분도 링크된 기사를 추적해 보면 원래의 업체로 거슬러 올라갈 수 있다. 만약 어떤 소셜미디어 이용자가 어느 미디어 업체에서 일하는 언론인이라면, 보통은 각자의 약력에 그렇다고 밝힐 것이다.
- '신속 발언hot take'은 어떤 사람의 즉각적인 반응, 또는 논평을 뜻하며, 보통은 방금 전에 일어난 어떤 일에 대한 응답으로 나온다. 이는 보통 의견이거나 거친 발언이지만, 때로는 그 사람의 경험에 근거할 수도 있고, 전문가가 그 이슈에 대해서 쓴 것일 수도 있다. 그 작성자가 증거를 언급하지 않았을 경우, 신속 발언의 정확성을 검증하기는 어려울 수 있다. 만약 증거를 언급하지 않은 신속 발언이 있다면, 그 주장을 여러분이 검증할 수 있을 때까지는 그 게시물을 공유하지 않고 기다리는 것이 최선일 수 있다.
- 인용문은 누군가가 실제로 말한 어떤 것, 또는 어떤 기사나 책이나 동영상이나 인터뷰에서 가져온 어떤 것을 말한다. 때로는 소셜미디어 이용자가 인용물의 출처 링크를 제공할 수도 있지만, 때로는 그렇지 않다. 어떤 인용문이 정확한지 여부는 간단한 인터넷 검색만 해 보면 빠르게 확인할 수 있다.
- 광고는 어떤 사업, 단체, 상품, 인물을 홍보하려는 목적을 지닌다. 소셜미디어에서는 "후원받은 콘텐츠sponsored content"라는 라벨이 붙는다. 이는 그 계정이 여러분에게 특정한 이유로 내용물을 보여주기 위해 소셜미디어 플랫폼에게 돈을 낸다는 뜻이다. 플랫폼은 광고를 위해 돈을 낸 회사나 단체의 이름을 표시할 것이며 (비록 작은 글자로 표시해서 찾아보기 힘들겠지만), 그러면 여러분은 이를 이용해 그 출처를 조

사할 수 있다.

- 소셜미디어상의 '논평'은 전문가들이 비공식적 분석을 게시했을 때를 말하는데, 때로는 출처를 포함시키기도 하고, 때로는 그렇지 않기도 하다. 이것은 우리가 앞에서 논의했던 오피니언 기사와도 유사하다. 즉 일반적으론 작성자의 전문성과 사실에 기초해 있지만, 그래도 여전히 의견에 불과한 것이다.

여러분이 보고 있는 것이 무엇인지를 알고 나면, 그걸 얼마나 진지하게 받아들여야 하는지를 결정하는 데 도움이 될 것이다.

2. 진짜 전문가를 찾아보라.

소셜미디어 덕분에 우리로선 전문가들에게 접근하기가 이전보다 더 쉬워졌다. 만약 천체물리학에 대한 질문이 있을 경우, 여러분은 소셜미디어에서 진짜 천체물리학자를 팔로우할 수 있다. 혹시 CIA에서 일하는 것이 어떤지를 알고 싶은가? 그러면 여러분은 트위터에서 나를 찾을 수 있다. 소셜미디어상의 전문가들은 각자의 전문적 경험과 솜씨를 이용해서 그 맥락을 설명함으로써, 우리가 중요한 사건이나 이슈를 이해하도록 도와줄 수 있다.

물론 누구나 계정을 만들고 전문가로 자처할 수 있으므로, 여러분이 팔로우하는 사람이 실제로 어떤 사람인지 검증하는 게 필요할 수도 있다. 만약 내가 (사실은 아니지만) 핵물리학자인 척하고 싶다면, 단지 내 소셜미디어 계정에 그 주제에 관한 기사에 나온 내용을 복사해서 붙여넣고, 내 약력을 바꾸기만 해도 상당히 인상적인 숫자의 팔로워를 얻을 수 있을 것이다. 어떤 계정이 검증되었는지 살펴보면 (검증된 계정은 그 사람 이름 옆에 파란색으로 확인 표시가 뜬다) 여러분이 인기 높은 전문가를 팔로우하고 있는지, 아니면 단지 사칭자나 팬 계정이나 가짜 뉴스 사이트를 팔로우하는지를 알 수 있다. 검증 마크 덕분에 여러분은 소셜미디어에 항상 유포되는 수백만 개의 비욘세 팬 계정들은 진짜 비욘세가 아니라는 것을, 아울러 @BBC는 실제 BBC 뉴스의 계정이 아니라는 것을 알게 되리라.

다만 여러분이 좋아하는 유명인사가 검증되었다고 해서, 그들의 게시물이 항상 진실인 것까지는 아니라는 점을 유념하는 것이 중요하다. 예를 들어 @ChrisEvans가 실제로 (캡틴 아메리카로 유명한) 배우 크리스 에번스의 계정이긴 하지만, 그가 <어벤저스> 영화에서 우주에 다녀왔다는 사실 때문에 내가 천문학에 대한 정확한 정보를 얻기 위해서 그를 찾아가야 한다는 뜻은 아니기 때문이다(미안해요, 크리스!). 천문학에 대해서라면 나는 차라리 천체물리학자이며 그 분야 전문가인 닐 디그래스 타이슨 같은 이를 팔로우할 것이다. 이때는 닐 디그래스 타이슨의 소셜미디어에 나와 있는 검증 표시를 살펴봄으로써, 내가 그의 실제 계정을 팔로우하는지를 이중 확인할 수도 있다.

하지만 오로지 파란색 확인 표시에만 전적으로 의존하지는 말아야 한다. 모든 분야의 모든 전문가가 이미 검증을 마친 것은 아니며, 검증 표시가 없다고 해서 반드시 그 계정이 가짜라는 의미는 아니기 때문이다. 이런 경우에는 전문가로 자처하는 사람들을 찾아보고, 그들의 배경이 일치하는지 살펴볼 수 있다. 이때에는 그들이 약력을 적어 놓은 개인 웹사이트만 살펴봐서는 안 될 것이다. 소셜미디어에서와 마찬가지로 개인 웹사이트에서는 누구나 자기 자신에 대해 무슨 이야기든 할 수 있으니, 보강을 위해서 또 다른 출처를 찾으려고 노력해야 한다.

마지막으로, 마치 남들 눈에는 언론인처럼 보이는 방식으로 게시물을 올리지만, 실제로는 자신의 정보가 어디서 왔는지 실제 출처를 제공하지도 않고, 어떤 미디어 업체에서 일하는 것처럼 보이지도 않는 소셜미디어 이용자를 주의하라. 예를 들어 이런 사람들의 게시물은 "긴급 속보!"라는 단어로 시작하지만, 정작 어떤 뉴스 기사로 넘어가는 링크는 실제로 제시하지 않을 수 있다. 이런 사람들은 다른 어디선가 그 정보를 가져왔겠지만, 인용 표시가 없으므로 그들이 게시한 내용을 검증할 수 없다. 이런 소셜미디어 이용자들은 종종 자기가 뉴스 소식통인 것처럼 보이도록 애쓰는데, 성공만 한다면 남들이 그들의 계정을 정기적으로 확인하고 게시물을 공유하게 될 것이기 때문이다. 궁극적으로 그들은 더 많은 팔로워를 원한다. 하지만 여러분은 그들의 정보가 어디에서 나온 것인지를 알아내기 전까지, 즉 합법적인 뉴스 기사에서 나온 것인지, 아니면 근처에 사는 이웃에게서 들은 헛소문에서 나온 것인지를 알아내기 전까지 그들을 회의적인 태도로 대하라.

3. 소셜미디어 게시물의 좋아요, 공유, 댓글 숫자에 속지 말라.

우리가 앞에서 이미 살펴본 것처럼, 어떤 게시물이 대유행했다는 사실만 가지고서 그 내용이 정확하거나 진실이라고 단언할 수는 없다. 소셜미디어의 게시물이 대유행하는 건, 대부분은 재치가 있기 때문에, 특정한 감정을 야기하기 때문에, 논쟁적이기 때문에, 강렬한 이미지를 담았기 때문이며, 따라서 반드시 정확한 내용이라고 볼 수는 없다. 하지만 우리의 두뇌는 때때로 더 많은 참여가 일어난 소셜미디어의 게시물이 반드시 옳을 것이라고, 또는 최소한 중요할 것이라고 우리를 착각하게 만든다. 이것은 함정이다. 그 참여 모두가 진짜 사람에게서 오지 않았을 수도 있다. 혹시나 소셜미디어에서 유명해지길 사람이 있다면, '좋아요'를 구매함으로써 목적을 달성할 수 있다. 사람들은 모든 소셜미디어 사이트를 조작할 수 있는 방법들을 발견했다. 유튜브든 페이스북이든 인스타그램이든 간에, 소셜미디어 게시물에 가짜 '좋아요'와 팔로워를 구매하는 것도 가능하다. 게다가 이런 서비스를 이용하는 사람은 단지 인플루언서 지망생influencer wannabes만이 아니다. 가짜 뉴스 게시자 역시 자기네 게시물을 대유행시키기 위해서 이용한다.

4. 가짜 계정을 알아보는 방법을 배우라.

가짜 소셜미디어 계정은 어디에나 있다. 2019년 5월, 페이스북에서는 불과 6개월 사이에 가짜 계정 34억 개를 발견해서 삭제했다고 발표했다. 이 회사의 추산에 따르면 한 달에 한 번 이상 활동한 계정 24억 개 가운데 5퍼센트는 가짜였다.[9] 우리가 앞에서도 논의한 것처럼, 봇은 진짜 소셜미디어 이용자들의 참여를 유도해서 자기가 말한 내용이나 자기가 공유하는 링크를 확산시키게 하려고 고안된 것이다. 그 홍보의 대상이 어떤 상품, 사람, 음모 이론, 가짜 뉴스이건 매한가지다. 가짜 뉴스를 유포하는 사람들은 자기네 메시지를 내보내기를 원한다. 외국 여러 정부는 봇과 트롤을 이용해 가짜 뉴스를 확산시키고, 가장 정치적으로 민감한 주제에 대해서 불화를 부추기려 한다. 가짜 소셜미디어 사용자를 진짜 사용자와 구분하기는 어려울 수도 있다. 하지만 여러분이 주의해서 볼 수 있는 적신호가 몇 가지 있다.

- 오로지 게시물을 공유만 하고 직접 작성한 게시물을 올리지 않는 계정은 봇일 수 있다. 대부분의 진짜 사람은 소셜미디어를 이용하는 과정에서 각자의 관심사 같은 실제 생활의 몇몇 측면에 대해서 자기만

의 게시물을 올린다. 따라서 오로지 다른 사람들의 게시물을 공유만 하는 계정이 있다면 조심해야 마땅하다. 아울러 주의해야 할 점은, 일부 가짜 계정도 때로는 자기 페이지에 무작위적으로 보이는 각종 사진을 게시한다는 것이다. 예를 들어 개, 숲, 자동차 사진을 연이어 올림으로써 마치 실제 사람인 것처럼 보이려고 시도하는 것이다.

- 만약 어떤 (유명인사까지는 아닌) 계정에서 게시물을 올리자마자 곧바로 수천 건의 '좋아요'와 공유가 이루어지지만 정작 댓글은 별로 없다면, 그 '좋아요'와 공유는 자동화 봇이 한 것일 수 있다.

- 만약 어떤 소셜미디어 계정에 팔로워 숫자가 많지만, 정작 (직접 올린 게시물, 좋아요, 공유 같은) 참여는 그리 많지 않을 경우, 그 계정은 가짜 팔로워 숫자를 구매했거나, 아니면 가짜 계정일 수 있다.

- 가짜 계정은 종종 다른 가짜 계정들과 똑같거나 유사한 약력과 프로필 사진을 갖고 있다. 종종 사람 대신 무생물이나 풍경을 프로필 사진으로 사용하는데, 이렇게 하면 가짜 계정을 알아보기가 더 어렵기 때문이다. 만약 사람 사진이 나와 있더라도, 종종 이미지 모음 사이트에서 가져온 사진이거나, 온라인에서 쉽게 찾아볼 수 있는 모델이나 유명인사의 사진인 경우가 많다.[10]

- 가짜 뉴스 유포자들은 종종 큰 뉴스가 나온 날에 계정을 만들곤 한다. 만약 어떤 계정이 매우 화제가 된 기사가 나온 날과 같은 날에 만들어져서 바로 그 주제에 관한 게시물만 공유했다면, 여러분이 발견한 계정은 봇이나 트롤일 수 있다.

- 봇과 트롤을 사용하는 사람들은 자기네 게시물이 진짜 사용자들에게 확산되기를 원하기 때문에, 그 계정에 있는 게시물과 약력에는 그 게시물을 확산시키기 위한 목적으로 해시태그가 상당히 많이 달려

있을 것이다.

5. 정치적 밈을 주의하라.

소셜미디어 게시물의 댓글을 클릭해 보면, 오늘날에는 사람들이 어떤 이슈를 놓고 논쟁하는 과정에서 기존 단어가 아니라 오히려 밈을 더 많이 사용한다는 것을 알 수 있다. 하지만 밈은 가짜 뉴스의 덫인 경우가 종종 있다. 밈은 단지 짧은 텍스트에 이미지나 GIF 파일을 덧붙인 것만으로도 우리의 감정을 부추길 수 있다. 밈은 마치 권위 있어 보이지만, 출처 자료의 실제 링크를 제공하는 경우가 드물며, 신뢰할 만한 뉴스의 형태인 것도 아니다. 밈에는 뉘앙스나 맥락이 전혀 없고 (즉 토막 발언일 뿐이고), 종종 가짜 통계, 유명 인사나 역사적 인물의 말로 잘못 알려진 인용문, 가짜 이미지가 포함되어 있다. 아울러 밈을 추적해서 최초의 제작자까지 거슬러 올라가기는 매우 어렵기 때문에, 게시자가 과연 어떤 동기에서 그걸 만들었는지를 알아내기는 거의 불가능하다.

2017년 9월, 영부인 멜라니아 트럼프가 그달 초에 UN에서 행한 연설이 전직 영부인 미셸 오바마의 2014년 UN 연설에서 베껴 온 것이라고 주장하는 밈이 마치 들불처럼 확산되었다. 이 밈은 각각의 연설에서 가져왔다고 주장하는 두 개의 인용문을 보여주는데, 사실 멜라니아의 것이라고 나온 인용문은 실제 연설에 들어 있지도 않았다. 그런데도 이 밈은 대유행하게 되었다. 대부분의 사람들은 굳이 실제 연설을 살펴보고 대조하지도 않았던 것이다. 아울러 그 당시에 백악관은 영부인의 연설을 게시하지도 않아서, 과연 이 밈이 진짜인지를 확인하고 싶은 사람이 있어도 딱히 녹취록이나 동영상이 없었기 때문에 사람들은 그냥 이게 진짜라고 믿어 버렸다.[11]

멜라니아 트럼프가 연설을 표절했다는 결론으로 사람들이 그토록 신

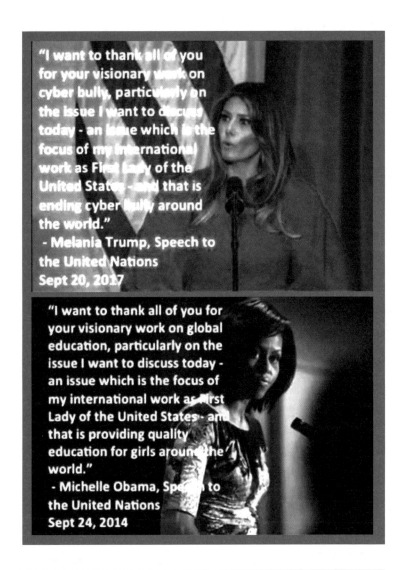

"I want to thank all of you for your visionary work on cyber bully, particularly on the issue I want to discuss today - an issue which is the focus of my international work as First Lady of the United States - and that is ending cyber bully around the world."
- Melania Trump, Speech to the United Nations
Sept 20, 2017

"I want to thank all of you for your visionary work on global education, particularly on the issue I want to discuss today - an issue which is the focus of my international work as First Lady of the United States - and that is providing quality education for girls around the world."
- Michelle Obama, Speech to the United Nations
Sept 24, 2014

멜라니아 트럼프가 미셸 오바마의 연설을 표절했다고 암시함으로써 널리 확산된 (그러나 나중에는 잘못된 것으로 드러난) 정치적 밈의 스크린샷.[12] 미셸이 2014년 9월 24일에 세계 여성 교육에 관해서, 멜라니아가 2017년 9월 20일에 사이버 집단 괴롭힘에 관해서 각각 UN에서 행한 연설문의 일부라고 주장된 내용인데, 양쪽 모두 똑같은 문장에 핵심 단어만 다르다는 점이 확연히 드러난다.

속하게 비약하게 된 이유 가운데 하나로는 이른바 착각 진실 효과가 있었다. 이보다 더 앞서서 멜라니아 트럼프가 미셸 오바마의 다른 연설을 표절했다고 주장하는 기사와 밈이 나타난 적이 있었다. 예를 들어 2016년에 공화당 전당대회에서 멜라니아 트럼프가 한 연설에는 2008년에 민주당 전당대회에서 미셸 오바마가 했던 연설과 똑같은 문장과 구절이 몇 가지 들어 있었다.[13] 그래서 영부인의 UN 연설에 관한 뉴스도 우리가 이전에 들었던 내용과 완벽히 일치하는 것처럼 들렸던 것이다. 우리의 두뇌가 이전의 설명에 길들여진 나머지, 멜라니아가 (또는 더 정확히 말해서, 그녀의 연설문 작성자가) 독창적인 말을 스스로 만들어 내지 못했다고 생각하게끔 유도된 것이다. 따라서 이번에 그 주장을 보자마자, 우리의 두뇌는 자동적으로 그게 진실이라고 받아들인 것이다.

여러분도 정치 밈을 맞닥트릴 때에는 우리가 앞서 이야기했던 방법, 즉 뉴스라고 주장하는 기사들을 검증하는 데 사용했던 바로 그 기법을 사용하라. 예를 들어 정보의 출처를 찾아보고, 원래는 누가 처음 게시한 것인지를 조사하라. 통계나 인용문을 검증하는 것은 훨씬 더 쉬운데, 그냥 구글로 검색하면 그만이다.

밈(meme)이라는 단어는 '모방한 것'이라는 뜻의 그리스어 '미미메(Mimime)'에서 유래했다

1976년에 이 단어를 고안한 진화생물학자 리처드 도킨스는 2018년 인터뷰에서 다음과 같은 정의를 내렸다. "생물학의 유전자에 상응하는 것이 문화에서는 바로 밈입니다. 예를 들어 억양, 또는 기본 단어, 또는 곡조처럼 두뇌에서 두뇌로 전달되는 것은 무엇이든지 그렇습니다. 마치 전염병처럼, 문화적인 방식으로 사람들 사이에 확산된다고 말할 수 있는 것은 무엇이든지 그렇습니다."[14]

6. 이미 진실이 아님을 아는 내용은 공유하지 말라.

우리가 거짓인 줄을 알면서도 뭔가를 온라인에서 공유하는 데는 온갖 종류의 이유가 있다. 때로는 가짜 뉴스 기사가 워낙 터무니없어서 친구들과 함께 웃고 싶어서일 수도 있다. 또 때로는 누군가가 확산시키고 있는 의도적인 거짓말을 보고 분노한 나머지, 비판을 위해 공유할 수도 있다. 이 경우 친구들과 함께 분노하고 싶었던 셈이다. 또 만약 우리가 어떤 이야기나 게시물에 표현된 정서에 동의할 경우, 비록 실제 사실은 틀리다는 것을 알더라도, 우리는 그걸 공유함으로써 좋은 일을 하는 셈이라고 생각할 수도 있다. 미국에서 가장 악명 높은 가짜 뉴스 작성자 가운데 한 명은 정치적으로 진보적이라고 자처하면서도, 정작 극우에 어필하는 가짜 뉴스를 작성한다.[15] 그는 자기 기사가 어디까지나 풍자를 의도한 것이며, 자기는 사실 극우가 어떻게 속아 넘어가는지 보여줌으로써 오히려 가짜 뉴스와 싸우고 있다고 말한다. 하지만 실제로는 그가 작성한 내용을 사람들이 믿고, 그의 게시물 각각은 수천 회의 '좋아요'와 공유를 얻는다. 그의 '싸움'은 사실 가짜 뉴스의 확산을 그저 돕기만 할 뿐이다.

뭔가가 가짜임을 여러분이 안다고 해서, 다른 모든 사람들 역시 반드시 알고 있으리라고 가정해서는 절대로 안 된다. 설령 여러분이 어떤 게시물을 "이건 진실까지는 아니지만, 여하간⋯⋯"이라고 시작하더라도, 그 단서를 결코 읽지 않고 넘어가는 사람들도 분명히 있을 것이다. 2016년 미국 대통령 선거 동안에 대유행했던 밈 가운데 하나에서는 트럼프가 언젠가 《피플》에서 다음과 같이 말했다고 주장했다. "내가 만약 선거에 나간다면 공화당 후보로 나갈 겁니다. 그들이야말로 이 나라에서 가장 멍청한 유권자 집단이기 때문이죠. 그들은 폭스 뉴스에 나온 것이라면 뭐든지 믿습니다. 내가 거짓말을 하더라도 그들은 여전히 그걸 받아들일 겁니다. 장담하건대 내 득표수는 정말 끝내줄 겁니다."[16] 코미디언 에이미 셔머Amy Schumer는 이런 내용을 인스타그램에 올리면서 이렇게 말했다. "물론 이 인용문은 가짜이지만, 그래도 아무 문제는 없다."[17] 하지만 실제로는 문제가 있었다. 많은 사람들은 이게 진실이 아니라는 대목을 읽지 않았다. 이 밈은 그게 진실이라고 믿는 사람들 사이에서 소셜미디어를 통해 여전히 유포되고 있다.

7. 뉴스와 정보의 좋은 출처를 공유하라.

일단 여러분이 팔로우하고 있는 사람을 검증하기 위해 충분한 시간을 들이고 나면, 여러분은 유용하고도 정확한 정보를 제공한다고 신뢰할 수 있는 사람들을 발견하기 시작할 것이다. 가짜 뉴스와 싸우는 일의 한 부분은 이처럼 신뢰도 높은 출처를 드높이고 홍보하는 것인데, 이는 결국 훌륭한 언론인들의 글을 공유한다는 뜻이다. 우리는 부정확한 정보를 근절하려 노력해야 하며, 아울러 정확하고도 무편향적인 정보를 제공하는 사람들의 목소리를 독려하고 증폭시키기 위해 노력해야 하다.

8. 트롤에게 먹이를 주지 말라.

봇과 달리 트롤은 진짜 사람이다. 이들은 온라인에서 싸움거리를 찾아낸 다음, 사람들을 화나게 만들 만하다고 여겨지는 논쟁적인 내용을 게시함으로써 소란을 일으키려 시도한다. 다른 소셜미디어 이용자들로부터 반응을 이끌어 낸다면 트롤은 목적을 달성한 것이다. 따라서 트롤을 차단하거나, 꺼버리거나, 신고하거나, 무시하는 데서 그치고, 굳이 끼어들어서 그들의 손에 놀아나지는 말라. 자칫 그들이 퍼트리려고 하는 메시지를 증폭시키는 데 도움만 될 것이다.

9. 가짜 뉴스를 신고하라.

만약 소셜미디어에서 가짜 계정이나 가짜 뉴스 기사를 발견했다고 확신할 경우에는 신고하라. 소셜미디어 회사들은 여전히 가짜 뉴스의 물결을 근절하기 위한 방법을 연구 중이다. 여러분이 가짜라고 알고 있는 기사와 링크를 신고하면, 회사 측이 어떤 내용을 추천할지 결정하는 알고리즘을 다듬는 과정에 도움이 될 수 있다.

CIA 분석가가 알려 주는 **가짜 뉴스의 모든 것**

· 연습문제 ·

신뢰할 것인가, 신뢰하지 않을 것인가?

앞에서 설명한 조언들을 염두에 둔 상태에서, 여러분은 다음에 열거된 계정 각각이 진짜인지 가짜인지를 확인할 수 있을까? 어떤 계정의 경우, 그 소유주가 제시한 정보가 정확한지를 검증하기 위해서 추가 조사를 하고 나서야 비로소 그 정체를 확신할 수 있을 것이다. 그런 경우에는 그 계정이 진짜인지를 확인하기 위해서 여러분이 살펴볼 수 있는 정보에 밑줄을 그어 보라.

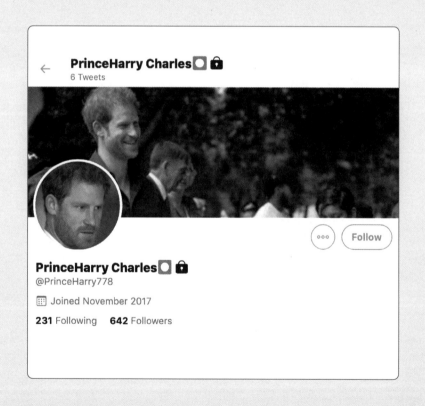

CIA 분석가가 알려 주는 **가짜 뉴스의 모든 것**

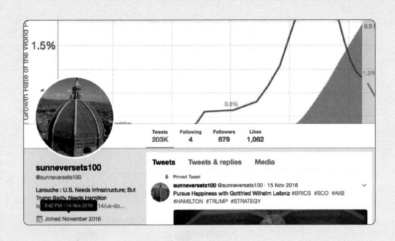

@PrinceHarry778이라는 트위터 계정의 2019년
9월 28일자 스크린샷.

가짜. 어쩌면 여러분은 팔로워 숫자가 적은
이 비공개 계정이 진짜라고 생각하고 깜박
속아 넘어갔을지도 모른다. 어쩌면 이 왕자
님이 사생활 보호를 좋아할지도 모른다고
말이다. 하지만 이것이 가짜 계정이라는 가
장 큰 신호는 바로 검증되지 않았다는 점이
다. 파란 사각형 안에 하얀 원형이 들어 있
는 아이콘은 트위터의 파란색 검증 표시와
유사하지만, 여러분을 속이려는 장치일 뿐
이다. 해리 왕자처럼 유명한 사람이라면 당
연히 검증된 계정을 보유했을 것이다.

부동산 중개업자 셸리 라모니카의 페이스북 페이
지의 2019년 9월 30일자 스크린샷.

진짜. 여러분은 이 페이지가 진짜는 아닐
것이라고 의심했을 수도 있는데, 왜냐하면
배너 사진이 실제로도 디지털 변조된 것처

럼 보이고(그녀의 머리카락 가장자리와 배
너가 그 단서이다), 업체가 받은 추천 수도
적기 때문이다. 하지만 우리는 여기 적힌
번호로 전화를 걸어서 확인할 수 있다. 아
울러 그 업체를 검색한 다음, 과연 그녀가
직원으로 나와 있는지 살펴볼 수도 있다.
실제로 그렇게 해 본다면, 이 페이지가 진
짜라는 걸 알 수 있을 것이다.

NBC 뉴스의 인스타그램 페이지의
2019년 9월 20일자 스크린샷.

진짜. 여러분은 이 인스타그램이 진짜 NBC
뉴스의 것이라는 걸 금세 알아차렸을 수도
있을 터인데, 검증 표시가 있기 때문이다.
하지만 다른 신호들도 있다. 예를 들어 뉴스
기사를 클릭해 보면 곧바로 NBC 웹사이트
로 넘어간다. 이 계정의 팔로워는 180만 명
에 달한다. 이게 가짜 NBC 뉴스라면, 그렇
게 많은 사람들을 속여 넘겨야 한다는 만만
찮은 숙제를 맞이하지 않았을까.

홀리 웨스트의 페이스북 프로필의
2019년 9월 29일자 스크린샷.

진짜. 여러분도 홀리의 프로필을 살펴보았
다면, 그녀가 진짜임을 금세 알아챘을 것이
다. 자기가 사는 동네며, 자기가 살던 고향
이며, 자기가 다닌 학교 같은 것들을 열거했
기 때문이다. 아울러 홀리는 자기가 관심을
가진 것들의 사진을 게시했고, 단지 다른 사
람들의 게시물을 공유하는 데만 그치지 않
고 실제로 자신이 직접 쓴 내용도 게시했다.
여러분은 그녀가 프로필에 적어 놓은 회사
를, 또는 그녀가 다닌 학교를 살펴봄으로써
진짜임을 이중 확인할 수도 있다. 한마디로
홀리의 계정이 진짜로 보이는 건, 누구나 검
증할 수 있는 세부사항까지 포함한 완전한
범위의 인간 활동을 게시했기 때문이다.

@KeanuCharlesr12 트위터
계정의 2019년 9월 29일자 스크린샷.

가짜. 진짜 키아누 리브스라면 검증된 계정
과 아울러 83명보다는 더 많은 팔로워를 보
유했을 것이다. 내 생각에는 그 배우가 자기
이름을 똑바로 쓰는 방법도 알고 있으리라
고 말해도 무방할 듯하다.[*] 가짜 계정 제작
자들은 인간의 행동을 모방하기 위해 자기
페이지에 종종 무작위적인 사물 사진을 게
시하게 마련이다. 이 계정에는 비행기 밑바
닥을 찍은 뜬금없는 사진이 게시되었다.

---

[*] 사람 이름이기에 대문자로 시작해 'Reeves'
라고 적어야 하는데 'reeves'로 적은 잘못을
언급한 것이다.

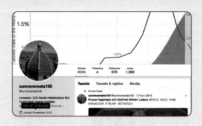

@sunneversets100 트위터
페이지의 2017년 8월 28일자 스크린샷.

가짜. 이 계정은 2016년 11월에 처음 만들어졌을 때부터 이 스크린샷을 저장한 때까지, 1년도 채 되지 않는 기간 동안 무려 20만 3000회나 트윗을 올렸다. 하루에 700개가 조금 넘는 (또는 12시간 동안 1분당 1개씩의) 게시물을 올렸다는 뜻이므로, 가장 말이 많은 인간 게시자보다도 훨씬 더 많은 셈이다. 아울러 이 게시물의 대다수는 직접 올린 내용이 아니라 리트윗이었으며, 그 대부분은 러시아 정부가 소유한 뉴스 업체들의 기사를 공유한 것이었다.

트위터 사용자 타스만 케카이의 프로필의
2019년 7월 21일자 스크린샷.

진짜. 이 계정은 처음 만들어진 날짜를 고려했을 때에 평균적인 개수의 트윗을 했으며, 그 트윗 대부분은 리트윗보다는 직접 적은 내용이었다. 아울러 여러분이 타스만의 웹사이트 링크를 클릭해 보았다면, 그녀에 관한 더 많은 정보와 아울러 다른 소셜미디어 계정으로 가는 링크가 나왔을 것이다.

자칭 긴급 속보를
대하는 방법

일요일 밤 늦은 시간, 여러분은 잠들지 못하고 있다. 내일 학교에서 시험이 있든, 회사에서 발표가 있든, 충분히 많이 준비하지 못한 것 때문에 걱정하는 중이다. 여러분은 기분 전환을 위해서 소셜미디어를 확인하기로 작정하는데, 곧바로 피드에 다음과 같은 말로 시작되는 게시물이 가득 나타난다.

긴급 속보!

'또 시작이군.' 여러분은 이렇게 생각한다. 혹시 테러리스트일까? 지진일까? 아니면 또 어떤 정치인이 수치를 당하고 사퇴한 걸까? 불과 몇 시간 전에도 다른 뭔가에 대한 긴급 속보가 있었던 기억이 나는데? 여러분은 조심스럽게 읽어보기로 작정한다.

또다시 총격 사건이 일어났는데, 이번에는 라스베이거스에서 열린 공연에서였다. 여러분은 가슴이 철렁하는 느낌이다. 친구 몇 명이 그곳에 살기 때문이다. 혹시 그들에게 무슨 일이 일어났다면 어쩌지? 그럴 가능성도 충분히 있다. 여러분은 재빨리 트위터로 가서 뉴스에서 뭐라고 말하는지 알아본다. 어느 CNN 기자의 트윗에 따르면 총격 사건은 그곳의 번화가인 라스베이거스 스트립에서 있었다고 한다. 총기 소지자가 어디선가 군중을 향해 발표했지만, 그가 어디에 있는지는 아직 아무도 모른다고 했다. 살인자는 여전히 활보 중이라는 것이다. 최소한 12명이 사망하거나 부상했다고 뉴스 보도에 나왔다. #라스베이거스가 트렌드 순위에 오르기도 해서, 여러분은 그걸 클릭하고 최신 게시물을 훑어보기 시작한다.

트윗 대부분은 라스베이거스를 위해 기도하는, 또는 그 공연에 간 친구들이 있는 사람들이 올린 것이었다. 그걸 다 읽자니 여러분은 약간 속이 울렁거린다. 그때 또 다른 트윗에서 경찰들이 살인자와 총격전을 벌이는 중이라고 말한다. 잠깐, 도대체 언제 그 총기 소지자를 찾아낸 걸까? 여러분은 그 트윗을 올린 사람의 이름을 알지 못하지만, 그래도 세부사항을 많이 제공하는 것으로 미루어 그 일에 대해서 잘 아는 사람인 것처럼 보인다. 그 사람은 다섯 명이 사망하거나 부상했다면서, 총격 사건의 실제 현장에서 찍었다는 사진까지 첨부했다. 하지만 CNN에서 새로 올라온 게시물에서는 무려 40명이 사망하거나 부상했다고 나온다. 여러분이 피드를 새로고침하자, 새로운 게시물이 수백 개나 올라와 있는데, 그중 일부는 현장에 있었다는 사람들이 찍은 사진과 동영상을 첨부했다. 그런 사진 가운데 하나를 보니, 땅에 눈이 조금 내려 쌓인 것이 보인다. 여러분은 라스베이거스에 가본 적이 한 번도 없지만, 그래도 10월 초에 그 광경은 약간 기묘해 보인다는 느낌을 받는다. 이미 대유행하고 있는 더 최근의 게시물에서는 총격범이 한 명 이상이라고 나왔지만, 여러분이 다시 CNN을 확인해 보니 아직까지는 이와 관련된 아무런 내용도 게시되지 않은 상태였다. 여러분은 짜증이 치민 나머지 살짝 투덜거린다. 여러분은 실제로 무슨일이 벌어지고 있는지를 알고 싶을 뿐인데, 따라잡아야 할 게시물이 너무많고, 하나같이 다른 이야기를 늘어놓고 있다.

이쯤 되자 여러분은 트위터에 매달리다시피 하는데, 불과 몇 시간 사이에 더 많은 뉴스가 들어오고 있기 때문이다. 내일 일에 대한 고민은 이제먼 일이 되어 버렸다. 여러분은 라스베이거스에 사는 친구들이 무사한지알아보기 위해 문자를 보내고, 다행히도 그들은 공연장 근처에는 가지도않았다고 답장한다. 하지만 2017년 10월 그날 밤에 실제로 피살된 58명은 그렇지 못했다. 몇 시간이 지나서야 뉴스에서는 마침내 총기 소지자의신분을 64세의 스티븐 패덕으로 확인했다. 그는 맨덜레이 베이 호텔의32층에서 공연장을 향해 총을 쏘았다. 경찰은 총격범이 스스로 쏜 총상으로 사망한 것을 발견한 이후에야 신분을 확인했다.

다음날 아침, 여러분은 일찍 일어나서 곧바로 트위터를 확인한다. CNN에 따르면 경찰은 여전히 패덕의 범행 동기를 알지 못했다. 여러분은 자연히 이 사람이 누구인지, 그리고 왜 그토록 무시무시한 짓을 했는지 궁금해할 수밖에 없다. 이 대목에서 가짜 뉴스 작성자와 트위터 트롤이 등장한다. #라스베이거스로 돌아가 보니, 이번 사건의 진상을 알고있다고 주장하는 극우 가짜 뉴스 사이트 게이트웨이 펀디트Gateway Pundit에서 나온 기사를 인용한 게시물이 채널에 가득하다.

또 다른 기사에서는 패덕이 트럼프에 반대하는 진보주의자라고 말했다. 수사관들이 나중에 밝혀낸 바에 따르면, 이 이야기는 원래 포챈의 게시물에서 비롯된 것이었는데, 그 게시물에서는 익명의 사용자들이 이 총격 사건을 진보주의자에게 덮어씌울 방법에 대해 논의한 바 있었다.[1] 또

　　　CIA 분석가가 알려 주는 **가짜 뉴스의 모든 것**

한 가지 기사는 러시아 정부가 통제하는 업체로서 가짜 뉴스를 확산시킨다고 알려진 스푸트니크에서 나온 것으로, 그 총격범이 최근에 이슬람교로 개종했다는 사실을 미국 미디어가 숨기려 한다고 주장했다. 여기서는 FBI가 패더크를 이라크의 이슬람국가며 중동의 테러리스트 단체와 연계시켰다고 주장했다.[2] 심지어 총격범의 정체를 패더크가 아닌 다른 누군가라고 지목하는 기사들도 몇 가지 있었다.

이런 가짜 기사들은 워낙 인기가 있었기 때문에, 구글과 페이스북에서는 NBC와 CNN의 진짜 뉴스 기사와 나란히 '화제의 기사'에 올랐다.[3] 여기서 끝이 아니었다. 총격 사건 도중에는 물론이고 그 이후에도 소셜미디어상에는 당시 현장에 있었다는, 또는 총에 맞았다는, 또는 친지를 잃었다는 사람들의 이야기라고 주장하는 게시물이 무수히 많이 올라왔다. 가짜 계정이, 또는 관심을 얻으려고 시도하는 이용자들이 올린 이런 게시물 가운데 일부는 가짜 사진까지 첨부했다.[4]

어떤 재난 직후에 가짜 뉴스가 확산된 사례는 라스베이거스 총격 사건만이 아니다. 사실 긴급 속보 상황 때는 사람들을 속이는 가짜 정보, 가짜 뉴스, 음모 이론이 차고도 넘치며, 이 과정에서 우리가 앞서 여러 장에 걸쳐 이야기했던 것과 똑같은 전술 가운데 다수가 자주 이용된다. 긴급 속보는 보통 강한 감정을 유발시키며, 온라인에서 정보의 홍수를 만들어 내는데, 가짜 뉴스 작성자들은 이를 쉽게 이용하여 가짜 기사를 유포하고 혼란을 야기한다.

그렇다면 긴급 속보breaking news란 도대체 무엇일까? 보통 미디어 업체에서는 방금 전에 벌어진 중대한 일에 대한 신속한 보도를 긴급 속보라고 지칭한다. 물론 총격 사건 같은 재난만 다루는 것은 아니다. 정치적 사건이라든지, 저명한 인물의 사망이라든지, 중요한 회사의 중대한 발표 같은 소식도 다룰 수 있다. 긴급 속보라는 라벨은 이미 보도된 중요한 이야기의 신규 업데이트 내용을 전할 때에도 자주 사용되는데, 예를 들어 지난 몇 달 동안 협상을 거듭하던 두 나라 간의 평화 협정이 마침내 서명되었다는 소식이 그렇다.

오늘날에는 마치 모든 것이 긴급 속보인 것처럼 느껴질 수 있다. 단지 워낙 많은 일들이 벌어지고 있어서 그런 것만이 아니다. 일부 업체들이 시선을 끌기 위해서 딱히 대단할 것도 없는 뉴스거리조차도 '긴급 속보'라고 주장하는 경우가 많기 때문이다. 이미 낚시성 제목 헤드라인에 의존하는 상황인 가짜 뉴스 웹사이트들은 어떤 기사를 사람들이 더 많이 클릭하게 만들기 위해서 '긴급 뉴스'라는 라벨을 종종 붙인다. 그렇다면 진짜 긴급 속보 사건 동안에 가짜 뉴스에 속지 않으려면 어떻게 해야 할까?

1. 일단 멈춰 서서 숨을 고르라.

가짜 뉴스는 딱 진짜 뉴스만큼 빠르게 움직인다. 때로는 가짜 뉴스가 오히려 진짜 뉴스보다 더 빠르기도 한데, 가짜 뉴스 게시자들은 굳이 사실 확인을 기다릴 필요가 없기 때문이다. 이들은 내용을 그냥 마음대로 꾸며 낼 수 있다. 긴급 속보 사건들은 우리의 피를 끓어오르게 만들고, 우리의 감정을 고취시킬 수 있으며, 특히 빠르게 새로운 소식으로 몰아붙이며 그렇게 할 수 있다. 하지만 우리가 흥분한 나머지 뭔가 행동해야 한다고 느낄 경우, 자칫 긴급 속보 사건에 대한 가짜 뉴스와 부정확성을 확산시키는 데 일조할 가능성이 더 크다. 그러니 일단 기다리고, 숨을 고른 다음, 차분하게 조사하고 난 다음에 뭐라도 공유하라.

2. 이게 정말로 '긴급 속보'인지를 확인하라.

때로는 가짜 뉴스 유포자들이 옛날 뉴스 기사를 재활용하거나, 또는 새로운 뉴스 기사를 만들어 낸 다음, 그 사건이 실제로 일어난 것처럼 보이게 만들기 위해서 '긴급 속보'라는 라벨을 붙인다. 그러니 혹시 다른 뉴스 업체들도 (특히 여러분이 신뢰할 만하다고 이미 확인한 업체들도) 같은 내용을 보도하는지 여부를 살펴봄으로써 그게 정말로 '긴급 속보'인지를 확인하는 습관을 가지는 게 필요하다. 어떤 미디어 업체에서 긴급 속보가 나왔을 때, 기자들이 그걸 보고 맨 먼저 하는 일 가운데 하나는 자기네 소식통에게 연락해서 현재 보도되는 내용이 사실인지 확인해 보는 것이다. 한 뉴스 업체에서 이미 긴급 속보를 낸 다음에도, 다른 여러 업체들이 똑같은 내용을 보도하는 이유 가운데 하나도 그래서이다.

예를 들어 여러분에게는 친숙하지 않은 어느 뉴스 사이트가 있는데, 플로리다주에서 폭탄이 터졌다고 주장하는 기사가 거기서 나왔다고 하자. 만약 그 일이 진짜로 일어났다면, 각지의 미디어 업체들이 그 내용을 보도하기 위해 몰려갈 것이다. 이럴 때에는 잠시 기다려 본 다음, 신뢰할 수 있다고 알려진 다른 업체들도 그 내용을 보도했는지 신속한 인터넷 검색으로 알아보라. 만약 보도하지 않았다면, 그거야말로 가짜 뉴스라는 의미일 것이다.

3. 사건 발생 장소와 가장 가까운 뉴스 업체들을 살펴보라.

예를 들어 긴급 속보 사건이 플로리다주 북부에서 벌어졌다고 치면, 그 지역에 사는 언론인과 연결된 뉴스 업체들은 아마도 정확한 정보를 얻을 수 있을 것이다. 현장에 나가 있는 지역 언론사 기자들은 현재 벌어지는 일에 관한 정보를 제공하는 관련 기관 소식통들을 알고 있을 가능성이 가장 크다.

4. 여러분이 소셜미디어상에서 본 것을 모두 믿지는 말라.

이제 여러분은 소셜미디어가 가짜 뉴스의 온상이라는 사실을 알고 있다. 긴급 속보 상황에서는 훨씬 더 심하다. 사람들이 현재 벌어지고 있는 일에 대해서 자기가 아는 바, 또는 생각하는 바를 소셜미디어에서 공유하게 되면서, 가짜 뉴스 작성자들도 덩달아 끼어들어서 실제로 무슨 일이 벌어지고 있는지를 자기가 안다고 주장한다. 해외 정부들, 특히 러시아와 중국과 이란은 긴급 속보 사건 동안 봇과 트롤을 동원해서 거짓 정보를 소셜미디어에 게시하고, 이를 통해 혼란을 증대시키는 동시에 인종과 정치 같은 민감한 이슈를 둘러싼 분열을 심는다.[5] 인종차별적이고 극단적인 정치 집단 역시 위기 상황 도중과 이후에 자기네가 내세우는 의제를 진전시키기 위해 가짜 뉴스와 역정보를 종종 유포한다. 예를 들어 백인이 저지른 총격이나 공격 사건이 벌어지고 나면, 백인 우월주의자들이 소셜미디어에 나타나서 거짓 정보를 확산시키고, 비非백인이나 기타 소수 집단에게 비난을 돌리곤 한다.

출처를 인용 표시도 하지 않은 채 소셜미디어에 정보를 게시하는 사람들에게는 기본적으로 회의적인 태도를 취하라. 만약 그들이 그 정보를 얻은 곳으로 가는 링크를 공유하지 않는다면, 여러분은 그 내용을 검증할 방법이 전혀 없는 셈이다. 물론 어느 소셜미디어 이용자의 약력에 언론인이라고 나오고 신분이 검증되었다면, 어떤 사건에 대한 정보를 게시하면서도 기사의 링크를 제시하지 않은 것을 이해할 수 있다. 그가 아직 그 사건에 대한 기사를 쓰지 않은 상황일 수도 있을 테니까. 하지만 언론인도 아닌 사람이 뉴스 기사를 인용하지도 않고서 어떤 사건에 대해서 글을 게시했는데, 실제 사건을 직접 경험하지 않은 것처럼 보인다면, 그 사람이 자기가 하는 이야기를 어떻게 알았을지 여러분 스스로에게 물어보라. 설령 그가 사건 현장에 있었다고 주장하더라도, 아울러 설령 그가 사진을 갖고 있더라도, 실제로는 온라인에서 찾아낸 유사한 사건의 옛날 사진을 이용했을 수도 있다.

5. 여러분이 신뢰하는 뉴스 업체에서 처음 보도할 때에 기사를 잘못 썼다 하더라도 낙담하지는 말라.

뉴스 업체들도 완전한 그림을 맞춰 보기까지는 시간이 걸릴 수도 있다. 독자들에게 최신 소식을 계속 알리려다 보니, 위기가 한창 진행 중인 과정에서는 자기네가 알아낸 내용을 일단 신속히 보도하게 마련이다. 기자들이 현장 최초 발견자를 만나거나, 또는 현재 진행 중인 일에 정통한 누군가를 만나서 이야기를 나누다 보면 그런 정보는 언제든 쉽게 바뀔 수 있기 때문에, 기사도 새로운 정보를 포함하기 위해 빨리 바뀌는 경우가 종종 있다.

아울러 긴급 속보 기사가 항상 그 내용과 관련된 맥락과 배경을 제공할 수 있는 것까지는 아니다. 긴급 속보 사건은 신속하게 전개되는 사건이므로, 대부분의 뉴스 보도는 기본적인 사실을 먼저 내놓는 일에 초점을 맞출 것이다. 때로는 무슨 일이 일어났는지, 누가 관여했는지, 왜 일어났는지, 이와 유사한 일이 과거에도 일어났었는지 등에 관한 완전한 그림을 뉴스에서 맞춰 보기까지 며칠이 걸릴 수도 있다. 만약 여러분이 예전에 신뢰했던 어떤 뉴스 업체에서 자기네 기사를 약간 바꾸었다거나, 또는 긴급 속보 사건의 시작 당시에 모든 맥락을 제공하지 않는다 하더라도, 그렇다고 해서 여러분이 그 업체를 신뢰할 수 없다는 뜻은 아니다. 다만 그 업체가 새로운 정보를 알아냈다는 뜻일 뿐이다.

　긴급 속보 사건이 벌어질 때야말로 우리가 가짜 뉴스에 속아 넘어가서 온라인으로 다른 사람에게 전달할 위험이 가장 큰 상황 중 하나다. 그런 때일수록 우리가 발견한 내용을 공유하기 전에, 차분히 시간을 들여가면서 현재 보도되고 있는 내용을 조사하는 것이 필요하다.

·연습문제·

긴급 속보 분류하기*

아래는 2017년의 실제 긴급 속보 사건이었던 허리케인 하비 출현 당시에 실제로 나온 트윗들이다. 각각의 게시물을 살펴보고 다음 세 가지 중 하나로 구분하라. 첫째, 신뢰할 만해 보이는 내용에는 '확인' 표시를 하라. 둘째, 더 조사해 볼 만한 가치가 있어 보이는 게시물에는 '별' 표시를 하고, 그 게시물이 신뢰할 만한 정보의 출처인지를 판정하기 위해서 여러분이 살펴보고 싶은 내용이 무엇인지 적어 보라. 셋째, 완전히 무시해야 마땅하다고 생각하는 게시물 옆에는 'X' 표시를 하라.

---

* 이 부분에서는 독자의 문제풀이를 위해 원본 스크린샷의 문구를 번역해 놓았다.

DarkSyn 🎙 **#Ω PRU Founder** @Mihero · Aug 26, 2017

허리케인 하비 직후 영리한 개 한 마리가 사료 봉지를 물고 걸어가는 모습.
출처 @허핑턴포스트신기한뉴스(HuffPostWeird)

허리케인 하비 직후 영리한 개 한 마리가 사료 봉지를 물고 걸어가는 모습.
"남의 도움 없이도 살아갈 수 있는 걸 보니 텍사스 개가 분명하다." 누군가의
말이다. 허핑턴포스트닷컴

🔗 huffpost.com

💬 1   ⟲ 6   ♡ 5   ⬆

Nichole Gomez ABC-7 ✓ @NicholeEGomez · Aug 25, 2017

엘파소의 응급 대응 인력 일부가 허리케인 하비 관련 지원을 위해 배치되었다.
출처 KVIA 뉴스.

엘파소의 응급 대응 인력 일부가 허리케인 하비 관련 지원을 위해 배치되었다.
수백 명의 응급 대응 인력이 텍사스 (아울러 전국) 각지에서 동원되었는데, 허리
케인 하비의 경로에 있는 주민을 돕기 위해서였다. KVIA뉴스닷컴

🔗 kvia.com

💬   ⟲   ♡ 2   ⬆

Margaret Browning @Margare06824403 · Aug 25, 2017

지금 #가짜뉴스 워싱턴 포스트는 허리케인 하비를 4등급이라고 한다. 텍사스의 착한 사람들을 겁주다니, 정말 안타깝다.

John Moffitt
@JohnRMoffitt

#휴스턴홍수: #휴스턴에서는 탐욕스러운 개발업자들이 범람원에 값비싼 주택을 지었다. 매년 우리는 수많은 차량이 물에 잠긴 것을 본다.

Trash Yorlang @StartTrashTalkN · Aug 26, 2017

휴스턴의 홍수가 딱 이런 모양새다. 차라리 마당에 중고 장터나 열걸.
#휴스턴 #허리케인하비 #홍수 #허리케인 #날씨채널 #마당중고장터

돈패닉번스의 2017년 8월 26일자
트윗의 스크린샷.

마이히어로의 2017년 8월 26일자
트윗의 스크린샷.[6]

별. 이 게시물에 첨부된 사진은 날씨 앱에서 가져온 것처럼 보이지만, 그게 어떤 앱인지, 그 이미지가 얼마나 오래된 것인지, 그 내용이 정확한지는 불분명하다. 게시자는 미디어 업체 소속인 것처럼 보이지는 않으며, 이 게시물에서 자기가 이 사진을 직접 찍었다고 주장하지도 않았다. 아울러 이 게시물은 뉴스 기사로 가는 링크를 넣지도 않았다. 이 사진이 어디에서 나온 것인지 알 수 없으므로, 여러분은 그 출처에 관해 게시자에게 물어보거나, 아니면 게시자가 그 사진을 가져온 곳에 대해 다른 게시물에서 설명하는지를 찾아볼 수 있다. 아울러 그 지역의 일기예보를 여러분이 직접 살펴볼 수도 있다.

확인. 이 게시물은 용감하게 폭풍에 맞선 동물에 관한 실제 미디어 업체의 기사를 공유하고 있다. 게시자는 이 게시물에서 헤드라인에서 가져온 구절 외에는 아무런 주장도 내놓지 않았다. 뉴스 기사를 게시했다고 해서 이 게시자가 자기 계정에서 한 말이 모두 진실이라는 뜻까지는 아니지만, 이 게시물에 나온 정보가 실제 뉴스 출처에서 나왔다는 것만큼은 여러분도 알게 되었다. 만약 그 뉴스 업체가 여러분에게는 친숙하지 않은 곳이라면, 과연 그 기사의 출처가 믿을 만한 곳인지 직접 조사해 볼 수도 있다.

CIA 분석가가 알려 주는 **가짜 뉴스의 모든 것**

니콜 고메스의 2017년 8월 25일자 트윗의
스크린샷.[7]

확인. 이 게시물은 자신이 속한 미디어 업체에서 이 사건에 관해 내놓은 뉴스를 공유하던 실제 기자가 올린 것이다. 이용자에 검증 표시가 있으며, 이는 그가 자기라고 스스로 주장하는 바로 그 사람이라는 뜻이다. 여기서도 마찬가지로, 뉴스 기사를 하나 올렸다고 해서 그 게시자가 자기 계정에서 한 말이 모두 진실이라는 뜻까지는 아니지만, 이 게시물이 실제 뉴스 출처에서 나왔다는 것만큼은 여러분도 알게 되었다. 만약 그 기자나 뉴스 업체가 여러분에게는 친숙하지 않다면, 과연 믿을 만한지 직접 조사해 볼 수도 있다.

마거릿 브라우닝의 2017년 8월 25일자 트윗의
스크린샷.[8]

X. 이 게시물은 외관상《워싱턴 포스트》보도를 인용하는 척하지만, 정작 그쪽으로 가는 링크를 걸어 놓지는 않았다. 이 계정이 주장하는 내용을 그 신문이 보도했는지에 대해서는 여러분이 직접 조사해 볼 수도 있지만, 이 게시물에 대해서는 완전히 무시해 버려도 그만일 것이다. 왜냐하면 이 계정에서는 아무런 출처 표시도 없이 어떤 주장을 내놓고 있으며, 게다가 믿을 만한 미디어 업체인《워싱턴 포스트》를 "#가짜뉴스"라고 단언하기 때문이다. 아울러 이 계정에는 프로필 사진이 없으며, 프로필을 만들 때 부여받은 알파벳과 숫자로 이루어진 사용자명을 여전히 사용하고 있다. 이 두 가지가 항상 어떤 계정이 봇이거나 트롤일 수 있다는 결정적인 신호는 아니지만, 그래도 여기 있는 게시물이 믿을 만하지 않음을 알리는 신호라고 볼 수는 있다.

존 모피트의 2017년 8월 27일자 트윗의
스크린샷.[9]

트래시 욜랑의 2017년 8월 26일자 트윗의
스크린샷.[10]

X. 이 사진은 확실히 허리케인의 영향처럼 보이지만, 원래 이 사진이 어디에 있던 것인지, 언제 어디서 찍은 것인지, 실제로는 무엇을 찍었는지, 왜 이 게시자가 갖고 있는지는 명확하지가 않다. 게시자는 미디어 업체 소속인 것처럼 보이지는 않으며, 자기가 직접 사진을 찍었다고 주장하지도 않았다. 이 게시물은 뉴스 기사의 링크를 걸지도 않았고, 단지 개인적 시각을 뒷받침하려는 의도인 것처럼 보인다. 여러분은 게시자에게 그 출처를 물어보거나, 혹시 이 사진이 첨부된 다른 게시물에서 출처가 설명되는지를 살펴보거나, 아니면 게시자가 이 사진을 어디서 가져왔을지 직접 검색해 볼 수도 있다. 하지만 여러분이 실제 사건에 관한 뉴스를 찾아보고 있다면, 차라리 이 게시물은 그냥 무시해 버리고, 오히려 신뢰받는 뉴스 업체처럼 더 믿을 만한 출처를 살펴보는 것이 나을 것이다.

별. 게시자는 자기 동네 사진을 직접 찍었음을 암시하지만, 이 사진이 실제로 어디서 왔는지를 검증하기는 어렵다. 게시자는 미디어 업체 소속인 것처럼 보이지는 않는다. 이 대목에서는 제아무리 허리케인 같은 대규모 사건이라도 모든 지역이나 사람에게 똑같이 영향을 주지는 않는다는 점을 기억하는 것이 중요하다. 즉 게시자는 허리케인이 부는 와중에도 홍수를 전혀 경험하지 않았을 수 있지만, 그렇다고 해서 이 사진이 허리케인의 충격은 어디에도 없었다는 증거가 될 수는 없는 것이다. 이와 비슷한 게시물의 문제가 무엇인가 하면, 어떤 사람들은 이걸 보고는 밖에 나가도 안전하겠거니 생각하지만, 막상 나가 보면 그 지역이 전혀 안전하지 않을 수 있다는 점이다. 이럴 때 최선의 방법은 그 지역의 신뢰받는 미디어 출처를 확인하거나, 그 지역의 비상 대응 기관을 확인함으로써 어떤 지역이 허리케인의 영향권에 들었는지를 알아보는 것이다.

결론

2017년에 스무 살의 절친인 로한 파테와 애시 바트는 트위터에서 몇몇 계정들이 이상하게 행동하는 것을 감지했다. 이들은 캘리포니아 대학 버클리 캠퍼스의 컴퓨터 과학 강의 가운데 하나에서 트럼프 대통령의 트윗을 연구하라는 과제를 부여받은 참이었다. 두 사람 모두 이전 해에 있었던 대통령 선거 동안 러시아가 가짜 계정을 이용해서 미국 유권자에게 영향을 주려 시도했다는 이야기를 이미 많이 읽은 바 있었다.[1] 그런데 이들이 살펴본 결과, 대통령의 트윗에 댓글을 다는 트위터 이용자들 가운데 일부는 이들이 연구한 러시아 봇들의 패턴으로 알려진 것 가운데 한 유형을 따르고 있었다. 즉 최근에 새로 만든 계정들이 정치적으로 한쪽에 치우친 내용만을 리트윗했던 것이다. 두 사람은 가짜 계정들을 발견했다고 확신했다. 그런데 이들이 직접 가짜 계정을 알아낼 수 있다면, 컴퓨터가 봇을 확인하게끔 프로그램을 만들 수도 있지 않을까? 파테와 바트는 이 질문을 숙고했다. 그리고 할 수 있다는 결론을 내렸다.

여기서의 핵심은 인터넷 사용자들이 더 많이 정보를 얻게끔 돕는 것이었다. 두 학생은 우선 뉴스봇NewsBot이라는 앱을 만들었는데, 사용자가 페이스북 메신저를 통해서 뉴스 기사를 보내면, 이 프로그램이 그걸 분석해서 그 출처의 정치적 성향을 알려 주었다. 하지만 이들은 여기서 그치지 않았다. 다음으로 파테와 바트는 다운로드 방식의 구글 크롬 브라우저 확장 프로그램인 봇체크닷엠이Botcheck.me를 내놓아서, 트위터에서 봇처럼 행동하는 계정들을 체크할 수 있게 했다. 이들이 이 프로그램을 만드는 데 들인 시간은 겨우 8주에 불과했지만, 봇을 확인하는 정확도는 무려 90퍼센트가 넘었다.[2] 이들의 세 번째 프로젝트인 서프세이프SurfSafe는 무료 브라우저 확장 프로그램으로, 뉴스 사이트라고 자칭하면서 실제로는 이용자를 오도하려 시도하는 사이트를 텍스트와 이미지 분석으로 확인해 주었다.

이들은 정치적인 동기 때문에 나선 것이 아니었다. 단지 정보 때문이었다. "누군가의 정치적 시각이 어떤지는 상관하지 않습니다. 단지 저는 사람들이 정보를 얻게끔 만들고 싶었습니다." 바트는 2017년에 《와이어드》와의 인터뷰에서 이렇게 말했다. "자기는 정보를 얻는다고 생각하는 사람 중 다수가 실제로는 매우 편향적인 출처에서 읽고, 매우 편향적인 뉴스를 접하고 있습니다." 파테와 바트는 사람들이 가짜 뉴스를 알아보도록 돕는 새로운 방법을 고안하려 매일같이 노력했는데, 그 문제가 사라지지 않을 것임을 알았기 때문이었다.

아울러 두 사람은 가짜 뉴스가 단지 정부의 문제이거나, 또는 소셜미디어 회사의 문제가 아니라는 것을 알고 있었다. 이것이야말로 우리 모두의 문제였던 것이다. 우리 모두는 각자 가짜 뉴스와 싸우는 과정에서 중요한 역할을 지니고 있다.

우리 모두가 참여해야 하는 일

우리는 놀라운 통신의 시대에 살고 있으며, 한평생 실제로 소비할 수 있는 것보다도 훨씬 더 많은 정보를 접한다. 때로는 압도당하는 느낌이 들 수도 있는데, 이제 우리는 가짜 뉴스 유포자들이 이런 전례 없는 접근성을 이용함으로써 혼란을 만들어 내고 거짓 정보를 확산시키려 시도한다는 것을 알기 때문이다. 하지만 좋은 소식도 있다. 우리는 가짜 뉴스를 알아보고 맞서 싸우는 데 도움을 주는 정보를 그 어느 때보다도 많이 갖고 있다.

이제 우리에게는 가짜 뉴스의 역사를 안다는 이점이 있다. 파라오의 시대에나 인쇄술의 초창기에나, 그 당시의 가짜 뉴스는 오늘날 우리가 만나는 종류의 가짜 뉴스와 크게 다르지 않았다. 비록 오늘날 가짜 뉴스가 확산되는 방식이 파피루스에 글을 쓰던 사람들의 시대의 방식보다 더 빠르고 더 손쉽기는 하지만, 이제 우리는 그 패턴을 알고 있다. 우리는 가짜 뉴스가 퍼뜨리려 하는 선정적이고 분열시키는 이야기가 어떤 종류인지를 안다. 우리는 가짜 뉴스가 감정을 이용함으로써 사람을 속인다는 것을 안다. 우리는 가짜 뉴스가 인종차별주의, 정치적 분열, 음모론 같은 것들을 이용한다는 것을 안다. 우리는 가짜 뉴스가 거듭해서 거짓말을 퍼부으려 시도한다는 것을, 왜냐하면 가짜 뉴스를 더 많이 보고 들을수록 거기 넘어갈 가능성도 더 높아지기 때문이라는 것을 안다. 우리보다 먼저 살았던 모든 세대의 사람들도 이와 똑같은 가짜 뉴스 문제를 겪었으며, 모든 세대마다 그 과정에서 뭔가를 배웠다. 따라서 우리도 그렇게 해야만 한다. 가짜 뉴스의 역사를 앎으로써 우리는 가짜 뉴스와 싸우기 위해 따라갈 길을 보여주는 지도를 얻은 셈이 된다.[3]

우리는 아무것도 믿지 않는 것이 손쉬운 해결책이라고 생각할 수도 있다. 가짜 뉴스 유포자들이 우리에게 바라는 일이 바로 그것이다. 그들은 우리가 이제는 아무것도 진실이 아니라고 생각하기를, 또는 문제가 너무나 극복 불가능하기 때문에 굳이 노력할 필요도 없다고 생각하기를 원한다. 하지만 포기하는 것은 가장 손쉬운 출구인 동시에 가장 위험한 출구로, 가짜 뉴스 문제를 해결하는 데 어떤 도움도 되지 않는다. 이런 행동은 여전히 진실이 존재한다는 사실을, 아울러 우리가 알고 있는 게 무엇인지 검증해 주기 위해 언론인들이 매일같이 열심히 일하고 있다는 사실을 무시해 버린다. 따라서 가짜 뉴스와 싸우도록 돕는 일은 우리 각자에게 달려 있다. 우리 모두가 컴퓨터 프로그래머인 것까지는 아니다. 하지만 이 책에서 배운 것처럼, 이제 우리는 마치 정보 분석가처럼 생각할 수 있게 되었다.

정보 분석가는 자기가 동의하지 않는다는 이유로 진실을 깎아내리지 않게끔 각자의 편향까지 고려한다. 그들은 자기가 정보를 얻는 곳이 어디인지를 충분히 시간을 들여가면서까지 확인한다. 그들은 모든 정보를 잠재적으로 유용하다고 간주하지만, 사용하기 전에 먼저 그 정보를 검증한다. 정보 분석가는 거짓 정보를 발견하면 보고한다. 여러분도 이런 모든 일을 할 수 있으며, 그리고 나서 여러분의 친구와 가족도 똑같이 하는 법을 배우도록 도울 수 있다.

나는 종종 CIA에서의 첫날을, 내가 벽에 새겨진 인용문을 보았을 때의 일을 다시 떠올리곤 한다. "너희는 진실을 알라. 그러면 진실이 너희를 자유롭게 할 것이다." 그 좌우명이 얼마나 중요한지를 깨닫기까지는 어느 정도 시간이 걸렸다. CIA에서 나는 진실을 발견하기가 항상 쉽지는 않다는 것을, 그러나 그럴 만한 가치는 항상 있다는 것을 배웠다. 우리는 가짜 뉴스의 역사를 살펴보았으며, 우리가 맞서 싸우지 않을 경우에는 결과가 얼마나 나쁠 수 있는지를 알게 되었다. 만약 자유가 그 보상이라고 하면, 가짜 뉴스의 소음을 헤쳐 나감으로써 무엇이 진실 혹은 거짓인지 알아내기 위해 우리 각자가 노력할 만한 가치가 분명히 있을 것이다.

감사의 말

책에서 내가 각별히 좋아하는 부분은 맨 앞에 나오는 헌사와 맨 뒤에 나오는 감사의 말이다. 그 둘 사이에 있는 페이지가 얼마나 끔찍하건 대단하건 간에 헌사와 감사의 말은 꼭 읽는데, 어떤 책을 감사로 시작하고 끝낸다는 개념이 무척 마음에 들기 때문이다. 이제는 내가 그런 글을 쓸 수 있게 되어서 기쁘다고 말하는 것만으로는 너무 부족한 기분이다.

우선 나는 이 책을 쓰면서 어마어마한 무게를 어깨에 짊어진 듯한 느낌이었다. 즉 신속하게 변화하는 사건들을 이해하는 방법을 우리 모두가 알 수 있게끔 함으로써 문명을 긍정적인 방향으로 이끄는 길을 내가 제시해야 한다는 의무감으로부터 비롯된 무게였다. 내가 이 책에서 한 것처럼 어마어마한 역사적 사건과 사람을 요약하는 과정에서는, 항상 의도치 않게 다른 문화, 국가, 역사, 사람의 실제 경험을 경시하거나 미화하는 커다란 위험이 따른다는 것을 알고 있다. 이런 사건과 사람 각각에 대해서는 읽고 배워야 할 것이 훨씬 더 많다. 나로선 독자 여러분이 넉넉히 시간을 들여가면서 그런 내용을 직접 조사해 보기를 바랄 뿐이다.

이 책을 선택한 독자들께 감사드린다. 여러분이 이 책을 샀건, 빌렸건, 도서관에서 대출했건 간에 말이다. 이 책을 읽었다는 것은 여러분이 사실과 진실을 추구하고 옹호하기를 원했다는 뜻이다. 그 결과로 우리 사회는 이미 약간 더 강해졌다. 앞에서 말한 것처럼, 이것은 우리 모두의 문제이다. 나는 바로 여러분을 위해서 이 책을 썼다(압박을 주려는 것은 아니다!).

처음부터 이 책의 중요성을 믿어 의심치 않았던 내 저작권 대리인 캐린 와이즈먼에게 감사드린다. 앞으로도 많은 책을 함께 만들어 갈 것이다.

맥밀런 출판사의 우리 팀에게도 감사드린다. 기껏해야 몇 가지 발상만 담은 제안서를 보고서도, 그걸 이 책이 존재하기 위해 필요한 것들로 변모시키는 방법을 정확히 알았던 담당 편집자 홀리 웨스트Holly West에게도 감사드린다. 신중한 책임감으로 이 책을 마지막까지 보살펴 준 제작 편집자 스타 베어Starr Baer에게도 감사드린다. 매의 눈을 가진 교열 편집자 겸 사실 확인 담당자 겸 나의 구원자 카렌 셔먼Karen Sherman에게도 감사드린다. 사람들이 이 책에 관해서 알도록 만들려고 매우 열심히 일해준 홍보 담당자 모건 케인Morgan Kane에게도 감사드린다. 아름다운 본문과 표지를 디자인해 준 패트릭 콜린스Patrick Collins와 래피얼 제로니Raphael Geroni에게도 감사드린다. 제작실장 캄 웨이머Kim Waymer에게도 감사드린다.

내게는 온 세상이나 다름없는 동시에 지금껏 나를 지켜 준 몇 안 되는 진정한 우정을 가질 수 있었다는 점에서 내 인생은 행운이었다. 따라서 여러 해 동안 나를 이끌고 영감을 제공한 달콤한 영혼과 우정의 소유자 켈리 맥개넌Kelly McGannon에게도 감사드린다. 변함없는 긍정, 너그러움, 지성을 통해 그녀를 아는 행운을 얻은 모두에게 영감을 준 에어리얼Arielle에게도 감사드린다. 흔들림 없는 우정에 대해서, 아울러 역사상 가장 기묘한 크리스마스 영화를 소개해 준 데 대해서 (물론 대부분은 우정에 대해서) 내가 각별히 애호하는 2인조 헤더Heather와 B에게도 감사드린다. 청소년 시절 모든 것에 대한 내 사랑을 촉발시킨 커스티 마이어Kirsti Meyer에게도 감사드린다. 지금까지 내가 쓴 모든 책 원고를 읽어 준, 그런데 재미있게도 이 책 원고만 예외였던 필리타 맬러리Pilita Mallari에게도 감사드린다.

항상 나와 내 목소리를 믿어준 내 사랑하고 친절한 친구 앤 마이어Anne Meyer에게도 감사드린다. 여러 해에 걸친 그의 친절과 사랑이 없었다면 나는 여기까지 오지 못했을 것이다.

아울러 이 책을 쓰는 과정 내내 거듭해서 자신의 전문성과 경험에 내가 의존하도록 허락해 주었던 나의 재능 있는 친구 겸 동료 작가 케이티 케네디Katie Kennedy에게도 각별히 감사드린다. 무한한 지원, 격려, 시기적절한 선물을 건네준 나의 책 베프 제니퍼 아이아코펠리Jennifer Iacopelli에게도 감사드린다. 아울러 다른 이유 없이 그저 선의로, 갖가지 지원과 출판 관련 조언을 제공해 준 베키 앨버탤리Becky Albertalli, 내털리 C. 파커Natalie C. Parker, 마리케 네이캄프Marike Nijkamp, 마이크 멀린Mike Mullin에게도 감사드린다. 이 작가들의 공동체 덕분에 글쓰기라는 외로운 행위조차도 마치 우리 모두 함께 하는 일인 것처럼 느껴졌다.

바깥의 삶을 항해하는 과정에서 본보기와 동지애를 보여준 머지Mudge, 나다 바코스Nada Bakos, 새러 칼슨Sarah Carlson, 트레이스 월더Tracy Walder, 제프 애셔Jeff Asher, 마크 스타우트Mark Stout에게도 감사드린다.

나의 동료들인 CIA 직원 여러분에게도 감사드린다. 비록 이름을 밝힐 수는 없지만, 국가를 위한 지속적인 봉사에 감사드리는 바이다.

세계 구석구석에서 우리에게 진실을 전달하기 위해 크나큰 위험조차 무릅쓰는 언론인 여러분에게도 감사드린다. 그들은 사실과 허구를 구분하기 위해서, 권력을 향해 진실을 말하기 위해서, 부패에 책임을 묻기 위해서 가뜩이나 힘들고도 인정받지 못하는 일을 하고 있는데, 그 일은 날이 갈수록 더 어려워지고 있다. 그들의 일은 점점 더 중요해지고 있으므로, 그저 감사할 따름이다.

앞에서 내가 언급한 최초의 대서양 횡단 전신 케이블을 설치하신, 그리하여 세계를 연결함으로써 뉴스와 통신의 경로를 바꿔놓으신 나의 현조부님 사이러스 필드Cyrus Field에게도 감사드린다. 당신이 자신이 가진 모든 것을 기꺼이 걸었기 때문에 이 세계는 완전히 달라지고 말았다. 어찌 보면 이 책이야말로 우리 가문이 사실상 한 세기에 걸쳐서 만들어 낸 결과물인 듯한 느낌이 든다.

사랑과 지원을 아끼지 않은 내 형제자매들에게도 감사드린다. 아울러 내가 무척이나 사랑하는 우리 조카들에게도 감사한다. 기억하렴, 너희가 가장 좋아하고 가장 쿨한 이모는 바로 나라는 걸. 내 교육을 지원해 주어서 이 모두를 가능하게 만들었으며, 수많은 사람들에게 이 세계를 더 나은 장소로 만들어 준 봉사의 삶을 사신 우리 이모와 이모부 다이앤과 조지에게도 감사드린다.

마지막으로 부모님 수와 로저에게도 감사드린다. 두 분이 내 삶의 보호자가 되었던 게 얼마나 큰 행운인지 안다. 두 분을 부모로 둘 수 있었던 것이야말로 삶의 시작부터 나의 가장 큰 이점이었다. 내가 그저 병치레 잦은 약골 꼬마였던 시절, 두 분은 백과사전을 읽어 주시면서 이렇게 말씀하심으로써, 내 삶을 바꾸는 이 특별한 길로 나를 이끄셨다. "음, 내 생각에는 네가 꼭 똑똑해져야 할 것 같구나." 이 말이 워낙 짜릿하게 느껴졌기에, 두 분 모두를 향한 감사와 끝없는 사랑으로 내 책을 시작하고 끝낼 수 있게 되었다. 이 책은 전적으로 두 분 때문에, 두 분을 위해 쓴 것이다.

서론

1. Edson Tandoc, Zheng Wei Lim, & Rich Ling, "Defining 'Fake News': A Typology of Scholarly Definitions," *Digital Journalism* (2017): 1-17.

1장

1. Nick Tingley, "The Autumn of Terror: The Legacy of Jack the Ripper and the Newspapermen Who Made Him," *History Is Now*, September 5, 2014, http://www.historyisnowmagazine.com/blog/2014/9/5/the-autumn-of-terror-the-legacy-of-jack-the-ripper-and-the-newspapermen-who-made-him.

2. "'Murder at Bucks Row' from the Illustrated Police News," *British Library*, https://www.bl.uk/collection-items/murder-at-bucks-rowfrom-the-illustrated-police-news.

3. Gregg Jon Jones, "Murder, Media and Mythology: The Impact the Media's Reporting of the Whitechapel Murders had on National Identity, Social Reform and the Myth of Jack the Ripper," *Reinvention: An International Journal of Undergraduate*

Research, August 5, 2013, https://warwick.ac.uk/fac/cross_fac/iatl/reinvention/issues/bcur2013specialissue/jones/.

4. Robert F. Haggard, "Jack the Ripper As the Threat of Outcast London," *Essays in History* 35 (2013), http://www.essaysinhistory.com/jack-the-ripper-as-the-threat-of-outcast-london/.

5. Ibid.

6. "Press Reports," Casebook: Jack the Ripper, https://www.casebook.org/press_reports/east_london_advertiser/ela880915.html.

7. Philip Sugden, *The Complete History of Jack the Ripper* (New York: Constable & Robinson Ltd, 2002).

8. "Jack the Ripper," The National Archives, https://www.nationalarchives.gov.uk/museum/item.asp?item_id=39.

9. Ibid.

10. Ibid.

11 Jason Daley, "Were the Jack the Ripper Letters Fabricated by Journalists?" *Smithsonian* (February 1, 2018), https://www.smithsonianmag.com/smart-news/were-ripper-letters-fabricated-journalists-180968004/.

12. Alexandra Warwick, "The Scene of the Crime: Inventing the Serial Killer," *Social & Legal Studies* 15, no. 4(December 2006): 552-69, https://doi.org/10.1177/0964663906069547.

2장

1. "Pen-ta-ur: The Victory of Ramses II Over the Khita, 1326 BCE," Internet Ancient History Sourcebook, https://sourcebooks.fordham.edu/ancient/1326khita.asp.

2. Joshua J. Mark, "The Battle of Kadesh & the Poem of Pentaur," *Ancient History Encyclopedia*(January 18, 2012), https://www.ancient.eu/article/147/the-battle-of-kadesh—the-poem-of-pentaur/.

3. Alex Loktionov, "Ramesses II, Victor of Kadesh: A Kindred Spirit of Trump?"

Guardian(December 5, 2016), https://www.theguardian.com/science/blog/2016/dec/05/ramesses-ii-victor-of-kadesh-a-kindred-spirit-of-trump.

4. "Egyptian Accounts of the Battle of Kadesh." http://www.reshafim.org.il/ad/egypt/kadeshaccounts.htm.

5. Bill Kovach and Tom Rosenstiel, *Blur: How to Know What's True in the Age of Information Overload* (New York: Bloomsbury, 2011.)(빌 코바치, 톰 로젠스탈, 『빌 코바치의 텍스트 읽기 혁명』, 다산초당).

6. Loktionov, "Ramses II, Victor of Kadesh."

7. James Allan Evans, *The Empress Theodora: Partner of Justinian* (Austin, TX: University of Texas Press, 2002).

8. Ibid.

9. Richard Atwater, trans., *Procopius: Secret History* (Ann Arbor, MI: University of Michigan Press, 1961), https://sourcebooks.fordham.edu/basis/procop-anec.asp.

10. "The Secret History" by Procopius, Translated with an Introduction By G.A. Williamson. The first printing of this particular translation was by Penguin Books in 1966. https://books.google.com/books?id=teuf9i-AJ2wC&pg

11 Allison C. Meier, "The Talking Statues of Rome," JSTOR Daily, June 18, 2018, https://daily.jstor.org/the-talking-statues-ofrome/.

12. J.A.S. Evans, "Justinian and the Historian Procopius," Greece & Rome 17, no. 2 (1970): 218-223.

13. Jeremiah E. Dittmar, "Information Technology and Economic Change: The Impact of The Printing Press," *The Quarterly Journal of Economics* 126, no. 3 (Fall 2011):1133-1172.

14. Meier, "The Talking Statues of Rome."

15. Etjo Byringh, *Medieval Manuscript Production in the Latin West: Explorations with a Global Database* (Boston: Brill, 2010).

16. Heming Nelson, "A History of Newspaper: Gutenberg's Press Started a Revolution," *Washington Post* (February 11, 1998), https://www.washingtonpost.com/archive/1998/02/11/a-history-of-newspaper-gutenbergs-press-started-a-

CIA 분석가가 알려 주는 **가짜 뉴스의 모든 것**

revolution/2e95875c-313e-4b5c-9807-8bcb031257ad/?utm_term=.9e7f6000fa03.

3장

1. Sharon Kettering, "Political Pamphlets in Early Seventeenth-Century France: The Propaganda War Between Louis XIII and His Mother, 1619-20," *The Sixteenth Century Journal* 42, no. 4 (2011): 963-80, https://www.jstor.org/stable/23210619.

2. Ibid.

3. Stephen Marche, "How We Solved Fake News the First Time," *The New Yorker* (April 23, 2018, https://www.newyorker.com/culture/cultural-comment/how-we-solved-fake-news-the-first-time.

4. Kettering, "Political Pamphlets in Early Seventeenth Century France," 963-80.

5. Una McIlvenna, *Scandal and Reputation at the Court of Catherine de Medici* (New York: Routledge, 2016).

6. Ibid.

7. Ibid.

8. Antonia Fraser, *Marie Antoinette: The Journey* (New York City: Anchor, 2002).

9. Robert Darnton, *The Forbidden Best-Sellers of Pre-Revolutionary France* (New York: W. W. Norton & Company, 1996.)(로버트 단턴, 『책과 혁명』, 알마).

10. Dena Goodman, ed., *Marie Antoinette: Writings on the Body of a Queen* (New York: Routledge, 2003).

11. Timothy Jenks, "Blackmail, Scandal, and Revolution: London's French Libellistes, 1758-92 (review)," *Histoire sociale/Social History* 41, no. 81 (2008): 280-82.

12. Ibid.

13. Claire Marrone, "Women Writing Marie Antoinette: Madam+++ de Stael and George Sand," *Dalhousie French Studies* 94 (Spring 2011): 113-122.

14. Fraser, *Marie Antoinette: The Journey.*

15. Pierre Etienne Auguste Goupil, ed., *Essais Historiques Sur La Vie de Marie-Antoinette D'Autriche, Reine de France* (1789) (Kessinger Publishing, 2010).

16. Ibid.

17. Keith Michael Baker, ed., *Readings in Western Civilization: The Old Regine and the French Revolution* (Chicago: University of Chicago Press, 1987).

18. Kenan Malik, "Fake News Has a Long History. Beware the State Being Keeper of 'the Truth,'" *Guardian* (February 10, 2018), https://www.theguardian.com/commentisfree/2018/feb/11/fake-news-long-history-beware-state-involvement.

19. Robert Darnton, "The True History of Fake News," *New York Review of Books* (February 13, 2017), https://www.nybooks.com/daily/2017/02/13/the-true-history-of-fake-news/.

20. Thomas V. DiBacco, "Banned in Boston: America's First Newspaper," *The Wall Street Journal* (September 24, 2015), https://www.wsj.com/articles/banned-in-boston-americas-first-newspaper-1443139281.

21. *Benson John Lossing, A History of the United States from the Discovery of the Continent to the Present Time* (Toledo: W. E. Bliss, 1875), https://play.google.com/store/books/details?id=TvXNWjL4UVQC&rdid=book-TvXNWjL4UVQC&rdot=1.

22. Daniel C. Hallin, *We Keep America on Top of the World* (London: Routledge, 1994), https://books.google.com/books?id=m15mwdY35ywC&pg.

4장

1. Carla Mulford, "Benjamin Franklin's SavageEloquence: Hoaxes from the Press at Passy, 1782." *Proceedings of the American Philosophical Society* 152, no. 4 (2008): 490–530, www.jstor.org/stable/40541605.

2. Patrick J. Kiger, "How Ben Franklin's Viral Political Cartoon United the 13 Colonies," *History*, October 23, 2018, https://www.history. com/news/ben-franklin-join-or-die-cartoon-french-indian-war.

3. Robert G. Parkinson, "Fake News? That's a Very Old Story," *Washington Post* (November 25, 2016), https://www.washingtonpost.com/opinions/fake-news-thats-a-very-old-story/2016/11/25/c8b1f3d4-b330-11e6-8616-52b15787add0_

story.html.

4. Arthur M. Schlesinger, "The Colonial Newspapers and the Stamp Act," *The New England Quarterly* 8, no. 1 (1935): 63–83.

5. Gregory Evans Dowd, *Groundless: Rumors, Legends, and Hoaxes on the Early American Frontier* (Baltimore: Johns Hopkins University Press, 2016).

6. "Editorial Note: Jefferson, Freneau, and the Founding of the *National Gazette*," Founders Online, https://founders.archives.gov/documents/Jefferson/01-20-02-0374-0001#TSJN-01-20-dg-0008-fn-0004.

7. "Cabinet Meetings. Proposals Concerning the Conduct of the French Minister, [1–23 August 1793]," Founders Online, https://founders.archives.gov/documents/Hamilton/01-15-02-0125.

8. "An American No. 1, [4 August 1792]," Founders Online, https://founders.archives.gov/documents/Hamilton/01-12-02-0126.

9. "Editorial Note: Jefferson, Freneau, and the Founding of the *National Gazette*."

10. James W. Cortada, "How New Is 'Fake News'?" OUPblog, March 23, 2017, https://blog.oup.com/2017/03/fake-newstrump-jackson-jefferson/.

11. John Ferling, *Adams vs. Jefferson: The Tumultuous Election of 1800.* (Oxford, England: Oxford University Press, 2004).

12. Sarah Pruitt, "Jefferson & Adams: Founding Frenemies," History Stories, History, updated September 10, 2018, https://www.history.com/news/jefferson-adams-founding-frenemies.

13. James Thomson Callender, *The History of the United States for 1796; Including a Variety of Interesting Particulars Relative to the Federal Government Previous to that Period* (Philadelphia: Snowden and McCorkle, 1797), https://catalog.hathitrust.org/Record/009259805.

14. History.com Editors, "Alien and Sedition Acts," Topics, History, updated September 13, 2019, https://www.history.com/topics/early-us/alien-and-sedition-acts.

15. Ibid.

16. Thomas Jefferson to John Norvell, June 11, 1807, https://www.loc.gov/resource/mt

j1.038_0592_0594/?sp=2&st=text.

5장

1. Arthur Hobson Quinn, *Edgar Allan Poe: A Critical Biography* (Baltimore, Maryland: Johns Hopkins University Press, 1998).

2. Philip Potempa, "Edgar Allan Poe's Tragic Life Revealed for Chicago Stage Premier," *Chicago Tribune* (January 9, 2018), https://www.chicagotribune.com/suburbs/post-tribune/lifestyles/ct-ptb-potempa-column-st-0110-20180109-story.html.

3. Harold Beaver, ed., *The Science Fiction of Edgar Allan Poe* (New York: Penguin Books, 1976).

4. Harold H. Scudder, "Poe's 'Balloon Hoax,'" *American Literature* vol. 21, no. 2 (May 1949): 179-90, https://www.jstor.org/stable/2922023?seq=1#page_scan_tab_contents.

5. Jill Lepore, "The Humbug: Edgar Allan Poe and the Economy of Horror," *New Yorker* (April 27, 2009), https://www.newyorker.com/magazine/2009/04/27/the-humbug.

6. Ibid.

7. Jeffrey Gottfried, Katerina Eva Matsa, and Michael Barthel, "As Jon Stewart steps down, 5 facts about *The Daily Show*," Pew Research Center, August 6, 2015, http://www.pewresearch.org/facttank/2015/08/06/5-facts-daily-show/.

8. David Ketterer, "Poe's Usage of the Hoax and the Unity of 'Hans Phaall,'" *Criticism* 13, no. 4 (1971): 377-85.

9. Sarah Zielinski, "The Great Moon Hoax Was Simply a Sign of Its Time," *Smithsonian* (July 2, 2015), https://www.smithsonianmag.com/smithsonian-institution/great-moon-hoax-was-simply-sign-its-time-180955761/.

10. Ibid.

11. History.com Editors, "'The Great Moon Hoax' Is Published in the *New York Sun*," History, updated August 21, 2019, https://www.history.com/this-day-in-history/

the-great-moon-hoax.

12. Matthew Wills, "How the Sun Conned the World With 'The Great Moon Hoax,'" JSTOR Daily, November 7, 2017, https://daily.jstor.org/how-the-sun-conned-the-world-with-the-moon-hoax/.

13. Steven W Ruskin, "A Newly-Discovered Letter of J.F.W. Herschel concerning the 'Great Moon Hoax,'" *Journal for the History of Astronomy* 33, no. 1 (2002): 71–74.

14. Ibid.

15. J. B. Legendre, letter to the editor, *Wichita (KN) City Eagle*, February 12, 1874, http://chroniclingamerica.loc.gov/lccn/sn85032573/1874-02-12/ed-1/seq-1/.

16. Ibid.

17. Gabe Bullard, "The Heartbreak That May Have Inspired the Telegraph." *National Geographic*. April 26, 2016. https://www.nationalgeographic.com/news/2016/04/160426-samuel-morse-wife-lucretia-telegraph-invention/.

18. Joseph Stromberg, "How Samuel Morse Got His Big Idea," *Smithsonian* (January 6, 2012), https://www.smithsonianmag.com/smithsonian-institution/how-samuel-morse-got-his-big-idea-16403094/.

19. Samuel Finley Breese Morse, *First Telegraphic Message—24 May*. 24 May 1844. Image. https://www.loc.gov/item/mmorse000107.

20. John Steele Gordon, A Thread Across the Ocean: The Heroic Story of the *Transatlantic Cable*. (New York: Bloomsbury Publishing USA, 2002).

21. Edward McKernon, "Fake News and The Public: How the Press Combats Rumor, the Market Rigger, and the Propagandist," *Harper's Magazine* (October 1925), https://harpers.org/archive/1925/10/fake-news-and-the-public/.

22. Ibid.

23. Ibid.

6장

1. Ben Procter, *William Randolph Hearst: The Early Years, 1863–1910* (New York:

Oxford University Press, 1998).

2. Edwin Diamond, *Behind the Times: Inside the New New York Times.* (Chicago: The University of Chicago Press, 1993).

3. Philip Brenner and Peter Eisner, *Cuba Libre: A 500-Year Quest for Independence* (Lanham, MD: Rowman & Littlefield, 2018).

4. Martin J. Manning and Clarence R. Wyatt, *Encyclopedia of Media and Propaganda in Wartime America* (Santa Barbara, CA: ABCCLIO, 2010).

5. W. Joseph Campbell, *Getting It Wrong: Debunking the Greatest Myths in American Journalism* (University of California Press, 2016).

6. Clifford Krauss, "The World; Remember Yellow Journalism," *New York Times*(February 15, 1998), https://www.nytimes.com/1998/02/15/weekinreview/the-world-remember-yellow-journalism.html.

7. Philip M. Seib, *Campaigns and Conscience: The Ethics of Political Journalism* (London: Greenwood Publishing Group, 1994).

8. Brenner and Eisner, *Cuba Libre.*

9. James M. Lindsay, "TWE Remembers: The Sinking of the USS Maine," *The Water's Edge*(blog), Council on Foreign Relations, February 15, 2012, https://www.cfr.org/blog/twe-remembers-sinking-uss-maine.

10. John Canemaker, "The Kid from Hogan's Alley," *The New York Times*, December 17, 1995, https://www.nytimes.com/1995/12/17/books/the-kd-from-hogan-s-alley.html.

11. "The World of 1898: The Spanish-American War," Hispanic Reading Room, Library of Congress, https://www.loc.gov/rr/hispanic/1898/intro.html.

12. Brenner and Eisner, *Cuba Libre.*

13. "The Real Story of 'Fake News,'" Merriam-Webster, https://www.merriam-webster.com/words-at-play/the-real-story-of-fake-news.

14. Adrienne LaFrance, "How the 'Fake News' Crisis of 1896 Explains Trump," *Atlantic* (January 19, 2017), https://www.theatlantic.com/technology/archive/2017/01/the-fake-news-crisis-120-years-ago/513710/.

15. Merrill Fabry, "Here's How the First Fact-Checkers Were Able to Do Their Jobs Before the Internet." *Time*, August 24, 2017, https://time.com/4858683/fact-checkinghistory/.

16. Frederick Burr Opper, artist, *The fin de siecle newspaper proprietor* / F. Opper (New York: Published by Keppler & Schwarzmann, March 7, 1894), Photograph, https://www.loc.gov/item/2012648704/.

7장

1. William L Shirer, *The Rise and Fall of the Third Reich* (New York: Simon & Schuster, 2011.)(윌리엄 샤이러, 『제3제국의 흥망』, 텍스트).

2. Jan Grabowski, "German Anti-Jewish Propaganda in the Generalgouvernement, 1939-1945: Inciting Hate through Posters, Films, and Exhibitions," *Holocaust and Genocide Studies* 23, no. 3, (Winter 2009): 381-412.

3. "Nazi Persecution of the Disabled: Murder of the 'Unfit,'" United States Holocaust Memorial Museum, https://www.ushmm.org/information/exhibitions/online-exhibitions/special-focus/nazi-persecution-of-the-disabled.

4. Kenny Fries, "The Nazis' First Victims Were the Disabled." *The New York Times*, September 13, 2017, https://www.nytimes.com/2017/09/13/opinion/nazis-holocaust-disabled.html.

5. Jeff Nesbit, "History Repeats: Propaganda and the Destruction of the Free Press." *U.S. News & World Report* (October 26, 2017), https://www.usnews.com/news/at-the-edge/articles/2017-10-26/trump-propaganda-and-the-destruction-of-the-free-press.

6. Maja Adena, Ruben Enikolopov, Maria Petrova, Veronica Santarosa, Ekaterina Zhuravskaya, "Radio and the Rise of the Nazis in Prewar Germany" (working paper no. 2013-32, Paris School of Economics, 2013), https://halshs.archives-ouvertes.fr/halshs-00858992/document.

7. Karel Margry, "'Theresienstadt' (1944-1945): The Nazi Propaganda Film

Depicting the Concentration Camp as Paradise," *Historical Journal of Film, Radio and Television* 12, no. 2 (1992): 145–62, https://www.tandfonline.com/doi/abs/10.1080/01439689200260091.

8. Rick Noack, "The Ugly History of 'Lugenpresse,' a Nazi Slur Shouted at a Trump Rally," *Washington Post* (October 24, 2016), https://www.washingtonpost.com/news/worldviews/wp/2016/10/24/the-ugly-history-of-luegenpresse-a-nazi-slur-shouted-at-a-trump-rally/?utm_term=.ae1e6b322187.

9. Marc Wortman, "The Fake British Radio Show That Helped Defeat the Nazis," *Smithsonian* (February 28, 2017), https://www.smithsonianmag.com/history/fake-british-radio-show-helped-defeat-nazis-180962320/.

10. Dan Norcross, "Cricket on the Radio: TMS, Fake Nazis, and How to Blend Fact and Fiction," *Guardian* (October 25, 2017), https://www.theguardian.com/sport/the-nightwatchman/2017/oct/25/cricket-radio-tms-fake-news-nazis-commentators.

11. Christopher Woody, "Trickery Wins Every Time: Russia Is Using an Old Kind of Military Deception," *Business Insider* (October 12, 2016), https://www.businessinsider.com/russia-using-inflatable-missiles-and-jets-for-deception-2016-10.

12. Michael J. Donovan, "Strategic Deception: Operation Fortitude," U.S. Army War College.(2002), https://apps.dtic.mil/dtic/tr/fulltext/u2/a404434.pdf.

13. Ibid.

14. Sven Stillich, "Donald Versus Hitler: Walt Disney and the Art of WWII Propaganda." *Spiegel Online*, August 10, 2009. https://www.spiegel.de/international/germany/donald-versus-hitler-walt-disney-and-the-artof-wwii-propaganda-a-641547.html.

15. Walt Disney Studios, All Together. 1941. https://archive.org/details/AllTogether.

16. Joachim Neander and Randal Marlin, "Media and Propaganda: The Northcliffe Press and the Corpse Factory Story of World War I," *Global Media Journal: Canadian Edition* 3, no. 2 (2010): pp. 67–82.

17. David Clarke, "The Corpse Factory and the Birth of Fake News," News, BBC, February 17, 2017, https://www.bbc.com/news/entertainment-arts-38995205.

8장

1. Cheryl Mullenbach, *Double Victory: How African American Women Broke Race and Gender Barriers to Help Win World War II* (Chicago: Chicago Review Press, 2013).

2. Federal Bureau of Investigation, "Eleanor Clubs," file 100-11347, https://www-tc.pbs.org/wgbh/americanexperience/media/filer_public/8d/f4/8df452a2-3db8-43d6-b6a0-75396604961c/eleanor_fbi_eleanor_clubs_2.pdf.

3. Doris Kearns Goodwin, *Franklin & Eleanor Roosevelt: The Home Front in World War II.* (New York: Simon and Schuster, 2008).

4. Howard W. Odum, *Race and Rumors of Race: The American South in the Early Forties,* ed. *Bryant Simon* (Baltimore: Johns Hopkins University Press, 1997).

5. Craig Timberg and Drew Harwell, "We Studied Thousands of Anonymous Posts About the Parkland Attack—and Found a Conspiracy in the Making," *Washington Post* (February 27, 2018), https://www.washingtonpost.com/business/economy/we-studied-thousands-ofanonymous-posts-about-the-parklandattack—and-found-a-conspiracy-in-themaking/2018/02/27/04a856be-1b20-11e8-b2d9-08e748f892c0_story.html.

6. Odum, *Race and Rumors of Race.*

7. Ibid.

8. Jelani Cobb, "Fake News in 1942," March 31, 2017, *in The New Yorker Radio Hour*, produced by David Remnick, podcast, https://www.wnyc.org/story/fake-news-1942/.

9. Federal Bureau of Investigation, "Eleanor Roosevelt Club of Negro Women, Jackson, Tennessee," file 100-1535, https://www-tc.pbs.org/wgbh/americanexperience/media/filer_public/2d/b1/2db1d016-05af-4faa-8332-ac0b5bbffa0b/eleanor_fbi_eleanor_clubs_1.pdf.

10. Claudia Goldin and Claudia Olivetti, "Shocking Labor Supply: A Reassessment of the Role of World War II on Women's Labor Supply," *American Economic Review* 103, no. 3 (2013): 257–62.

11. Joshua Zeitz, "Lessons From the Fake News Pandemic of 1942," *Politico Magazine* (March 12, 2017), https://www.politico.com/magazine/story/2017/03/lessons-from-the-fake-news-pandemic-of-1942-214898.

12. Elizabeth Gillespie McRae, "When White Segregationist Women Hated on Eleanor Roosevelt," *The Daily Beast*, February 16, 2018, https://www.thedailybeast.com/when-white-segregationist-women-hated-on-eleanor-roosevelt.

13. Ibid.

14. Matthew Delmont, "Why African-American Soldiers Saw World War II as a Two-Front Battle," *Smithsonian* (August 24, 2017), https://www.smithsonianmag.com/history/why-african-american-soldiers-saw-world-war-ii-two-front-battle-180964616/.

15. Christina Greene, *Our Separate Ways: Women and the Black Freedom Movement in Durham, North Carolina* (Chapel Hill: The University of North Carolina Press, 2005).

16. Gordon W. Allport and Leo Postman, "An Analysis of Rumor," *Public Opinion Quarterly* 10, no. 4 (1946): 501–17, http://www.jstor.org/stable/2745703.

17. The Mercury Theatre on the Air, "The War of the Worlds," October 30, 1938, radio broadcast, https://www.youtube.com/watch?v=OzC3Fg_rRJM.

18. Martin Chilton, "The War of the Worlds Panic Was a Myth," *Telegraph* (May 6, 2016), https://www.telegraph.co.uk/radio/what-to-listen-to/the-war-of-the-worlds-panic-was-a-myth/.

19. Jefferson Pooley and Michael J. Socolow, "The Myth of the War of the Worlds Panic," *Slate*, October 28, 2013, http://www.slate.com/articles/arts/history/2013/10/orson_welles_war_of_the_worlds_panic_myth_the_infamous_radio_broadcast_did.html.

20. Nina Berman, "The Victims of Fake News," *Columbia Journalism Review* (Fall

2017), https://www.cjr.org/special_report/fake-news-pizzagate-seth-rich-newtown-sandy-hook.php/.

9장

1. Lee McIntyre, *Post-Truth* (Cambridge, MA: The MIT Press, 2018.)(리 매킨타이어, 『포스트트루스』, 두리반)

2. "Beyond Any Doubt." *Time*. November 30, 1953. Philip Morris Records, https://www.industrydocuments.ucsf.edu/ tobacco/docs/#id=mmkf0164.

3. "A Brief History of Tobacco Statements," *Washington Post* (May 11, 1997), https://www.washingtonpost.com/archive/opinions/1997/05/11/a-brief-history-of-tobacco-statements/f7d5c795-4ff1-46ab-bdf2-7760338c296a/.

4. "Draft of Recommendations for CigaretteManufacturers." December 22, 1953. http://www.ttlaonline.com/HKWIS/0296.01.pdf.

5. Tobacco Industry Research Committee, "A Frank Statement to Cigarette Smokers," *New York Times* and other newspapers and periodicals (January 4, 1954), industrydocuments.ucsf.edu/docs/#id=zkph0129

6. Andrew Rowell and Karen Evans-Reeves, "It Was Big Tobacco, not Trump, That Wrote the Post-Truth Rule Book," The Conversation, April 7, 2017, http://theconversation.com/it-was-big-tobacco-not-trump-that-wrote-the-post-truth-rule-book-75782.

7. McIntyre, *Post-Truth*.

8. Tobacco Industry Research Committee, "A Frank Statement."

9. Thun, M J et al. "Excess mortality among cigarette smokers: changes in a 20-year interval." *American Journal of Public Health* vol. 85,9 (1995): 1223-30, doi:10.2105/ajph.85.9.1223.

10. Philip J. Hilts, "Tobacco Company Was Silent on Hazards," *New York Times* (May 7, 1994), https://www.nytimes.com/1994/05/07/us/tobacco-company-was-silent-on-hazards.html.

11. Marc Lacey, "Tobacco Industry Accused of Fraud in Lawsuit by U.S." *The New York Times*, September 23, 1999. https://www.nytimes.com/1999/09/23/us/tobacco-industry-accused-of-fraud-in-lawsuit-by-us.html.

12. Civil Action No. 99-2496 (GK) https://www.publichealthlawcenter.org/sites/default/files/resources/doj-final-opinion.pdf.

13. AJ Wakefield, "Ileal-Lympoid-Nodular Hyperplasia, Non-Specific Colitis, and Pervasive Developmental Disorder in Children," *The Lancet* vol. 351, issue 9103, (February 28, 1998), https://doi.org/10.1016/S0140-6736(97)11096-0.

14. Julia Belluz, "Research Fraud Catalyzed the Anti-Vaccination Movement. Let's Not Repeat History," *Vox*, updated March 5, 2019, https://www.vox.com/2018/2/27/17057990/andrew-wakefield-vaccines-autism-study.

15. Fiebelkorn, Amy Parker et al. "A Comparison of Postelimination Measles Epidemiology in the United States, 2009-2014 Versus 2001-2008." *Journal of the Pediatric Infectious Diseases Society* vol. 6,1 (2017): 40-48. doi:10.1093/jpids/piv080.

16. Kovach and Rosenstiel, *Blur: How To Know What's True.*

17. Ibid.

18. Rebecca Woods, "Ghostwatch: The BBC Spoof that Duped a Nation," News, BBC, October 30, 2017, https://www.bbc.com/news/uk-england-41740176.

19. Murray Leeder, "Ghostwatch and the Haunting of Media," Horror Studies 4, no. 2 (2013).

20. Woods, "Ghostwatch."

21. Ciaran O'Keeffe, "Looking Back: The Ghost in the Living Room." *The British Psychological Society*, vol. 25, 2012. https://thepsychologist.bps.org.uk/volume-25/edition-11/looking-back-ghost-living-room.

22. Rebecca Hawkes, "Why Did the World Think The Blair Witch Project Really Happened?" *Telegraph* (July 25, 2016), https://www.telegraph.co.uk/films/2016/07/25/why-did-the-world-think-the-blair-witch-project-really-happened/.

1. Vladislav M. Zubok, "Soviet Intelligence and the Cold War: The "Small" Committee of Information, 1952-53." *The Wilson Center*. Working Paper No. 4. December 1992. https://www.wilsoncenter.org/sites/default/files/ACFB84.pdf.

2. Ashley Deeks, Sabrina McCubbin, and Cody M. Poplin. "Addressing Russian Influence: What Can We Learn From U.S. Cold War Counter-Propaganda Efforts?" *Lawfare*, October 25, 2017. https://www.lawfareblog.com/addressing-russian-influence-what-can-we-learn-us-cold-war-counter-propaganda-efforts.

3. David Robert Grimes, "Russian Fake News Is Not New: Soviet AIDS Propaganda Cost Countless Lives," *Guardian* (June 14, 2017), https://www.theguardian.com/science/blog/2017/jun/14/russian-fake-news-is-not-new-soviet-aids-propaganda-cost-countless-lives.

4. Ben Popken, "Factory of lies: Russia's disinformation playbook exposed." NBC, November 5, 2018. https://www.nbcnews.com/business/consumer/factory-lies-russia-s-disinformation-playbook-exposed-n910316.

5. "Pneumocystis Pneumonia." *Center for Disease Control*. June 5, 1981. https://www.cdc.gov/mmwr/preview/mmwrhtml/lmrk077.htm.

6. "HIV and AIDS—United States, 1981-2000," *Morbidity and Mortality Weekly Report*, Centers for Disease Control and Prevention (June 1, 2001), https://www.cdc.gov/mmwr/preview/mmwrhtml/mm5021a2.htm.

7. Thomas Boghardt, "Operation INFEKTION: Soviet Bloc Intelligence and Its AIDS Disinformation Campaign," *Studies in Intelligence* 53, no. 4 (December 2009), https://www.cia.gov/library/center-for-the-study-of-intelligence/csi-publications/csi-studies/studies/vol53no4/pdf/U-%20Boghardt-AIDS-Made%20in%20the%20USA-17Dec.pdf.

8. Ibid.

9. Ibid.

10. "Soviet Disinformation: Allegations of US Misdeeds." Foreign Subversion and Instability Center, Office of Global Issues, Directorate of Intelligence,

CIA, March 28, 1986. https://www.cia.gov/library/readingroom/docs/CIA-RDP86T01017R000100620001-1.pdf.

11. "Soviet Influence Activities: A Report on Active Measures and Propaganda, 1986–87." *U.S. Department of State*, August 1987. https://www.globalsecurity.org/intell/library/reports/1987/soviet-influence-activities-1987.pdf.

12. "Thirty Years of HIV/AIDS: Snapshots of an Epidemic," amfAR, https://www.amfar.org/thirty-years-of-hiv/aids-snapshots-of-an-epidemic/.

13. Ibid.

14. Marko Mihkelson, "Disinformation: Russia's Old but Effective Weapon of Influence," *Diplomaatia*, no. 190/191 (June 16, 2017), https://icds.ee/disinformation-russias-old-but-effective-weapon-of-influence/.

15. "Soviet Influence Activities: A Report on Active Measures and Propaganda, 1986–87." *U.S. Department of State*, August 1987. https://www.globalsecurity.org/intell/library/reports/1987/soviet-influence-activities-1987.pdf.

16. Darryl Fears, "Study: Many Blacks Cite AIDS Conspiracy," *Washington Post* (January 25, 2005), http://www.washingtonpost.com/wp-dyn/articles/A33695-2005Jan24.html.

17. H.G. Wells, *World Brain* (Cutchogue, NY: Buccaneer Books, 1994).

18. Gil Press, "A Very Short History of the Internet and the Web," *Forbes* (January 2, 2015), https://www.forbes.com/sites/gilpress/2015/01/02/a-very-short-history-of-the-internet-and-the-web-2/#4b59051f7a4e.

19. Matthew Gray, "Measuring the Growth of the Web: June 1993 to June 1995." MIT, 1995. https://www.mit.edu/people/mkgray/growth/.

20. "Total Number of Websites," Internet Live Statistics. https://www.internetlivestats.com/total-number-of-websites/.

21. Kovach and Rosenstiel, *Blur: How To Know What's True*.

22. Ibid.

23. McIntyre, Lee. *Post-Truth*. Boston: MIT Press, 2018.

24. Kovach and Rosenstiel, *Blur: How To Know What's True*.

25. Elizabeth Grieco, "U.S. newsroom employment has dropped by a quarter since 2008, with greatest decline at newspapers." Pew Research Center. July 9, 2019. https://www.pewresearch.org/facttank/ 2019/07/09/u-s-newsroom-employmenthas-dropped-by-a-quarter-since-2008/.

26. "Newspapers Fact Sheet," Journalism & Media, Pew Research Center, July 9, 2018, http://www.journalism.org/fact-sheet/newspapers/.

27. Katerina Eva Matsa and Jan Lauren Boyles, "America's Shifting Statehouse Press," Journalism & Media, Pew Research Center, July 10, 2014, http://www.journalism.org/2014/07/10/americas-shifting-statehouse-press/.

11장

1. Amina Arraf, "Why Am I Doing This?" A Gay Girl in Damascus (blog discontinued), February 21, 2011, https://web.archive.org/web/20110501081136/http://damascusgaygirl.blogspot.com/2011/02/why-i-am-doing-this.html.

2. Joshua Keating, "Who First Used the Term Arab Spring," Passport, *Foreign Policy*, November 4, 2011, https://foreignpolicy.com/2011/11/04/who-first-used-the-term-arab-spring/.

3. Liz Sly, "'Gay Girl in Damascus' Blogger Detained," *Washington Post* (June 7, 2011), https://www.washingtonpost.com/world/middle-east/gay-girl-in-damascus-blogger-detained/2011/06/07/AG0TmQLH_story.html.

4. Ibid.

5. Liz Sly, "'Gay Girl in Damascus' May Not Be Real." *Washington Post* (June 8, 2011), https://www.washingtonpost.com/world/middle-east/gay-girl-in-damascus-may-not-bereal/2011/06/08/AGZwCYMH_story.html.

6. Uri Friedman, "The Search for 'Gay Girl in Damascus' and a Stolen Photo," *Atlantic* (June 8, 2011), https://www.theatlantic.com/international/archive/2011/06/search-gay-girl-damascus-stolen-photo/351570/.

7. Eyder Peralta and Andy Carvin, "'Gay Girl in Damascus' Turns Out to Be an

American Man," The Two-Way (blog), NPR, June 12, 2011, https://www.npr.org/sections/thetwo-way/2011/06/13/137139179/gay-girl-in-damascus-apologizes-reveals-she-was-an-american-man.

8. Kevin Young, "How to Hoax Yourself: The Case of A Gay Girl in Damascus," *New Yorker* (November 9, 2017), https://www.newyorker.com/books/page-turner/how-to-hoax-yourself-gay-girl-in-damascus.

9. Seymour, T., D. Frantsvog, and S. Kumar. "History of Search Engines." *International Journal of Management & Information Systems* (IJMIS), Vol. 15, no. 4, Sept. 2011, pp. 47-58, doi:10.19030/ijmis.v15i4.5799.

10. Greg Botelho and Jacque Wilson. "Thomas Eric Dunca: First Ebola death in U.S." CNN, October 8, 2014. https://www.cnn.com/2014/10/08/health/thomas-eric-duncan-ebola/index.html.

11. David Mikkelson, "Texas Town Quarantined After Family of Five Test Positive for the Ebola Virus." *Snopes*, October 14, 2014.

12. Jestin Coler, "A Former Fake News Creator on Covering Fake News." Nieman Labs, May 1, 2017. https://niemanreports.org/articles/a-former-fake-news-creator-on-covering-fake-news/.

13. Laura Sydell, "We Tracked Down a Fake-News Creator in the Suburbs. Here's What We Learned." NPR, November 23, 2016. https://www.npr.org/sections/alltechconsidered/2016/11/23/503146770/npr-finds-the-head-of-a-covert-fake-news-operation-in-the-suburbs.

14. PolitiFact Staff, "PolitiFact's Guide to Fake News Websites and What They Peddle," PunditFact, *PolitiFact*, April 20, 2017, https://www.politifact.com/punditfact/article/2017/apr/20/politifacts-guide-fake-news-websites-and-what-they/.

15. Joshua Gillin, "Fake News Claims that Walmart Bananas Have HIV Virus Are Fruitless." PolitiFact, February 6, 2017. https://www.politifact.com/punditfact/statements/2017/feb/06/cnnews3com/fake-news-claims-walmart-bananas-have-hiv-virus-ar/.

16. Caitlin Dewey, "What Was Fake on the Internet this Week: HIV Blood in Bananas

and SeaWorld Whales in Plastic Bags," *Washington Post* (November 13, 2015), https://www.washingtonpost.com/news/the-intersect/wp/2015/11/13/what-was-fake-on-theinternet-this-week-hiv-blood-in-bananas-andseaworld-whales-in-plastic-bags/?utm_term=.cde255eb6318.

17. "'HIV Virus' Detected in Walmart Bananas After 10 Year Old Boy Contracts the Virus," CNNews3 (site discontinued), https://web.archive.org/web/20160402101931/http://cnnews3.com/hiv-virus-detected-walmart-bananas-10-year-old-boy-contracts-virus.

18. George W. Bush for President (GWBush.com, site discontinued), http://web.archive.org/web/20000301041305/http://www.gwbush.com/.

19. George W. Bush Campaign Headquarters (bushcampaignhq.com, site discontinued), http://web.archive.org/web/19991010032850/http://www.bushcampaignhq.com/.

20. Jeff Mapua, *Understanding Memes And Internet Satire: Critical Thinking About Digital Media*. (New Jersey: Enslow Publishing, LLC, 2018).

21. Terry M. Neal, "Satirical Web Site Poses Political Test," Washington Post (November 29, 1999), https://www.washingtonpost.com/wp-srv/WPcap/1999-11/29/002r-112999-idx.html.

22. Ben Collins and Max Toomey, "MartinLutherKing.Org is Owned by Neo-Nazis," *The Daily Beast*, January 13, 2018, https://www.thedailybeast.com/martinlutherkingorg-is-owned-by-neo-nazis.

12장

1. Marcos Martinez, "Burned to Death Because of a Rumour on WhatsApp," News, BBC, November 12, 2018, https://www.bbc.com/news/world-latin-america-46145986.

2. Patrick J. McDonnell and Cecilia Sanchez, "When Fake News Kills: Lynchings in Mexico Are Linked to Viral Child-Kidnap Rumors," *Los Angeles Times* (September 21, 2018), https://www.latimes.com/world/la-fg-mexico-vigilantes-20180921-

story.html.

3. Elizabeth Dwoskin and Annie Gowen, "On WhatsApp, Fake News is Fast—and Can Be Fatal," *Washington Post* (July 23, 2018), https://www.washingtonpost.com/business/economy/on-whatsapp-fake-news-is-fast—and-can-be-fatal/2018/07/23/a2dd7112-8ebf-11e8-bcd5-9d911c784c38_story.html.

4. Simon Kemp, "Digital Trends 2019: Every Single Stat You Need to Know About the Internet." *The Next Web*, January 30, 2019. https://thenextweb.com/contributors/2019/01/30/digital-trends-2019-every-single-stat-you-need-to-know-about-the-internet/.

5. Shearer, Elisa and Elizabeth Grieco. "Americans Are Wary of the Role Social Media Sites Play in Delivering the News." Pew Research Center, October 2, 2019. https://www.journalism.org/2019/10/02/americans-are-wary-of-the-role-social-media-sites-play-in-delivering-the-news/.

6. Darrel M. West, "How to Combat Fake News and Disinformation," Brookings, December 18, 2017, https://www.brookings.edu/research/how-to-combat-fake-news-and-disinformation/.

7. Soroush Vosoughi, Deb Roy, and Sinan Aral. "The Spread of True and False News Online." *Science*, March 9, 2018. Vol. 359, Issue 6380, pp. 1146-1151. DOI: 10.1126/science.aap9559.

8. Paris Martineau, "What Is a Bot?" *WIRED* (November 16, 2018), https://www.wired.com/story/the-know-it-alls-what-is-a-bot/.

9. "Disinformation Warfare: Understanding State-Sponsored Trolls on Twitter and Their Influence on the Web." March 4, 2019. https://arxiv.org/abs/1801.09288.

10. Tim Adams, "The Charge of the Chatbots: How Do You Tell Who's Human Online?", *The Guardian*, November 18, 2018, https://www.theguardian.com/technology/2018/nov/18/how-can-you-tell-who-is-human-online-chatbots.

11. Max Fisher, "Syrian Hackers Claim AP Hack that Tipped Stock Market by $136 Billion. Is It Terrorism?" *Washington Post* (April 23, 2013), https://www.washingtonpost.com/news/worldviews/wp/2013/04/23/syrian-hackersclaim-ap-

hack-that-tipped-stock-market-by-136-billion-is-it-terrorism/.

12. David Jackson, "AP Twitter Feed Hacked; No Attack at White House," *USA Today* (April 23, 2013), https://www.usatoday.com/story/theoval/2013/04/23/obama-carney-associated-press-hack-white-house/2106757/.

13. Fisher, "Syrian Hackers Claim AP Hack."

14. Russell Goldman, "Reading Fake News, Pakistani Minister Directs Nuclear Threat at Israel," *New York Times* (December 24, 2016), https://www.nytimes.com/2016/12/24/world/asia/pakistan-israel-khawaja-asif-fake-news-nuclear.html.

15. Ministry of Defense (@Israel_MOD), "reports referred to by the Pakistani Def Min are entirely false," Twitter, December 24, 2016, 6:14 a.m., https://twitter.com/Israel_MOD/status/812662633686069248.

16. Josie Ensor, "MH17: What We Know Two Days After Malaysia Airlines Crash Over Ukraine," *Telegraph* (July 19, 2014), https://www.telegraph.co.uk/news/worldnews/europe/ukraine/10977644/MH17-what-we-know-two-days-after-Malaysia-Airlines-crash-over-Ukraine.html.

17. Terrence McCoy, "Russians Troops Fighting Ukraine? Naw. They're on ' Vacation,'" *Washington Post* (August 28, 2014), https://www.washingtonpost.com/news/morning-mix/wp/2014/08/28/russians-troopsfighting-in-ukraine-naw-just-on-vacation/.

18. Chris Brown, "Moscow Rejects Damning New Report Linking Russian Military Unit to Downing of Flight MH17," World, CBC, May 24, 2018, https://www.cbc.ca/news/world/netherlands-investigation-malaysia-flight17-russia-1.4675756.

19. Eliot Higgins, "SU-25, MH17 and the Problems with Keeping a Story Straight." *Bellingcat*, January 10, 2015. https://www.bellingcat.com/news/uk-and-europe/2015/01/10/su-25-mh17-and-the-problems-with-keeping-a-story-straight/comment-page-4/.

20. Ben Nimmo, "How MH17 Gave Birth to the Modern Russian Spin Machine," Argument, *Foreign Policy*, September 29, 2016, https://foreignpolicy.com/2016/09/29/how-mh17-gave-birth-to-the-modern-russian-spin-machine-

putin-ukraine/.

21. Matthew Field and Mike Wright, "Russian Trolls Sent Thousands of Pro-Leave Messages on Day of Brexit Referendum, Twitter Data Reveals," *Telegraph* (October 17, 2018), https://www.telegraph.co.uk/technology/2018/10/17/russian-iranian-twitter-trolls-sent-10-million-tweets-fake-news/.

22. Mike Snider, "Robert Mueller Investigation: What Is a Russian Troll Farm?" *USA Today* (February 16, 2018), https://www.usatoday.com/story/tech/news/2018/02/16/robertmueller-investigation-what-russian-trollfarm/346159002/.

23. Fatima Tils, "The Kremlin's Many Versions of the MH17 Story." *Polygraph. info.* May 25, 2018. https://www.polygraph.info/a/kremlins-debunked-mh17-theories/29251216.html.

24. Ibid.

25. Cristina Maza, "Russian Propaganda? Moscow Releases Audio Blaming Ukraine for Downing of MH17 Flight That Killed Almost 300," *Newsweek* (September 17, 2018), https://www.newsweek.com/russian-propagandamoscow-releases-audio-blaming-ukrainedowning-mh17-flight-1124371.

13장

1. Faiz Siddiqui and Susan Svrluga. "N.C. Man Told Police He Went to D.C. Pizzeria with Gun to Investigate Conspiracy Theory." Washington Post, December 5, 2016, https://www.washingtonpost.com/news/local/wp/2016/12/04/d-c-police-respond-to-report-of-a-man-with-a-gun-at-comet-ping-pong-restaurant/.

2. Marc Fisher, John Woodrow Cox, and Peter Hermann. "Pizzagate: From Rumor, to Hashtag, to Gunfire in D.C." *Washington Post*, December 6, 2016. https://www.washingtonpost.com/local/pizzagate-from-rumor-to-hashtag-to-gunfirein-dc/2016/12/06/4c7def50-bbd4-11e6-94ac-3d324840106c_story.html.

3. Amanda Robb, "Anatomy of a Fake News Scandal," *Rolling Stone* (November 16,

2017), https://www.rollingstone.com/politics/politics-news/anatomy-of-a-fake-news-scandal-125877/.

4. Ibid.

5. Fake Twitter account of David Goldberg(@DavidGoldbergNY), https://web.archive.org/web/20161031040006/twitter.com/davidgoldbergny.

6. Craig Silverman, "How the Bizarre Conspiracy Theory Behind "Pizzagate" Was Spread," *BuzzFeed News*, November 4, 2016, https://www.buzzfeed.com/craigsilverman/fever-swamp-election.

7. Robb, "Anatomy of a Fake News Scandal."

8. Gregor Aisch, Jon Huang, and Cecilia Kang, "Dissecting the #PizzaGate Conspiracy Theories," *New York Times* (December 10, 2016), https://www.nytimes.com/interactive/2016/12/10/business/media/pizzagate.html.

9. Robb, "Anatomy of a Fake News Scandal."

10. Cecilia Kang, "Fake News Onslaught Targets Pizzeria as Nest of Child-Trafficking," *New York Times* (November 21, 2016), https://www.nytimes.com/2016/11/21/technology/fact-check-this-pizzeria-is-not-achild-trafficking-site.html.

11. Kathy Frankovic, "Belief in Conspiracies Largely Depends on Political Identity," *Economist*/YouGov Poll, YouGov, December 27, 2016, https://today.yougov.com/topics/politics/articles-reports/2016/12/27/belief-conspiracies-largely-depends-political-iden.

12. Paul Kane, "Hillary Clinton Attacks 'Fake News' in Post-Election Appearance on Capitol Hill," *Washington Post* (December 8, 2016), https://www.washingtonpost.com/news/powerpost/wp/2016/12/08/hillary-clinton-attacks-fake-news-in-post-election-appearance-on-capitol-hill/.

13. "Disinformation, 'Fake News' and Influence Campaigns on Twitter," Reports, Knight Foundation, October 4, 2018, https://www.knightfoundation.org/reports/disinformation-fake-news-and-influence-campaigns-on-twitter.

14. Craig Silverman. "This Analysis Shows How Viral Fake Election News Stories Outperformed Real News on Facebook. *BuzzFeed News*, December 16, 2016,

https://www.buzzfeednews.com/article/craigsilverman/viral-fake-electionnews-outperformed-real-news-on-facebook#.jepaXOx1m.

15. Dan Evon, "Pope Francis Shocks World, Endorses Donald Trump for President," Fact Checks, *Snopes*, July 10, 2016, https://www.snopes.com/fact-check/popefrancis-donald-trump-endorsement/.

16. David Emery and Brooke Binkowski, "Did Donald Trump Transport Stranded Troops on His Own Airplane?" Fact Checks, *Snopes*, October 22, 2016, https://www.snopes.com/fact-check/donald-trumps-marine-airlift/.

17. Hannah Ritchie, "Read All About It: The Biggest Fake News Stories of 2016," Media, CNBC, December 30, 2016, https://www.cnbc.com/2016/12/30/read-all-about-it-the-biggestfake-news-stories-of-2016.html.

18. Ibid.

19. Tess Townsend, "The Bizarre Truth Behind the Biggest Pro-Trump Facebook Hoaxes," *Inc.* (November 21, 2016), http://www.inc.com/tesstownsend/ending-fed-trump-facebook.html.

20. Ritchie, "Read All About It."

21. Ibid.

22. Ibid.

23. Scott Shane, "From Headline to Photograph, a Fake News Masterpiece," *New York Times* (January 18, 2017), https://www.nytimes.com/2017/01/18/us/fakenews-hillary-clinton-cameron-harris.html.

24. Linda Qiu, "Donald Trump's Baseless Claims About the Election Being 'Rigged,'" Truth-O-Meter, *PolitiFact*, August 15, 2016, https://www.politifact.com/truth-o-meter/statements/2016/aug/15/donald-trump/donald-trumps-baseless-claims-about-election-being/.

25. "Breaking: 'Tens of Thousands' of Fraudulent Clinton Votes Found in Ohio Warehouse," *Christian Times Newspaper* (site discontinued), https://web.archive.org/web/20161002195543/http://christiantimesnewspaper.com/breaking-tens-of-thousands-of-fraudulent-clinton-votes-found-in-ohio-warehouse/.

26. "How Does One Create a 'Fake News Masterpiece' and What Happens Next?" *All Things Considered*, NPR, January 22, 2017, https://www.npr.org/2017/01/22/511103621/how-does-one-create-a-fake-news-masterpiece-and-what-happens-next.

27. https://twitter.com/IIIPoe/status/782240801048760321.

28. Scott, "From Headline to Photograph."

29. Ibid.

30. Samanth Subramanian, "Inside the Macedonian Fake-News Complex," *WIRED* (February 15, 2017), https://www.wired.com/2017/02/veles-macedonia-fake-news/.

31. Ibid.

32. Emma Jane Kirby, "The City Getting Rich from Fake News," News, BBC, December 5, 2016, https://www.bbc.com/news/magazine-38168281.

33. "The Fake News Machine: Inside a Town Gearing Up For 2020." CNN. https://money.cnn.com/interactive/media/the-macedonia-story/.

34. Director of National Intelligence, "Intelligence Community Assessment: Assessing Russian Activities and Intentions in Recent US Elections," ICA 2017-01D (January 6, 2017), https://www.dni.gov/files/documents/ICA_2017_01.pdf.

35. April Glaser, "What We Know About How Russia's Internet Research Agency Meddled in the 2016 Election," Technology, *Slate*, February 16, 2018, https://slate.com/technology/2018/02/what-we-know-about-the-internet-research-agency-and-how-it-meddled-in-the-2016-election.html.

36. Simon Shuster and Sandra Ifraimova. "A Former Russian Troll Explains How to Spread Fake News." *Time*, February 21, 2018. https://time.com/5168202/russia-troll-internet-research-agency/.

37. Shane, Scott and Sheera Frenkel. "Russian 2016 Influence Operation Targeted African-Americans on Social Media." *New York Times*, December 17, 2018. https://www.nytimes.com/2018/12/17/us/politics/russia-2016-influence-campaign.html.

38. Nicholas Thompson and Issie Lapowsky, "How Russian Trolls Used Meme Warfare

to Divide America," *WIRED* (December 17, 2018), https://www.wired.com/story/russia-ira-propaganda-senate-report/.

39. Fake Twitter account of Missouri News(@MissouriNewsUS), https://web.archive.org/web/20160517025111/twitter.com/missourinewsus.

40. The Mueller Report. https://books.google.com/books?id=viyVDwAAQBAJ&lpg.

41. Philip Bump, "Timeline: How Russian Trolls Allegedly Tried to Throw the 2016 Election to Trump," *Washington Post* (February 16, 2018), https://www.washingtonpost.com/news/politics/wp/2018/02/16/timeline-howrussian-trolls-allegedly-tried-to-throw-the-2016-election-to-trump/.

42. Special Counsel Robert S. Mueller, III, "Report on the Investigation into Russian Interference in the 2016 Presidential Election," U.S. Department of Justice (March 2019), https://www.justice.gov/storage/report.pdf.

43. United States v. Internet Research Agency et al. Indictment (US District Court for the District of Columbia, February, 16, 2018), https://www.justice.gov/file/1035477/download.

44. *Extremist Content and Russian Disinformation Online: Working with Tech to Find Solutions, Before the United States Senate Committee on the Judiciary, Subcommittee on Crime and Terrorism*, 115th Cong. (2017) (testimony of Sean J. Edgett, Acting General Counsel, Twitter, Inc.), https://www.judiciary. senate.gov/imo/media/doc/10-31-17%20Edgett%20Testimony.pdf.

45. Craig Timberg and Tony Romm, "New Report on Russian Disinformation, Prepared for the Senate, Shows the Operation's Scale and Sweep," *Washington Post* (December 17, 2018), https://www.washingtonpost.com/technology/2018/12/16/new-report-russiandisinformation-prepared-senate-showsoperations-scale-sweep/.

46. Twitter Public Policy (@policy), "Update on Twitter's Review of the 2016 US Election," Blog, Twitter, updated January 31, 2018, https://blog.twitter.com/official/en_us/topics/company/2018/2016-election-update.html.

47. United States v. Internet Research Agency et al. Indictment (US District Court for the District of Columbia, February, 16, 2018), https://www.justice.gov/

file/1035477/download.

48. Cindy Otis, "The FBI Just Indicted 13 Russians for Conspiring to Interfere With U.S. Political Processes," *Teen Vogue* (February 20, 2018), https://www.teenvogue.com/story/thefbi-just-indicted-13-russians-for-conspiringto-interfere-with-us-political-processes.

49. Andrew Guess, Brendan Nyhan, and Jason Reifler, "Selective Exposure to Misinformation: Evidence from the Consumption of Fake News During the 2016 U.S. Presidential Campaign," European Research Council, January 9, 2018, http://www.dartmouth.edu/~nyhan/fake-news-2016.pdf.

50. Benjy Sarlin, "'Fake News' Went Viral in 2016. This Expert Studied Who Clicked," NBC News. January 14, 2018, https://www.nbcnews.com/politics/politics-news/fake-news-went-viral-2016-expert-studied-who-clicked-n836581.

51. Don Reisinger, "Twitter Had a 'Fake News Ecosystem' Around the 2016 Election, Study Says," *Fortune* (October 4, 2018), http://fortune.com/2018/10/04/twitter-2016-election-fakenews/.

52. Trump, Donald J. Trump(@realDonaldTrump), "The FAKE NEWS media (failing @nytimes, @NBCNews, @ABC, @CBS, @CNN) is not my enemy, it is the enemy of the American People!" Twitter, February 17, 2017, 1:48 p.m., https://twitter.com/realDonaldTrump/status/832708293516632065.

53. Donald J. Trump (@realDonaldTrump), "Any negative polls are fake news, just like the CNN, ABC, NBC polls in the election. Sorry, people want border security and extreme vetting," Twitter, February 6, 2017, 4:01 a.m., https://twitter.com/realDonaldTrump/status/828574430800539648.

54. Ian Schwartz, "Trump: 'Don't Believe the Crap You See from These People on Fake News,'" *RealClearPolitics*, July 24, 2018, https://www.realclearpolitics.com/video/2018/07/24/trump_dont_believe_the_crap_you_see_from_these_people_on_fake_news.html.

55. "Leslie Stahl: Trump Admitted Mission to 'Discredit' Press," CBS News, May 23, 2018, https://www.cbsnews.com/news/lesley-stahl-donald-trump-said-attacking-

press-to-discredit-negative-stories/

56. "Indicators of News Media Trust," Reports, Knight Foundation, September 11, 2018, https://www.knightfoundation.org/reports/indicators-of-news-media-trust.

57. Amy B. Wang, "'Post-Truth' Named 2016 Word of the Year by Oxford Dictionaries," *Washington Post* (November 16, 2016), https://www.washingtonpost.com/news/the-fix/wp/2016/11/16/post-truth-named-2016-word-of-the-year-by-oxford-dictionaries/.

58. Alexandra Jaffe, "Kellyanne Conway: WH Spokesman Gave 'Alternative Facts' on Inauguration Crowd," NBC News, January 22, 2017, https://www.nbcnews.com/storyline/meet-the-press-70-years/wh-spokesman-gave-alternative-facts-inauguration-crowd-n710466.

59. Lauren Etter, "What Happens When the Government Uses Facebook as a Weapon?" *Bloomberg Businessweek* (December 7, 2017), https://www.bloomberg.com/news/features/2017-12-07/how-rodrigo-duterte-turned-facebook-into-a-weapon-with-a-little-help-from-facebook.

60. Alexandra Stevenson, "Soldiers in Facebook's War on Fake News Are Feeling Overrun," *New York Times* (October 9, 2018), https://www.nytimes.com/2018/10/09/business/facebook-philippines-rappler-fake-news.html.

61. Camille Elemia, "Photo Used by Duterte Camp to Hit Critics Taken in Brazil, not PH," Rappler, updated April 3, 2019, https://www.rappler.com/nation/144551-duterte-camp-brazil-photo-rape-victimcritics.

62. Clarissa Batino and Andreo Calonzo, "Philippine Journalist Facing Charges as Duterte Goes After Media," Politics, Bloomberg, November 11, 2018, https://www.bloomberg.com/news/articles/2018-11-12/media-freedomunder-attack-as-duterte-pursues-philippinecritics.

63. Shawn W. Crispin, "Mission Journal: Duterte Leads Tri-Pronged Attack on Press amid Condemnation of Controversial Policies," Blog, Committee to Protect Journalists, July 5, 2018, https://cpj.org/blog/2018/07/missionjournal-duterte-leads-tri-pronged-attack-o.php.

64. Jason Schwartz, "Trump's 'Fake News' Mantra a Hit with Despots," Media, *Politico*, December 8, 2017, https://www.politico.com/story/2017/12/08/trump-fake-news-despots-287129.

65. Cindy Otis, "The 'Free Press,' Explained: What It Is and How It Works," *Teen Vogue* (May 24, 2018), https://www.teenvogue.com/story/the-free-press-explained-what-it-is-and-howit-works.

66. Jason Schwartz, "Trump's 'Fake News' Rhetoric Crops Up Around the Globe," *Politico*, July 31, 2018, https://www.politico.com/story/2018/07/30/trump-media-fake-news-750536.

67. Funke, Daniel and Daniela Flamini. "A Guide to Anti-Misinformation Actions Around the World." *Poynter*. https://www.poynter.org/ifcn/anti-misinformation-actions/.

68. Elana Beiser, "Hundreds of Journalists Jailed Globally Becomes the New Normal," Reports, Committee to Protect Journalists, December 13, 2018, https://cpj.org/reports/2018/12/journalists-jailed-imprisoned-turkey-china-egypt-saudi-arabia.php.

69. Megan Specia, "A Deadly Year for Journalists as Risk Shifts to the West," *New York Times* (October 11, 2018), https://www.nytimes.com/2018/10/11/world/americas/journalists-killed.html.

70. Beiser, "Hundreds of Journalists Jailed Globally."

14장

1. "Fact," Online Etymology Dictionary, https://www.etymonline.com/word/fact#etymonline_v_1064.

2. Amy Mitchell, Jeffrey Gottfried, Michael Barthel, and Nami Sumida, "Distinguishing Between Factual and Opinion Statements in the News," Journalism & Media, Pew Research Center, June 18, 2018, http://www.journalism.org/2018/06/18/distinguishing-betweenfactual-and-opinion-statements-in-the-news/.

3. Kevin Loker, "Confusion About What's News and What's Opinion Is a Big Problem, But Journalists Can Help Solve It," American Press Institute, September 19, 2018, https://www.americanpressinstitute.org/publications/confusion-about-whats-news-and-whats-opinion-is-a-big-problem-but-journalists-can-help-solve-it/.

4. "Unemployment Rate 2.1 Percent for College Grads, 4.3 Percent for High School Grads in April 2018." *Bureau of Labor Statistics*, May 10, 2018. https://www.bls.gov/opub/ted/2018/unemployment-rate-2-1-percent-for-collegegrads-4-3-percent-for-high-school-grads-inapril-2018.htm?view_full.

5. Caille Millner, "Many of the Products Millennials Are Killing Deserve to Die," *San Francisco Chronicle* (December 4, 2018), https://www.sfchronicle.com/opinion/article/Many-of-the-products-Millennials-are-killing-13442886.php.

15장

1. Julie Beck, "This Article Won't Change Your Mind," *Atlantic* (March 13, 2017), https://www.theatlantic.com/science/archive/2017/03/this-article-wont-change-your-mind/519093/.

2. Shana Lebowitz and Allana Akhtar, "60 Cognitive Biases That Screw Up Everything We Do," *Business Insider*, updated October 15, 2019, https://www.businessinsider.com/cognitive-biases-2015-10.

3. Keise Izuma, "What Happens to the Brain During Cognitive Dissonance?" *Scientific American* (November 1, 2015), https://www.scientificamerican.com/article/what-happens-to-the-brain-during-cognitive-dissonance1/.

4. Drew Westen, *The Political Brain: The Role of Emotion in Deciding the Fate of the Nation* (New York: PublicAffairs, 2007).

5. Julie Beck, "The Christmas the Aliens Didn't Come," *Atlantic* (December 18, 2015), https://www.theatlantic.com/health/archive/2015/12/the-christmas-the-aliens-didnt-come/421122/.

6. Vaughan Bell, "Prophecy Fail," Technology, *Slate*, May 20, 2011, https://slate.com/

technology/2011/05/apocalypse-2011-what-happens-to-a-doomsday-cult-when-the-world-doesn-t-end.html.

7. Leon Festinger, Henry Riecken, and Stanley Schachter, *When Prophecy Fails: A Social and Psychological Study of a Modern Group That Predicted the Destruction of the World* (Minneapolis: University of Minnesota Press, 1956. (리온 페스팅어 외, 『예언이 끝났을 때』, 이후)

8. Summer Allen and Jeremy Adam Smith, "How Happy Brains Respond to Negative Things," *Greater Good Magazine*, March 17, 2016, https://greatergood.berkeley.edu/article/item/how_happy_brains_respond_to_negative_things.

9. Allie Caren, "Why We Often Remember the Bad Better Than the Good," *Washington Post* (November 1, 2018), https://www.washingtonpost.com/science/2018/11/01/whywe-often-remember-bad-better-than-good/.

10. Hara Estroff Marano, "Our Brain's Negative Bias," *Psychology Today* (last reviewed June 9, 2016), https://www.psychologytoday.com/us/articles/200306/our-brains-negative-bias.

11. "Carol Soon Wan Ting and Shawn GohZe Song, "What Lies Beneath the Truth: A Literature Review on Fake News, False Information and More," Institute of Policy Studies, June 30, 2017, https://lkyspp.nus.edu.sg/docs/default-source/ips/report_what-lies-beneath-the-truth_a-literature-review-on-fake-news-false-information-and-more_300617.pdf.

12. Ibid.

13. Alan Cowell, "Oscar Pistorius's Murder Sentence Is Increased to 15 Years," *New York Times* (November 24, 2017), https://www.nytimes.com/2017/11/24/world/africa/oscar-pistorius-sentence.html.

16장

1. William P. Eveland Jr. and Dhavan V. Shah, "The Impact of Individual and Interpersonal Factors on Perceived Media Bias," *Political Psychology* 24, no. 1 (2003):

101-17, http://www.jstor.org/stable/3792512.

2. Jack Shafer and Tucker Doherty, "The Media Bubble Is Worse Than You Think," *Politico Magazine* (May/June 2017), https://www.politico.com/magazine/story/2017/04/25/media-bubble-real-journalism-jobs-east-coast-215048.

3. Alan D. Abbey, "Balance and Fairness," Ethics, Online News Association, https://ethics.journalists.org/topics/balance-and-fairness/.

4. Glader, Paul. "10 Journalism Brands Where You Find Real Facts Rather Than Alternative Facts." *Forbes*, February 1, 2017. https://www.forbes.com/sites/berlinschoolofcreativeleadership/2017/02/01/10-journalism-brands-where-you-will-find-real-facts-rather-than-alternative-facts/#46d083ae9b5a.

5. Adam Nossiter and Aurelien Breeden, "Fire Mauls Beloved Notre-Dame Cathedral in Paris," *New York Times* (April 15, 2019), https://www.nytimes.com/2019/04/15/world/europe/notre-dame-fire.html.

6. "Frequently Asked Questions," National Review, https://www.nationalreview.com/frequently-asked-questions/.

7. Editors of the Nation, "Ten Things You Can Do to Help Progressive Journalism," *Nation* (April 1, 2010), https://www.thenation.com/article/ten-things-you-can-do-help-progressive-journalism/.

8. Mark Landler and Helene Cooper, "Obama Will Speed Pullout from War in Afghanistan," *New York Times* (June 22, 2011) https://www.nytimes.com/2011/06/23/world/asia/23prexy.html.

9. "Obama Doesn't Thank Petraeus," Fox News, June 22, 2011, https://nation.foxnews.com/war-afghanistan/2011/06/22/obama-doesnt-thank-petraeus.

10. Center for Media and Public Affairs at George Mason University, "Media Boost Obama, Bash His Policies," press release, April 27, 2009, https://cmpa.gmu.edu/media-boost-obama-bash-his-policies/.

11. Daphne Leprince-Ringuet, "Iran Has Its Own Fake News Farms, but They're Complete Amateurs," *WIRED* (UK) (October 25, 2018), https://www.wired.co.uk/article/iran-fake-news.

CIA 분석가가 알려 주는 **가짜 뉴스의 모든 것**

12. Jeff Stone, "Chinese State Media Bought Twitter Ads to Spread Disinformation About Hong Kong Protests." *Cyberscoop*, August 19, 2019. https://www.cyberscoop.com/chinese-disinformation-hong-kong-protests/.

13. Alex Nowrasteh, " You Say 'Illegal Alien.' I Say 'Undocumented Immigrant.' Who's Right?" *Newsweek* (December 18, 2017), https://www.newsweek.com/you-say-illegal-alien-i-sayundocumented-immigrant-whos-right-750644.

14. Ibid.

17장

1. The Media Insight Project, "How Americans Describe Their News Consumption Behaviors," American Press Institute, June 11, 2018, https://www.americanpressinstitute.org/publications/reports/survey-research/americans-newsconsumption/.

2. Maksym Gabielkov, Arthi Ramachandran, Augustin Chaintreau, Arnaud Legout, "Social Clicks: What and Who Gets Read on Twitter?" ACM SIGMETRICS / IFIP Performance 2016 (June 2016).

3. Ibid.

4. Gregory J. Digirolamo and Douglas L. Hintzman, "First Impressions Are Lasting Impressions: A Primacy Effect in Memory for Repetitions," *Psychonomic Bulletin & Review* 4, no. 1 (March 1997): 121-24.

5. Maria Konnikova, "How Headlines Change the Way We Think," New Yorker (December 17, 2014), https://www.newyorker.com/science/maria-konnikova/headlines-change-way-think.

6. Alex Huntley, "Palestinians Recognize Texas as Part of Mexico," *The Beaverton*, December 6, 2017, https://www.thebeaverton.com/2017/12/palestinians-recognize-texas-part-mexico/.

7. David Mikkelson, "Did Palestinians Recognize Texas as Part of Mexico?" Fact Checks, *Snopes*, December 7, 2017, https://www.snopes.com/fact-check/

palestinians-texas-mexico/.

8. Tim Alberta and Zack Stanton, "Senator Kid Rock. Don't Laugh," *Politico Magazine* (July 23, 2017), https://www.politico.com/magazine/story/2017/07/23/kid-rock-run-senate-serious-michigan-analysis-215408.

9. Hunter Schwarz, "Kid Rock Announces He's Not Actually Running for Senate," Politics, CNN, October 24, 2017, https://www.cnn.com/2017/10/24/politics/kid-rock-announces-hes-not-actually-running-for-senate/index.html.

10. Caroline Wallace, "Obama Did Not Ban the Pledge," FactCheck.org, September 2, 2016, https://www.factcheck.org/2016/09/obama-did-not-ban-the-pledge/.

11. Craig Silverman, "Here Are 50 of the Biggest Fake News Hits on Facebook From 2016," *BuzzFeed News*, December 30, 2016, https://www.buzzfeednews.com/article/craigsilverman/top-fake-news-of-2016#.cdnQrVqyv.

12. R. Hobbus, "President Trump Orders the Execution of Five Turkeys Pardoned by Obama," *Real News Right Now*, January 24,2017, http://realnewsrightnow.com/2017/01/president-trump-orders-execution-five-turkeys-pardoned-obama/.

13. Kim LaCapria, "Did President Trump Reverse President Obama's Turkey Pardons?" Fact Checks, *Snopes*, January 25, 2017, https://www.snopes.com/fact-check/trump-turkeypardons-reversed/.

14. Sarah Emerson, "Whitehouse.com, Your Favorite 90s Porn Site, Is Now Protesting the Trump Presidency," Motherboard, *Vice*, August 25, 2017. https://www.vice.com/en_us/article/wjj4vx/whitehousecom-your-favorite-90sporn-site-is-now-protesting-the-trumppresidency.

15. "Marco Chacon Meant His Fake Election News to Be Satire—but People Took It as Fact," Day 6, CBC Radio, November 25, 2016, https://www.cbc.ca/radio/day6/episode-313-montreal-worship-ban-protecting-syrianschoolsjamaican-bobsleds-fake-news-and-more-1.3863764/marco-chacon-meant-his-fake-election-news-to-be-satire-but-peopletook-it-as-fact-1.3863769.

16. Eugene Kiely and Lori Robertson. "How to Spot Fake News." FactCheck.org, November 18, 2016. https://www.factcheck.org/2016/11/how-to-spot-fake-news/.

1. Andrew Glass, "Truman Defeats Dewey, Nov. 2, 1948," *Politico*, November 2, 2018, https://www.politico.com/story/2018/11/02/truman-defeats-dewey-1948-950635.

2. https://www.trumanlibrary.gov/photograph=records/95-187.

3. Harry Enten, "Fake Polls Are a Real Problem," Politics, FiveThirtyEight, August 22, 2017, https://fivethirtyeight.com/features/fake-polls-are-a-real-problem/.

4. Abbas Panjwani, "How to Spot Misleading Poll Figures," Blog, Full Fact, August 3, 2018, https://fullfact.org/blog/2018/aug/how-spot-misleading-poll-figures/.

5. Jorge Buendia, "Fake Polls as Fake News: The Challenge for Mexico's Elections," Mexico Institute, Wilson Center, April 2018, https://www.wilsoncenter.org/sites/default/files/fake_news_as_fake_polls_the_challenge_for_mexicos_elections.pdf.

6. Dan Cassino, "How Today's Political Polling Works." *Harvard Business Review* (August 1, 2016), https://hbr.org/2016/08/how-todayspolitical-polling-works.

7. Aja Romano, "Boaty McBoatface and the History of Internet Naming Fiascos," Vox, May 10, 2016, https://www.vox.com/2016/5/10/11609192/boaty-mcboatface-internet-naming-poll-fails.

8. Cohn, Nate. "Exit Polls: Why They So Often Mislead." *New York Times* (November 4, 2014) https://www.nytimes.com/2014/11/05/upshot/exit-polls-why-they-so-often-mislead.html.

9. Andrew Gelman, "How Can a Poll of Only 1,004 Americans Represent 260 Million People with Only a 3 Percent Margin of Error?" *Scientific American* (March 15, 2004), https://www.scientificamerican.com/article/howcan-a-poll-of-only-100/.

10. Ibid.

11. "America's Changing Religious Landscape." *Gallup*. May 12, 2015. https://www.pewforum.org/2015/05/12/americas-changing-religious-landscape/.

12. Burke, Daniel. "Millennials leaving church in droves, study finds." CNN, May 14, 2015. https://www.cnn.com/2015/05/12/living/pew-religion-study/index.html.

13. Delphi Analytica, "Kid Rock Ahead in Hypothetical Matchup with Debbie

Stabenow, Large Number of Voters Are Undecided," Medium, July 23, 2017, https://medium.com/@DelphiAnalytica/kid-rock-ahead-inhypothetical-matchup-with-debbie-stabenowlarge-number-of-voters-are-undecideda982092ea12a.

14. "Most U.S. Teens See Anxiety and Depression as a Major Problem Among Their Peers," Social & Demographic Trends, Pew Research Center, February 14, 2019, https://www.pewsocialtrends.org/2019/02/20/most-u-s-teens-see-anxiety-and-depressionas-a-major-problem-among-their-peers/psdt_02-20-19_teens-00-00/.

15. Enten, "Fake Polls Are a Real Problem."

19장

1. Justin McCurry, "Did North Korea Photoshop Its Hovercraft?" *Guardian* (March 27, 2013). https://www.theguardian.com/world/2013/mar/27/north-korea-photoshop-hovercraft.

2. Aric Jenkins, "An Image of an NFL Player Burning the U.S. Flag Is Circulating on Social Media—It's Fake," *Time* (September 29, 2017), http://time.com/4963312/seattle-seahawks-michael-bennett-burning-american-flag-fake/.

3. Erik Wemple, "Hurricane Sandy: NYSE NOT flooded!" *Washington Post*, October 30, 2012. https://www.washingtonpost.com/blogs/erik-wemple/post/hurricane-sandy-nyse-not-flooded/2012/10/30/37532512-223d-11e2-ac85-e669876c6a24_blog.html.

4. Amanda Holpuch, "Hurricane Sandy Brings Storm of Fake News and Photos to New York." *The Guardian*, October 30, 2012. https://www.theguardian.com/world/us-news-blog/2012/oct/30/hurricane-sandy-storm-new-york.

5. Cuihua Shen, Mona Kasra, Wenjing Pan, Grace A. Bassett, Yining Malloch, and James F. O'Brien, "Fake Images: The Effects of Source, Intermediary, and Digital Media Literacy on Contextual Assessment of Image Credibility Online," *New Media & Society* 21, no. 2 (February 1, 2019): 438-63, https://doi.org/10.1177%2F1461444818799526.

CIA 분석가가 알려 주는 **가짜 뉴스의 모든 것**

6. Jordan Hayne, "How Fake News Can Exploit Pictures to Make People Believe Lies," News, Australian Broadcasting Corporation (ABC), updated November 21, 2018, https://www.abc.net.au/news/2018-11-22/fake-news-image-information-believe-anu/10517346.

7. Geoffrey A. Fowler, "I Fell for Facebook Fake News. Here's Why Millions of You Did, Too," *Washington Post* (October 18, 2018), https://www.washingtonpost.com/technology/2018/10/18/i-fell-facebook-fake-news-heres-why-millions-you-did-too/?utm_term=.51a21b6ace54.

8. Alex Hern, "'Deepfake' Face-Swap Porn Videos Banned by Pornhub and Twitter," *Guardian* (February 7, 2018). https://www.theguardian.com/technology/2018/feb/07/twitter-pornhub-ban-deepfake-ai-face-swapporn-videos-celebrities-gfycat-reddit.

20장

1. Sapna Maheshwari, "How Fake News Goes Viral: A Case Study," *New York Times* (November 20, 2016), https://www.nytimes.com/2016/11/20/business/media/how-fake-news-spreads.html.

2. https://web.archive.org/web/20161112063335/twitter.com/erictucker.

3. Jason Silverstein, "Who Is George Soros and Why Is He Blamed in So Many Right-Wing Conspiracy Theories?" CBS News, updated October 24, 2018, https://www.cbsnews.com/news/who-is-george-soros-and-why-is-heblamed-in-every-right-wing-conspiracy-theory/.

4. Donald J. Trump (@realDonaldTrump), "Just had a very open and successful presidential election. Now professional protesters, incited by the media, are protesting. Very unfair!" Twitter, November 10, 2016, 6:19 p.m., https://twitter.com/realDonaldTrump/status/796900183955095552.

5. Maheshwari, "How Fake News Goes Viral."

6. Michael Barthel, Amy Mitchell, and Jesse Holcomb. "Many Americans Believe Fake

News Is Sowing Confusion." Pew Research Center, December 15, 2016. https://
www.journalism.org/2016/12/15/many-americans-believe-fake-news-is-sowing-
confusion/.

7. "Most Popular Social Networks Worldwide as of October 2019, Ranked by Number of Active Users." Statista, November 21, 2019. https://www.statista.com/statistics/272014/globalsocial-networks-ranked-by-number-of-users/.

8. Kristen Bialik, "14% of Americans Have Changed Their Mind About an Issue Because of Something They Saw on Social Media." Pew Research Center, August 15, 2018. https://www.pewresearch.org/fact-tank/2018/08/15/14-ofamericans-have-changed-their-mind-aboutan-issue-because-of-something-they-saw-onsocial-media/.

9. Barbara Ortutay, "Facebook: Fake Account Removal Doubles in 6 Months to 3B," *Associated Press*, May 23, 2019, https://apnews.com/d276ebdec5224398b9d70a642 4bdee7b.

10. "#BotSpot: How Bot-Makers Decorate Bots." *DFRLab Atlantic Council*, December 29, 2017. https://medium.com/dfrlab/botspot-how-bot-makers-decorate-bots-4d2ae35bdf26.

11. Dan Evon, "Did Melania Trump Steal Her United Nations Speech from Michelle Obama?" Fact Checks, *Snopes*, September 23, 2017, https://www.snopes.com/fact-check/melania-trump-united-nations-obama/.

12. Dan Evon, "Did Melania Trump Steal Her United Nations Speech from Michelle Obama?" Snopes, September 23, 2017. https://www.snopes.com/fact-check/melania-trumpunited-nations-obama.

13. David Emery, "Melania Trump Copied from Michelle Obama's 2008 Convention Speech." Snopes, July 18, 2016. https://www.snopes.com/news/2016/07/18/melania-trumpmichelle-obama/.

14. Mahmood Fazal, "Richard Dawkins Told Us What He Thinks About Memes," *Vice*, May 8, 2018, https://www.vice.com/en_us/article/d35ana/richard-dawkins-told-us-what-he-thinks-about-memes.

15. Billy Baker, "One of the Country's Biggest Publishers of Fake News Says He Did It for Our Own Good," *Boston Globe* (April 7, 2018), https://www.bostonglobe.com/metro/2018/04/07/one-country-biggest-publishers-fakenews-says-did-for-our-own-good/fzIDkkKZf 7IbYA9oyGuzhI/story.html.

16. Brian Feldman, "The Fake Donald Trump Quote That Just Won't Die," *New York*(November 4, 2016), http://nymag.com/intelligencer/2016/11/the-fake-donald-trump-quote-that-just-wont-die.html.

17. Kiely, Eugene and Lori Robertson. "How to Spot Fake News." FactCheck.org, November 18, 2016. https://www.factcheck.org/2016/11/how-to-spot-fake-news/.

21장

1. Aja Romano, "Most People Saw the Las Vegas Shooting as a Tragedy. Propandists Saw an Opportunity," Vox, October 5, 2017, https://www.vox.com/culture/2017/10/5/16400394/las-vegasshooting-fake-news-propaganda.

2. Kevin Roose, "After Las Vegas Shooting, Fake News Regains Its Megaphone," *New York Times* (October 2, 2017), https://www.nytimes.com/2017/10/02/business/las-vegas-shootingfake-news.html

3. Sam Levin, "Facebook and Google Promote Politicized Fake News About Las Vegas Shooter," *Guardian* (October 2, 2017), https://www.theguardian.com/us-news/2017/oct/02/las-vegas-shooting-facebook-google-fakenews-shooter.

4. Broderick, Ryan. "Here Are All The Hoaxes Being Spread About The Las Vegas Shooting." *BuzzFeed News*, October 2, 2017. https://www.buzzfeednews.com/article/ryanhatesthis/here-are-all-the-hoaxes-being-spread-aboutthe-las-vegas.

5. Jack Stubbs and Christopher Bing, "Special Report: How Iran Spreads Disinformation Around the World," *Reuters*, November 30, 2018, https://www.reuters.com/article/us-cyber-iran-specialreport/specialreport-how-iran-spreads-disinformationaround-the-world-idUSKCN1NZ1FT.

6. DarkSyn (@Mihero), "Resourceful dog walks away with bag of dog food after

Hurricane Harvey...." Twitter, August 26, 2017, 4:59 p.m., https://twitter.com/Mihero/status/901595065222561792.

7. Nichole Gomez ABC-7 (@NicholeEGomez), "Some El Paso emergency responders deploy to assist with Hurricane Harvey via KVIA News," Twitter, August 25, 2017, 4:59 p.m., https://twitter.com/NicholeEGomez/status/901232696902418433.

8. Margaret Browning (@Margare06824403), "Now #FakeNews Wash Post says Hurricane H is Cat 4. So sad, scaring the good people of Texas," Twitter, August 25, 2017, 4:59 p.m., https://twitter.com/Margare06824403/status/901232712400257025.

9. John Moffitt (@JohnRMoffitt), "#HoustonFlood : #Houston has greedy developers who build expensive homes in a flood plain. Every year we see a lot of cars under water," Twitter, August 27, 2017, 4:36 p.m., https://twitter.com/JohnRMoffitt/status/901951460476407810.

10. Trash Yorlang (@StartTrashTalkN), "This is what Houston flooding looked like,couldve had a yardsale #Houston #HurricaneHarvery #flooding #hurricane #weatherchannel #yardsale," Twitter, August 26, 2017, 2:45 p.m., https://twitter.com/StartTrashTalkN/status/901561341223292928.

22장

1. Lauren Smiley, "The College Kids Doing What Twitter Won't," *WIRED* (November 1, 2017), https://www.wired.com/story/the-college-kidsdoing-what-twitter-wont/.

2. "Cal Students Develop Way to Expose Fake News Accounts, Bots on Twitter." November 4, 2017. https://sanfrancisco.cbslocal.com/2017/11/04/cal-studentsexposefake-news-accounts-bots-twitter/.

3. Kalev Leetaru, "Why Are We Still Using Century-Old Discredited Theories to Explain the Power of Social Media?" *Forbes* (April 21, 2019), https://www.forbes.com/sites/kalevleetaru/2019/04/21/why-are-we-still-using-century-old-discredited-theories-to-explain-the-power-of-social-media/#77347c5a4d75.

CIA 분석가가 알려 주는 **가짜 뉴스의 모든 것**

CIA 분석가가 알려 주는
가짜 뉴스의 모든 것

2023년 6월 16일 초판 1쇄 발행
2024년 12월 27일 초판 2쇄 발행

지은이   신디 L. 오티스
옮긴이   박중서
펴낸이   류지호
책임편집   김희중
편집   이기선, 김희중
디자인   박은정
펴낸 곳   원더박스 (03173) 서울시 종로구 새문안로3길 30, 대우빌딩 911호
대표전화   02-720-1202
팩시밀리   0303-3448-1202
출판등록   제2022-000212호(2012. 6. 27.)

ISBN 979-11-92953-07-6 (03300)

★ 잘못된 책은 구입하신 서점에서 바꾸어 드립니다.
★ 독자 여러분의 의견과 참여를 기다립니다.
  블로그 blog.naver.com/wonderbox13, 이메일 wonderbox13@naver.com